新编排球训练纵谈

张然 著

河海大学出版社
HOHAI UNIVERSITY PRESS
·南京·

内容提要

作者根据我国70年排球运动的丰富实践，概括了有关排球训练理念与比赛规律的一些实践问题，总结了我国排球训练在各个发展时期的经验与教训，传承了我国排球优良技术传统，具有较强的理论性、实用性和针对性。

图书在版编目（CIP）数据

新编排球训练纵谈 / 张然著. -- 南京：河海大学出版社，2019.12

ISBN 978-7-5630-6202-7

Ⅰ.①新… Ⅱ.①张… Ⅲ.①排球运动—运动训练—研究—中国 Ⅳ.①G842.2

中国版本图书馆CIP数据核字（2019）第272340号

书　　名	新编排球训练纵谈 XINBIAN PAIQIU XUNLIAN ZONGTAN
书　　号	ISBN 978-7-5630-6202-7
责任编辑	陈丽茹
特约校对	吴　春
封面设计	丁威静
出版发行	河海大学出版社
地　　址	南京市西康路1号（邮编：210098）
网　　址	http://www.hhup.com
电　　话	（025）83737852（总编室）（025）83722833（营销部）
经　　销	江苏省新华发行集团有限公司
印　　刷	南京丁香花印刷有限公司
开　　本	787毫米×1092毫米　1/16
印　　张	28
字　　数	353千字
版　　次	2019年12月第1版
印　　次	2019年12月第1次印刷
定　　价	100.00元

序

张然同志是新中国第一代专业排球运动员，曾先后在福建军区、华东军区、八一排球队和国家男子排球队当二传手，后任江苏省男、女排球队主教练20多年。20世纪80年代初期曾任中国青年女排主教练。后来虽从事行政领导工作，但他始终情怀排球，心系专业，与其结下不解之缘。

张然同志近70年的排球生涯中，在做好本职工作的同时，认真学习进取，钻研业务技术，总结实践经验，探索训练规律，在国内外报纸、杂志发表了近400篇文章，出版了多本排球著作。这本《新编排球训练纵谈》，汇集了至今对当前排球训练比赛工作仍有借鉴与指导意义的部分文章，供读者研究、参考。

爱因斯坦指出:“一切关于实在的知识，都是从经验开始，又终结于经验。”

张然同志从新中国成立初期起，当过运动员、教练员和管理者，参与了我国排球各种重大的训练、比赛、调研、考察、教学与会议等活动，经历了中国排球从艰苦创业、奋勇拼搏、跌宕起伏、到走向辉煌的全过程，是新中国排球发展史上的亲历者、实践者与见证者，也是对排球训练有独到见解的评论者。他以其广泛的阅历、丰富的经验、辩证的思维与合理的分析，概括总结了有关排球训练理念与比赛规律的一些实际问题，直面评论了某些有悖排球训练比赛法则的论点；文章具有较强的逻辑性、理论性、实用性和针对性。

尽管文章发表的时间跨度较长（1958—2019年），然而，真理的生命力，不受时空跨越的制约；凡是符合客观发展规律性的训练理念和业务观点，只会不断发展，不会过时失效。干排球工作的人，认真读读这些文章，不会没有裨益。

阅读他的文章，还可以了解新中国成立以来，我国排球训练工作发展过程的若干侧面。干排球工作的人，要懂得中国排球历史，以史为鉴，开创未来。

新中国成立70年来，中国排球运动经历了几代人的顽强拼搏，奋勇进取，进行了艰苦劳动，付出了高昂代价，积累了丰富经验，获得了辉煌业绩。我国排球界人士，在认识排球运动规律，掌握排球训练理论，指导排球运动实践，创新技术战术等方面，曾在世人面前扬眉吐气，引为自豪，这是很值得珍惜的财富。中国排球优良传统的光辉，实践经验的精髓，是永垂不朽的。

当然，过去的成功与胜利，不能代表现在和将来。只有与时俱进，砥砺前行，光大优良传统，博采众家之长，善于从本国的实际情况出发，创造性地汲纳先进的东西，才能永远站在世界潮流的前头，不断开辟认识真理的道路。

但愿张然同志的这本专著，能引起业内人士的思考、研究与讨论，能对我国排球界进一步加强理论研究，活跃科研风气，提高训练水平，推动技术进步，产生积极的促进作用。

中国排球协会主席
中国女排原主教练　袁伟民

2019年6月于北京

作者引言

我12岁读小学时开始学打排球，到了初中、高中成为学校代表队队员。1949年参加解放军，原本在解放军某部当见习参谋，但因任务所需，时势所使，兴趣所在，遂从业余爱好排球，经逐级选拔，转为专业运动员，开始步入我人生的排球之旅。

1951年我在八一队时，在教练、队友的指导与帮助下，成为较好的二传手。1955—1957年入选国家队，1958年到江苏队当首任主教练，起初还兼运动员。因任务需求，促使我不但要动手动脚，亲力亲为，更需要开发脑洞，探索未知，“摸着石头过河”。1983年我受命担任行政工作，1986年虽被无端调为“闲职”，但“塞翁失马，焉知非福”！这使我有机会“不务正业”，有更多时间涉足老本行的排球活动，并取得了意想不到的收获。

我在近70年的排球生涯中，没有惊天动地的丰功伟绩，只是脚踏实地做了几件实事：

一、培育有用人才

我当过4个排球队主教练：江苏男排一队、二队，女排一队和中国青年女排。在其他教练鼎力支持与运动员积极努力下，我执教的江苏队运动员中，有十几人输送到国家队（6人是二传手），其中孙晋芳、张洁云、殷勤3人荣获世界冠军，袁伟民、邹志华、邸安和3人曾出任国家男女排球队主教练。在地方队教练精心培养的基础上，我训练的中国青年女排运动员中，有十几人入选中国女排（4人是二传手），其中杨锡兰等8人荣获世界冠军。还有更多我教过的运动员，平日埋头苦干，甘当人梯，为排球事业付出心血与智慧；退役后在平凡的岗位上，兢兢业业，尽心尽力，为国家作出非凡的贡献。

二、履行排坛重任

在前国家体委球类司排球处、国家排球运动管理中心领导的重视与关爱下，以及同行相关人士的帮助与支持下，我顺利履行中国排坛各项重大业务活动。诸如：3次（1977年、1985年、1990年）随国家男女队赴日本考察国际排球大赛，并参与书写考察报告；3次（1972年、1978年、1989年）参与全国排球训练工作会议筹备工作，并撰写会议总报告；2次（2003年、2018年）参与编写《中国体育教练员岗位培训教材——排球》，并担任顾问、副主编与统稿工作；参与编写《中国排球运动史》和统稿工作；撰写《中国大百科全书·体育卷》排球条目中的“基本技术”；1972—2001年期间，带领江苏队参加全国排球集训，后期担任全国女排甲级队集训训练组组长完成十几个冬训；多次担任全国排球大赛仲裁委员会主任和技术代表等。

三、传播业务知识

我自学英语，获取四级证书。1989年我通过国际考试，取得国际排联高级讲师资格，并受国际排联委派，到相关国家开办排球教练员训练班20余次；先后3次到菲律宾、民主德国、越南任援外教练；3次（1996年、1998年、2015年）应中国台北排球协会邀请赴台湾地区讲学；10多次在天津体育学院全国高级排球教练员培训班讲课；曾应邀到 北京体育学院（现为北京体育大学）、上海体育学院、广州体育学院、福建师范大学、南京体育学院和福建体育学院等高等院校，为研究生班或排球专业学生举办讲座或上课；先后40多次到过亚、非、欧、美四大洲三十几个国家，从事比赛、考察、援外和讲学等工作。

四、探索训练规律

上述这些业务经历，以及长期的训练实践，为我了解国内外排球发展动向，学习各方先进训练理念，增长排球理论知识，探索排球训练规律，提供了极为丰富的源泉，积累了弥足珍贵的经验；也使我有条件能把感性的东西，抽象、上升为条理性、规律性的理论；同时我也比较乐于学习，勤于思索，善于总结，敢于直言。因而在国内外媒体发表近400篇文章或评论，其中10篇刊载于国际排联技术杂志*Volley Tech*、*The Coach*，多篇被《体育科学》等知名刊物刊用，并被中国知网收录。出版排球著作11部，其中合著6部，有1部获得国家体委体育科技进步奖一等奖。1959年人民体育出版社约我写的《排球——中级技术读物》一书，被再版3次，有较高的普及率与实用性。

这本《新编排球训练纵谈》，收集了与排球训练理念和比赛规律相关的文章，按照时间顺序编排，基本保持原貌，个别略作修改。其中某些内容曾被《中国体育教练员岗位培训教材——排球》和全国体育院校排球教科书所采用。

2019年是培育我成长进步的中华人民共和国70华诞，也是我参加工作70周年，又适逢我90岁。为此，我怀着感恩之情、庆幸之意，编辑此书，作为纪念，聊以自娱，乐在其中。书的内容与文笔，不可能尽如人意，但求半称心我就满足了。

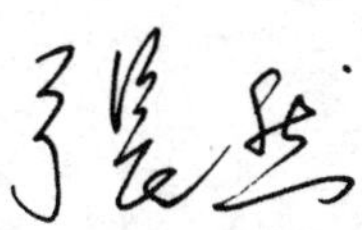

2019年3月于南京

作者简介

张然，1930年6月出生，福建省长泰县人。1949年6月在厦门参加中国共产党领导的地下工作，1999年离休。早年在福建军区第十兵团“参谋训练队”学习毕业后，被分配在第十兵团特务团司令部从事参谋工作。后因任务需要，从1951年起由业余爱好排球转为专业运动员。

任职经历：八一队和中国男子排球队副队长、主力二传手，江苏省男、女排球队和中国青年女排主教练；南京体育学院副院长，江苏省体育总会专职副主席，江苏省政协常委及医卫体委员会副主任（3届15年）；中国排球协会副主席及教练委员会主任，中国体育科学学会理事及运动训练学学会副主任委员，江苏省排球协会主席，江苏省体育科学学会副理事长；《体育科学》《中国排球》编委，《体育科学研究》学术顾问，国际排球联合会技术刊物*Volley Tech*国际通讯员；南京体育学院教授，东南大学和福建师范大学兼职教授，国际排球联合会高级讲师（FIVB InstructorⅡ），前国家体委核准的首批排球国家级教练员等。

获得国务院政府特殊津贴，国家体育运动荣誉奖章，新中国体育开拓者荣誉奖章，江苏省文教群英会先进工作者，江苏省劳动模范等称号。

1995年，纪念世界排球运动诞生100周年大会在中国上海市召开，时任国际排联主席阿科斯塔先生赠送“中国女排五连冠纪念章”给袁伟民等人，以表彰他们对排球事业所作出的贡献。左起：原辽宁省体委主任康起、原国际排联主席阿科斯塔、原中国排协副主席兼教练委员会主任张然、中国排协主席袁伟民、原上海市副市长龚学平。

1989年，张然（前排右1）赴巴林参加由国际排联举办的国际高级讲师考试，包括张然在内有11人通过。

1952年“八一男排”首批教练员、运动员，后排左2是张然。

1956年中国男排在巴黎首次参加第3届世界锦标赛，获第9名，后排右2是张然。

1962年江苏男排合影，前排右1是张然。

1979年江苏女排合影，第2排左2是张然。

1981年中国青年女排合影，后排左4是张然。

目 录

不要忽视我国排球运动的特长

《体育文丛》[注1]第8期刊登了《如何认识排球中的两次球战术》一文[注2][注3]。该文指出，“排球中任何一种战术形式，是否先进，应该看成是这样的：本方在完成一定的动作配合后使对方不可能积极的对抗。”我认为，这样来理解先进的战术是不够全面的。

任何一个球队在选择、组织与运用战术时，都不能不考虑到这样几个条件：①本队队员的身体条件、技术水平、特点、习惯和位置配合（这是首要的）；②对方的具体情况，以便利用对方弱点，造成对方困难，“使对方不可能积极的对抗”；③根据当时场上的变化，灵活地运用战术。只有根据这些条件来组织与运用战术，才能是比较先进的、现代的，而且是比较合理的、实用的。如果只考虑“使对方不可能积极的对抗”，而不首先注意本方特点和当时场上的情况，那么这种“使对方不可能积极的对抗”的战术即使是先进的、现代的，也未必是合理的、实用的。该文只强调了如何采用“使对方不可能积极的对抗”的战术，而忽视了我国排球队的战术特点；只强调了两次球战术的优点，而忽视了插上战术的优越性。虽然文中也提及“不反对插上战术”，但其本意仍是认为“插上战术看起来很活跃，但掩饰了防守方面的缺点。外国队没有采用这种不好的战术……”因此，就认为两次球战术是适用于一切球队的先进的现代的战术。

无须争辩，两次球战术具有它本身的优点，正如文中所正确指出的：①它多得一次进攻机会……并具有很大的突然性。②使对方准备防守的时间缩短，造成对方判断拦网和后排防守的困难。③如遇对方“组织快速的反攻，本队后排仍然能充分用三人进行防守”（这一点同该文所提及的“心跟进”是现代的防守战术，是有矛盾的）。但是我们在学习它的优点时，应首先考虑到我国排球队的一般战术特点。

我国排球队（指一般的甲级队）的战术特点与打法，虽然不是每个队都一模一样，但一般来说都有共同的地方，这就是：运用后排插上战术有较好的基础，并在此基础上组成我国传统的具有巨大进攻威力的快球及其掩护战术。在后排插上的基础上组织快球及其掩护战术（以下简称“插上战术”）同两次球战术相比较，两者同样具有“保持前排三人进攻”和“快速”的因素，而插上战术也包括了上述的两次球战术所具备的三个优点：①“多得一次进攻的机会”，例如可以打快球，也可以掩护给同伴进攻。因此“具有很大的突然性”。②快球战术可使对方防守的准备时间缩短，造成对方判断拦网和后排防守的困难。③插上后，如打“边跟进”防守，插上队员可迅速后撤至1号或5号位；如遇对方组织快速反攻，插上队员则改为“心跟进”，由不拦网的2号或4号位队员后撤，这样，“后排仍然能充分用三人进行防守”。除此而外，插上战术还具有两下球战术所没有的优点，例如：①当第一传传不到位时，由插上队员调整第二传，前排仍可保持三人进攻；②便于组织拉开战术（两次球或晃传要拉开就困难一些），以扩大进攻面积，增大对方拦网队员的移动，造成对方防守的困难等。

由此看来，那种认为只有两次球战术才是先进的现代的战术，而插上战术“掩饰了防守方面的缺点”“外国队没有采用这种不好的战术”的说法是缺乏充分根据的。屡获世界排球冠军的捷克男子队就是采用以后排插上为主的战术（他们还没有快球掩护）。其所以能取得了世界的优先名次，原因固然很多，但其中有一条是，他们充分地根据本队的特点来组织自己的战术。他们的严密防守也是世界所公认的。苏联、保加利亚、罗马尼亚等队惯用两次球战术也是有他们各自的特点的。

我认为，我国排球队采用后排插上结合两次球及其转移的多样化的综合性的战术还是比较合适的。这样既能充分发挥我们的特有打法快球战术，又吸收了外国的先进经验。因为只有多样化的战术才能充分发挥每个队员的个人特点，才具有较大的突击力量，使对方揣摩莫测，防不胜防，才能适应各种复杂情况，而随机应变地采取相应的对策。特别是在对外国强队的比赛中，只有采用多样化的战术才能比较容易突破对方强有力的第一道防线——拦网，给我方得分创造有利的条件。而单一的战术往往就不能如此奏效。当然，运用后排插上结合两下球的综合性战术时，有时在某些环节上是有矛盾的（例如，前交叉战术与打两次球的矛盾），但任何一种战术都不是万能的，只要善于根据当时场上情况创造性地运用，这些矛盾不但可以得到调整，有时还具有更大的突击力量。例如，在行进间插上时，第一传直接传给4号位（或2号位）打两次球，这时更容易造成对方拦网判断的困难。在我看来，目前我国排球队主要的还不是改善战术形式的问题，而是提高战术质量的问题，而提高战术质量的前提则是改进与提高基本技术和个人战术。

我们要在10年内赶上或超过世界水平，必须鼓足干劲，解放思想，破除对外国的迷信，打消自卑、恐惧的心理，外国先进的东西当然要虚心地学习，但本国宝贵的经验更应积极地接受。如果一味崇拜外国的东西，模仿外国的打法，轻视本国的民族特点，抛弃自己的实践经验（如快球战术），那只能使我们永远处于“挨打”的地位。为什么“外国没有采用”的战术我们就不能采用？为什么我们不能大胆创造、独树一帜呢？为什么我们就不能“有另一套办法”来“取得世界的优先名次”呢？

［注1］：《体育文丛》是20世纪50年代前国家体委下属的学术期刊。

［注2］：该文作者当时是上海体育学院聘请的苏联排球专家阿依里扬茨先生的研究生，后为武汉体育学院教授。而我是初出茅庐的江苏队教练，这篇评论是《体育文丛》编辑从北京来信约我写的。

［注3］："两次球战术"是20世纪50年代雄踞国际排坛的苏联和东欧一些排球强队的拿手打法。

原载《体育文丛》1958年第10期

“三板斧”与“样样松”

唐朝“福将”程咬金，他的三板斧厉害得势如泰山压顶，锐不可当。但是识破其招数的对手，只要能避过这头三斧，就容易击败他。这除了说明这位“福将”耐力不够外，在战术上也嫌套路太少，花式不多。与此相反，“打渔杀家”丁府上的教师爷，惯耍花拳绣腿，十八般武艺“样样通，样样松”，这种本领只能欺压百姓，一旦碰上虽然年老而有真实功夫的萧恩，一交手就躺在地下了。

从武艺上我联想到运动技术战术，有些球队在掌握与运用战术方面，也有类似的情形：有的队掌握了一两套拿手的战术，比赛开始时，横冲直撞，势如破竹，可谓得心应手，运用自如，但一旦被对手识破，并加以钳制就显得不知所措，无能为力。另外，有的队则掌握着好多套战术，有着多样的打法，但是缺乏自己的特色，没有威胁人的绝招，战术质量不高，实战效果不好。这两种情况，都是值得注意和改进的。

球类比赛是一种激烈的对抗性的运动，任何一个球队要想在错综复杂、瞬息万变的比赛中，力争主动，战胜对方，只有“程咬金”式的“三板斧”或“教师爷”式的“样样松”，是不行的，而必须在良好技术的基础上，结合本队的具体情况，掌握与形成几套（不是一套）熟练（不是粗糙）的战术打法。

一个队，只有掌握几套熟练的战术，才能在比赛中具有较强的突击力和较大的突然性，便于掌握主动，随机应变，出其不意，攻其不备，使对方揣摩不定，猝不及防，而陷入被动。一个篮球队，如果在进攻上掌握了快攻和阵地战等各种打法，在防守上能运用“人盯人”和“联防”等诸种变化；一个排球队，如果在进攻上掌握了强攻、快攻、后攻以及两次球转移等战术，在防守上能运用“心跟进”“边跟进”等的各种变化，无疑就可以根据临场情况随机应变，灵活运用。所谓战术的灵活性，就是要能把握一切战术形式（在可能条件下），善于使用一切战术形式，并能够迅速地由一种形式过渡到另一种形式。如果不掌握几套熟练的战术，是根本谈不上什么灵活性的。

掌握几套熟练的战术，还能够在比赛中经受各种严峻考验，适应各种复杂情况。因为，比赛对手不同，临场变化万千，对甲队用的战术，对乙队不一定适用；对付某一队员用的战术，对付另一队员不一定适用；开局用的战术，全场不一定适用；顺利时用的战术，失利或相持时不一定适用；某些队员上场用的战术，其他队员上场不一定适用；在室外场地用的战术，室内不一定适用等。只有掌握几套熟练的战术，才能根据不同的时间、地点、条件和对象，因时、因地、因人地采取相应的对策，以便击败对手或不被对手所击败。掌握几套熟练的战术，还可以调动队员的积极性，发挥个人的不同特点。因为每个队员技术不同，各有特长，通过多种战术形式的组成，可以将其特点和专长合理地组织起来，在比赛中充分发挥其作用。

从攻防关系的意义上来说，也只有掌握几套熟练的战术，才能相应地提高各战术的攻防能力。要破阵地进攻，必须自己学会打阵地进攻；要破联防，必须自己学会打联防；要破快球，必须自己学会打快球；要破“边跟进”阵形，必须自己学会打“边跟进”阵形等。

在这里，还值得提出的是，形成几套战术必须以熟练掌握为前提，发展战术数量必须以提高战术质量为基础。比如，某队具备了相当的技术水平，但其战术单一、呆板，落后于技术的发展和比赛的要求，此时，发展战术数量就成为主要的任务。但是随着战术数量的增长，战术又会转到由粗到精，由低级到高级的质量要求。因此，在训练中应该根据本队的需要和可能，有计划有步骤地使所掌握的每一套战术合乎质量的标准，达到熟练的要求，然后再向掌握更多套数的方向发展。只有使所掌握的几套战术达到熟练的程度，才能在比赛中配合密切，准确无误，得到良好的效果，才能根据情况灵活自如地变换打法。同时，也只有达到熟练程度，才能为发展更多套的战术开辟道路。否则，只求“几套”，不重“熟练”，只讲数量，忽视质量，势必会使战术流于形式，而失去掌握“几套”战术的意义和作用。我们对战术的要求是，既要套数多，又要质量高。这样，才能在复杂纷纭的比赛中，应付裕如，战果良好。

原载《新体育》1962年第9期

论主动与被动

排球比赛是一项对抗激烈、斗争繁复的运动。比赛双方为了打出风格，打出水平，总是力图在比赛中争取主动，避免被动。一个球队在比赛中，只有态度端正，目的明确，作风顽强，斗志昂扬，具有实力基础，技术发挥正常，战术运用自如，力量组织恰当，主观指挥无误，才能有“行动的自由权”，有驾驭整个比赛变化发展的能力，从而使自己立于主动优势的有利地位。

一个队在比赛中的主动地位，同其本身力量的优势（包括技术战术水平和身体素质等）是不能分离的，而其被动地位则和力量的劣势分不开。比赛双方力量的优势或劣势，是主动或被动的客观物质基础。贯穿于比赛过程的始终和普及于比赛的各方面的主动地位，即绝对的主动权，这种情形，只有以绝对优势的队对绝对劣势的队才有可能出现。然而，在一般情况下，在势均力敌的队之间比赛，则双方力量的优劣都不是绝对的而是相对的，双方都互有长短，各有千秋，都各有有利因素和不利因素，都各存在着“以己之长，攻彼之短，抑彼所长，避我所短”的可能性；双方必须通过主观能力的活跃，通过比赛实践的激烈争夺，通过在作风、技术、战术、体力和指挥诸方面的较量，方能得出优势和劣势的比赛结局。因此，主动或被动，不但是和比赛双方力量的优势或劣势分不开的，而且，也是和主观指导的正确或错误分不开，和主观努力的发挥程度分不开的。比赛时，一方要力争优势和主动，另一方也要力争优势和主动，从这个意义上说，比赛就是两队的运动员和教练员以一定的身体素质和技术战术水平等客观基础作地盘，互争优势和主动的主观能力的竞赛。

比赛双方，都要力争主动，力避被动。但在实战中，被对手逼迫到被动地位是常有的。由于主客观诸原因：或者实力不如对方，或者作风不够顽强，或者态度不够认真，或者情况估计错误，或者力量组织不当，或者技术不够全面，或者战术运用不活，或者特长不能发挥，或者弱点充分暴露，或者进攻碰壁，或者防守乱阵，或者一攻不稳，或者防反不力，或者失误频繁，或者指挥失宜，或者体力不支等，都可能使自己处于被动挨打、穷于应付的困境。被动总是不利的，必须力求摆脱它。在这种情况下，必须全力找出矛盾之所在，寻根求源，对症下药，下定决心，采取对策，充分发挥主观能动作用，迅速恢复主动地位，否则，结局就是失败。

那么，怎样在比赛中发挥主观能动作用，有意识地去争取主动、避免被动呢？

形势是由条件造成的。要造成比赛中主动地位的形势，一般来说，要从下列诸方面去努力。

一、灵活用兵

灵活地使用兵力，是在比赛中争取主动、避免被动的最重要方法。在排球比赛中，也有如何灵活地使用兵力的问题，这就是灵活地组织力量、灵活地运用战术和灵活地变换战术。

灵活地组织力量，就是根据本队队员的思想作风、技术战术、临场发挥和素质体力等情况，结合对手的基本特点，配备强有力的阵容出阵，或替换有生力量上场。一般来说，每个队都有一个基本的阵容配备，基本的战术打法，但不应只有一个固定的阵容配备，单一、呆板的战术打法，还应根据其个人特点、临场表现、对手情况和客观条件等因素作灵活的调整，做到因时、因地、因人、因情况恰当地组织人员，灵活地配置力量。如：有的队员对某队比赛信心百倍，对另一队比赛则易被制服；有的队员上场，某队就惧怕他，而他却又慑服于另一个队；有的队员打强队劲头十足，对弱队则容易松垮；有的队员容易兴奋过度，先出场打不好；有的队员能够沉着应战，后上阵能转危为安；有的队员浑身是胆，敢打关键；有的队员谨小慎微，畏缩不前；有的队员在室外有风天比赛无所顾忌；有的队员打室内则如虎添翼；有的队员看观众多、气氛浓，越战越强；有的队员因观众哄闹就晕头转向等。教练员只有根据平时的了解和临场的考察，知兵善将，知人善任，正确使用力量，调动一切积极因素，才能做到以兵对兵，以将对将，成竹在胸，用兵如神，使自己立于主动地位。

教练员对于上场的主力队员，应给予应有的信任，特别是对新队员要大胆让他们在干中学习，在干中经受考验，在干中增长才干。要允许他们在比赛中犯错误，在实战中改正错误。只要不是思想作风问题，不是影响全局的技术差错，一般不宜动辄撤换，以免影响其信心，挫伤其积极性。处于困难不利局面时，除非不得已，不要过于频繁地、“走马灯”似地换人，以免动摇军心，破坏场上节奏，造成更加被动和混乱的困局。

对于主力队员，要相信他们，但又不迷信他们。主力队员是比赛的突击力量，他们在比赛中的表现和发挥一般都是较好的，否则就不成为其“主力”了。但有时也会有失常或严重失常的情形，在这种情况下，要当机立断，坚决果敢，该换人就换下。往往会出现这样的奇迹：主力阵容连败两局，士无斗志，无可收拾；第三局6个替补队员挥戈上阵，则声威大振，扭转乾坤，临危制胜。这是什么缘故呢？一是麻痹作用。主力已败下阵，替补又何足惧！对方被胜利冲昏了头脑；或谨小慎微，保守求胜，被胜利“吓”昏了头脑。二是出奇制胜。对手不适应这些“奇兵”的战法。三是破釜沉舟，背水为阵。反正连输了两局，只有“孤注一掷”，一拼到底，才有希望死里逃生，败中求胜，这在军事上叫“置之亡地而后存，陷之死地而后生”。由于创造了这些条件，就促使了矛盾向着它的对立面转化，原来连胜两局的一方，就把主动地位让位于开始连败两局的另一方。

灵活地组织力量，要有点雄伟的胆略和勇敢的冒险精神。在一局或一场决定胜负的关键时刻，或在相持不下的战局下，根据当时的比赛形势和主客观情况，大胆换上信心百倍、技有专精的发球能手或扣球、拦网好手上场，在集体配合下，往往会出现“一球定乾坤”的胜利结局，或者打破相持僵局，占据主动地位。这叫“为人之所不敢为，胜人之所不易胜”。这是因为：在这种情况下，双方都容易出现紧张手软或保守求稳的现象。关键时刻勇者胜，谁有勇敢的冒险精神，谁敢于在防守的基础上大胆发动进攻，谁就能首先在精神上压倒对方，进而夺取技术上的优势，从而奠定胜利的战局。当然，这种勇敢的冒险行动，也有两种可能性，一是成功，一是失败。事物的发展总是曲折的，比赛过程也不是径情直遂的，技术上的失手或挫折是难免的，要允许有失败的可能。如遇失败，不要责怪运动员，要从中总结经验教训。应当指出，这种勇敢的冒险，必须伴随缜密的准备。最重要的是，要观察了解这个“冒险者”当时的信心、士气和技术、体力状况，以及彼我双方的比赛形势。如果根据判断认为可以换上去，就应具体交代任务、要求和注意事项，才能使换人增加把握性。缜密准备是行动把握的前提。胸中无数，仓促应战，往往是换人失败的重要原因。灵活不是妄动，勇敢不是鲁莽，要准确地掌握好两者的界限。

灵活地运用战术和灵活地变换战术，就是根据主客观情况和临场的发展变化，有目的、有计划地采用攻击性强、有效性大的战术打法，去争得比赛的主动地位。当前，排球战术向着快速、多变和高度、立体的方向发展，有名目繁多的战术。但各种战术都离不开时间、空间和人员这三个因素。要懂得和学会这种战术是容易的，灵活地运用和变换这些战术就不容易了。这里有时机、地点和人员三个环节。不得其时，不得其地，不得于人员之情况，都将不能奏效。例如：快速战术、跑动换位进攻的运用，如果攻与传之间配合不好，联系失措，传球不当，攻手之间跑动不适时，或在防守反击中前后脱节，串联不好等，都会贻误战机，丧失主动，甚至造成失误，这就是时机问题。突破口选择在2号区，恰在对方拦网的弱点处，容易攻下，夺得主动；选在4号区，正是对方密集拦网的好手，势必碰壁，造成被动，这就是地点问题。还有，在室外有风天比赛所采用的战术，应当有别于在室内比赛的打法，这也是个地点问题。在战术组织中，某队员发挥正常，进攻得利，可相对地集中给他多进攻；或是根据情况相对分散进攻，全面发挥全队的进攻威力，这就是人员情况的问题。适时地掌握进攻时机，准确地选择突破地点，巧妙地组织并发挥队员的积极作用，并根据情况进行分散、集中和转移的进攻，是灵活地运用和变换战术的三个重要环节。必须指出，实现灵活地运用和变换战术的核心，是在于正确的指挥和集体密切配合基础上的二传手之技术水平、战术意识和组织才能。因为，在什么时机、选择哪个突破口、采用什么战术、由谁进攻，不是由进攻手去决定的，而是由二传手根据对主客观情况的判断来处置的，这就要求二传手要有顽强的意志，冷静的头脑，团结协作的精神，通观全局的能力，高度的战术意识，丰富的临场经验，巧妙的组织才能，熟练的二传技巧。

根据今年排球规则的修改，根据排球运动的发展规律和世界排球战术发展的趋势，特别是根据中国队具有积极主动、快速、灵活等特点，采用积极跑动、交叉换位、隐蔽突袭、活点进攻，是灵活运用战术的主要手段，是有计划地造成对方错觉，给以不意的攻击，造成优势和夺取主动的重要方法，体现了比赛中的主动性。"兵以诈立"，要在原有固定三点进攻的基础上，积极交叉跑动，发展活点进攻；要在快速进攻的条件下，突出灵活多变，提高隐蔽突袭的能力；要从点线的进攻战术，努力向立体、纵深战术发展。力求在积极跑动（或跳动）中实现战术配合，在快速运动中突破对方防线，在突然变化中扰乱对方防守部署，以隐蔽行动造成对方判断错误和行动错误，从而达到迷惑对方、掩护自己、快速突袭、夺取主动的战术目的。

兵无常势，没有一种包打百队、万应灵验的战法。要依据彼我双方情况，临场发展变化和该战术在当时的有效性与攻击性，及时恰当地给予变换，不失时机地由一种战术打法过渡到另一种战术打法。如：有的队不适应平快飘球，有的害怕轻飘球，有的则不习惯接大力发球；有的不善拦拉开扣球，有的害怕从中间被突破，有的某区域拦防薄弱，有的不适应快速进攻；防守战术也应根据不同情况作相应的部署等。总之，一切以时间、地点、人员等情况为转移，做到彼变我变，有时彼不变我亦变，以适应对手的打法，或不被对手所适应，以争得比赛的主动权。江苏女排在第三届全运会上，同实力雄厚的八一队对阵，根据室外风大的特点，因势利导，借助风力，加强发球，力避失误；并一改拉开进攻的习惯打法，采用集中低球、直线突破的战术；加上思想解放，敢打敢拼，因而以3比1取胜。这是灵活运用与变换战术的战例。但在同四川队比赛一仗，开始两个二传手的快攻连连受阻失利，未能及时改变，然后又保守求稳，过分集中于主攻手身上，加上一传失误，以致在第5局决胜局曾以10比4领先的情况下，终以13比15败北。这是战术运用不灵活、变换不及时的教训。要能灵活地运用和变换战术，必须具备比较全面的技术和多种多样的战术。否则，技术片面，战术单调，想“活”也“活”不成，想“变”也“变”不了。这是人所共知的道理。

运动员、教练员的聪明才智，不在于懂得灵活使用兵力的重要，而在于善于按照具体情况灵活地组织力量、灵活地运用战术和灵活地变换战术。这种审时度势、善观风色、善察时变、善择时机的聪明，是不容易的，唯有在长期的训练和比赛实践中，认真学习、虚心研究、勤于考察、善于思索、不断总结经验，才能获得。

二、发扬特长

一般来说，各队都有自己的技术战术特长，以至于形成技术战术风格。技术战术特长，或技术战术风格，是一个队技术战术成熟的表现，是技术战术达到较高造诣的标志，是长期刻苦磨炼的结果。在比赛中充分发扬自己的特长，是争取主动、避免被动的重要方法。这是因为：

第一，技术战术特长往往是本队“克敌制胜”的法宝，是赖以“保存自己”的技术手段，也是对手所顾忌和慑服的武器。如果特长不能得到充分的发挥，怎么去造成优势、夺得主动呢?

第二，事物总是一分为二的。一个队有一定特长，也必有一定弱点。特长与弱点是对立的统一，两者互相制约、相辅相成。如果特长充分发挥，其弱点也会得到相应的弥补。如发挥了发球和扣球的威力，就会在一定程度上弥补了拦网和防守的弱点；身材较矮的队发挥了技术全面、防守突出的特点，就会相应地弥补在网上争夺的短处。反之，如果特长不能充分发挥，不但丢了“克敌制胜”的武器，而且，势必弱点扩大、破绽百出，陷入捉襟见肘、穷于应付的苦境。发球和扣球的威力不能发挥，拦网、防守的压力必然增加。

排球比赛始终贯穿着发挥与反发挥、制约与反制约的激烈争夺。与赛双方，为了力争主动，力避被动，总是一方面要力图充分发挥自己的技术战术特长，尽量弥补自己的弱点；另一方面，又要努力限制对方的特长，扩大对方的弱点。然而，你想要发挥特长是一回事，能否发挥特长却又是另一回事，因为对方总是想方设法要来限制你发挥。这里有一个重要问题，即必须创造使自己的特长得以充分发挥的必要条件。1974年10月全国排球联赛，江苏女排同上一届全国冠军辽宁队比赛，第1局因一传受挫未能发挥快速进攻而失利，第2局以后调整了人员，加强了一传，提高了信心，创造了打快速进攻的先决条件，从而使自己的特点打法得到了发挥，连取3局，3比1胜。但同北京队对阵时，输了3局，仅一传就失了19分，被破攻10个，全过程只有招架之功，没有还手之力，哪里谈得上什么发挥特长。总而言之，在比赛中必须树立“以我为主”的指导思想，坚持自己的打法，充分发挥特长，你打你的长处（并设法限制其长处），我打我的特长（并防止被对手所制约）；如果自己的特长被限制，不能充分发挥，陷入被动不利的困境，就必须全力找出被限制的原因，积极创造使特长得以充分发挥的必要条件，以摆脱被动地位，转化为优势和主动。否则，结局便是失败。

三、乘人之隙

乘人之隙，就是抓住对手的弱点予以攻击，利用对手的弱点给以扩大，使之难以招架，进退失据。这也是造成优势、夺取主动的重要方法。如同各队都有一定的长处一样，各队也必有一定的弱点，无懈可击的队是不存在的。因此，在比赛过程中，不但要明于知己，而且要明于知彼，要善于通观彼我双方，发现对手漏洞，乘人之隙，攻其弱点，陷对手于举止失措的窘境，以造成己的主动和优势地位。

抓住对手弱点予以攻击之，往往能限制其特长的充分发挥，使其产生被动应付的局面。1975年3月，江苏女排迎战了来访的朝鲜二八队，技术比较全面、战术比较灵活、防守比较突出，是客队的主要特长，但其弱点是高度较低、拦网较差、网上争夺处于劣势。我们就紧紧抓住对手这个弱点，在一传到位、二传保证的条件下，发动猛烈进攻，占据网上优势，夺得主动地位。从而促使其固有的特长不能发挥，终以3比1的结局，打出了较好的风格和水平。由此可见，一个队的弱点往往隐藏在它的特长之中，两者互相依存、互相制约。打快速进攻的队，如果破坏其一传的保证，其快攻就失去了基础；以防守见长的队，如能突破其拦网，其特长必受削弱。而且，当其弱点暴露受到攻击时，往往会忙于应付，被动招架，而忽视了去发挥自己的特长。因此，乘人之隙往往会达到既攻其弱点，又抑其所长的“一箭双雕”的战术目的。

常常有这样的奇观：在比分频频落后、处境相当不利的情况下，如能发现与抓住对手的短处，突破一点，先造成局部的优势和主动，进而乘锐进击，扩大战果，就能带动全面，逐步造成全局的优势和主动，化险为夷，转败为胜。1974年10月在南京全国排球联赛上，江苏女排对上一届全国第三名的天津队比赛，第一局对方曾先后以12比0、14比7遥遥领先，我方一直打得十分被动。后来根据对方战术比较简单、进攻相对集中的弱点，我们加强了发球，并重点拦住其主要进攻队员，就开始转变局势，比分逐渐上升，仅拦网一项就得7分，终以17比15反败为胜，并再连取两局。但对陕西队一仗，我方第一局以15比5顺利取胜，第二局开始对方以攻击性发球来突破我方一传之弱点，造成我方阵脚混乱，攻防失措（全场一传丢18分，被破攻6个），而对方却士气大振，全面发挥，前后比较，判若两队，我方反以1比3失利。值得指出的是，攻其弱点、突破一点的作用，不只是表现在技术战术上的直接效果，而且可能会引起思想情绪上的连锁反应。“三军可夺气，将军可夺心。”当你抓住对手的弱点予以攻击时，往往会造成其思想惊慌，信心动摇，部署混乱，阵脚不稳，从而导致全面溃败，战局逆转。上述战例就说明了这个问题。

四、主动进攻

主动地位不是空想的，而是具体的。只有在防守的基础上积极主动地组织进攻，才能在比赛中夺取优势，争得主动。排球进攻的组织，都是在接起对方扣过来、发过来、拦过来或推过来的球的基础上进行的，简言之，都是在防守的基础上进行的。所以说，防守是进攻或反攻的基础，进攻或反攻是防守的继续，也是防守的目的。没有严密的防守，进攻就无从发挥；不主动组织进攻，这种防守的意义就不大。进攻与防守是相互依赖、相反相成的，攻中有防，防中有攻；一定条件下，攻可以转化为防，防也可以转化为攻。但一般来说，进攻是矛盾的主要方面，起主导作用。

实践证明，抓好三个“第一下”，对于打好进攻的基础、争取比赛主动权，具有重要的意义。这三个“第一下”就是：发球、一传、拦网（或拦网失效，即为后排防守），就是每个回合开始接触的第一次球。排球规则规定，一方每个回合最多只能三下击球过网。在这三下击球中，第一下（一传或接球）是基础，第二下（二传）是桥梁，第三下（扣球）是关键。发球是进攻的开始，能直接得分，破坏对方战术，动摇其一攻阵脚，并为我方反攻创造有利前提。一传是组织一攻的先决条件，是组成快速多变战术的保证，是阵脚稳定的根本。拦网是防守的第一道防线，是反攻的序幕，也是得分的重要手段；如果拦网失效，后排防守就成为接球的“第一下”，是首当其冲的前沿阵地，是组成反攻的基础。抓好三个“第一下”的重要意义，首先在于提高士气，稳定阵脚；其次能为第二、第三下创造有利条件，成为进攻或反攻的基础。广东男排和四川女排常以先声夺人的发球和固若金汤的防守，来夺取优势；辽宁、福建男排常以坚如磐石的拦网来争得主动；很多队都以加强一传的稳定性来巩固自己的阵脚，发展大好形势。反之，如果“第一下”就失利，固然有时可以通过第二、第三下去弥补（发球失误就无法弥补），但是，常常会造成一步被动，牵动整个回合的优势，乃至影响到进攻或反攻的成败。比赛中的混乱局面，往往以第一下开始，以第三下告终，这是屡见不鲜的现象。因此，第一下必须抓好，初战“必须打胜”才能为夺取比赛主动权创造条件。

然而，抓好了三个“第一下”，取得了初战的胜利，只是具备了掌握比赛主动权的一定条件，还不是完全地、最后地夺得主动地位。要完全地、最后地夺取主动，还必须同下一步的战术行动有机地联系起来，还必须在打好“第一下”的基础上，通过第二下（二传）的紧密配合和巧妙组织，不失时机地向对方积极主动地进攻，这是战术配合的最后一击，是战术效果的标志，是战术成败的关键。一切防守的努力，都是围绕着进攻这个中心。进攻是夺取球权和争得分数的主要手段，同时也可以“保存自己”，避免失分。某一回合的进攻胜利了，这个回合就有了主动权，整个比赛过程的进攻胜利，整个过程就夺得了主动权。因此，必须在抓好三个“第一下”的前提下，在防守的基础上，通过第二下的密切配合，第三下一定要积极主动地进攻对方。首先，要树立“以攻为主”的指导思想，加强进攻意识，发扬敢打敢攻的精神，只要有进攻机会，就不失战机，大胆攻击，去争得主动。其次，要使一切防守的技术战术，都带有强烈的进攻性和明确的目的性，成为辅助进攻或准备转入进攻的一种手段。第一传不只是消极地接起对方的发球，而且要具有组织进攻的明确目的性；拦网不只是被动地去拦阻对方的扣球，而是要拦死或把球拦起到便于进行反击的方向，成为组织反攻的序幕；后排防守不是无可奈何地抵挡对方的扣球，而是要有到位的目的性，造成组织反攻的机会。只有这样，才能够使本来容易陷入被动地位的防守，在被动的形式中具有主动的内容，才能够由形式上的被动阶段转入形式上、内容上的主动阶段，才能够在比赛中立于不败之地。

五、贵在坚持

以上大都是从技术战术方面来研究怎样努力采取措施、创造条件，去造成比赛中的主动形势的。还有一个十分重要的方面就是要有正确的思想、良好的作风、坚强的意志和坚持不懈的精神，才能保证技术战术的充分发挥，才能创造出主动优势的必要条件。一切技术战术的掌握与运用，都离不了人，而人是有思想意识的。人的一切行动，无不受一定的思想意识的支配。因此，要充分发挥技术战术，保持主动优势地位，首先必须明确比赛目的，端正比赛态度，解放思想，敢打敢拼，遇强不惧，逢弱不欺，发扬英勇顽强、团结协作、胜不骄、败不馁等优良作风。在正确的思想和作风的统帅下，技术战术才能发挥强大的威力和作用。

排球比赛既然是一项对抗激烈、斗争繁复的运动，双方在比赛过程中不但要比技术战术、比身体素质，而且要比思想作风、比意志品质。因而在比赛中就不能不出现迂回曲折，不能不遇到困难挫折。形势一帆风顺，比分一路领先，只有绝对优势对绝对劣势的队才会出现。旗鼓相当的队比赛，总是你追我赶、相持不下，形势犬牙交错，战局复杂纷纭。要懂得这是比赛的正常规律性，要自觉运用其规律性。不要因为比分一接近，形势一紧张，就张皇失措，无所适从。尤其在比分落后、处境被动的情况下，只有保持高昂的斗志、旺盛的士气、活跃的情绪、坚持的毅力，以及必胜的信念，才能为化劣势为优势、化被动为主动创造必要的精神条件。任何怯懦的念头、怕输的思想、泄气的情绪，或胆小手软的现象，都会更加被动，增加困难，造成“狂澜已到，欲挽无术”的败局。

在处境困难、斗争艰苦的时候，往往是胜利即将到来的时候，可也是最容易动摇的时候，同时也是最能考验与锻炼一个队伍的时候。由对方十分有利、自己十分困难的情况，通过斗争和努力，转化为对方处境不利、自己反败为胜的战局，或者相反的战例，是不胜枚举的。1976年4月在昆明的全国排球预赛上，江苏女排对上海队比赛，上海队以2比1的局数领先，第4局又以14比11胜利在望。在这千钧一发之际，江苏队毫不气馁，奋起直追，反以16比14争得2比2的比局，并取得了决胜局的优势。1959年老江苏女排同贵州队比赛，曾以14比0占先，结果连失16分反胜为败，惋惜万分。在这种情况下，与其说是比技术战术，毋宁说是赛思想意志；思想的因素，主观能动性是起主要作用的。在此时刻，最重要的是要能顶住，贵在坚持。

在对方比分领先十分起劲的时候，往往会产生急于求成、求胜心切的情绪，如能坚持顶住，一拼到底，加上战略战术运用得当，就有可能激化其急迫求胜的心情，并导致其技术战术处置失当，引起战局逆转。有利情况和主动的恢复，往往产生于“再坚持一下”的努力之中。“再坚持一下”，就有可能提高信心，激励士气，调动全队积极因素，锻炼思想作风和意志；“再坚持一下”，就有可能暴露与激化对方思想上、技术上的弱点，以便捕捉战机，伺机反击；“再坚持一下”，就有可能使自己赢得时间，稳定阵脚，充分发挥特长，正确运用技术战术；“再坚持一下”，就有可能经过主观能力的活跃，取得一定条件，由劣势和被动转化为优势和主动。

比赛中的每一个球，特别是关键时刻的每一个球，都孕育着胜败的因素，都潜伏着胜败转化的可能。因此，一方面，当你一路领先、处境顺利的时候，只要比赛还未结束，一定要兢兢业业，坚持到底，打到比赛的最后一分；否则，一着不慎，可能导致全盘皆输。另一方面，当你比分落后、处境困难的时候，哪怕是对方比局以2比0领先，或比分14比0占优势，只要比赛尚未告终，只要还有百分之一的胜利希望，也要全力以赴，咬牙坚持，用百分之百的努力去争取。这种看来是没有胜利希望的不懈努力，只要坚持下去，往往就会有胜利的希望；有时这一局虽然没有取得胜利，但却能为下一局的比赛长士气、争主动奠定思想和技术的基础；即使全局未能争得主动和胜利，但对于培养作风、锻炼队伍、增长才干、总结经验，也有重要意义。那种领先就松劲、落后就泄气、打胜仗骄傲、打败仗消极的作风，不能在比赛中夺取主动和优势，必须加以拒绝和摒弃。

综上所述，条件造成形势。灵活用兵，发扬特长，乘人之隙，主动进攻和贵在坚持，是造成主动形势的必要条件，是夺取优势地位的重要方法。条件多具备一分，主动和胜利的把握就多一分。这种条件和形势的创造与形成，有赖于在一定客观物质技术条件的基础上，充分发挥主观能动性的作用。比赛双方力量的优劣本身，固然是决定主动或被动的客观基础，但还不是主动或被动的现实事物，只有经过激烈的对抗与斗争，经过主观能力的竞赛，方能出现事实上的主动或被动。在对抗斗争中，由于主观指导（包括指导思想、比赛态度、作风意志、力量组织、技术发挥、战术运用和临场指挥等）的正确或错误，可以化劣势为优势，化被动为主动；也可以化优势为劣势，化主动为被动。无数比赛的实践证明，双方力量的优劣、实力的强弱，只是具备了胜负的可能性，它本身并没有分胜负，要实现这种可能性，要分出胜负，还须加上主观的努力，这就是实行比赛和指导比赛，这就是通过技术战术的发挥和作风意志的表现，这就是比赛中的自觉的能动性。

由此可知，主动地位和主观能动性，是相互联系而又有区别的两个概念。主动地位是客观的，与赛双方都不愿意处于被动地位，而愿意处在主动地位，但事实上处在哪一种地位，却是由主客观的各种条件决定的。力量上的悬殊，客观上的困难和主观上的错误或消极，会使人们丧失主动地位而陷入被动地位；反之，正确地发挥主观能动性，利用有利条件克服不利条件，采取恰当的措施和方法，也可以使自己摆脱被动地位而转入主动地位。只要我们正确认识与掌握排球运动的规律性，在一定客观条件的基础上，充分发挥主观能动作用，调动一切积极因素，多动脑筋，做好工作，少犯错误，就能在比赛中争取主动，避免被动，打出风格，打出水平，不断提高排球运动技术水平，提高参赛水平和指挥能力。

（按：本文列举了一些比赛的战例来说明文中的观点，目的在于总结经验，绝无褒贬之意，敬希见谅。如有不妥，请批评指正。）

原载《中国体育科技》1977年第11期

作风与技术

一个运动队伍必须具有硬骨头作风，有压倒对手的狠劲，不屈不挠的韧劲，坚持到底的后劲，才能在训练与比赛中不怕苦，不怕累，不怕难，练不垮，打不烂，敢打敢拼，勇往直前，更好地发挥水平。

作风是一个运动员的思想和意志的反映。一个运动队的成长，树立良好的思想作风、训练作风和比赛作风非常重要。在训练中，明确训练的自觉性，兢兢业业、一丝不苟，就会加速运动技术的掌握与提高；在比赛中，端正对比赛意义的认识，鼓足干劲，力争上游，遇强不惧，遇弱不骄，就会充分发挥技术，打出自己应有的水平。

作风是构成一个队战斗力的重要因素。两队交锋，必有胜负，有时是技术的因素，有时是作风的原因，有时则两者兼有。实力相当的队对抗，战斗意志往往决定着比赛的成败。“两强相战勇者胜”，道理就在这里。在一定条件下，作风勇猛，较弱的队可以转弱为强；作风脆弱，较强的队也可能转强为弱。局势不利时，如果作风顽强，可以转败为胜；处境顺利时，如果作风不好，也可能转胜为败。这种战例是屡见不鲜的。八一女排在半数的主力队员输送给国家队的情况下，由于作风勇猛顽强，全队团结奋战，仍获去年全国亚军；陕西女排去年迎战日本女子排球队，在7比14落后的局面下，鼓劲排难，奋起直追，反以17比15领先，并以3比0取得全场胜利。这些充分说明，一个队的成长，除了技术战术的因素之外，培养良好的作风是何等重要。

我们强调作风的重要作用，并不意味着技术高低无足轻重。我们不但要有硬骨头作风，而且要有过硬本领。我们掌握高超的技术战术，是战胜对手的必备武器，是完成任务的物质条件。周总理曾经指出："精神好，还要有好的物质基础。要政治挂帅，还要认真苦练。练政治，练本领，练思想，练业务。"这就是说，在正确思想的指导下，运动员有了高超的技术战术作基础，在运动场上获得较多的自由，就愈能充分调动他们的积极性，发挥主观能动作用，愈能反映出良好的精神面貌和球场风格，也愈有信心去争取比赛的胜利。

作风与技术是辩证的统一，两者互相依存，互相制约。作风可以带动技术，但不能代替技术。作风是构成一个队的战斗力的重要因素，但不是唯一的因素。作风可以保证技术的充分发挥，但若技术水平差，即使充分发挥了也是低水平的技术。反之，如果技术好而作风差，好的技术就不能充分发挥，也难以保证比赛的胜利。"艺高人胆大，胆大艺愈高"，这是作风与技术的辩证关系。

培养与树立良好的作风，是搞好运动队伍建设的重要保证。作风的培养与树立，是一个长期的战略任务，绝非一日之功，一蹴而就。

培养作风的重要方法：一是经常教育，反复强调。要坚持经常，认真抓紧，反复教育，持之以恒，好的作风才能逐步形成。二是人人重视，群众监督。领队、教练员要言传身教，身体力行。运动员要互相帮助，互相督促，人人重视，造成声势，才易于见效。三是要求明确，措施落实。从思想、学习、训练、比赛和生活各方面，要有具体的目标、明确的要求和切实的措施，行动才有所依循，也便于总结检查。四是大处着眼，小处着手。万丈高楼平地起，千尺大树从根生，"要成就一件大事，必须从小事做起"。要立足本职，放眼全局，点滴做起，积以时日，因小明大，见微知著。只有这样，一个队伍的良好作风才能日渐形成，从量的积累实现质的飞跃，建设成为思想好、作风硬、纪律严、技术精的运动队伍。

原载《体育报》1978年5月12日

打球要眼观六路

在全国排球甲级队联赛中，人们注意到，我国优秀二传手孙晋芳和沈富麟等在组织战术的过程中，眼看六路，通观全场，注意观察彼我双方的动向，因而能恰到好处地组织各种卓有成效的战术；优秀进攻手汪嘉伟和郎平等在突破对方防线的扣球时，也是视野宽广，头脑清醒，准确地窥破对方拦、防的弱点，因而能有的放矢地击破对手严密的防守。但我们也看到有不少运动员在比赛中，一球障目，不见全场，闭目塞听，茫然失措，完成动作缺乏预见性，实现战术缺乏目的性，场上行动带有盲目性，因此经常出现攻无章法、守则乱阵、互相抢让，以致造成不应有的技术失误等现象。这除了由于技术不全面熟练、缺乏比赛经验之外，同平时训练不重视发展视野、不注意观察判断临场情况不无关系。

排球运动的特点之一是，完成技术时间短促，实现战术速度很快。这就更要求排球运动员在比赛中要眼观六路，耳听八方，开阔视野，精力集中，在刹那间进行准确的观察判断，并采取正确的技术战术行动。排球有发、垫、传、扣、拦、防等诸种技术，任何一项技术的正确运用，都离不开既要看球，又要看人，还要看网；既要观察本方人员的情况，又要观察对方人员的动态。那种只看球，不看人，或只观察本方情况，不观察对方动态的“一孔之见”，是既难于采取准确无误的行动，又不能适应错综复杂的实战需要的。

发展视野，眼观六路，是球类运动的一项重要的基本功。视野宽广与否，是技术熟练程度的表现，是一个运动员成熟与否和有无经验的标志。但因为视野是一种“无形的技术”，在训练中很容易被忽视，值得引起大家注意。

发展视野，眼观六路，是对临场情况进行观察判断的前提。运动员在训练或比赛中的正确技术战术行动，来源于对彼我双方的正确观察判断，而要有正确的观察判断，就必须发展视野，眼观六路。没有宽广的视野，就不可能有很好的观察判断，就不会有正确的技术战术行动。

发展视野，眼观六路，可以促使运动员在训练和比赛中，开动大脑，用心打球，手脑并用，练想结合，有利于加快技术的掌握与提高，有利于技术的合理运用，有利于人才的迅速成长。

发展视野，眼观六路，可以逐步培养运动员的战术意识，不断提高其临场经验，明确运用技术的目的性，加强临场行动的预见性，提高运用技术的灵活性，密切全队配合的集体性，从而提高运动员合理运用技术的能力。

发展视野，眼观六路，还可以为掌握与提高某些高难度的动作技巧（如二传的假动作、扣球的隐蔽性、拦网的变方向等）创造有利的条件。

因此，排球的训练和比赛，一定要重视发展视野，强调眼观六路，注意观察判断各种来球的性能，人、球、网的相互关系，本队人员的情况和对方人员的动态，在瞬息万变的激烈对抗中，采取相应的正确行动。

原载《体育报》1981年5月15日

排球训练工作30年回顾

根据史料记载，20世纪初叶，排球运动在中国东南沿海一些城市开始传播。最早是采用16人排球制，后来改为9人排球制。但因缺乏广泛群众基础，技术发展缓慢。中华人民共和国成立后，从1950年开始实施6人排球制。当时，基础比较薄弱，技术水平较低，战术打法简单，训练经验不足。

30年来，在中国共产党和人民政府的领导下，随着我国政治、经济、文化的发展与人民生活水平的提高，我国的排球运动同整个体育事业一样，得到了蓬勃的发展。群众性的排球运动广泛开展，在全国范围内越来越多的青少年参加了排球活动。1951年在北京举行的第一次全国性排球比赛，只有8个单位192名男女选手参加，而在1978年举行的全国甲、乙、丙等级制球赛中，就有77个代表队998人参加，1978年有67个青年队、77个少年队，共有2372人参加全国性的青年和少年比赛。这充分显示了我国排球运动基础宽广、力量雄厚、兴旺发达、后继有人的大好形势。

在普及的基础上，技术水平迅速提高，优秀选手不断涌现。在“百花齐放，百家争鸣”“古为今用，洋为中用”方针的指引下，我国排球的技术战术有所创新和发展。如：20世纪50年代的快板球、攻击性的大力发球和隐蔽二传，60年代的快速平拉开扣球、活点进攻和盖帽式拦网，70年代的各种交叉掩护、跑动穿插进攻，以及时间差和空间差等新颖战术打法，都为世界排球运动的发展作出了一定的贡献，获得了国际排坛人士的好评和赞扬。

30年来，在排球教学训练工作和竞赛工作方面，重视我国的具体特点，坚持走自己的道路，认真吸取外国的长处，不断总结与积累了可贵的经验，逐步探索与掌握了排球运动的发展规律，为迅速提高排球运动技术水平，闯出了一条路子；同时培养了一大批具有一定专业知识和能力的排球运动员、教练员和裁判员。

在国际交往中，中国排球运动员认真贯彻执行周总理提出的“友谊第一，比赛第二”的方针，为增进同各国人民和运动员之间的团结与友谊，推动世界排球运动的发展，作出了自己的贡献。1952年10月28日，中华全国体育总会加入国际排联作为临时会员，1954年1月11日，国际排联接纳我国排协作为正式会员。中华人民共和国成立不到7年，1956年9月，中国排球队第一次参加在巴黎举行的世界排球锦标赛，就取得了女排第6名、男排第9名的较好成绩。1963年11月在雅加达第1届新兴力量运动会上，我国男女排双获冠军。“文革”终结后的1977年11月，中国排球队参加在日本举行的世界杯排球赛，打出了风格与水平，女排在预、决赛中先后战胜了该届冠、亚军的日本队和古巴队，获第4名；男排两度以3比0的同样战绩击败了第21届奥运会第6名的韩国队（当时称南朝鲜队），获得第5名。中国男女排球队都跨入了世界排球先进水平的行列。1977年8月，中国青年排球队参加在巴西举行的第1届世界青年排球锦标赛，男女排双获亚军。1978年，中国男女排分别在意大利和苏联参加世界锦标赛，获得男子第7名、女子第6名。1979年12月在第2届亚洲排球锦标赛中，中国男女排球队分别战胜了当时世界劲旅日本队和韩国队，第一次荣获亚洲冠军，取得了参加1980年第22届奥运会的资格，长了中国人民的志气，为冲出亚洲、走向世界创造了光辉前景。一些省、市、自治区和解放军排球队，在迎访和出访的国际比赛中，也大都取得了较好成绩，为我国排坛增添异彩。

我国排球运动在广大教练员、运动员和排球工作者的共同努力下，训练工作和技术战术水平取得了很好的成绩。我国排球训练工作的30年，大致经历了四个发展阶段，各个阶段的主要情况和特点概述于下。

一、从新中国成立初期到第一届全运会

（1）继承优良传统，学习外国经验

为了适应国际比赛的需要和有利于排球运动的发展，从1950年起，将新中国成立前沿袭多年的9人排球制改为6人排球制。当时，排球运动基础薄弱，起点很低，水平很差，缺乏经验。一方面，继承9人排球制的一些技术战术打法，如扣快球、大力发球和隐蔽二传等；另一方面，学习苏联和东欧一些国家的技术战术和训练经验，在当时的历史条件下，起到了一定的积极作用。

（2）建立排球队伍，进行系统训练

1952年6月10日毛泽东主席“发展体育运动，增强人民体质”题词的发表，和党中央有关体育运动方针政策的实施，推动了全国排球运动的发展。1952年第1届全军运动会和1953年全国篮、排、网、羽4项球类运动大会前后，六大行政区和各大军区以及产业系统相继建立排球队。1954年第一次举办全国排球联赛，1956年开始根据各队技术水平分为甲、乙级队，分别举行联赛，1958年到1959年第1届全运会前后，以省、市、自治区为单位，大都建立了排球队。各种竞赛活动，催生了排球队伍的建立，开始进行比较系统的训练，推动了群众性的排球运动的开展，促进了运动技术水平的提高。

（3）快攻崭露头角，提出指导思想

1955年到1959年是我国排球技术战术发展的一个重要阶段。通过建立运动队伍，进行系统训练，组织全国竞赛，交流技术经验和加强国际交往，有力地促进了排球技术战术水平的提高与发展。1955年捷克斯洛伐克军队“中央之家”男排和保加利亚男女排来访时，我国各队虽然胜少负多，但是快攻打法初露锋芒，显现优势，给对手以较大的威胁。1956年中国男女排球队第一次参加世界排球锦标赛时，在一攻中初步有了一套快速进攻战术（如快球掩护的交叉、重叠、围绕战术和两次转移战术等），显示了

快攻的优越性，被外国人誉之为“杂技般的技术”。

在实践中，我们根据中国运动员身材较矮，但弹跳力强，灵敏性好和具有打快球的传统等特点，第一次提出了“积极、主动、快速”的战术指导思想，指出要发展快速打法，积极主动进攻，作为“小个儿打大个儿”的有力武器。1958年到1959年期间，我国排球运动技术达到一个较高的水平。人们破除迷信，解放思想，精神焕发，干劲冲天，各队在训练中加大运动量，大搞技术革新，认真总结经验。1958年甲级联赛时，八一和广州体育学院男排等队的勾手大力发球，发挥了攻击威力，引起了普遍重视；成都体育学院女排的上手飘球，别具一格，引人注目。当年在成都举行的教练员会议上，总结了以往训练的经验，提出了“技术全面，战术多样”的指导思想，并要求大抓发球训练，带动一传的提高，发展快速进攻，争取第一回合的优势，作为“小个儿打大个儿”的一个重要武器。此后，各队十分重视对发球和一传的训练和钻研，使我国排球训练在第一回合的斗争中，有较快的发展与提高。各地方队和国家队，在第1届全运会上表现了较高的水平，在迎访和出访的国际比赛中，战胜过苏联男女排球队、德国男排、捷克斯巴达克男排、保加利亚索菲亚男女排、波兰人民军女排和苏联乌克兰女排等队，打出了较好的水平。

（4）这个阶段存在的主要问题

在选材上，运动员身材较矮；在技术上，网上实力不足，防反水平较低；在训练上，缺少科学的系统的经验，身体训练尚未引起足够重视，学习苏联经验存在一定的片面性等。

二、从20世纪60年代初期到“文革”前

（1）狠抓队伍建设，落实训练措施

60年代中期，我国排球运动达到了一个较高的水平。1959年第1届全运会后，国家体委提出要加强身体训练，打好体能基础，引起大家对身体训练的重视。1960年全国甲级联赛后，在上

海举行教练员会议，讨论了技术与战术的关系，提出了加强基本技术训练的重要性和提高反攻扣球能力的迫切性。特别是60年代中期，全党和全国人民战胜了三年困难时期之后，运动队伍迫切需要把技术水平搞上去。在当时全国人民向解放军学习的热潮中，提出学习解放军苦练过硬杀敌本领的精神，学习郭兴福的教学方法。国家体委根据贺龙元帅的指示，针对当时运动队的实际情况，提出要反对右倾保守，反对教条主义和反对“骄娇”二气，提倡三不怕（苦、累、难），五过硬（思想、作风、技术、战术和身体），实行“三从一大”（从难、从严、从实战出发和大动量）的训练原则。这些要求和措施，促使排球队伍的精神面貌发生了深刻变化，转变了训练作风，加强了训练工作，运动技术达到了较高的水平。

（2）学习日本经验，改革训练方法

1964年底，日本贝冢女排来华访问，国家体委在上海召开了有各省体委主任和排球教练参加的现场会议。1965年日本教练大松博文应邀来训练我国联队一个月，使我们学习了不少有益的技术和经验，对我国排球训练工作起了积极的作用。日本队训练的某些粗暴做法虽不足取，但从业务观点上来看，她们的训练作风、训练难度、训练强度、训练措施、严格要求、刻苦训练及大运动量方法，符合排球运动规律，符合我们提倡的“三从一大”的原则。日本队在短期内一跃为世界冠军震惊全球，也引起我们深思，促使我们在训练作风、训练要求、运动量和技术战术等方面，发生了很大的变革和突破，从而推动了运动技术水平的提高与发展。

（3）飘球、垫击出现，拦网规则修改

这个阶段，国内外排球技术出现了两个重要的发展与变化：

一是日本人掌握勾手飘球技术和一传采用小臂垫击，这是他们夺取世界冠军的秘诀之一。飘球的出现、垫击的运用，引起了技术战术的变化。我国在1962年以后开始普遍掌握飘球技术和一传运用小臂垫击。在开始阶段，发垫处于不平衡状态，影响了一攻快速战术的形成。据历年全国比赛的技术统计，1962年、1963年各队一传到位率普遍下降（1963年男排平均30.5%，女排平均23.3%）。但由于各队重视发垫训练，加强技术钻研，到1964年一传到位率开始回升（男41.5%、女31.4%），1965年第2届全运会一传到位率（男47.2%、女36.1%）超过了第1届全运会（男46.1%、女34.1%）。以后发垫逐步趋于平衡。一传到位率的提高，保证了我国传统快速战术的形成与发展。

二是1965年国际排球规则修改为拦网可以伸手过网。本来苏联、东欧等队自恃身高体大，企图利用拦网规则的改变来限制亚洲一些队。但由于我们因势利导，抓紧抓早，在实践中认真钻研，大胆革新，创造了“盖帽”式拦网的新技术，结果同苏联队的愿望相反，我们在国际比赛中拦网反占优势。如在1965年中、日3场比赛，我队仅拦网一项就多得34分；同年在苏联里加的五国联赛中，我国国家男排4场比赛中拦网多得8分。拦网技术的新提高，反过来刺激与促进了快速进攻战术的新发展。“活点进攻”“4号平拉”等新战术，就是在这种情况下应运而生的，并逐步形成比较完整的快速战术体系。在1965年中波、中日比赛和在苏联里加的五国联赛中，充分显示出我国快速战术的优越性。在攀登技术高峰、探索走自己的道路方面，迈出了可贵的一步。拦网规则的改变，同时也促使运动员努力提高弹跳高度，重视对高个队员的培养与训练，以力争制空优势。1965年以来，各队身高普遍增高。以国家队为例，男排平均身高1962年为1.82米，1966年为1.84米，1972年为1.87米，1977年为1.88米，1979年为1.901米；女排平均身高1962年为1.72米，1972年为1.74米，1977年为1.77米，1979年为1.78米。

以上情况表明，一种新技术的出现，一项规则的修改，必将引起技术战术的变化和训练上的改革。只要我们虚心学习，刻苦钻研，因势利导，抓早抓好，认真总结经验，努力运用辩证法，善于探索排球运动规律，就有可能更快地促进运动技术水平的提高，甚至可以变不利为有利，化被动为主动。这是值得记取的经验。

（4）贯彻“双百”方针，多种风格竞存

在训练中，各队认真贯彻“双百”方针，注意根据排球运动的发展趋势和本队的具体特点，来确立自己的技术战术风格，使全国形成了各种不同类型的打法，改变了千篇一律、一种模式的格局。当时，有以广东台山队为代表的快速打法，有北方几个队的高打重扣，有以上海男排、四川女排为代表的技术细腻、打法稳健的风格。在快速打法上，国家队、上海队以3号位快球为中心，北京队以4号位平拉为特点，广东队以2号、3号位快球为核心，福建队以活点进攻为特色等。各种风格各有长短，互相学习，彼此竞争，共同提高，对我国排球运动的发展，产生了积极的促进作用。这是当时排球运动达到较高水平的重要原因之一。

（5）这个阶段存在的主要问题

训练工作中存在一定的片面性，在技术上学了飘球技术，丢了大力发球；掌握了小臂垫击，忽视了传球训练；在阵容上，采用了固定换位的专位分工，带来了某些运动员技术上的片面发展，特别是在青少年运动员的训练中，机械的专位分工和过多的定位练习，影响其技术的全面发展与迅速提高。

三、“文革”时期

“文革”时期，我国排球事业遭到严重挫折，运动队伍涣散，训练比赛停顿，导致之前已经达到的较高运动技术水平受到极大损害，使我国国家男女排球队在参加1974年世界锦标赛中，成绩下降到历史的最低水平（男第15名，女第14名）。于是，国家体委果断决策，临时解散国家队，韬光养晦，“藏富于民”，调动地方队积极性，以备来日东山再起，卷土重来。

四、1972年五球运动会以后

（1）排除一切干扰，重建训练秩序

1972年4月9日，周恩来总理在广州二沙头号召广东省运动员，要把体育运动水平搞上去。这极大地鼓舞着全国广大运动员和体育工作者忠诚体育事业的积极性。同年6月10日，为了纪念毛主席“发展体育运动，增强人民体质”题词发表20周年，在北京举行了全国篮、排、足、乒、羽5项球类运动会，推动了排球运动的发展，促进了技术水平的提高。同年7月，日本国家男女排球队访华，周总理亲临观看中、日比赛，并对中国排球运动员作了重要讲话，有力地鞭策着我国运动员和教练员勇攀技术高峰的决心。1972年前后，各省、市、自治区和解放军相继成立或重建一大批青年队伍，逐步恢复各种正常的秩序，开始进行比较严格的训练。这批青年排球队伍，经过多年训练，成为20世纪70年代后期冲出亚洲、跨入世界排球先进水平行列的突击力量。

（2）认真总结经验，明确奋斗目标

1972年11月在北京召开了篮、排、足三大球训练工作会议，对新中国成立20多年来的排球训练工作进行了比较认真系统的总结。1978年2月在漳州召开了排球工作会议，对1972年以后的排球训练工作和今后任务，作了深入的研究和部署。这两次会议对我国排球运动的发展起了重要的作用。这两次会议主要讨论和解决以下问题：

① 树立雄心壮志，明确奋斗目标，决心迎头赶上，努力攀登世界排球技术高峰，把打败日本队、韩国队，夺取亚洲和世界冠军，作为我们瞄准的目标。

② 坚持贯彻“两严”方针和“三从一大”原则，加强事业心教育，转变训练作风，提高训练质量，以保证运动技术的迅速提高。

③ 总结训练工作经验，探索排球运动规律，明确技术战术指导思想，坚持走自己的道路，掌握国际排球的发展趋势，提出技术战术的发展方向。

④ 加强运动队伍后备力量的建设，重视青少年运动员的训练。

⑤ 制定排球发展规划，研究实现规划的措施等。

（3）组织多强集训，促进共同提高

为了加强训练工作，落实发展规划，实现赶超世界先进水平的奋斗目标，从1972年冬训开始，国家体委最早在漳州，尔后在郴州、福州、柳州、青岛、沈阳、台山、哈尔滨等地，组织了几十次青年和成年重点队的集训大会战。实践证明，搞集训大会战是一项有效的措施，它对于贯彻执行党的训练方针，落实发展规划的任务指标，加强运动队伍的建设，磨炼训练作风和意志，交流技术经验，组织赛练结合，促进共同提高，迅速提高运动员技术水平，以及培养各种人才，多出人才，快出人才，实现大面积的丰收，都有着重要的意义和作用。现有国家队的优秀运动员，大都是经过多次集训的锻炼和各方面的共同努力，而逐步成长和成熟起来的。在集训大会战中，群众创造了“合练”这种新的训练形式，就是根据训练任务的需要和一定的训练要求，两个队按主力和替补的分组，在一起共同训练或进行教学比赛，或是几个队按不同的专位分工（主攻、副攻、二传）分别进行专门的共同训练。它有助于培养“国内练兵，一致对外”的协作精神，有助于树立强大的对立面，促进运动技术水平的迅速提高。与此同时，国家体委先后在漳州和郴州两地投资建设训练基地，并逐步趋于完善。训练基地对于保证集训任务的圆满完成，起着积极的作用。

（4）勇于实践、创新，快攻日趋完善

1977年国际排球规则作了两点重大的修改：一是标志杆内移

10厘米；二是拦网触手后仍可击球三次。很明显，规则的修改，有利于拦网优势的加强，有利于高大队员长处的发挥，在一定程度上限制了进攻，增加了一攻的难度。但是，世界上的事情总是一物降一物，任何事物都是在对立斗争中发展的。规则的修改，固然有利于拦网的一面，同时也有促进进攻技术战术发展的另一面。我们根据以往国际规则修改的经验，因势利导，抓紧抓早，勇于实践，敢于创新，在原有快速进攻的基础上，突出灵活变化，强调快变结合，发展与创造了各种时间差、地面错位差和空中错位差等新颖有效的战术，并在重大国际比赛中显现巨大威力，占据领先地位，赢得国际好评（日本人称我们“冲飞”打法为“魔鬼式的进攻”）。这个阶段，我国排球技术战术的提高与发展，可以归纳为以下几方面：

① 在时间上。降低一传弧度，普遍运用跳传，加快扣球起跳和击球的速度，强调两次球战术的运用，从而提高了进攻的速度。个人时间差和集体时间差的发展与运用，增强了战术的突然性。

② 在空间上。由近体快到短平快；由近网快到远网快；由低点快到高点快；由一点快到多点快；由定位快到跑动快；由地面错位快到空中错位快；由前沿突破到纵深出击；由一攻快到反攻快等。从而增加了运用快攻的机会，扩大了组织快攻的范围，提高了战术的掩护性和攻击性。

③ 在人员上。由副攻掩护给主攻突破，发展为打破主、副攻机械分工的界线，主、副攻互为掩护与突破；由明显站位发展为隐蔽站位，以及在集体战术的配合下，提高个人战术的运用等，从而加强了战术的牵制与突袭能力。

④ 在防守上。由单一的边跟进防守，发展为心跟进防守或两种防守形式灵活结合运用，从而提高了临场的适应能力和应变能力。

（5）水涨才能船高，国家、地方两利

20世纪70年代中后期，国家队的组织形式有了新的变化，由过去调“死”的形式改变为调“活”的形式。从1976年开始，通过多强集训、择优录取，选拔一批代表国家最高水平的运动员，到国家队集训，并出国执行重大国际比赛任务，任务完成后回本单位参加国内比赛任务。实践证明，这是一种较好的形式。水涨才能船高，只有高水平的地方队，才能出现和保持高水平的国家队。这种形式，有利于调动中央和地方两个积极性，有利于国家队与地方队保持密切的鱼水关系，有利于全国排球水平的提高，也有利于国家队本身的锻炼、提高、巩固和发展。

（6）勇攀世界高峰，超过历史水平

随着我国安定团结政治局面的出现、国民经济的好转、各种正常秩序的建立、各项方针政策的落实，特别是党的十一届三中全会确定全党工作着重点转移到“四化”建设上来之后，排球界的形势同整个体育界和全国一样，充满生机，令人鼓舞。20世纪70年代后期，我国排球运动技术，超过了历史最高水平，冲出了亚洲，跨入了世界先进水平的行列。1977年11月参加世界杯比赛，女排第4名，男排第5名；1978年参加世界锦标赛，女排第6名，男排第7名；1979年参加亚洲排球锦标赛，男女排都战胜了劲旅日本队和韩国队，第一次荣获亚洲冠军，取得了参加1980年奥运会的资格。这些成绩的取得，受到党和人民的重视与赞扬，党中央曾经表扬排球取得好成绩，并在召开五届人大时，提出增加排球队一个代表的名额。这是党和人民对排球界的极大鼓舞与鞭策。

（7）当前存在的主要问题

在技术训练上，在发展快攻的同时，要提高强攻能力；在巩固一攻的同时，要加强防反水平；在抓好技术全面的同时，要加强个人特长的培养；在提高队员高度的同时，要注重对高大队员的全面训练等。

综上所述，我国排球训练工作和技术发展的30年，经历了从无到有，从小到大，从弱到强的奋斗过程，有许多宝贵的经验，值得认真进行总结。特别是20世纪70年代后期，我们所以能够冲出亚洲，把水平搞上去，主要有以下几个原因：

第一，一批事业心强、有一定专业知识和能力的领导、教练班子，是把水平搞上去的骨干力量。

就总的情况来看，从国家体委业务部门到地方领导排球的干部，从国家队到地方队的教练，特别是一些重点队的领导和教练，都是一批有强烈体育事业心，有一定专业知识和能力的领导班子。他们为了打好排球翻身仗，夜以继日，身体力行，奋战在训练第一线。他们常年在外参加集训或比赛，远离家园，置个人利益于不顾，一心扑在事业上，表现了强烈的事业心和高度的责任感。他们有艰苦奋斗的创业精神，在漳州集训开始条件很差的情况下，排除干扰，克服困难，奋发图强，胜利地完成了集训任务。他们十分注重队伍作风的培养，而首先以身作则，身体力行，训练中同队员摸爬滚打，生活上同队员打成一片，敢于严格训练，严格要求，能够带思想，带技术，抓经验，把队伍的思想建设和业务建设同时抓起来。排球界有个好传统，全国一盘棋，同心干事业。尽管有时也会发生个别矛盾，但都能以国家利益、全局利益为重，一致对外，互相支持，互相谅解，统一在共同为了把事业搞上去的基础上。这是把水平搞上去的重要原因之一。

第二，一批身材素质良好、掌握先进技术战术的队伍，是把水平搞上去的实力基础。

首先是选材。我国排球运动，无论是在20世纪60年代中期达到较高水平，还是在70年代后期跨入世界先进水平，都选拔了一大批身材高大、素质良好的运动员，进行了多年的系统的严格训练。60年代中期的国家队员，大都是1958年前后进队，经过七八年训练，才达到比较成熟的程度；现在的国家队员，大多是1971年以后入队的。这是新中国成立以来条件最好的一批运动员，是经过七八年左右的训练才达到较高水平的。其次，只有在正确技术战术思想的指导下，勇于实践，敢于创新，掌握几套克敌制胜的先进技术战术，才能立于不败之地。20世纪60年代中期的平拉开、活点进攻、盖帽拦网等技术战术，70年代的时间差、空间差等快变战术，都雄辩地证明，掌握几手制敌于“死命”的锐利武器，是把水平搞上去的物质力量和实力基础。

第三，实行多强集训，是出人才、出成绩、实现大面积丰收的有力措施。

1962年全国排球曾搞过短期集训。1972年以后，每年开始在漳州等地进行较长时间的多强集训。经验表明，每年集中一定的时间，根据一定的训练任务和要求，有重点、有计划地进行多强集训，有利于集中思想，集中精力，专心致志地搞好运动队的思想建设和业务建设；有利于树立强大的对立面，相互对抗，多打比赛，广开“国内练兵”的阵地；有利于集思广益，交流经验，促进运动技术水平的共同提高；有利于开展“比学赶帮超”的竞赛，使“比”有方向，“学”有榜样，“赶”有目标，“帮”有战友，“超”有对象；有利于通过多强集训，择优选拔代表国家最高水平的国家队；同时，也有利于推动当地排球运动的开展，促进训练基地的建设；有利于使用集训期间的技术干部力量，培养与提高专业和业余的教练员和裁判员的水平。集训是培养人才，快出成绩，把水平搞上去的有力措施。

第四，认真抓好青年队的建设和青少年的训练，是具有远见卓识的战略措施。

从全国范围来说，基层队与尖子队层层衔接的问题，还没有很好解决。但在重视青年队的建设和训练、培养与训练、造就一批比较雄厚的后备力量方面，国家和地方都采取了不少有效措施，做了很多组织工作。1972年的漳州集训就是从青年队开始的。以后多次专门组织的青年队集训，或成年队带青年队的集训，或一线队规定一定年龄比例的集训，都是为了加强青年队员的培养。在竞赛制度上，也制定了若干有利于促进青少年运动员更快成长的办法与措施。现有国家队成员有很多人都是从青年队中涌现出来的。目前各地方队还有一批充满希望、破土待出的好苗子。一个国家排球青年队的规模和水平如何，反映了这个国家的排球事业是否兴旺发达，预示着排球队伍是否后继有人。认真抓好青少年队的建设和训练，是保证后备雄厚的一项有远见的战略措施。

第五，加强科研工作，掌握发展动态，认真总结经验，明确指导思想，是把水平搞上去的腾飞翅膀。

30年来，随着实践的不断深入，根据国内外排球运动的发展动态，从国家到地方，都比较重视研究排球技术战术的发展规律，并根据自己的实际情况，提出应当解决的技术问题和努力方向。1955年保加利亚国家男女队和捷克斯洛伐克军队之家男排来华比赛之后，我们第一次提出了灵活快速指导思想；1958年狠抓发球、一传，提出了争取第一回合的优势；1960年提出了加强身体素质和基本技术的训练；1964年总结了快攻战术问题；1965年根据拦网规则的改变，深入研究与解决了拦网问题；1977年又根据规则的修改，进一步研究与总结了拦防技术战术和快变战术体系。1977年和1978年根据参加世界杯和世界锦标赛的情况，对国际排球发展趋势和我国的具体特点，作了比较全面的研究和分析，特别是1972年三大球训练工作会议和1978年排球工作会议，对我国二十几年来的训练工作，进行了比较全面系统的总结，肯定了成绩，总结了经验，提出了问题，指出了方向，明确了技术战术指导思想，坚定了走自己道路的决心。所有这些，对于指导全国排球训练工作，明确训练方向，攀登世界排球技术高峰，都有着重要的促进作用。

第六，党的领导和各级体委的重视，是把水平搞上去的根本保证。

党和国家领导人，对排球事业十分关怀。毛主席、周总理等领导1955年亲临观看中、印排球比赛；周总理于1964年对日本排球教练大松的训练法作了恰当的评价，后来又请大松来华任教一个月，1972年多次观看中日排球比赛，并作了重要指示；贺龙元帅对排球事业呕心沥血，亲自为排球运动员作赛前动员，提出“三大球不翻身，死不瞑目”的号召；特别是党的十一届三中全会全党工作着重点转移到“四化”建设上以来，党中央极为关怀排球事业的发展，给排球运动员和教练员以很大的鼓励和荣誉。所有这些，都极大地激励与鞭策了广大排球工作者奋发图强，誓打排球翻身仗的信心与决心。国家体委和地方体委的领导也十分重视抓好排球这个重点项目，经常亲临第一线，解决思想、训练和比赛中的各种问题。党的领导和各级体委的重视，是把水平搞上去的根本保证。

原载《江苏体育科技》1981年第3期、第5期、第6期

本文是作者为1978年2月召开的全国排球工作会议撰写的总报告的相关内容。

磨刀不误砍柴工

——谈谈练好扎实的基本功

钝刀砍柴，费时甚多，用力颇大，收效甚微。要想提高工效，就须下功夫先磨好刀。花功夫去磨刀，看起来失去了时间，实际上赢得了砍柴的速度，提高了砍柴的效果。这是人所共知的生活哲理。古人早有遗训："工欲善其事，必先利其器。"运动员要想迅速掌握与提高运动技术，达到较高造诣，以至于成为世界优秀选手，首先就必须花时间下功夫，扎扎实实地练好基本功，这个道理似乎都可以接受，但在实践中却未必都能实行。有的人一心想早出成绩，结果煮了"夹生饭"；有的人舍不得下大功夫，浅尝辄止；有的人忙于应付比赛，舍本逐末等，他们都忽视了基本功的训练。从根本上说，都是不能正确认识练基本功与出成绩、出人才的关系。

被评为1981年世界杯排球赛最佳二传手的孙晋芳，从1971年入队到成为优秀选手，大致经历了"三年成形，五年成材，八年成器"的培养过程。在进江苏队之后的头三年，她用很多的时间和精力去加强基本功训练，练好各项基础动作。她虽然只经过两年多的时间，就成为全国女排前4名的主力二传手，但并没有放弃或削弱对基本功的磨炼。她除了正课进行大量的二传专门训练和攻与传之间配合外，每天都要利用课余时间同队友张洁云一道做500次对传和脚步、视野等练习。1976年她们二人调至国家队经过加工、提高，以及尔后在世界大赛中"穿针引线"组织全队进攻，准确无误地传好各种战术球，成为出类拔萃的核心人物，这是与她们在系统训练中打好基本功分不开的。

相反，我们也看到，有不少条件优越的运动员，虽经多年训练，但仍技术粗糙，动作差错，战术单调，意识不强，长进不大，原因固属多方面，但有一条，就是忽视基础动作训练，没有练好基本功。

练好基本功，可以为掌握与提高运动技能储备能源、积蓄力量。基本功是运动员达到较高造诣之前基本能力的储存，是为攀登技术高峰奠定坚实的基础。排球的基本功，概而言之可以归纳为脚步、手法、视野、腰部和战术意识等几个方面。其相互关系是：脚步是基础，手法是关键，视野是依据，腰部是枢纽，意识是灵魂。而各项技术又有它本身的最基本、最重要、最关键的基本功。不难发现，那些脚步灵活、移动快速、手感性好、视野宽广、腰部自如和球场意识强的运动员，对各项技术战术的掌握与运用，必然就比较驾轻就熟，从容不迫。而基本功差的运动员，则显得费力甚大，成效甚微。

练好基本功，可以为掌握正确的技术动作、减少技术失误开辟途径。合理技术的建立，正确动作的定型，同基本功扎实与否关系极大。以训练扣球为例，只有练好助跑起跳（包括选择起跳时机与地点）和挥臂击球这两项最基本最关键的动作，才能建立正确合理的扣球技术定型；正确的技术一旦熟练之后，在比赛中就可以更好地发挥水平，并减少各种可以避免的失误。相反，如果不注意起跳和手法的基本功训练，匆促而草率地进行扣球练习，就很可能形成错误的扣球动作，比赛中既难以发挥水平，也容易造成不必要的技术失误。

练好基本功，可以为掌握全面的技术打好基础。技术全面是当代排球运动的重要特点之一，是一个优秀运动员应具备的必要条件。只有练好脚、手、眼、腰、脑以及各项技术的基础动作，才能为掌握发、垫、传、扣、拦、防等各项攻防技术打下坚实的物质基础，成为技术全面、能攻善守的优秀运动员。而基本功不扎实的人，往往在技术上破绽百出，有懈可击，成为对手攻击的重点对象。

练好基本功，才能为掌握高超的运动技巧准备条件。高级技巧的形成，需要具备一定的技术条件。如掌握二传晃传技巧，需要有准确的起跳时机、娴熟的传球手法和宽广的环视能力等；掌握扣球多线分化，需要有良好的滞空能力、敏锐的观察判断和巧妙的扣球手法等。基本功不扎实，技术单调，动作粗糙，充其量只能是学会一般水平的技术，而不可能在掌握高级技巧方面有所突破。

练好基本功，还能有助于延长运动员的运动寿命。实践表明，基本功好的运动员，由于基础扎实，动作正确，技术全面，技巧性强，一般地讲更能承受大运动量的训练，更经得起激烈对抗的考验，运动寿命也相对长一些。而基本功不扎实的人，随着年龄的增长，则容易较早出现素质减弱、技术消退、水平下降的现象。因此，加强基本功训练，特别是对年轻的高大队员加强基础动作训练，是迅速而有效地提高运动技术，保证高质量地出成绩、出人才的重要训练措施。

要练好基本功，必须有一丝不苟的精神，严格训练，严格要求；有锲而不舍的钻劲，开动脑筋，认真钻研；有久久为功的韧性，持之以恒，反复锤炼；有精益求精的态度，精雕细刻，不断琢磨。而那种在训练中心猿意马，浅尝辄止，朝练夕停，粗制滥造的人，是不可能练出一身过硬功夫来的。

原载《体育报》1982年4月30日

当前训练中值得研究的几个问题

我国排球的训练工作，已经有30多年的实践，积累了丰富经验，取得了卓著成绩。为使我国排球运动技术战术水平不断提高，在当前的训练工作中，有几个问题值得研究和改进。我愿以自己的见解，提出来同大家商榷。

一、关于专位分工

专位分工，是指运动员在训练或比赛中，专门换至某一特定的位置上，去完成进攻或防守的职能；目的是为了充分发挥其个人特长，有利于调动运动员的积极因素。我国自1950年开展6人排球制以来，在20世纪50年代有些队就采用专位分工，当时主要是在前排换位，可以说是继承9人排球制的某些传统打法，同时也受过去打9人排球的影响与局限。1964年大松博文教练率日本贝冢女排来访，该队以前后排人员固定换位的打法、全面熟练的技巧，表现出出类拔萃的水平和令人叹服的战绩。从此，全国一线、二线队以及三线队，好像推广先进经验一样，普遍实行前后排专位分工，这对于专精某一位置的进攻或防守，发挥运动员的个人特点，确也起到一定的积极作用。

然而，任何真理超越一步，就会变成谬误。本来，实行专位分工应是在技术全面的基础上，来充分发挥个人的特点。但是，有些队在训练中搞片面机械的专位分工和过多过早的定位练习，分得太细，专得太死，限制了运动员积极性的发挥和运动能力的调动。如：有的运动员只会在4号位扣球，而不善于在其他位置上进攻；有的只会扣平快球，而不善于打强攻；有的二传手只会在2号位拦网，遇到连续攻防来不及换位时，就不知所措；有的主攻手只会在5号位防守，而不善于到其他位置去补防，轮到他发球时，也只好“长途跋涉”回到原位去“守株待兔”，如遇到对方快速反击至5号位，就只好“望球兴叹”了！这种不适当的分工和定位，有下述弊端：

① 不适应排球运动的发展要求。当代排球运动的特点之一是“全面”，技术不全面的运动员就很难在比赛中应付瞬息万变的情况，他仅有的某些个别长处，很容易被对手识破和适应，他因技术不全面所带来的弱点易被对手攻击，陷入被动。

② 不利于战术水平的提高和战术的灵活运用。技术是战术的基础，技术决定战术。技术片面，动作单调，势必导致战术简单，运用呆板。你只会打快球，不善打高球，或者相反，又如何去提高战术水平和实现战术的灵活性呢？

③ 有碍于实行组织一条龙和训练一贯制。由于分工太专，定位太死，运动员从三线转入一线、二线队，或从省二队调至省一队，或从地方队调至国家队时，往往因为主、副攻人员的安排和后排防守位置的矛盾，而影响了集体协同配合的默契，延长了熟悉配合的过程。

因此，在训练指导思想上，必须树立技术全面的观点，要打破主攻与副攻机械分工的界限，打破定位进攻的痼习，力求全面掌握快攻与强攻两项进攻武器；打破攻手不练传球、二传手不练扣球的现象；打破后排专练某一位置的防守，以利于防守技术战术的灵活变化等。尤其是青少年运动员，更应掌握好全面的技术基础，不宜搞机械片面的专位分工和过多过早的定位练习；即使是训练有素的老运动员，也要在技术全面的基础上，力求有所专精。

掌握全面的技术，有利于举一反三，触类旁通，以提高对各种来球的适应能力，提高临场的应变能力；从技术与战术的关系来说，可以提高技术的运用能力，丰富与发展全队的战术内容，加强战术的灵活与变化，从而提高战术的攻击性与有效性；从排球比赛的对抗特点来说，可以发扬特长，缩小弱点，多乘“敌”隙，少被“敌”乘，争得主动，避免被动；从排球的得失分规律来说，各项技术都有得分的机会，各项技术也都有失分的可能，只有技术全面，攻守皆能，才能力争得分，力避失分，依靠主动得分去夺取胜利；从运动员的“运动寿命”来说，技术全面的人还可以延长“运动寿命”，增加为体育事业多作贡献的时间与机会。

当然掌握全面的技术，并不是主张样样粗通、样样稀松，也不意味着否定一定分工的必要性。我们要提倡和坚持的是，在技术全面的基础上来培养与发挥个人的专长，而不是片面发展个人专长，妨碍个人技术的全面性。

二、关于扣球训练

青少年运动员，在学习与掌握扣球的过程中，是先练好扣高球技术，还是先学好扣快球技术？这是很多教练员在教学训练中有争议的问题。有的同志认为，快球技术容易掌握，应先练好扣快球；有的同志说，主攻手要先练好扣高球，副攻手则先学好扣快球。这不只是一个具体的练习方法问题，而是一个涉及训练指导思想的问题。

从长远的眼光和全面的观点来看，根据当代排球运动的发展趋势，作为一个进攻手必须兼备强攻与快攻两种进攻手段，全面掌握扣高球和扣快球两项技术武器，这是毫无疑义的。但从青少年运动员学习与掌握技术动作的顺序和进程来看，无论是准备培养为主攻手还是副攻手，都应先掌握好扣高球的技术，以利于正确动力定型的建立和全面扣球技术的提高。

这是因为，练扣高球有助于学会选择准确的扣球起跳时机和地点，练扣高球可以使运动员在反复的训练中，通过对来球（二传）的判断，不断提高找准起跳时机与地点的能力，逐步形成正确的时间、空间概念；扣球技术的重要结构是起跳和手法，扣高球的动作幅度较大，完成整个扣球技术的过程较长，可使运动员在完成动作时，有较充裕的时间去考虑整个技术结构，发挥第二信号系统的作用，从而有助于建立正确的扣球动力定型，打好扣球基本技术的基础。准确地找好起跳时机与地点，保持好人与球的正确关系，这是决定扣球成败的关键。然而，练快扣球，主要是由二传队员主动“喂球”，扣球队员只要在一定的地点和时间起跳击球就行，对来球的判断和时空的选择，要求不如扣高球那样高，而且动作幅度小，完成时间快，很少有考虑动作的余地。青少年运动员如果过早过多地练扣快球，则有可能形成不合理的动作定型而贻误终身。青少年运动员先掌握好扣高球，而后再练扣快球，一般不会产生多大的困难和障碍。相反，如果过早过多地练快球，则会限制扣高球技术的提高与发展。很多运动员的训练实践已经充分证明了这一点。强攻扣球在比赛中的运用机会较多，难度较大，应以较多的时间和精力去进行磨炼与提高，才比较符合排球训练的客观规律性。

顺便提一下，有人争论：哪一种扣球手法和动作比较正确合理？衡量某项技术动作正确合理的标准是：

① 符合排球规则的要求；

② 符合人体解剖学和运动的生物力学等原理；

③ 协调省力，效果良好。

排球的扣球手法和动作，五花八门，多种多样，并有各自的特点和风格，在学习掌握时，可以根据个人的特点和爱好，因人而异，有所选择，不一定框死一种，或把某一种手法绝对化。但是，不论采用哪一种手法，根据上述的标准和实践经验，有几条原则必须共同遵循。

扣球手法必须遵循的原则是：

① 挥臂速率快速有力，特别是小臂和手腕必须加速挥动，形成鞭打动作，而不是动作僵硬；

② 手臂挥动的轨迹应成圆弧形运动，而不是直线下压；

③ 在击球一瞬间应有提肩和直臂的动作，力争在最高点击球，而不是肩、肘下拖；

④ 全掌应击准和掌握好球，控制好球的方向，而不是用掌根击球；

⑤ 击球时全身应协调用力，根据来球远、近网的不同情况，或用收腹或用收胸动作去带动手臂的挥动，而不是只用手臂动作击球。

三、关于防守训练

防守的好坏，主要取决于个人的防守技巧和集体的防守战术，但基础乃在于个人防守的技巧。没有优良的个人防守技巧作基础，没有主观能动性的发挥，一切精心设计的防守战术形式，只能是徒有其表，形同虚设。当然，合理的防守战术形式，有助于正确发挥个人的防守技巧，有助于调动主观能动作用（此外，防守的好坏，也同作风顽强与否关系极大，这不在本文讨论范围之内）。

在防守训练中，最常见的弊病是“静止防守”和“孤立防守”（当然还有重心高、移动慢、下不去等问题）。如：练单人防守时，运动员大都是“守株待兔”，原地等球，而不是在动中防守，主动找球；练防、调等串联技术时，往往出现你接球，他“参观”，你防守，他“休息”，球一来，“吓”一跳，球掉地，“敬个礼”等脱节现象；在集体对抗中，也常有一人接球，他人站立的现象，从而造成无人接应、串联不起、坐失战机的憾事。产生上述情况的原因，从运动员方面来说，主要是个人技术和防守意识的问题；从教练员方面来说，则是训练要求的问题。

因此，为了提高防守训练的质量与效果，提高个人的防守技巧，除了强调在动作上要低重心、快移动、下得去、控制好球等技术外，在训练要求上应着重注意以下3点：

① 要在动中防守。就是要随时保持在移动的状态中去参加防守，而不能原地不动，“静止防守”。要利用人体移动惯性，站后迎前去防守，以节省起动时间，加快移动速度，保持前迎方向，争取卡好位置。在每一次防守之后（如打防练习、单人防守或集体防守配合），都应力争退回原位，从原来的基本位置上开始进行判断、移动、取位和防守救球。

② 要以整体防守。就是在两人以上的防守练习中，无论球打到哪里，打给谁防守，除了有一人去接球外，其余所有参加防守的人员，都应有向那个方向（或那个防守者）移动的反应和动作，而不能袖手旁观，“孤立防守”。这样做，一方面表明场上所有人员的行动是有判断、有意识的，而不是盲目的、随意的；另一方面体现了互相支援、互相弥补的集体协同动作，有助于动作的衔接和技术的串联。

③ 要有准备和判断。要做到上述两点，其前提是准备充分和判断准确。准备不足，仓促行事，或是不会判断，盲目行动，往往是防守失败的重要原因。一要准备充分，二要判断准确，三要动作合理，最后就是效果良好了。可以这样认为，没有充分准备的防守，是没有判断的防守，没有判断的防守，是盲目的防守，而盲目的防守，纵使有用不完的气力、使不尽的拼劲，往往也是无效的劳动，难以收到良好的效果。有了充分准备和准确判断，人体从接受外界刺激到动作反应，所需的0.3秒速度才能发挥应有的作用，否则，即便有0.2秒的反应速度恐怕也是不管用的。

四、关于视野训练

在训练和比赛中，我们看到有不少运动员一球障目，不见全场，完成动作缺乏预见性，场上行动带有盲目性，因而经常出现攻无章法、守则乱阵、互相抢让、互不配合，以致造成不应有的技术失误等现象。这除了由于技术不全面不熟练，战术意识不强，缺乏比赛经验外，与平时训练不重视发展视野，临场不注意观察判断不无关系。开阔视野是对临场情况观察与判断的前提，运动员在训练和比赛中的正确技术战术行动，来源于对彼我双方的观察判断，而要有准确的观察判断，就必须眼观六路、开阔视野。开阔视野可以促使运动员在训练和比赛中，手脑并用，练想结合，有助于加快技术的掌握与提高。开阔视野可以逐步培养运动员的战术意识，不断提高其临场经验，明确运用技术的目的性，加强场上行动的预见性，提高运用战术的灵活性，密切与全队的配合，从而提高运动员合理运用技术、战术的能力。开阔视野还可以为掌握与提高某些高难度的动作技巧（如二传的假动作、扣球的隐蔽性和拦网的变方向等）创造有利的条件。

要训练好视野，应做到以下几点：

① 要掌握好观察的时机。各项不同的技术，其观察的时机有不同的要求，如：在扣球时，一般要先观察对方的防守战术和拦、防的弱点（亦可在“死”球或同伴扣球时观察），观察时机和顺序是：在一传出手之后、二传出手之前，先观察对方的拦、防动态；当二传出手之后，随即把目光转移到对二传来球的判断；跳起空中之后，即对对方拦网情况进行观察，以便伺隙突破。进行二传时，观察的时机与顺序是：了解对方拦网的分布态势，观察本方一传来球的路线与落点；在一传出手之后、二传触球之前，注意观察扣球队员上步的情况，以及对方拦网的动向。拦网和防守的观察：从球进入对区开始，到对方整个组织进攻的全过程，直至其扣球出手的一瞬间，都离不开观察与判断。发球是在发球前进行观察。一传则在对方持球准备发球，直至击球出手，都应贯穿观察与判断。

② 要学会观察的方法：一是双目正视所要观察的目标；二是用眼睛的余光去观察。

③ 要提出训练的要求。对年轻运动员最重要的是进行强化性的训练，必须不厌其烦地强调每球必看，动作熟练和自动化之

后，则可以采用余光观察的方法，或可以运用目光的环视，声东击西，掩人耳目，以增加运用技术战术的隐蔽性和突然性。

五、关于打防训练

打防训练，就是两至三人一组、互打互防的一种练习方法，是任何一级的球队几乎天天练的一个训练课目，一般是作为提高神经兴奋性、活动有机体的一种手段。它作为训练和比赛前准备活动的一个组成部分，同时也是练防守的一种有效方法。

然而，打防训练可以练得生动活泼，有声有色，也可以练得死气沉沉，无精打采。正因为打防训练是各队天天练、最常用的课目，所以对于存在的问题也容易熟视无睹。人们看到有些队在训练中，存在着打的不动、防的不拼、互相“照顾”、缺乏难度、串联不起、丢球太多、步履蹒跚、捡球太慢，以及不善于充分利用这个训练课目的特点，来全面提高各种传、垫、扣、防技术等现象。这里的问题主要在于训练指导思想和训练要求上。在训练指导思想上应当认识到，打防训练不应仅仅是作为提高兴奋性、活动有机体的一种手段，而且应作为训练运动员提高传球、垫球、扣球、防守、串联技术和速度、灵敏、反应，以及球场意识、球场作风等的一种综合性的重要课目。打防训练的好坏、水平的高低，在一定程度上体现这个队或运动员的精神面貌和训练作风，反映这个队或运动员的训练程度和技术水平。在训练时，打防练得好，可以为本课的训练奠定良好的精神和技术基础；在比赛前，打防练得好可以增强自己的信心，长本队的士气，也可以杀对手的威风，并给观众以良好的影响。

对打防练习应提出如下的训练要求：

① 要按照扣球的正确手法去击球，特别要注意小臂的加速度和全掌的控制球，以形成和巩固正确的扣球动作，并要根据来球的不同情况（高、低、远、近），快速移动脚步去对准球，保持好击球的位置，以提高对球的判断能力和脚步移动的灵活性。

② 要根据不同的来球，有意识地运用各种击球手法，如转体、转腕、高点直臂、低球推打等动作，以便在打防练习中同时提高扣球的个人技巧，达到一箭双雕的目的。

③ 要打出各种不同性能和特点的球，如轻重不同、速度不同、旋转不同、前后左右或扣吊结合等。这既可以给防守者树立较强的对立面，提高其判断能力和防守技术，又可以提高扣球手法的技巧。为了增加难度，还可以穿插跳起击球。

④ 要攻中有防，扣防结合，打的人在击球之后必须做好防守保护的准备，而不能双腿直立，只打不防；当防守者垫起来的球不适宜连续再打时，打的人应力争用上手传球去接应来球。这一方面可以训练脚步移动的速度反应，另一方面也可以有更多机会让对方来打你。接应球不宜单纯采用垫击，尤其是二传手更应养成快速移步、上手传球的习惯，以提高传各种困难球的能力。

⑤ 要在动中防守，积极拼搏，合理运用各种防守技术，努力抢救每个来球。要注意判断来球，在快速移动中去接近球、取好位，每一次防守之后都应退回原位，再根据新的判断去防守。要强调防守的目的性，控制好垫出球的弧度、速度和落点，以便给同伴创造继续再打的机会，保持训练的连续性。保持移动、不断进退、认真判断、积极抢救、控制好球，是保证打防训练取得良好效果的最基本的技术要求。

⑥ 打防失误之后，每个人都应主动快速跑步去捡球，按照上述的要求重新开始打防训练。

六、关于训练方法与手段

一项训练任务的实现，有赖于通过一定的训练方法与手段的反复练习。训练方法与手段是为训练任务服务的，是改进与提高运动技术的必要条件，起到“桥”或“船”的作用。排球的训练方法与手段，不胜其多，举不胜举。但不一定各种训练方法手段都适用于每个队或每个运动员。必须根据训练任务的需要和各队的实际情况，来进行正确的选择。为了实现某种训练任务，选择与采用训练方法手段时，应掌握好以下几条原则：

① 要与一定的训练任务相适应。如：要提高一传水平，就要选用各种接发球的练习手段；要提高技术串联能力，就需要选择垫调、防调、垫调扣、防调扣、扣拦保等训练方法；要提高扣球的变线能力，就需要采用规定一定数量和质量的划区扣球，或在有拦网条件下的扣球方法等。

② 要结合实战的需要，符合比赛的规律。选用的方法与手段，必须力求结合实际比赛的需要，符合排球运动发展的规律，练用结合，练以致用，才能收到较好的效果，较快地提高运动技术水平。根据排球运动的特点，对于具有一定训练水平的运动员来说，应力求在快速运动中、突然变化中、连续动作中和激烈对抗中，去进行各种技术战术的训练。

③ 要从运动员的实际情况出发。选用的方法手段，必须同运动员的训练程度、身体素质和技术战术水平相适应。既不要缺乏一定难度的要求和强度的刺激，也不要操之过急，难度过头，超越了运动员的接受能力和负荷量。

④ 要有较大的密度、强度和难度。一般地说，对于有一定训练基础的运动员来说，应选用密度、强度和难度较大的训练方法与手段，以便增加摸球次数，适应比赛条件，加快提高运动技术水平；但对初学者或者学习新技术、改进动作时，则可采用一些强度和难度较小的方法手段，以利于形成和建立正确的动力定型。

⑤ 要注意稳定性与多样性相结合。为了提高技术熟练程度，达到良好训练效果，活跃练习情绪，变化训练条件，在选用训练方法手段时，既要做到相对稳定，反复训练，又要注意丰富多样，饶有趣味。既不要方法单调，影响有效提高运动员的兴奋性，也不要朝练夕改，片面追求花样翻新。可以精选几套，交替

运用，殊途同归。

⑥要考虑到练习者的人数、场地器材和气候条件等。这些都同选用训练方法手段有关，特别在人数多、场地小、器材少、天气冷的情况下，更应注意方法要适当，安排要适宜，以收到应有的训练效果。

有了良好的方法手段，未必就能练出高超的技术本领来。这里有一个如何正确运用的问题。恰当选择了训练方法手段之后，重要的是，教练员和运动员要正确地运用这些方法与手段。其要求如下：

① 要有积极主动的精神。人们的精神状态和训练态度如何，在一定意义上决定着这一方法手段的运用效果及其质量。如果没有教练员和运动员的积极性和主动性，再先进正确的方法手段，也只能是空有其表，不起作用。因此，教练员要以积极负责的态度，言传身教，严格要求，努力贯彻各种方法手段的目的与要求。以“3人防调”训练方法为例，其目的是：提高对各种来球的防守水平和调整二传、组织进攻的能力。其主要的要求是：第一，3个运动员都必须加强判断、准备防守，当一人进行防守时，其他两人均应准备接应、调整或保护，并由其中一人去传好球；第二，在防守、调整之后，均应退守原位，并且边退守、边准备防守下一个来球，力求动作连贯，技术串联；第三，培养积极拼搏、抢救险球的顽强作风和互相支援、互相协作的集体主义精神。在训练中，教练员要讲清这些方法手段的目的与要求，使之不但知其然，而且知其所以然；运动员要心领神会，不折不扣地执行。只有这样，才能目的明确，有的放矢，达到预期的训练效果。

② 要掌握好训练的“火候”。不但要明确各种训练方法手段的目的与要求，而且要掌握好训练的“火候”，要教学有方，得其要领，击中要害，练到点子上，练得生动活泼。仍以“三人防

调”为例，教练员扣击出球的时机、速度、力量、路线、落点和难度，以及对不同人的不同要求等方面，都应力求恰如其分。既要结合实战的需要，提高训练难度，又要使运动员通过主观上的最大努力，能够达到应有的训练要求；既不是高不可攀，又不是轻而易举。

③ 要加强临场指导能力。一种良好的训练方法手段，能不能发挥应有的效用，同教练员的临场指导能力关系甚大。这就要求教练员要以负责的工作态度、锐敏的观察能力、丰富的业务知识和巧妙的指导艺术，根据训练场上的情况变化、技术战术的各种反应，善于及时发现问题，认真分析问题，正确解决问题。再以“三人防调”为例，运动员在防守中的布局、判断、移动、取位和击球，防守后的接应、调整，传出球的弧度、速度和落点，组织进攻的意识，以及串联动作和相互配合等一系列的技术环节，教练员都应作认真的观察、过细的分析，并抓住其要点，给予及时的、准确的临场指导。只有这样，才能通过各种方法手段的练习，较快地达到训练目的，完成训练任务。

原载《中国体育科技》1982年7月第17期

特长与弱点

大凡具有一定水平的球队，一般都具有自己的技术战术特长，形成独特的技术战术风格。技术战术特长或技术战术风格，是一个队在技术战术上成熟的表现，是技术战术达到较高造诣的标志，是刻苦磨炼的结果。事物总是一分为二的。一个队有自己的特长，也必存在一定的弱点，无隙可乘、无懈可击的队是不存在的。特长与弱点总是互相依存、互相制约的。

球类比赛始终贯穿着发挥与反发挥、制约与反制约的激烈争夺。比赛双方为了力争主动，打出风格，打出水平，夺取胜利，总是一方面要力图充分发挥自己的技术战术特长，尽量弥补自己的弱点；另一方面又要努力限制对手的特长，扩大对手的弱点，即所谓“以己之长，攻彼之短，抑彼所长，避我所短”。

在比赛中，要想造成优势，夺取主动，首先必须充分发挥自己的技术战术特长。因为：

第一，技术战术特长是本队克敌制胜的“法宝”，是赖以“安身立命”的手段，也是对手所顾忌和慑服的武器。如果特长不能得到充分发挥，又怎能去夺取优势和主动呢？技术战术特长既然是一个队成熟的表现，如不充分发扬，又怎能反映本队在比赛中的风格和水平呢？

第二，特长与弱点是对立的统一，两者互相制约，相辅相成。如果特长得以充分发挥，其弱点也会得到相应的弥补。如在排球比赛中发挥了发球和进攻的威力，就会在一定程度上弥补了拦网和防守的弱点；身材较矮的球队，若发挥其技术全面、快速灵活的特点，就会相应地弥补在网上争夺的短处。反之，如果特长不能充分发挥，不但失掉了克敌制胜的利器，而且势必弱点扩大，破绽百出，陷入捉襟见肘、穷于应付的苦境。发球和进攻的水平不能发挥，拦网和防守的压力必然增加；身材较矮的球队显示不出技术全面、快速灵活的特色，网上争夺必居下风，这是常识中之真理。

然而，要想发扬特长是一回事，能否发扬特长却又是另一回事，因为对手总要想方设法来限制你的发挥。形势是由条件造成的。这里有一个必须努力创造使自己的特长得以充分发挥的必要条件问题。否则，你想充分发扬特长、夺取有利形势的愿望是断然不会实现的。中国女排在第3届世界杯赛同苏联队之战的第2局，苏联队为了限制中国队快速多变进攻的特长，加强发球攻击性，致使中国队一传不到位而影响快攻威力的发挥，曾先以0比9落后；后来中国队换上老将曹慧英，并加强了一传，调整了攻防的部署，发挥了快变进攻的威力，终以16比14反败为胜。

要知道，发扬特长说来容易，实行颇难。人人皆知发扬特长是好办法，然而很多人不能做或做不到，相反却常丢弃自己的特长。其原因在于：要么是缺乏冷静的头脑、战略的眼光，为复杂形势所迷惑，因而被形势所支配，被对手牵着鼻子走，失掉自主能力，抛弃自己的特长，采取了应付主义；要么是不知创造使自己的特长得以充分发挥的必要条件，或是由于作风和技术不过硬，缺乏创造这些必要条件的基础，因而无法实现发扬特长的战术要求。

不但要努力发扬本队的特长，而且要千方百计去弥补自己的短处，防止为人所乘。每个队和每个运动员要有自知之明，深刻了解自己的弱点，除了在训练中努力予以克服与解决外，在比赛中则应时刻警惕，经常提醒，尽力弥补，才能使自己立于主动和不败之地。

在比赛中，要想造成优势，夺取主动，还必须善于抓住对手的弱点予以攻击，利用对手的弱点并给以扩大，使之忙于招架，被动应付。“乘敌之隙的可能性是存在的。”因此在比赛过程中，不但要明于知己，而且要明于知彼，要善于通观彼我双方的情况，发现对手的漏洞，乘人之隙，攻其弱点，陷对手于举止失措的窘境。

抓住对手的弱点予以攻击之，往往能限制其特长之充分发挥，使其产生被动应付的局面。中国女排近几年来之所以能连连战胜身材较矮、技术全面、进攻快速、防守突出的日本队和韩国队（当时称南朝鲜队），重要的技术原因之一是，紧紧抓住这两个队共同存在的高度较低、拦网较差、网上争夺处于劣势的弱点，在我一传到位、二传配合的条件下，发动强有力的进攻，和加强发球的攻击性，以及采取严密的拦网和防守，从而夺取主动有利地位，并促使她们固有的特长不能充分发挥。由此可知，一个队的弱点往往隐藏在它的特长之中，两者互相依存，互相制约。以防守见长的队，如能突破其拦网，其特长必受削弱；打快速进攻的队，如果破坏其一传的保证，其快攻就失去了基础。而且，当其弱点暴露、受到攻击时，往往会忙于应付，被动招架，而忽视去坚持自己的特长。因此，乘人之隙常常会达到既攻其弱点，又抑其所长的“一箭双雕”的战术目的。

往往会出现这样的奇观：在比分频频落后、处境相当不利的情况下，如能发现并抓住对手的短处，突破一点，一战而胜，先造成局部的优势和主动，进而乘锐追击，再及其余，就能扩大战果，带动全面，逐步造成全局的优势和主动，化险为夷，临危制胜。1980年中国青年女排访问日本，同日本国家青年队比赛时，第1局开始被对方打乱了部署，打得十分被动，曾以2比11落后，局势危急。后来发现并抓住对方二传手在前排时缺乏拦网高度的弱点，在加强一传和防守的基础上，采取从二传手头上突破的策略，局面逐步扭转，比分扶摇直上，终以15比13取胜，并乘胜追击再连胜2局，以3比0胜日本青年队。值得指出的是，攻其短处、突破一点的作用，不只是表现在技术战术的直接效果上，而且可能引起思想情绪上的连锁反应。“三军可夺气，将军可夺心。”当你抓住对手的弱点进行攻击时，往往会造成其思想惊慌，心理动摇，部署混乱，阵脚不稳，从而导致全面崩溃，战局逆转，优势与劣势互易其位。

总而言之，在比赛中一方面要坚持自己的打法，发挥本队的特长，你打你的长处（并设法制约对手长处），我打我的特长（并防止为人所制约）；另一方面，要善于乘人之隙，攻其弱点，并防止为人所乘，少授人以可乘之隙，才能立于主动优势的地位，夺取比赛的胜利。如果特长被限制，不能得到发挥，或是弱点被咬住，陷入被动困境，就必须全力找出特长被限制原因，积极创造使特长得以充分发挥的必要条件，或努力避免和弥补弱点，才能摆脱被动不利的局面，转化为优势和主动。否则，失败的前景就在眼前。

原载《福建体育科技》1982年第3期

关于排球防守训练的几个问题

随着运动员的年轻化、高大化，进攻能力的加强和网上争夺的加剧，我国各排球强队的攻防矛盾日益尖锐；男排攻强守弱的情况存在已久，女排的攻防亦有失调的趋向。为了遵循排球比赛的客观规律，顺应世界排球的发展潮流，适应运动员结构变化带来的新特点，不断提高全攻全守的水平，必须在继续完善与提高进攻的同时，着力提高防守能力。加强防守训练，可以采取各种强化措施，运用各种方法手段，但我以为，首先要解决好几个涉及训练指导思想和球场意识的问题，才能收到事半功倍的成效。这些问题是：

一、要积极主动地防守

这是搞好防守的主导思想。防守是在对方进攻的压力下所采取的一种“自卫”行动，在形式上是被动的。必须培养运动员不以消极被动的态度来应付进攻，而应以积极主动的精神对待防守，以无往不胜的气概去力拼来球，并使防起的球成为辅助进攻或准备转入进攻的一种手段，使本来容易陷入被动地位的防守，具有主动的内容，含有进攻的因素。日本女排教练小岛孝治有一句值得借鉴的话：“防守不是被动挨打，而是向前进攻，没有压倒进攻者的勇气是根本不能防守好的。”在掌握一定防守技术的条件下，有无这种积极主动的思想，效果是大不一样的。要防止在防守中消极被动、无可奈何、畏惧来球、裹足不前的现象。

二、要及早准备防守

这是搞好防守的必要前提。“凡事预则立，不预则废。”防守属被动技术，需要及早进入战备状态，才能在被动中掌握主动。排球比赛完成技术短促，实现战术迅速，攻防转换极快，更要求时刻做好准备，不能稍有懈怠。人们在运动场上反应的快慢，同其准备程度密切相关，有了充分准备，才能在瞬息万变的对抗中反应及时，措置裕如。据统计，国内女排比赛，在防守失误的原因中，属于准备不足而失球者约占三分之一。因此，防守训练必须强调时刻提防，及早准备，只要球未落地，就要随时观察来球，做好击球准备，包括心理上和动作上的准备。要防止那种事先无准备、来球“吓”一跳，一旦球落地，只好“敬个礼”的现象。

三、要有判断地防守

这是搞好防守的关键。运动员在场上一切正确行动，来源于对主客观情况的观察判断。要学会对对方人员的进攻特点，战术运用情况，来球的性能、路线和落点，同我方拦网区域的关系，以及自己在场上所处位置等几方面进行综合观察与判断，以便采取相应的防守行动。进攻需要判断，防守更要有判断。没有判断的行动是盲目的行动，而盲目行动是劳而无功、难见成效的。要防止只忙于摔打滚爬的苦练，而忽视有意识判断的训练方法。

四、要在动中防守

这是搞好防守的重要条件。正确的防守态势，应始终保持低重心的、动的状态，去主动迎球防守，而不是固守一隅，守株待兔。在动中防守，可以克服人体惰性，减少起动时间，及时快速移动；可以保持灵活脚步，力争对正来球，避免原地蹲死；有利于改变移动方向，对付突然情况，以及活跃全场气氛，支援友邻同伴等。要防止那种“作茧自缚”“画地为牢”式的防守训练。

五、要整体性地防守

这是搞好防守的战术要求。全队防守是有机的整体，要做到一人防守，大家支援，一人击球，所有“无球”队员都应根据自己所处的不同位置，采取相应的动作，而不是孤立无援，各自为政。整体性防守，体现了通力协作、密切配合、6人打一个球的集体主义精神；反映了场上队员对来球都作出一定的判断，采取相应的行动。它有助于对防守者的保护与接应，以及迅速由防守转入反攻；可以弥补由于同伴防守失手所造成的漏洞。要防止别人打球你“参观”，同伴拼命你“休息”的现象。

六、要顽强拼搏地防守

这是搞好防守的精神保证。防守要有技术基础，更要有精神支柱。要提倡每球必争、每分必拼、球不落地、一拼到底的坚忍不拔精神。有了这种精神，可以激励士气，振作军威，削弱对手的进攻锐气；可以化否为泰，绝处逢生，防起濒于绝境的险球；可以以勇补拙，弥补某些技术上的不足，保证技术充分发挥；可以宣传、教育群众，使观众受到革命英雄主义的熏陶。要防止在防守中温文尔雅、畏缩不前、身不着地、打“卫生球”的不良作风。

原载《体育报》1983年4月6日

信心——取胜的精神支柱

在体育竞赛中，有无坚强的信心至关重要。列宁指出："想要革命吗？你们就应当是强者！"鲁迅也说过"不怕的人面前才有出路"。中国女排在香港地区超级女排大赛中，面对劲旅美国队和日本队，都是在挫折中奋起，由失利转化为胜利。这固然要靠技术优势，但也要靠信心和勇气。

信心的建立，来源于高标准、严要求。只有平时刻苦训练，功夫到家，比赛时才能胸中有数，满怀信心。不能设想，一个训练疲疲沓沓，体能不佳、水平低下的运动员、运动队，会有什么信心和战斗力去战胜对手！

信心的建立，来源于对彼我双方实力水平的正确估量与判断，从而摆正自己的位置，既不过高估计自己，夜郎自大，也不过高估计对手，妄自菲薄；同时，要制定出扬我所长、避我所短、攻彼之短、抑彼所长的措施与办法。

信心的建立，还来源于充分估计可能遇到的各种困难，以及作出对付困难的应急方案。两军对垒，不能不碰到困难和激烈对抗，必然会有波折。一马平川、顺利取胜的事是少有的，认识与掌握这个规律，可以使人清醒，有备无患，使自己立于主动有利的地位。

培养信心的一切努力，最终都应表现在临场比赛上，落实在技术发挥中。良好的技术发挥，有利于进一步增强信心。因此，为了充分发挥技术，就必须明确比赛目的，端正比赛动机，放下包袱，轻装上阵；做好赛前的自我心理调整，保持清醒的头脑，控制住自己的情绪，排除各种干扰，以保证临场技术的充分发挥，去夺取比赛的胜利。

原载《体育报》1983年9月9日

赛前心理准备

赛前除应加强训练、提高技术、养精蓄锐、研究对手情况、适应环境气候、做好物质保证等准备外，认真做好心理准备，也是十分重要的。心理活动既是客观现实事物的反映，又是主观自我调节的表现。积极的心理活动可以促进运动员各种运动技能的充分发挥，消极的心理活动则会起相反的作用。

球类比赛对抗激烈，由于对手的实力水平不同，竞赛双方的心理状态也有所不同。因此，做好相应的心理准备，采取适当的措施，取得心理上的优势，是保证技术战术充分发挥，夺取比赛胜利的重要条件。

遇到弱队，容易产生胜券在握、笃定取胜的心理。或以强队自居，傲视对手，满不在乎；或只许成功，不许失误，急于求胜。反映在打法上（以排球为例）是重攻轻守，随意失误，不爱惜每一分球。一旦开局不顺，连连失分，就容易急躁惊慌，不战自乱，甚至导致料想不到的失利。其实，稍弱于己的对手，尽管其胜利的信心不足，但也有长处，特别是心理上比较能放得开，总想奋勇拼搏，以求一逞。因此，开局时他们一般都打得很“冲”，拿出全身的力量来拼一拼。面对这种队，除了切勿轻敌麻痹，掉以轻心外，力求打好开局颇为重要。如能顶住开局，打开局面，就容易动摇它本来就不坚定的信心，乘胜追击，战而胜之。若开局不利，切莫性急自乱，只要情绪稳定，打法得当，就有可能扭转战局，转危为安。

遇到强队，容易产生信心不足、惧怕对手的心理。倘若战局出乎意料的顺利，眼看胜利在望时，容易过度兴奋，急于取胜，被胜利冲昏了头脑；如果比分落后，受到挫折，则易丧失信心，一败涂地。反映在打法上，要么不敢进攻，被动挨打；要么鲁莽从事，乱打一气。应当懂得，任何强手都不是无懈可击的，其最大的心理弱点是名气大怕输球。因此，对付强队，首先要有顽强拼搏、奋勇进取的大无畏气概，要有坚忍不拔、不屈不挠的坚强毅力，水平上可以有差距，精神上则不甘示弱，要把自己摆在“拼”的位置上，努力去攻它，以求心理上占上风。在打法上，要善于寻找对手的弱点，或以强点对其弱点，先从某一局部取得优势，攻其一点，再及其余，进而夺取全局的胜利。这样做，即便因水平不及对手而不能取胜，也可使自己得到磨炼，积累以后打强队的本领和经验。

两强相遇，势均力敌，伯仲难分，谁胜谁负难以预测。在这种情况下，谁都无必胜的把握，谁亦无必败的理由；胜，不会轻而易举地胜，败，也不会不费气力地败。面对这种对抗形势，比赛双方我怕你，你也怕我，我紧张，你也不轻松。两强相遇勇为上。因此，首先要在战略上藐视对方，心理上压倒对方，气势上胜过对方，情绪上高过对方，解放思想，轻装上阵，敢打敢拼，去夺取精神上的优势。其次，要做好战局波涛起伏、迂回曲折的心理准备，切勿把赛程设想得风平浪静、一马平川，更不要比分接近就张皇失措，形势紧张就无所适从，碰到困难就垂头丧气，受点儿挫折就失却信心。只要有争斗的决心、拼搏的气概、冷静的头脑、耐战的勇气，就能正常发挥技术，渡过重重难关，夺取比赛的胜利。

原载《体育报》1984年1月6日

“电脑排球”刍议

1984年洛杉矶奥运会女排桂冠谁属？人们预计在中、美、日三家之间争夺。现在有不少人担忧，美国队拥有“电脑”助阵，令人望而生畏，中国女排恐怕难以制胜[注1]。

随着科学技术发展日新月异，“电脑”作为一种工具，已经渗透到运动训练的领域。美国女排运用“电脑”收集、分析对手的情报资料和加强科学训练等方面的举动，应该引起我们的重视，我们也要逐步创造条件加以应用和推广。但是“电脑排球”绝不是赛场上制胜的唯一“法宝”。

一支球队要提高水平，制胜对手，离不开科学训练，而科学训练的内涵，远比应用“电脑”要广泛、深刻得多，它不但包括“电脑”训练，而且还包括生理学、心理学、运动训练学等多学科的问题。何况赛场上的胜负，主要取决于双方的力量对比、临场发挥和运动员的心理状态以及教练的临场指挥艺术等。“电脑”可以为比赛提供信息，但绝不能代替运动员和教练员去比赛；赛场风云瞬息万变，而“电脑”既不能预见未来，更无法判断和控制临场的发展变化。故拥有“电脑”的美国女排，从1981年世界杯赛到去年香港超级女排大赛，在一些重要大赛中，战绩并不如意，这就可以说明一些问题。

再说，目前还未用“电脑”的队，其训练也未必不科学。除了中国女排之外，中国乒乓球队和体操、羽毛球、跳水等队，都是在实践中探索和掌握运动的客观规律，逐步积累了训练经验，制定出一整套比较科学的训练方法，从而在世界体坛上称雄的。这里应该指出的是，目前有些人把科学训练同苦练、拼搏对立起来，似乎运用“电脑”就不必强调基本功；认为苦练、拼搏和大运动量训练是不讲科学的。其实，这些观点都是片面的。随着新的技术革命深入发展，“电脑”要逐步运用到体育运动中来，但是，目前的科学训练仍必须坚持苦练和大运动量训练，因为它符合运动技巧建立的规律，也是为实战反复证明了的真理。

应该说，苦练与拼搏必须以科学为指导，科学训练又必须以苦练和拼搏作为基础，舍此，不能培养出高水平的球队。即使将来“电脑”广泛运用于训练和比赛，也是这样。总之，在任何时候我们都要珍视“高标准、严要求、勤学苦练基本功”这一条成功经验。

所以，忽视运动员本身的科学训练，妄自菲薄，使“人”在“物”的面前感到束手无策，是不足为训的。我们相信，中国女排会充分发挥主观能动性，在以往成功经验的基础上，认真吸取他人之长，在洛杉矶奥运会上打出自己的风格和水平来！

［注1］：1984年洛杉矶奥运会中国女排夺取冠军。

原载上海《文汇报》1984年3月17日

重视研究本国的经验

中国女排两次夺得世界冠军，震惊了国际排坛；中国乒乓球队二十余年长盛不衰，保持世界领先地位；我国还有十几个项目已经达到了世界先进水平。这说明，这些运动项目的广大教练员、运动员和科学研究人员，在把握该项运动的训练规律、进行科学训练等方面，取得了较为丰富的经验（包括正反两方面的经验）。即使是暂时处于落后状态的项目，也有不少的经验教训值得认真去研究、总结和探索。我们已经搞了三十几年训练工作了，无论是处于世界领先或落后地位的运动项目，经验是丰富的，体会是深刻的。问题是我们还没有或来不及系统地去研究和总结这些经验，我们要一方面认真总结自己的经验，另一方面注意学习外国的长处，以我为主，博采众长，走出一条适合于中国特点的技术发展和训练提高的道路。但是，在如何对待本国经验的问题上，却存在着一些不尽相同的认识。

有的同志在介绍美国“电脑排球”的文章中宣传这样的观点：美国女排拥有电脑，才算是科学训练，中国教练没有运用电脑，就不是科学训练，而是“经验训练”“水平落后”“对现代科学训练的方法手段了解不多”，似乎“电脑排球”等于科学训练。这种看法是不全面的。我认为，电脑是科学训练的工具，但不是科学训练的全部内容。科学训练的内涵远比运用电脑要广泛得多、深刻得多。电脑对训练比赛的作用毋庸置疑，积极创造条件运用电脑于排球及其他体育领域，应予提倡。但是，运用了电脑，不等于说就一定是科学训练。一个教练员如果对本项目的训练规律一无所知或知之不多，不善于采用先进的适合于本队情况的训练方法与手段，不善于针对本队的具体特点来进行系统训练，即使掌握了当代最先进的电脑设备，其训练未必就是科学的。拥有先进电脑的美国女排去年在香港地区大赛时，第一天晚上以2比3败于中国队，回到旅馆就寝已是翌晨2点多钟了，第二天上午，塞林格教练带着情绪沮丧、精疲力竭的队员去训练了两三个小时，当晚再同日本队交锋，终以0比3败北。不少行家认为，美国队的这种训练安排，无论从生理学或心理学的角度来看，都不能认为是合乎科学的。反过来说，不具备电脑的队，其训练也未必是不科学的。我国排球、乒乓球、体操、跳水、羽毛球等队，在训练实践中，探索与掌握了各项运动的客观规律，形成了一整套行之有效的训练方法与手段，积累了丰富的训练经验，取得了优异的成绩，达到了世界先进水平。尽管他们暂时缺乏完备的电脑来武装，但是，他们的训练有不少值得总结与推广的经验，包含有丰富的科学内容。这些项目获得世界冠军，主要的原因是来自科学训练，而不是依靠电脑的操纵。

有的同志在褒颂外国教练训练成就的同时，看不起本国教练员的实践经验，认为我国教练员缺乏基础理论知识，“单靠经验”训练，缺乏科学性等。诚然，由于种种原因，我国有不少教练员缺乏系统的基础理论，应当、而且已经在陆续补这个课，这是完全必要的。但不能因此认为他们的训练“单靠经验”“方法落后”“是不科学的”，更不能全盘否定他们多年积累的有益的实践经验。学术有专精，闻道有先后，各人有专长，天下无全才。不必把“理论”讲得那么神秘莫测！

理论来自实践，实践创立真知。真正的理论只有一种，就是从实践中来，经过实践的检验，反过来指导实践。经得起实践检验的书本理论，是科学；在实践中积累与总结起来的有益经验，并升华为理论，也是科学。我国有不少运动项目的优秀教练员，在实践中认真总结自己的经验，努力探索训练规律，创立了一整套适合于本国本队具体特点的训练方法与手段，写出了不少具有实践价值的论著或资料，难道这些就不能称之为理论吗？也不必把“科学训练”搞得那么玄妙吓人！中国女排、乒乓球等队取得成就，主要原因在于，他们已经较好地把握住这些运动项目的发展规律，走出了一条适合中国特点的技术发展和训练提高的路子，这本身就是科学训练的成果，尽管他们没有得到什么“电脑排球”“电脑乒乓”之类的称誉。袁伟民、李富荣等世界冠军的教练员，以及为培养世界冠军作出贡献的众多基层教练员，他们的经验是极其宝贵的，都包含有丰富的科学内容，鄙薄他们的经验是不对的。当然，他们需要不断地更新知识，以现代科学理论知识来武装自己，以便更好地去完成肩负的训练使命；正像有书本知识的人，只有多向实际学习，才能有所作为一样。

我认为，当前的主要倾向并非我们发明或进口了一批电脑，放进仓库置之不用，而是不重视研究、总结与推广本国科学训练的经验。中国女排去年夏季访问苏联及东欧等国，一些国家如同当年我们学习日本女排那样，组织全国排球界认真观摩、学习中国队的训练和比赛；我国出版的乒乓球书籍畅销海内外；外国科研情报机构十分注意收集我国的训练资料等。这些事实表明，外国人都在重视研究我们的经验，而我们有的同志对此却视而不见，嗅觉不灵，老是闻不到家墙内芬芳扑鼻的花香，总以为外来的和尚才会念经，这种精神状态是很不正常的。外国教练及其先进科学技术当然要虚心去学习，我们的技术进步与提高，也包括取人之长、为我所用这个重要因素。然而，倘若只迷信与崇拜外国专家、教练，又把那些有水分的资料奉为经典，就是不相信甚至轻视本国教练及其宝贵经验，这种自惭形秽的民族自卑观念是毫不足取的！

有的同志还把科学训练同强调苦练与拼搏对立起来，把运用电脑同加强基本功训练对立起来，似乎讲科学训练就不能宣传苦练与拼搏，运用电脑就不必强调基本功训练。这是很不妥当的。“科学训练就是苦练，就是大运动量训练”的说法，固然是不全面的，然而，科学训练应当、而且必须坚持苦练和大运动量训练，却是毫无疑义的，这是我们多年实践的重要经验之一。因为苦练和大运动量训练的原则，是符合运动技巧的建立规律、符合运动生理学原理的，也是为无数运动实践反复证明了的。而拼搏则是科学训练所不可缺少的精神保证，这也是中国女排、乒乓球等队走向成功之路的宝贵财富。苦练与拼搏必须以科学为指导，科学训练必须以苦练与拼搏作依托。不能设想，没有科学指导的苦练与拼搏；也不可思议，离开了苦练与拼搏而奢谈什么科学训练。中国女排、乒乓球等队的成就，正是科学训练与苦练、拼搏紧密结合的结果。要防止注意了一种倾向而又忽视另一种倾向，不要为了宣传科学训练而去亵渎苦练与拼搏精神；这既是认识上的片面性，也是违背训练规律的。

“高标准，严要求，勤学苦练基本功”，是我国优秀运动员迅速成才的成功经验，即使是普遍采用电脑来进行训练，这条经验也不能抛弃。在掌握一定实力水平的基础上，发扬“顽强拼搏，奋勇进取”的革命精神，是我国运动员在比赛中夺取胜利的精神支柱，即使广泛运用电脑来指挥比赛，这个法宝也不可丢掉。因此，装备了先进的电脑，仍需强调苦练与拼搏，仍需加强基本功训练，如同在战争中，有了核武器，仍要强调人的觉悟和勇敢，仍要苦练杀敌本领一样。

有的同志从未深入美国女排进行过调研，仅凭外国资料和道听途说，就详细地论述美国队运用电脑于训练比赛的各个领域所取得的效果，并列举一些牵强附会的事例，这就难免有夸大和失实之嫌。譬如，有的人在分析电脑的作用时说：郎平在“比赛中多数情况下与她平时正常的扣球动作、击球方向和路线是一致的，轻吊或变线、变向击球的动作虽有，但不多，主要是靠正常的强攻得分。正因为这样，美国队防守她4号位强攻才表现出了很高的成功率”。这既不符合郎平扣球的实际情况，也违反技术运用的起码常识，又把电脑的作用吹得太神了。电脑可以为比赛提供必要的信息，但不能预见未来发生的情况，更无法判断临场的发展变化。一个队或运动员在长期训练中会形成某些特点与规律，但这些特点与规律往往因条件的不同而发生变化。如扣球的路线与落点，由于受二传的高低远近长短的种种因素制约，扣球起跳时间与地点的不同选择，击球部位、击球力量和击球手法的不同变化，而显现出其差异性。固定于某一路线、某一落点、某一性能的扣球，是不存在的。况且，高水平的进攻手，是以对手拦、防部署为依据，采用避实击虚的策略去突破的。至于哪一个球扣直线、扣斜线或吊球，在一定条件下，是以扣球者的个人意志为转移的，这是任何电脑所无法预测的。

宣传科学，最重要的是实事求是、尊重事实。有人宣扬美国女排由于运用电脑，因而“伤病很少”，这并非事实。据袁伟民教练介绍说：美国队原队长11号多德尔的腰部有严重创伤，每逢中美交锋之前，常请中国医生为其治疗才能上场；主力队员海曼、克罗克特和格林等，其肩、膝部亦均有严重伤损。为了宣传电脑的作用而言过其实，这就不是科学求实的态度。如果任意渲染，那就离真理更远了。

不言而喻，只要具备条件，谁都不会拒绝使用电脑，更不会反对引进外国先进科学技术。电脑是聪明的人类所创造的，使用了电脑会使人类变得更聪明。但夸大电脑作用，曲解科学训练，鄙视本国经验，会束缚人的主观能动性的发挥，使人在物的面前感到无能为力，无所作为；会挫伤人的自信心，损害人的民族自豪感，这是聪明人所不应当做的事。

原载《江苏体育科技》1984年第4期

本文是作者对上海体育学院某教授发表在《体育报》上一篇文章的评论。

论战术意识

战术意识是球类运动中十分重要的理论和实践问题，但在国内外体育文献和资料中，有关这个问题的专著或论述，尚不多见。本文试图把我国广大教练员和运动员在实践中积累起来的丰富经验，加以条理化和系统化，使之上升为理论，并就什么是战术意识、战术意识在训练和比赛中的重要作用、战术意识包含哪些内容，以及如何培养与提高战术意识等问题作初步探讨，以期引起同行们对培养运动员战术意识的重视，用以指导训练和比赛实践，达到提高运动员正确运用技术、加速运动员成长的目的。

一、战术意识的含义和重要性

战术意识，是指运动员在发挥技术的过程中，支配自己行动的带有一定战术意图的思维活动，是运动员根据彼我双方的情况，正确地运用技术的能力，也是一个运动员是否成熟和有无经验的表现。

战术意识，乍听起来似乎很抽象，实际上很具体，它虽看不见，摸不着，但却是实实在在地存在着的一种“无形的技术战术”。运动员在场上每一项技术战术的正确运用，无不受一定的战术意识所支配，无不包含战术意识的内容。战术意识是球类运动技术的灵魂，它支配着技术战术的正确运用，影响着技术战术的良好发挥。

从生理学的观点来看，战术意识是以第二信号系统为特征的，是高级神经系统活动的表现，是在运动训练实践基础上产生的，又反作用于运动训练实践。从心理学的观点来看，战术意识是运动员自觉的心理活动，是对客观现实自觉的有意识的反映，并对客观现实起着积极的促进作用。从哲学的观点来看，意识是存在的反映，又对存在起着反作用。因此，战术意识对运动训练实践有巨大的能动作用，在训练和比赛中，注意培养运动员的战术意识，对于提高其正确地运用技术战术的能力，提高其临场的判断能力与应变能力，丰富比赛经验，充分发挥技术，学会动脑筋、用智慧打球，以及加快运动技术的掌握和加速运动员的成长，都具有极其重要的意义。

二、战术意识的内容

根据球类运动的规律与特点，战术意识主要包括以下8个要素：

（1）技术的目的性

任何技术的掌握与运用，都必须有明确的目的性。运动员在训练和比赛中，为了正确地运用技术战术，充分发挥自己的水平，就必须头脑清楚，目的明确，有的放矢。对各项技术战术的掌握与运用，不但要知其然，而且要知其所以然，以力求使自己的每个行动都带有一定的战术目的。

以排球为例（下同），发球要强调攻击性和准确性，有的放矢地去攻击对方；扣球要努力避开对方的拦网，或利用其拦网者的手形，采用避强打弱、伺隙进攻等策略；一传、防守和保护，不能以垫起为满足，而是要求垫到有利于组织进攻的位置上等。

（2）行动的预见性

球类运动的双方对抗激烈，场上瞬息万变。运动员在训练和比赛中，为了使技术战术具有一定的目的性，并及时采取相应的行动，就要全神贯注，动作连贯，预见未来。

排球比赛的特点之一是，完成技术时间短促，实现战术速度很快，球不能停留在手中，也不能随意落地，这就更需要运动员有高度的预见性。在完成一个动作之前，要注意观察可能出现的各种动态，在做完一个动作之后，要随时准备对付下面即将发生的任何情况，一切行动立足于充分准备和事先预见，防患于未然。

要根据本项运动的客观规律，彼我双方的人员和攻防特点，以及临场情况的发展变化，预见到各种可能发生的情况，准备好多种应对的办法。如：在进攻时要估计到本方二传的情况和对方拦网与防守的动态；在防守时要预见到对方可能采取的进攻战术、扣球路线及其特点；在对方扣球不断受阻时，要估计其可能采用吊球；在进攻之后要迅速转入防守的部署；在防守之后要立即转为反攻的行动，以及对临场各种不同来球的准备与预判等。

（3）判断的准确性

比赛场上的正确行动来源于准确的判断。为了使有目的性、有预见性的行动准确无误，就必须善于通观全局，扩大视野，眼观六路，加强对临场彼我双方情况的观察与判断。

判断准确是正确地发挥技术战术的前提，必须把一切行动建立在仔细观察和准确判断的基础上。既要看球，又要看人，还要看网，保持好人、球、网的正确关系。要随时观察与判断对方的攻防特点，我方的人员动态，来球的情况以及临场的发展变化，以便采取相应的合理行动。如在进攻时，要观察与判断我方人员的位置、跑动路线和起跳时机与地点，以及对方的拦网、防守部署；在防守时，要观察与判断我方的相互配合和对方进攻的特点以及路线的变化等。

预见与判断，两者既有联系，又有区别。预见是估计可能发生的情况，判断是根据已经发生的情况，而采取相应的动作。当对方扣球连连被我阻拦之时，就应预见其可能采取轻扣或吊球手段，但只有当对方击球出手之后，才能根据来球的方向、路线和落点，做出准确的判断，采取防守的行动。因此，只有加强行动的预见性，提高判断的准确性，才能产生正确的技术战术行动，掌握比赛的主动权。

（4）进攻的主动性

运动员为了争得比赛的胜利，必须创造一切可能的机会去积极进攻，主动出击，培养高度的进攻意识，并使进攻行动具有强烈的攻击性和较大的突然性。

攻击性，就是要造成声势，压倒对手，千方百计从弱点处突破；突然性，就是要出其不意，攻其不备，想方设法打他个措手不及。如：球在本方就应积极准备进攻；球在前排，就应力争组织两次球战术；球高于球网，就力求采取进攻行动；还要善于利用对方的心理特点，或运用一反常态的打法去出奇制胜，采取突然行动进行奇袭（如两次扣球、打吊结合、变化路线或改变球的性能）等。

（5）防守的积极性

进攻与防守是矛盾的统一体。在排球运动中，防守是进攻的基础，进攻是防守的继续。运动员为了有力地进攻对方，首先必须积极防守，接好来球，并不失时机地转为进攻行动，而不是被动挨打，消极防守。

区别积极防守和消极防守的基本关键，是看这种防守是否贯穿了积极取胜的思想，是否为进攻服务。一切防守的技术战术，都必须带有强烈的进攻性和明确的目的性，都必须成为辅助进攻或准备转入进攻的一种手段，使形式上被动的防守具有主动的内容，含有进攻的因素。如：一传、防守和保护，要明确组织进攻的目的性，成为一攻或防反的前奏；拦网要积极主动，力求拦死或拦起，便于组织反击，成为反攻的序幕等。

（6）战术的灵活性

无论进攻或防守，都应力求灵活善变。运动员必须善于根据主客观情况的发展变化，灵活地运用和变换各种进攻或防守战术。任何战术的运用，不管如何千变万化，都离不开时间、空间和人员这3个因素。从这个意义上说，灵活地运用战术就是：适时地掌握进攻时机，或及时进行防守部署（时间）；正确地选择突破地点，或恰当采取防守布局（空间）；合理地组织与发挥全队的积极作用（人员）。

例如：在进攻中运用对方不适应的有效打法，抓住战机，进行突袭，或从弱点突破；在防守中根据对手的不同特点来部署防守；充分调动全队的积极因素，多给技术发挥良好的运动员创造进攻机会，以及掌握与利用对方人员的特点，并采取相应的攻防行动等。

（7）**动作的隐蔽性**

运动员为了有效地攻击对方，争取主动和优势，必须善于运用各种娴熟的动作技巧（假动作或隐蔽动作），去扰乱与迷惑对手的判断，以造成其错觉；不要过早暴露自己的战术意图（隐蔽行动规律），赢得比赛的主动权。要力求动作隐蔽，打法诡诈，虚实结合，真假相济，使对方揣摩莫测，防不胜防。如：运用二传假动作、转手变线的扣球，以扰乱对方拦网的判断；采用快球实扣与掩护进攻的巧妙交替，或在跑动中进行突袭等，以造成对方防守的困难。

（8）**配合的集体性**

球类运动是对抗性和集体性很强的项目，为了充分发挥集体战术作用，合理地组织战术协同，运动员在场上的每一个行动，都必须胸怀全局，密切联系，通力协作，积极与同伴搞好战术配合，努力为本方创造进攻的机会和组成严密的防守，或主动弥补同伴的失手所造成的技术漏洞，把个人技术的发挥融合在集体协同之中，努力促使集体战术配合的圆满实现。如：进攻手与二传手之间的密切配合，进攻手之间的相互掩护，前排之间、后排之间和前、后排之间的联系与协作等。

战术意识所包含的8个要素，既是密切联系，互相区别，又是缺一不可的。作为一个成熟的优秀排球运动员，在技术战术的运用中，应力求具备这8个要素。然而，对于不同技术战术的运用，战术意识的8个要素并不是等量齐观、平均对待的。

各项不同技术战术的运用，有不同的内容和要求。有些战术意识的要素带有普遍性，是运用各项技术战术都必须具备的。如：技术的目的性、行动的预见性、判断的准确性等，任何一项技术战术的运用，都离不开这些要素。而有些战术意识的要素，却具有特殊性，一般则适用于某些相应的技术战术，如：进攻的主动性适合于进攻技术战术的运用；防守的积极性适合于防守技术战术的运用；战术的灵活性和配合的集体性，适合于各种攻防战术的运用；动作的隐蔽性则只适合于短兵相接的扣球和拦网技术战术的运用，以及作为辅助进攻的二传技术。防守性的技术和发球等，就难以运用隐蔽动作。

对于运动员的培养进程来说，战术意识的8个要素也不是齐头并进、一拥而上的。不同训练对象、不同训练水平的运动员，对战术意识的培养应有不同的计划、步骤与要求。如：对青年运动员应首先培养与训练其技术的目的性、行动的预见性、判断的准确性和防守的积极性等；而对训练有素的运动员，则应着重提高其战术的灵活性和动作的隐蔽性等。当然，战术意识的8个要素是不能截然分开、互相对立的。不同水平的运动员或在不同的训练期，可以分别对待、有所侧重。

三、如何培养与提高战术意识

培养与提高运动员的战术意识，不是一日之功，也不可能一蹴而就，应在日积月累的训练和比赛中，不断完善，逐步实现。一般可采取下列的措施与方法：

① 要根据战术意识8个因素的内容和要求，把培养战术意识的任务，纳入训练计划之中，提到训练日程上来，这是培养与提高战术意识的理论根据。只有针对不同的训练对象，进行有计划、有系统、有意识的严格训练，才能使培养战术意识的任务落

到实处，以加速战术意识的培养。

② 要苦练过硬本领，掌握全面熟练的技术战术，这是培养与提高战术意识的物质基础。战术意识是在运动训练实践基础上产生的，因此，只有掌握高超的技术战术，具有丰富的实践经验，才有可能具备较高的战术意识。战术意识的能动作用，正是通过技术战术的表现、借助技术战术的发挥来实现的。

③ 要了解与熟悉排球运动的客观规律，这是培养与提高战术意识的基本条件。只有对本专项运动的发展趋势、技术战术特点及其规律性有比较深刻的认识，才能正确运用与发挥技术战术。可以通过加强专项理论知识的学习与钻研，或总结经验等方式，来提高运动员对专项运动规律的认识，以培养其战术意识。

④ 要了解与掌握彼我双方的人员情况和攻防技术战术特点，这是培养与提高战术意识的必要前提。只有知己知彼，才能使自己的行动符合客观实际，并合理运用各项技术战术。可以通过日常训练、比赛观察或开总结会等方式，来知己知彼，丰富临场经验，提高战术意识。

⑤ 要对临场主客观情况具有敏锐的观察判断能力，强调在训练和比赛中眼观六路、耳听八方，这是培养与提高战术意识的客观依据。因为只有情况明、判断准，才能采取正确的技术战术行动。

⑥ 要强调在刻苦训练的基础上开动脑筋，勤于思索，提倡手脑并用，练想结合，这是培养与提高战术意识的重要途径。多思出智慧，多思长才干，在苦练的基础上用心钻研，可以培养运动员独立处理临场各种情况的能力，有助于他们充分发挥与正确运用技术战术的水平，培养与提高他们的战术意识。

⑦ 要在基本技术的训练安排中，贯穿战术意识的因素，赋予战术意识的内容，而不是孤立地练基本技术，这是培养与提高战术意识的必要方法。把技术训练与培养战术意识有机地结合起

来，有助于在技术练习的过程中，不断提高技术的运用能力，加快战术意识的培养。

⑧ 要在加强基本技术训练的前提下，创造条件让运动员多参加实际比赛的锻炼，以丰富临场比赛经验，培养合理运用技术战术的能力，这是培养与提高战术意识的有效办法。还可以通过参观优秀运动员的训练或优秀运动队的比赛，分析训练、比赛的情况，总结经验教训等方法，以便从中获得教益，不断提高战术意识。

⑨ 要抓好“无球”技术动作的训练，重视对“无球”运动员的训练要求，这是培养与提高战术意识的重要环节。在排球训练或比赛的配合过程中，当一人击球时，其余的人员都应有相应的行动（这就是“无球”技术），如：本方发球时，前排队员应准备拦网或扣“探头球”，后排应立即进入防守状态；一传接球或防守时，其余的人员应同时准备保护与接应；二传组织进攻时，所有的进攻队员应积极准备扣球，其余的同伴应随时准备保护；拦网时，不参加拦网者应后撤防守或保护；以及球在对方区域时，应时刻做好防守的准备等。“无球”运动员的“无球”技术动作正确与否，是运动员战术意识高低优劣的重要表现。只有在训练和比赛中反复强调，严格要求，毫不放松，才能有效地培养与提高运动员的战术意识。

⑩ 教练员要有明察秋毫的观察判断能力，并对临场的加强指导，这是培养与提高战术意识的关键。运动员战术意识的培养与训练，主要应贯穿在日常的每堂课训练之中，而教练员的指挥能力起着主导作用。除了要根据不同的对象进行有计划、有系统的训练外，教练员还应提高对训练过程的观察与分析，加强对临场出现情况的指导，以便能及时地发现问题，准确地指明问题，正确地解决问题。如：运动员扣球不力，是由于起跳不当或手法不好的原因，还是由于进攻准备不足或不善于寻隙突破？防守失

误，是因为手臂控制球的能力差，还是缺乏预判或卡位不当？前者主要是技术上的差错，后者则可能是战术意识的问题。这就需要教练员有对事业一丝不苟的态度，丰富的实践经验和理论知识，以及较高的指导艺术，才能使运动员在长期运动实践中，不断提高其战术意识。

载《体育科学》1984年第4卷第2期

原文刊载于《排球技术战术训练法》一书（1975年4月由人民体育出版社出版），节选自《排球技术战术若干理论问题的商榷》一文，后几经修改、补充与完善。

基础牢靠　才能拔尖

——谈高大排球运动员的训练

年轻高大排球运动员在身体训练方面如何抓法，一直存在着不同的看法和做法。有的同志主张效法获得1972年奥运会冠军日本男排的斋滕训练法，要着重练排球所需的专项素质，认为这样既结合专项特点，又可以立竿见影。有的同志则认为，首先应抓好身体的全面发展，提高全面身体素质水平，在此基础上，再加强专项素质训练，并注意与专项技术结合，这样，既结合实际情况，又打好坚实基础。

20世纪70年代日本男排运动员原有的身体素质状况如何，我们难以考证，也不便加以评论，但对我国目前年轻高大运动员的素质水平，却是比较清楚的。一般地说，他们大都是体质较弱、素质较差，尤其是下三路的灵敏反应和协调性更为薄弱。在这种情况下，如果我们不加分析地照搬斋滕训练法，只抓专项素质练习，忽视全面身体训练，势必不能提高全面素质水平，不能使有机体获得全面的、协调的发展，从而不能使运动技术水平达到应有的高度。目前很多队只侧重于抓力量和速度训练，片面强调发展弹跳力，而忽视对灵敏、柔韧、协调性和耐久力等全面素质的训练，这可能是造成一些高大运动员灵敏性差，下三路技术薄弱，完成某些高难度技术动作不协调、不舒展的重要因素，也是一些运动员运动创伤较多、运动寿命较短的原因之一。

摩天高楼平地起，功夫贵在打根基。加强身体的全面训练，提高全面的素质水平，是运动员正确而迅速地掌握与提高运动技能的基础。基础牢靠，才能拔尖。运动员进行全面的身体训练，可以在大脑皮质中接通更多的神经通路，建立更完善的运动条件反射，有利于在运动实践中举一反三，触类旁通，有助于运动技能的相互转移，从而使有机体获得全面的、均衡的发展，使运动员练得更加灵活和协调自如。

各项身体素质有其各自的特点，它们之间既有联系，又有区别。训练单一素质，可以使该素质得到优先的有效的提高，同时对其他相关素质的发展也会产生积极的影响。比如练速度，可以同时使力量、灵敏等素质得到提高。然而，各项素质都各有其一定的局限性，力量练习主要是发展力量素质，对灵敏、柔韧的影响就较小。而有些素质之间还有一定的相互制约作用。因此，孤立地、片面地进行单种素质的训练，不但不能使有机体获得全面、协调的发展，而且会对其他素质产生不良的消极后果。

在提高全面素质水平的基础上，加强专项素质的训练，并注意与专项技术的有机结合，看起来好像要多花些时间，实际上是打牢了基础，节省了时间，加快了速度，提高了实效，增多了成才率。国内外无数经验表明，素质全面、体质优良的运动员，往往也是技术比较拔尖、运动创伤较少、运动寿命较长的优秀选手。

原载《体育报》1985年7月13日

排球进攻战术的组织与运用策略

排球进攻的战术形式，有中一二、边一二、后排插上和两次球及其转移4种阵形；排球进攻的战术打法，有强攻、快攻、时间差、位置差、空间差、各种交叉跑动和立体进攻等多种多样的变化。《孙子兵法》云："声不过五，五声之变，不可胜听也。色不过五，五色之变，不可胜观也。味不过五，五味之变，不可胜尝也。战势，不过奇正，奇正之变，不可胜穷也。"排球进攻的战术阵形和战术打法就是那么几套，但是如何合理组织与巧妙运用，却有一个策略问题。

所谓进攻战术的组织与运用策略，主要是二传队员在教练员的正确指挥和全队的密切配合下，根据临场主客观情况的发展变化，而采取的分配球给谁进攻、打什么战术和从哪个位置突破的行动准则与斗争方式。排球进攻战术的组织与运用，可以采取下列策略。

一、扬长避短

每一个训练有素的球队或运动员，总会从本队或个人的具体条件和实际情况出发，在实践中逐步形成与树立起区别于其他球队或运动员的技术战术特长。技术战术特长或称技术战术风格，是一个队或运动员技术战术成熟的表现，是技术战术达到较高造诣的标志，也是对手所慑服的技术手段。一般地说，在比赛中充分运用技术战术特长去进攻对手，是发挥风格水平、克敌制胜的有力武器，同时还可以相应地弥补本队存在的弱点（或称特短）。倘若本队特长受到抑制，不但风格、水平不得发挥，而且必将弱点显露，特短扩大，陷于被动。具有身高与网上优势的队，总是力求以泰山压顶之势去制胜对手，而避免在速度和灵巧上同对手周旋；身材较矮、技术全面的队，则力图以迅如疾风的快变战术去战胜对方，而避免在高空上同对手较量。特长与特短是对立的统一，两者互相依存，互相制约。作为进攻组织者的二传手，不论场上出现什么困难局面，一定要想方设法坚持发挥全队和个人的特长打法去攻击对方。但若特长被对手所制约， 就要全力找出被制约的原因，积极创造使特长得以充分发挥的必要条件。绝不能为复杂局面所迷惑，失掉自主能力，随便应付，被对手牵着鼻子走。抛弃自己的特长打法，就意味着失掉与人斗争的武器，预示着被动与劣势即将降临，这是二传手在组织与运用战术时务必充分注意的。四川女排根据本队的实际情况，在比赛中总是坚持其狠抓发球、快速进攻、灵活善变和打吊结合等特点，这是她们多年来保持优异成绩的重要原因之一；中国女排荣登“五连冠”的宝座，同其坚持发挥技术全面、能攻善守、快速多变和高快结合等特长也是分不开的。

发挥特长，应包括发挥全队的和个人的技术战术特长。个人特长是全队特长的组成部分，只有个人特长得以施展，全队特长才能充分发挥；全队特长是个人特长的有机组合，只有全队每个成员的特长充分发挥，个人特长的施展才有可靠的保证。如：只有第一球的个人掩护做到了积极而逼真，才能使全队的跑动进攻战术富有成效；而只有全队集体配合的每个环节都十分紧密精确，才能为最后的个人突破发挥最大的威力。二传手在组织战术中，要充分运用自己的智慧去组织与发挥全队和个人的各种特长。

根据本队运动员平时的水平，临场的发挥，当时的心理状态，对手对其特点的适应程度以及体力等情况，因人给球，能者多攻，也是扬长避短的一种策略方法。由于主客观诸原因，运动员在比赛中的水平发挥往往会出现各种情况：有的人开局不利，但越打越好；有的人旗开得胜，但后劲不足；有的遇强不惧，愈战愈勇；有的逢弱就欺，轻敌大意；有的对甲队浑身是胆，遇乙队却心虚手软；有的只能打“顺风球”，有的却专开“逆水舟”；等等。二传手应善于察颜观色，审时度势，力争把球多传给那些情绪稳定、信心百倍、体力充沛、发挥良好和对手不适应的人去进攻，以求能有效地突破对方。在分配球的问题上，绝不能吃“大锅饭”，搞平均主义。

然而，世界上的事情是复杂的，在一种场合和情况下是特长的东西，在另一种场合和情况下，则可能变为特短的东西；而在一种场合和情况下是特短的东西，在另一种场合和情况下则可能变为特长的东西。过去，中国女排相对于日本女排而言，高度和网上优势是特长，而在速度上则略逊色；但若相对于美国女排而言，中国女排的高度和网上则为短处，而在速度上却占上风。作为二传手就应根据不同的对象和情况，采取不同的打法和策略：对日本队要以高制低，发挥网上优势，对美国队要以快制高，打他个措手不及。

有时会出现这样的奇观：本队或个人的特长打法虽然得到较好的发挥，但因为被对手所识破和适应，而不能发挥它应有的攻击效能。在这种情况下，如果采用并非本队或个人特长的打法，由于出乎对手意料或为对手所不适应，却往往能够奏效。例如：以高打强攻见长的队变换为快速打法；把球分配给进攻能力不强、扣球机会不多的队员去进攻，常能收到意想不到的效果。按照不同的情况，采取不同的斗争策略与斗争方式，一切以时间、地点、对象和条件为转移，这是在组织与运用战术时，务必时刻牢记的行动准则。

二、避强打弱

如同进攻的一方具有特长与特短的打法一样，防守的一方也存在着强点和弱点。二传手的职责不但要扬我所长、避我所短、努力运用本方的长处去进攻对手，而且要避其所长、攻其所短、努力采取各种斗争手段去抑制对方的长处，积极寻找对手的弱点予以突破。避强打弱，避实击虚，是组织进攻中常用的有效策略。一般可以采用以下几种斗争方式：

① 从对方拦网的薄弱区突破。根据事先的了解，把本方进攻的强轮次与对方拦网的弱轮次相对；或有意识地多从对方身材较矮、拦网较差、不善于拦网或不积极拦网的队员头上进行突破；或采用跑动换位的进攻战术，从上述拦网水平差的队员头上强行袭击。这样，往往能收到突破一点，威逼对手，打乱其整体防守部署，影响与带动全局发展的奇效。中国女排与美国队交锋，就常从美国队的二传手、身高只有1.62米的格林头上进攻，昔日中日女排之战，日队身高只有1.59米的二传手小川，也往往成为中国队的众矢之的。两个拦网者之间的结合部及其外侧，也是拦网薄弱的区域。可以多组织从2号、3号位或3号、4号位之间区域的战术进攻（如：短平快、夹塞、背快、交叉等战术）和两翼拉开的进攻。当对方3个拦网者站位密集时，可多打拉开战术；而当其站位分散时，则适当多从中路突破。在对方前排队员匆促换位，立足未稳，尚未从容进行拦网布局时，则应组织快速战术突袭之。这些都是可以乘虚而入的薄弱环节。

② 避开对手的高拦网或密集拦网，寻隙突破。如遇对方有高度的或密集的拦网者，没有薄弱区域可以攻击，可以采用跑动换位进攻和多变的战术，来扰乱其拦网判断，瓦解其拦网配合。20世纪70年代中后期，江苏女排常由两名二传手从2号位发动进攻，是该队的特长打法，但同福建女排对阵时，身高1.74米的张洁云面对1.84米的主攻手许秀梅拦网，如果定位进攻，势必碰壁，倘若采用交叉跑动的策略，往往就能甩开许秀梅的拦网，予以突破。中美女排之战，张蓉芳常从2号位跑动至3号、4号位进攻，可能就是为了避开海曼或克罗克特的高拦网之故。

③ 掌握与运用扣、拦对抗之间所出现的间隙，进行突破。在

双方进行网上短兵相接、连续扣拦对抗之际，前排队员往往会出现一侧人员相对密集，另一侧人员相对稀少的间隙。如：我方4号位扣球时，由于保护进攻之故，3号位队员一般要偏向4号位，而对方为了组织集体拦网，其2号、3号位人员必然相对密集，因此，我方的2号位或对方的4号位就出现了人员相对稀少的空隙（图1）。二传手应善于运用这一规律寻找拦网的薄弱区，来选择进攻的突破口。如：当我队从4号位扣球被拦回再攻时，组织短平快或4号位进攻，容易遇到对方密集拦网，若运用背快球、近体快或2号区背溜进攻，则一般只有一人拦网，有利于突破（图1）；反之，当我队从2号位扣球被拦回再攻时，组织背快、近体快或2号位进攻，容易遇到密集拦网，若采取短平快或4号位拉开进攻，则往往能够奏效（图2）。同理，拦防对方从4号位扣球，我队立即组织反击时，采用从2号位或背快、近体快进攻，易遇密集拦网，若运用短平快或4号位拉开进攻，则一般只有一人拦网，有利于突破；反之，拦防对方从2号位扣球，我队立即组织反击时，采用从4号位或短平快进攻，易遇密集拦网，倘从2号位或运用背快、近体快进攻，则易于击破；等等。

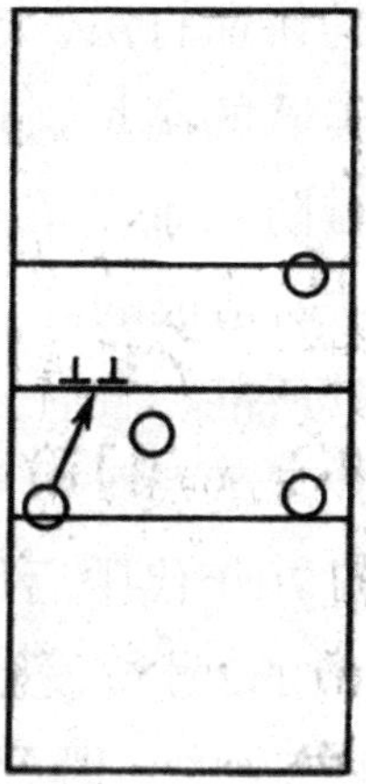

图1

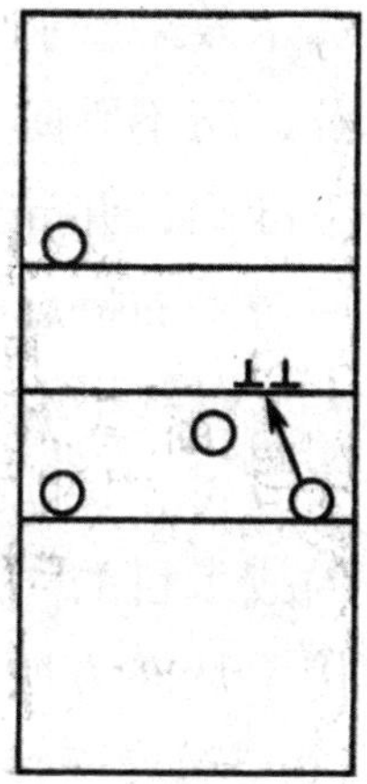

图2

三、攻其不能

每个球队和运动员在长期实践中，形成了各自的战术特点与打法，从防守的角度来说，自然就会产生比较适应于某种特点与打法和比较不适应于某种特点与打法的区别。这是由于某种特点与打法的形成，是同该队的身材、素质、训练程度、技术战术水平、传统习惯以及战术指导思想等条件与因素密不可分的；而进攻与防守特点的形成也是相辅相成、互为条件的。一般地说，本队有什么进攻战术，就比较能适应于对该战术的防守；反之，本队不熟悉或不掌握的战术，当然就难于防范了。即使自己所具有的打法，也有一个适应与不适应的区别。能够适应于各种特点与打法的“全才”球队和运动员是少有的，“十八般武艺”样样精通、无懈可击的人，也是不多见的。二传手应善于以其不能，非其所能，组织与运用对手所不熟悉、不适应的策略打法去进攻，而尽量避免采用对手所熟悉和适应的战术，这样才能收到良好的战术效果。亚洲队的快速打法，常使欧美一些大型化的队措手不及，防不胜防；欧美队的高举强攻，也会使亚洲队拦网节奏掌握不准确，并导致后排防守难以招架。这些都是由于不熟悉、不适应对手的特点与打法所造成的。

以其不能，非其所能，往往可以达到既使对手被动挨打，穷于应付，又能抑制对手的长处，削弱其进攻锐气的“一箭双雕”的战术目的。20世纪70年代中后期，江苏女排经常运用由两名二传手从对方所不适应的2号位发动进攻，迫使那些不重视、不积极、不善于拦网的主攻手，既要忙于对付我队的猝不及防的进攻，又要匆促转入反攻扣球的行动，从而陷入既拦不到网又扣不好球的困境。

有时，对手所不适应的战术，未必就是它的特短，而且可能还是它的特长；只因为条件的改变或差异，暂时不能适应使然。1983年第3届亚洲女排锦标赛，中国女排出人意料地以0比3 输给日本队，其主要原因之一是，日本队采用比中国队速度还快的快速进攻（尽管快速也是中国队的传统特长），使我女排队员难以适应。据统计，日本队在3局中仅从3号位就发动66次各种快攻，其中第一球快攻多达51次（引自《国外体育资料》1984 年6月第6期，郑必达等人的文章：《从四场比赛分析中田久美的二传特点》）。这说明，组织与运用对手所不适应的战法，往往能置人于困境而失掉自由和自主的能力。

熟悉或不熟悉，适应或不适应，并非自始至终一成不变，而是因时间、地点、对象和条件的改变而改变。甲队不熟悉、不适应的战术，乙队可能就熟悉和适应；某队今天不熟悉、不适应的打法，明天可能就会熟悉和适应，甚至于开局不熟悉、不适应的战术，经过一番较量之后，对手就逐步熟悉和适应了。有时，排球场地周围的空间大小、观众多寡、情绪高低和倾向性等，都会对战术的适应性产生影响。赛场上的对手“一物降一物”的事是常有的。“降”，就是对手不适应的结果。精明干练的二传手必须善于抓住这种战机，运用各种对手所不适应的策略与打法，陷对手于捉襟见肘的窘境；还要善于随着时间、条件等因素的改变，而主动变换自己的斗争策略和战术打法，相机行事，以变应变，才能永远立于主动有利的地位。

四、出其不意

利用对手的错觉和不意，组织人们料想不及的战术，采取一反常态的打法，是迷惑对手、掩护自己、有效地实现进攻、顺利地进行突破的重要策略。比赛场上，存在彼我双方共同所掌握和熟知的攻防规律，如：通过3次击球组织进攻；顺手进攻便当；从4号区反攻方便；斜角传球进攻有利等。这些带有规律性的常规打法，进攻的一方，在组织与运用上比较驾轻就熟，防守的一方，从准备防守到实施防守，也能够从容不迫。同时，这也容易使所组成的进攻战术的攻击性受到一定的削弱。因此，为了提高战术的攻击效能，有效地突破对方防线，二传手应善于出其不意，攻其不备，采用对手意想不到的战术去进攻对方，而不要墨守成规，保守求稳，搬用老一套的习惯打法，以便把战术打好用活，使对手感到穷于应付，进退失据。运用出其不意、攻其不备的进攻策略，二传手可以采取以下的方式：

① 利用二传手的自身掩护。在一传到位的条件下，二传手运用各种娴熟的技巧，二传的假动作或掩护动作，隐蔽本方组织进攻的战术意图，去扰乱或迷惑对手拦网之前的判断，以造成其错觉和不意，达到掩护自己、辅助进攻、有效突破的目的。

② 运用打破常规、一反故态的战法。在稳、准的基础上，二传手应大胆组织与运用对手始料不及的"反常的""别扭的"战术打法，使其猝不及防。如：当一传落点在3米线左右时，一反传给4号位队员强攻的痼习，巧妙地把球传给3号位队员扣远网快球，或背传给2号位队员进攻；当一传落点偏向4号位时，不将球传给4号位队员扣球，而却采用背传的方法传给2号位或3号位队员反手进攻；当一传落点偏向2号位时，则将球远传给4号位队员拉开突破；当一传不到位，组织调整球进攻时，打破传统习惯的斜角传球，而采用直角调整传球（从5号位或1号位传给4号位或2号位）的方式来组织进攻；在密切联系和事先准备的条件下，当一传垫到恰当位置时，不采取三次击球过网，而直接运用两次扣球战术等。

③ 利用对手的心理倾向和情绪变化进行偷袭。二传手要善于观风色，察时变，捉摸对方的心理倾向和情绪变化，以便乘人之隙，攻其不备，打他一个措手不及。如在相持或关键时刻，人们组织战术一般都趋于保守求稳，但若能鼓动与催促全队人员积极跑动及时上步，敢于组织快速多变的战术，并造成强大的、高昂的进攻声势，则往往能首先在心理上压倒对方，使其茫然失措，手脚慌乱；在相持或关键时刻，确有把握地把球传给不为人们注目的非主攻手进攻，常能出其不意而奏效；在对手情绪波动、意见分歧、连续失误、注意力分散又有隙可乘的情况下，二传手突然将球吊入对区空当等，都能收到预想的效果。

应当指出的是，采用出其不意、攻其不备的战法时，首先二传手与进攻手要有密切的联系和较好的默契，才能起到掩护自己、迷惑对方的作用；否则，反而会骗了自己，配合失调，甚至造成失误。其次，二传手必须在传稳传准的基础上来运用各种策略与方式，以免弄巧成拙，影响配合，失去进攻的机会。

五、互为牵制

排球的进攻战术，每一个轮次都可以组织几种不同的战术配套。各种进攻战术配套，有其自身的规律与特点，既互相联系，互相依存，又互相制约，互相牵制。二传手要在进攻手的积极配合下，充分利用各种进攻战术配套的规律与特点，利用各种配套战术既互相依存又互相牵制的功能，以便力求摆脱对手的密集拦网，甚至于晃开对手的拦网，达到顺利突破其防线的战术目的。

运用牵制对方拦网的策略和战法有如下几个方面：

① 运用3号位短平快球与4号位拉开进攻战术配套时，若由4号位拉开扣球，易遇对手密集拦网（因为对方3号位拦网者已向其右侧移动盯住我方3号位队员），此时，若背传给2号位队员，则有利于突破（图3）。

② 运用3号位近体快球与拉开进攻战术配套时，若由两翼实行拉开进攻，因为中间能有效地吸引住对方3号位拦网者，而有利于突破（图4）。

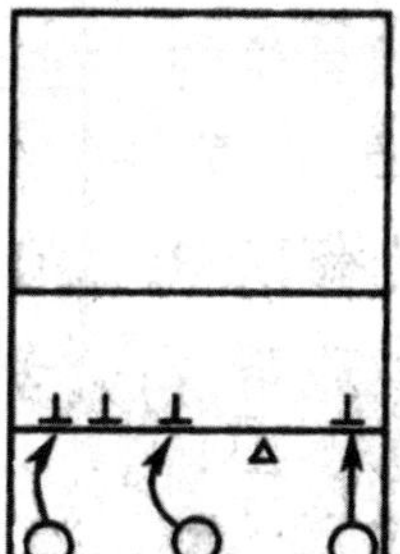
图3

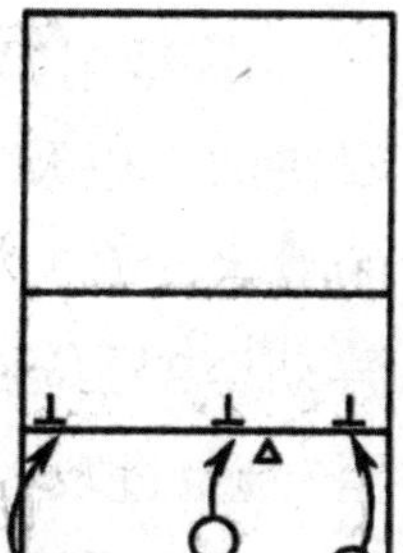
图4

③ 运用3号位短平快球与4号位插进（即“夹塞”战术）战术配套时，由于容易造成对方2号、3号位的拦网者互相干扰与牵制，而有利于突破（图5）。

④ 运用3号位和4号位的双快球（3号位近体快球、4号位短平快球）以及2号位游动进攻的战术配套时，若由2号位队员折回至

2号位扣球或游动至4号位进攻，因为对方2号、3号位拦网者已被吸引，而有利于突破（图6）。

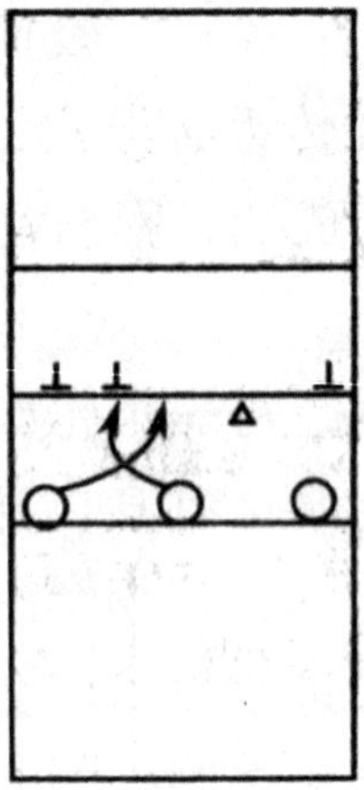

图5

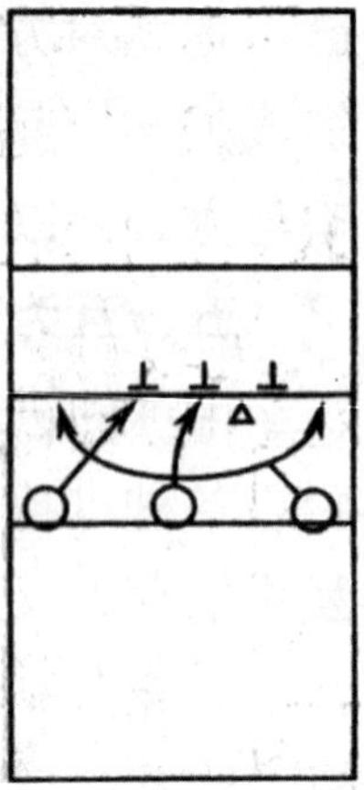

图6

⑤ 运用2号位和3号位的双快球（即2号位背快球、3号位近体快球或短平快球），以及4号位游动进攻的战术配套时，若由4号位队员在4号位定位扣球，或游动至3号位（当3号位队员作短平快球掩护时）或2号位进攻，由于对方拦网者的互相干扰与牵制，而有利于突破（图7）。

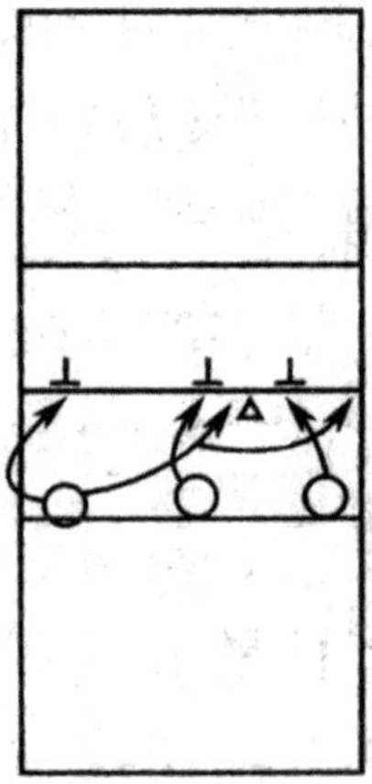

图7

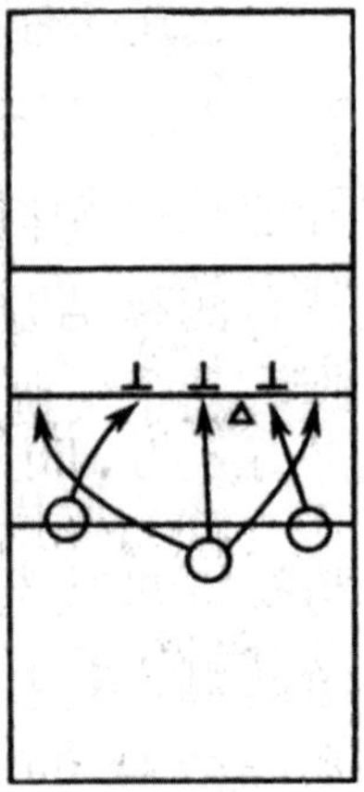

图8

⑥ 运用2号位和4号位的双快球，以及3号位游动进攻的战术配套时，若3号位队员游动至2号位或4号位或折回至3号位进攻，由于对方拦网者的互相干扰与牵制，而有利于突破（图8）。

⑦ 运用各种跑动交叉的战术配套，也常可以造成对方拦网者的相互牵制，而有利于突破，如：4号位快球掩护、3号位外绕交叉进攻（图9）；2号位跑前快球或背快球掩护，3号位背绕交叉至2号位进攻（图10）；3号位近体快球或背快球掩护，2号位跑至3号位交叉进攻（图11）等。

⑧ 在“避强打弱”一节中，关于“掌握与运用扣、拦对抗之间出现的间隙进行突破”所列举的各种组织进攻的策略，实际上

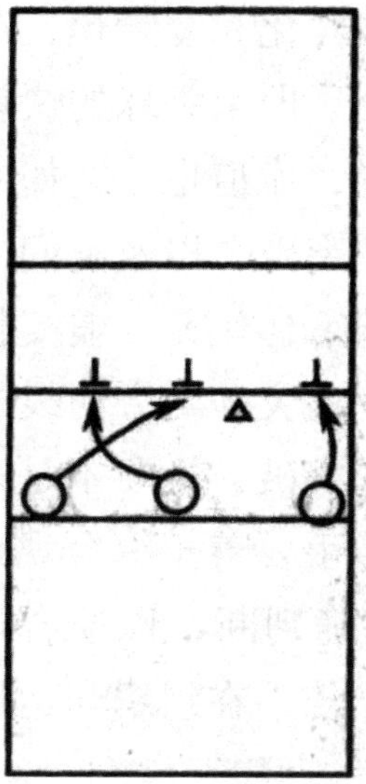

图9

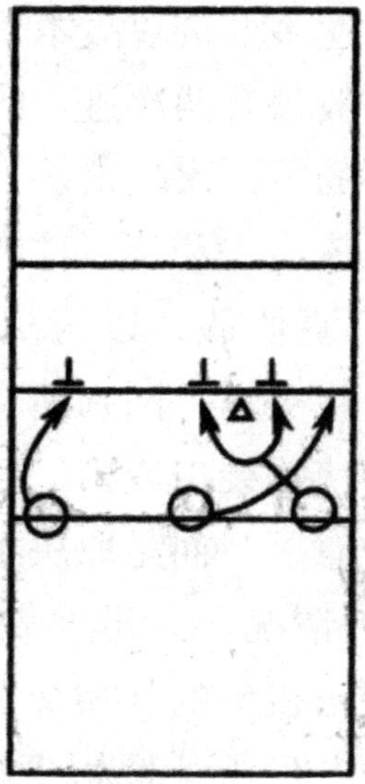

图10

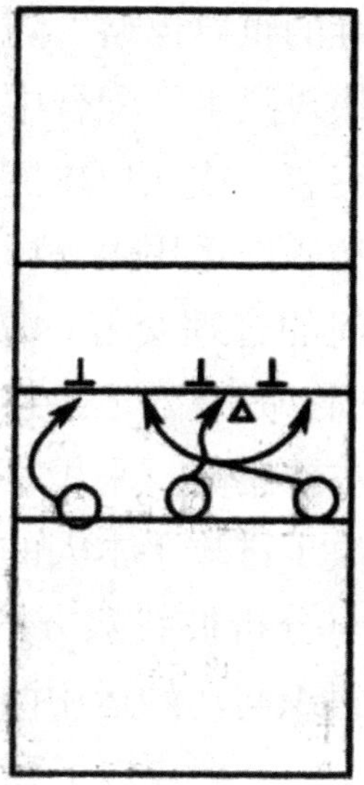

图11

也是利用对方拦网者的相互干扰与牵制，而予以攻击。

上述所举的运用牵制对方拦网的策略和方法，都是以第二球突破为例的。这是因为，在一般情况下，第一球进攻时，对方大都是由一个人拦网，而第二球进攻，如能摆脱掉对方两人以上的集体拦网，这个战术的组织与运用策略，基本上就是成功的。倘若能造成无人拦阻的“空网”，那当然更属上乘了。应当强调的是，任何一种战术配套的成功运用，除了在一传到位的条件下，二传手要巧妙灵活和准确无误地传好球外，还要有赖于每个进攻手按照不同的职责分工（第一球或第二球进入者），积极而及时地跑动，主动而逼真地掩护，加上进攻手与二传手之间的密切配合，才能圆满实现预想的战术，顺利突破对方的防线。任何一个环节的疏漏或失手，都将使战术质量逊色，甚至归于失败。当然，在其他诸种条件具备的情况下，策略运用得当与否，战术水平高低优劣，二传手就是举足轻重的了。

六、虚实相间

“以正合，以奇胜。”奇正结合，真假相间，历来是兵家取胜的重要谋略。随着快速多变进攻战术日趋多样化和复杂化，在快攻战术的配合中，一般都有两次进攻的机会，即第一球的快攻突袭，或在快攻掩护下的第二次攻击。“兵者，诡道也。”如何巧妙地运用第一球的快攻袭击和第二球的掩护突破，以及它们之间的合理交替，做到真真假假，以假乱真，有虚有实，虚实相间，是有效地迷惑与干扰对方拦网判断，顺利地突破对方防线的重要策略。采用第一球快攻袭击或第二球掩护突破，主要不是取决于进攻手本人的主观意愿，而是取决于二传手要善于综合观察与分析彼我双方的各种情况，并迅速做出正确判断，以便合理组织与巧妙运用两种攻击机会的互相交替。二传手在组织与运用中，一般应以下列各种主客观因素为转移：

① 以来球到位与否为转移。当我方一传或防守来球到位时，易于形成战术，以多打第一球快攻为有利，半到位球（约离网3米左右）则多打第二球攻击，不到位球只能以强攻突破。但也可以一反故态，半到位球时，大胆运用第一球快攻，到位球则掩护第二球突破，这种战法往往具有更大的突然性和攻击性。

② 以进攻手实力的强弱为转移。当扣第一球快攻的队员进攻实力雄厚，扣球水平较高时，多以第一球快攻突袭有利；反之，则以多打第二球攻击为好。但也有相反的情形，即可以利用对手的麻痹心理和防而不备，把球传给看来实力水平较低的队员进攻，也常能奏效。

③ 以进攻手临场技术发挥情况为转移。当扣第一球快攻的队员临场技术发挥较好时，以多运用第一球快攻为有利；反之，则多采用第二球掩护突破。

④ 以二传手与进攻手之间的配合程度为转移。当第一球的快攻手助跑上步及时、节奏协调、时机准确、配合默契时，多运用第一球攻击；反之，则采用第二球突破。

⑤ 以对方的适应程度为转移。当对手不太适应第一球快攻战

术时，以多打第一球袭击为有利；反之，则采用第二球的掩护突破。

⑥ 以对方的防备情况为转移。当对手对第一球快攻的拦防准备不足，或前排队员忙于换位、立足未稳时，以多打第一球攻击为有利；反之，则运用第二球去突破。

⑦ 以对方的拦网态势为转移。当我方第一球快攻者相对区域的对方拦网者身材较矮、拦网技术较差或不积极拦网时，多以第一球快攻袭击之；反之，则以第二球去突破。

⑧ 以对方整个拦网布局为转移。当对方三人拦网取位比较分散时，可多以第一球快攻从中路或结合部突破；倘若对方拦网取位比较密集，则可采用快球掩护下的第二球进攻。

⑨ 以对方的心理倾向为转移。当我方连续以第一球快攻得利，对方心理上势必注意与重视我之第一球快攻，此时，若以第二球攻之，常能奏效；而当我方第一球快攻连续不得手时，对方可能转为防备我之第二球进攻，此时，倘仍再以第一球连续攻之，常出对手之意外而得利。

⑩ 以双方比赛形势为转移。在双方战局相持和关键时刻，或在我方比分落后时，一般的二传手常以保守求稳，多打快攻掩护后的第二球进攻为多；倘在此时，能打破条条框框，解除思想束缚，放得开，拼得出，大胆运用第一球快攻猛烈出击，则往往能收到扭转战局的奇效。

兵以诈立。合理组织与巧妙运用第一球快攻和第二球突破的相互交替，不只是赛技术、战术，而且是斗智慧、谋略。尽管这种智慧与谋略的斗争，带有某种程度的概率性、模糊性和不确定性，但是通过反复的实践与不断的总结，却能呈现出一种严格的非偶然的规律性。用这种规律性来指导我们的训练与比赛，就可以进一步提高训练水平和战术水平。

七、灵活用兵

灵活用兵，是在比赛中争取主动、避免被动的最重要策略。毛泽东同志指出："灵活地使用兵力这件事，是战争指挥的中心任务，也是最不容易做好的。"（《论持久战》）排球比赛中的灵活用兵，主要是包括灵活地组织力量（全队人员组合、阵容配备、力量使用、替补队员安排等）和灵活运用与变换战术。本文讨论的范围仅在如何灵活地组织、运用与变换战术方面。

众所周知，排球进攻战术的形成，必须在9米宽的球网上空间范围内，采用不多于三次击球过网（拦网触手除外），这就使战术的组织与运用受到一定的时间和空间的限制，从而给灵活地组织与运用战术带来了一定的难度。从另一方面讲，排球进攻的战术阵形和战术打法，就是那么几套，要学会与练好各种战术阵形和战术打法，是比较容易做到的，而要灵活地运用与变换这些战术，就不那么容易了。这里有一个如何正确而合理地组织、运用与变换的问题。常言道：兵无常势，水无常形。从来没有一种包打百队、万应灵验的战法，也不会有一个永远一击即溃的进攻突破点，更不会有从不怯场、百战百胜的常胜将军。跑动换位和立体进攻是当代最时髦的战术，有时也难免受阻；从2号位进攻被认为是容易突破的薄弱区，有时也会碰壁；郎平、海曼、路易斯等曾是世界上最优秀的攻击手，有时也难免失手。因此，二传手的聪明智慧在于善观风色，能察时变，巧择时机，知人善任，能够依据彼我双方的情况、临场的发展变化和该战术在当时的攻击性与有效性，以及本方队员水平发挥的情况，及时恰当地加以组织与运用，并善于不失时机地由一种战术打法过渡到另一种战术打法，由某个突破点变换到另一个突破点，由给某一队员进攻转移给另一队员出击，做到彼变我变，以变应变，有时彼不变我亦变，以适应对手的打法或不被对手所适应。

从进攻的组织与运用策略上来看，所谓灵活用兵，主要表现在人员上、打法上和位置上的集中、分散及其转移进攻。

在人员上，时而把球相对集中地传给某队员去重点突破，时而适当分散给全队人员而全面出击，以及重点突破与全面进攻的相互转移。在打法上，时而重点采用某种对手所不适应的战术去进攻，时而又变换另一种新的打法去突破，以及诸种战术打法的互相变化。在位置上，时而集中兵力从对方某一区域突破，时而又分散火力从各个位置发动攻击，以及集中突破与分散攻击的互相转移。

一般在下述情况下，可以采用集中进攻的策略：

① 当扣球者有较突出的进攻威力时；

② 扣球者信心百倍、体力充沛、发挥良好时；

③ 我方其他位置上扣球者的进攻力比较薄弱时；

④ 该战术在当时的实效性强、攻击性大并为对手所不适应时；

⑤ 该位置对手的拦网比较薄弱时；

⑥ 为了限制与削弱对方相应位置上的队员的进攻威力（如为了限制其4号位主攻手的进攻，而从我方2号位突破），或限制与削弱其防反能力时（如为了削弱其二传手行进插上组织进攻，而集中攻其1号位）；

⑦ 在决定胜负的关键时刻，把球相对集中地给某队员、从某区域或采用某种打法去突破时等。

一般在下列情况下，可以运用分散出击的策略：

① 当全队人员具有普遍的、较高的进攻水平时；

② 对方重点部署拦阻我方的主要进攻手时；

③ 为了积蓄力量、保持体力、准备持久战斗，或为缓和主攻手的体力消耗时；

④ 试图摸清对手对我方各种战术打法的适应程度，作火力侦察时；

⑤ 意在迷惑、调动与钳制对方，转移其注意力，以便待机转为集中进攻时；

⑥ 情况不明，打遭遇战时；

⑦ 比赛开局，作试探性的进攻时等。

一般在下列情况下，应采用转移突破的策略：

① 当我方主要扣球者被对手盯住、常遇密集拦网时；

② 该扣球者发挥不好，情绪不稳或体力不支时；

③ 该战术的攻击效能不强，或为对手所适应时；

④ 该位置进攻不力，频频被拦阻时；

⑤ 有意迷惑与调动对方，主动变换战术或转移突破时等。

在人员上、打法上和位置上的集中、分散及其转移进攻，是合理组织与正确运用战术的策略方法，是灵活用兵的重要谋略。二传手要在长期的训练与比赛实践中，在教练员的指导下，努力学习理论，刻苦钻研技术，认真总结经验，提高战术素养，逐步培养成为多谋善断、智勇双全、能驾驭全局的进攻组织者，不断提高全队进攻战术的组织水平和运用能力。

原载《体育科学》1987年第7卷第3期

集体项目运动队的组建与管理

优秀运动队伍的中心任务是参加训练活动，创造优异运动成绩，培养又红又专人才，为社会主义祖国争光，为四化建设服务。运动队的各项工作必须服从、服务于这个中心任务和主要目标。不言而喻，集体项目运动队的组建与管理，也应该围绕着这个中心任务和主要目标来进行。优秀运动队领队和教练员的主要工作是：选材与组建队伍，进行科学管理，实施科学训练以及组织与指挥比赛。这4项工作是紧密联系、相辅相成的。组建队伍是创造优良成绩、培养优秀人才的先决条件；加强管理是建立正常秩序、建设又红又专队伍的根本保证；科学训练是提高运动水平、攀登技术高峰的关键；打好比赛是以上诸项工作好坏优劣的集中反映。集体项目包括篮、排、足、手、棒、垒、水、冰球和曲棍球等，运动队的组建与管理同个人项目运动队的建设既有共同的规律，又有自己的特点。认识与掌握这些共性和特性，对于完成与实现运动队的中心任务和主要目标，建设好一支优秀队伍，具有重要的理论意义和实践意义。

一、集体运动项目的特点与规律

（1）对抗的激烈性

集体运动项目在比赛中两军对垒，各据一方，互相争夺，激烈对抗。比赛过程始终贯穿着发挥与反发挥、制约与反制约的激烈斗争。比赛双方为了力争主动，占据优势，争夺胜利，总是一方面力图发挥本队的技术战术特点，尽量弥补自身的弱点；另一方面，又要努力去限制对方的特长，攻击对方的短处。这种用我所长，攻其所短，抑彼之长，避我所短的对抗行动，都是通过合理组织全队力量，正确运用战略战术来实现的。因此集体项目运动队的组建与管理，从人员选拔、队伍组织、训练工作、阵容配备、比赛要求，到心理准备和作风培养等方面都必须充分考虑其对抗性的特点。

（2）行动的协同性

集体项目的主要技术战术行动，都是通过集体的密切配合和协调默契来完成的。运动员的传球、接球、运球、投篮、射门、扣球、投球和移动、跑位、盯人以及无球队员的动作等有目的性有预见性的行动等个人战术行动，大都要通过两人以上的协同配合等集体战术才能发挥作用，取得实战效益。个人战术行动与集体战术行动，是局部与全局、个体与整体的关系。前者是后者的基础和组成部分，后者则是前者的合理组织和综合体现，是个人战术发挥的有力保证。运动员在场上的每一行动，必须胸怀全局，与同伴通力协作，密切配合，努力为本方创造进攻机会和组成严密防守，或主动去弥补同伴失手所造成的技术漏洞。一方面要把个人技术的发挥融合在集体协同之中，努力促使集体战术的实现；另一方面，集体的密切配合又为个人的才能施展创造良好的条件，以充分发挥个人的能动作用。因此，集体项目运动队的组建与管理，要十分强调全队行动的协调一致性。同时，又要注意调动每个队员的积极性和主动性。

（3）攻防的联系性

集体运动项目的技术战术行动，按其不同的性质功能和所处的不同状态，分为进攻与防守两大体系，组成矛盾的统一体。进攻是得分的主要手段，同时可以“保存自己”，避免失分。防守是阻挠与干扰对方进攻的重要武器，同时是转入反攻的一种手段。防守是进攻的基础，只有防守成功，才会转为有效的进攻；反攻是防守的继续，防守的最终目的是为了进攻。进攻与防守是互相依存、互相制约、紧密联系、互相转化的。有效的进攻和成功的防守，都要依赖于优良的个人技巧和密切的集体配合行动。

因此，集体项目运动队都应从攻防的联系规律来考虑与安排本队的人员选拔、力量组织、训练安排、阵容配备以及战术运用等问题。

（4）战术的灵活性

集体项目在比赛中有着较大的复杂性、随机性和不确定性，对抗双方你争我夺，场上情况变化万千。运动员要善于根据主客观情况的发展变化，因势利导，随机应变，提高临场的适应能力和应变能力，而切忌按固定的模式、不变的打法，去计划自己的行动，对付多变的情况。战术的灵活性是参加比赛和指挥比赛的重要原则，包括灵活地组织力量、灵活地运用战术和灵活地变换战术。任何战术的组织与运用，不管如何变化多端，都离不开时间、空间和人员这三个因素。因此，战术的灵活性又具体表现在适时地掌握进攻时机或及时地进行防守部署（时间）；正确地选择突破地点，或恰当地采取防守布局（空间）；合理地组织与发挥全队每个人的特点与作用（人员）。这一显著特点，同集体项目运动队的组建与管理，不能不产生密切的关系。

（5）分工的差异性

根据不同项目的规则要求和战术需要，集体项目的运动队中的每一个成员都有各自不同的位置分工及职能，如篮球有前锋、中锋、后卫，足球有边锋、中锋、前卫、后卫、守门员等，排球有主攻、副攻和二传手等。在位置分工的基础上，各项目又形成了各自比赛的阵式。如篮球有“盯人”“联防”等阵式，足球有“四三三”“四二四”等阵式，排球有“四二”“五一”阵式等。每个队员按其分工的不同在特定的阵式中发挥着不同的职能，即便是在全攻全守型的足球队中，每个队员仍然首先要保证自己主要任务的完成。后卫要善于阻拦堵截、门前解围，前锋要勇于冲锋陷阵、破网得分。集体项目这一分工差异性的特点，对队伍的组建与管理提出了特殊的要求。

（6）人员的衔接性

位置分工和比赛阵式的确立，形成了集体项目参加比赛的阵容配备。这个阵容一般都是代表本队最高水平、最强实力的所谓主力阵容。同时，还要在各个相应的位置上，配备齐全同主力阵容分工相同、数量相等的替补队员。主力阵容是完成训练比赛任务的主力军，理所当然是队伍建设的重点对象。但是替补队员的地位与作用也不能忽视，替补队员在平时是主力阵容训练提高的对立面，在赛时是扭转战局、改变打法的突击队，在未来是队伍新老交替、水平保持稳定的后备军。有时替补队员的技术和经验以及作风，需要更加成熟和谙练，才能胜任力挽狂澜、转危为安的艰难使命。主力与替补是矛盾的统一体，两者互相依存，互相促进，紧密联系，缺一不可。因此，集体项目运动队这种人员结构上的依存性和衔接性，要求队伍的组建与其相适应，队伍的训练和管理中也要密切注意这一特点。

二、集体项目运动队的组建

（1）组队的原则

尽管各集体项目运动队的组建有着不同的要求，但首先都应共同遵循以下原则：

① 保证最高的实力水平。为了实现运动队的中心任务和主要目标，队伍的选拔与组建首先要保证必要的实力水平。选拔的运动员在身体形态、运动素质、技术水平、战术素养、临场经验、心理素质和作风意志以及健康情况等方面的综合表现，应能代表国家或省、市、区、军的最高水平，以便组成最强的阵容，发挥最大的功能。在组队方式上，我国的集体项目队大都是集中全国的精英，组成最强的阵容，而西方和东欧一些国家则以冠军队为主体，吸收其他队的少数队员来组成某一国家或地区的代表队。前者实力比较雄厚，但配合需要时间；后者配合比较默契，但未必是最强实力。

② 保持合理的人员结构。各种不同的集体运动项目，各有不同的位置分工。而每一种位置分工又有其主要职能，如曲棍球队的前锋主司进攻，协助防守；后卫负责防守，助攻反击；守门员固守球门，并可发动进攻等。随着技术全面发展与水平不断提高，某些职能的分工变得相对模糊。但无论技术发展到什么程度，位置分工总是不同程度地存在着。因此，集体运动项目队伍的组建，在人员结构上必须根据不同项目的战术要求，选拔恰当的人员，进行合理的组合，并在每个位置上至少配备两名队员（一名为主，一名替补），以形成完整的搭配，适应训练与比赛的需要。此外，还可挑选在某项技术上出类拔萃的技术能手，作为一种“替补武器”，如投篮、射门或发球能手等，以便在必要时给予对方出其不意的冲击，取得理想的战术效益。

③ 着眼于全面的攻守技术。应力求选拔技术全面，能攻善守，或具备建队后向全面攻防型技术发展的选手入队。这是因为：只有掌握全面熟练的技术，才能在激烈对抗中扬长避短，运用自如，力争得分，力避失分，提高临场的适应能力和应变能力；才能在集体协同中丰富战术内容，提高战术质量，加强战术的攻击性和实效性；才能在战术运用中临机应变，得心应手，善于根据彼我双方的发展变化，正确合理地运用战术，不失时机地变换战术。我国一些优势项目队取胜的重要技术原因之一是攻防全面；苏、美男排称雄世界排坛，也离不开全面的技术；美、苏篮球和欧洲、南美足球劲旅，无不是以全攻全守的优势取胜。当然，在技术全面的基础上，还要有所专精，各有所长，才能有克敌制胜的锐利武器，才能在比赛中夺取主动与优势。

④ 组织雄厚的替补力量。集体运动项目要求队伍的组建，既要形成坚强的主力阵容，又必须拥有雄厚的替补力量。替补力量水平越接近于主力阵容，这个队的实力就越强；全队能够上场比赛的人员愈多，这个队就愈有战斗力。替补队员可以按照主力阵

容的战术打法进行塑造，也可以自成特点，各显神通。教练员应力求使全队（或大部分）人员都具有上阵作战的能力，并身怀不同绝技，把全队力量充分调动起来，以便在规则允许的条件下，运用“替补战术”，上场去排忧解难，出奇制胜。苏、美篮球队员几乎人人都可作战，而且水平相差无几，每人各有特点，展示了力量的优势。而我国有些队主力与替补的水平悬殊，不能全员上场作战，这不只是训练水平或比赛指挥上的问题，可能在组队指导思想上也缺乏高瞻远瞩的胆识。

⑤ 放眼未来的发展前景。一个队伍的强弱兴衰，不但表现在现有的实力水平上，而且应反映在未来的发展前景上。有的队现有水平可能不是最佳状态，但是运动员的基本条件、训练水平和精神状态，都充满着生机和希望。而有的队虽然战绩显赫一时，但人员老化、不求进取，未来前景并不乐观。作为队伍的组织者与指挥者，只有既注重于现有实力水平的选拔与提高，又着眼于未来发展的长远谋划，才能保证水平的稳定，保持队伍的活力。现代集体运动项目的竞争性和对抗性，要求队伍的组建在年龄结构、人员条件、队伍衔接和技术战术的发展上，应当表现出富有远见卓识和深谋远虑。

（2）阵容的组合

队伍组建之后就应确立本队的阵容配备。合理的阵容配备，可以有效地组织全队的力量，正确地进行排兵布阵，恰当地运用攻防战术，充分调动队员的积极性，以达到发挥优势、扬长避短、通力协作、密切配合的战术目的。阵容配备同比赛阵式的形成以及攻防战术的组织与运用，是紧密相关的。因此，合理安排阵容配备，是集体运动项目的战术训练、战术组织和战术运用的重要前提。

集体运动项目的阵容配备要考虑以下基础和条件：

① 根据本队运动员的实际条件和水平来确定阵容配备。要

根据运动员的形态素质、技术水平、技术特点、战术意识、心理素质以及相互之间的配合与默契情况等来确定阵容、组合战术。这就是用什么人、排什么阵、有什么技术、打什么战术，实事求是，从实际出发，是最基本、最重要的战术原则。如20世纪60年代的日本女排根据队员身材不高、滚动救球技术好、意志顽强的特点，组织成了以后排防守为主的阵容；美国、苏联女排队员身材高大，古巴人弹跳力出众，便组成了以高打强攻为主的阵容；而中国女排技术全面，组成了全攻全守的阵容。

② 根据本项目当前世界的主要发展趋势来确定阵容配备。即阵容的确定、战术的组织，要力求符合本运动项目的客观规律性，顺应世界技术战术的新趋向，推动运动技术水平的发展，提高在比赛中的抗争能力。譬如当代篮、排、足、手球等趋向于全攻全守，致力于速度与高度，其阵容配备和战术组织，就应反映这种发展趋向。

③ 根据主要比赛对手的技术战术特点来确定阵容配备。即在大赛之前，根据对主要对手的事先了解，以及对其特点打法的深入分析来安排阵容、用人排阵、部署打法，以期达到以我之长，攻彼之短，抑其所长，避我所短的战术目的。70年代中国男篮对付亚洲大多数对手时，都摆出以穆铁柱为核心的阵容，而在对付同样拥有2.26米巨人岗山的日本队时，便摆出身材虽矮，但灵活性更高、速度更快的阵容出场。

④ 根据临场情况的发展变化来调整阵容配备。赛场情况瞬息万变，双方较量错综复杂，每个人的技术发挥难以预测，事先估计不到的事是常有的。这就需要根据变化的客观情况来调兵遣将，调整阵容，采取对策，以变应变。一切以时间、地点、条件和对象为转移，力求使主观符合于客观，策略切合于实际。1981年世界杯女排赛中，苏联队对中国队第1局以9比0领先时，教练员袁伟民果断地换上了技术能力虽非最佳，但对苏联队保持良好

心理优势的曹慧英上场，并奇迹般地扭转了战局，就是一个成功的范例。

⑤ 根据本队的战术需要，积极组织与恰当安排替补力量。在教练员的运筹中，不但要谋划主力阵容的排兵布阵，更必须胸怀韬略，考虑全队力量的调配运用；不但在赛时才使用替补队员上场作战，更要在平时重视对替补队员的培养训练；不但在比赛的逆境中想到替补队员，而且还应在顺境中就深谋远虑，未雨绸缪，以便在必要时召之即来，来之能战，发挥全队人员的积极作用。

⑥ 根据可能的条件，可以组成第一个阵容配备，辅以第二个阵容。准备两套人马，采用不同打法，应付各种情况。其好处是：可以针对不同对手，采取相应对策，遇到不同对手，适应各种打法，有时还能收到出其不意、攻其不备的奇效；而且可以减少体力消耗，有利于连续作战。这对于比赛不限制换人频次的篮球、冰球、手球来说，显得尤其重要。

三、集体项目运动队的管理特点

集体项目运动队作为一个整体进行训练和参加比赛，对管理工作必然会提出若干特定的要求。这些要求集中表现在以下几个方面。

（1）加强集体主义和革命英雄主义的教育

集体项目运动队是按照一定原则和结构建立起来的群体，需要依靠集体的力量，发挥集体的智慧，进行训练和参加比赛。为此，要特别提倡集体主义精神，加强组织纪律性，强调统一思想、统一行动，正确认识民主与法制、自由与纪律、个人与集体、主力与替补、上场与下场等关系，以增强群体内部的凝聚力，加强团结协作的精神。同时，要发扬胜不骄、败不馁，遇强不惧、遇弱不欺，顽强拼搏、奋勇进取、不怕困难、勇往直前的革命英雄主义，以培养良好队风，提高实战能力。集体主义和革命英雄主义的教育，应贯穿在日常的训练、比赛、学习和生活之中，持之以恒。

（2）建立集体中的高度信任关系

干部、教练和运动员之间，新老队员之间，主力与替补队员之间，在思想上和技术上要建立协调配合、亲密无间的信任关系。这种信任关系，应建立在对共同事业、共同目标的追求上，建立在相互了解、相互支持的革命情谊上，建立在互相熟悉、默契配合的技术战术上，建立在共同生活、鼎力合作的实践基础上。有了牢靠的信任关系，就可能产生强大的精神力量，并会转化为物质技术力量，进而对训练的提高和比赛的胜利产生积极的影响。

（3）重视培养与积极发挥核心队员的作用

核心队员在生活中是群众的骨干，在训练中是教练员的助手，在比赛中是团结与带领全队上阵战斗的先锋，尤其在比赛的关键时刻，应成为力挽狂澜的中流砥柱。核心队员应是思想上和技术上双优的优秀人物，他们不是自封的，也不是任命的，而需要依靠教练员的精心培养和运动员的主观努力，在实践中逐渐形成起来。教练员要“严出于爱，爱寓于严”，敢于严格要求核心队员；核心队员更要严于律己，身体力行，在各方面做群众的好榜样。这样的核心队员，才能在群众中树立威信。一支有坚强核心力量的队伍，才是有强大战斗力的队伍。

（4）干部、教练以身作则，为人师表

干部和教练员是教育者，教育者必须先受教育，要时时、处处、事事做运动员的表率。要求运动员做到的，自己先要做得更好，才有资格取得权威的发言权和指挥权。干部和教练员权威的建立，不是依靠命令或弄权，而是依靠以身作则、为人师表，依靠对运动员的尊重与爱护，依靠对事业的热爱和在事业上的成就。干部、教练的精神风貌和言行举止，对运动队的生活管理和队风形成，有着举足轻重的关键作用。所谓“强将手下无弱兵”“严师出高徒”，或“兵熊一个，将熊一窝”“一将无能，累死千军”等格言，都从正反两方面阐明了这个道理。

（5）组建和培训强有力的后备队伍

加强后备队伍建设工作，主要表现在正确对待替补队员和及时补充新鲜血液两个方面。

正确处理好主力与替补队员的关系，是集体项目运动队的特殊问题。当代竞技运动发展的要求，替补队员不应只是充当主力阵容的陪打队，也不仅是防缺补漏、抢险救急的消防队，而应当是改变打法、出奇制胜、扭转乾坤的突击队。20世纪50年代苏联男排的涅瓦、80年代中国女排的曹慧英、联邦德国足球队的格拉莫斯基等，就是出色的“替补专家”。为此，应该注意以下几点。

第一，在重点提高主力阵容的同时，要采取措施加强替补队员的训练，努力提高其技术能力，使其接近或达到主力队员的水平。而不能把替补队员的训练只作为一种陪衬，忽视他们实践能力的提高。

第二，要创造条件让替补队员根据其不同的位置分工，在主力阵容中有配合训练的机会，以便熟悉与提高其与其他主力队员的战术协同，密切互相之间的默契。

第三，要培养替补队员掌握技术绝招、发展技术特长，以便在比赛中运用“替补战术”时，巧出奇兵，变换打法，去争取胜利。

第四，要做好深入细致的工作，建立主力与替补队员的互相信任关系，这是集体协同、默契配合的思想基础。

集体项目运动队不但有一般体育项目新老交替的普遍问题，而且有阵容配备更新换代的特殊问题。为了保持队伍的巩固与稳定，不断更新阵容配备，教练员要高瞻远瞩，成竹在胸，处理好眼前与长远、稳定水平与更新阵容的关系。

第一，在指导思想上，要注意眼前利益与长远利益的结合。不要等到主力队员“江郎才尽”“油已榨干”时才进行“换血”，而应及早做好周密的谋划与安排。

第二，在工作安排上，要在边练边打的过程中实现阵容更新。任何一个主力的成长，都不可能一步登天，一蹴而就，他们总是在训练与比赛的实践中逐步培养成才的，这就需要有计划、有目的地安排与使用。

第三，在方法步骤上，要采取逐步更新、年年渐进的办法。成熟一个，调整一个，老队员不要一哄而退，新队员不应一拥而上，以保持人员常新、水平稳定。长期不“换血”，队伍要老化，一次换太多，也会引起“异化”。

第四，在用人之道上，既要努力培养新手，保持队伍的生气和活力，又要重视人才效益，尽力延长老队员的运动寿命，发挥老队员的积极作用。任何片面强调一方而偏废另一方，都是不适宜的。在世界优秀集体项目运动队中，不乏卓越的先例。如1958年17岁的贝利作为巴西足球队成员，在瑞典世界杯比赛中立下赫赫战功，而意大利40岁的守门员佐夫，则成为1982年世界杯赛的英雄。

（6）加强比赛的计划和管理

对抗性项目比赛中技术战术的不确定性，及参战双方互相影响的深刻程度，赋予了比赛更加突出的作用和意义。因此，必须根据任务的需要，有目的地安排适当的比赛，加强比赛的计划和管理。

① 根据不同训练对象和训练时期来安排比赛。青少年队应以练为主，成年队可适当多安排比赛。训练前期要以练为主，训练后期可安排一些访问赛或邀请赛。

② 针对不同性质的比赛建立不同的目标。对训练性比赛、检

查性比赛和适应性比赛，重在提高技术、培养新手、锻炼阵容。对重大比赛则要全力去夺取胜利。

③ 把比赛纳入全年训练计划。要规定年度（或周期）的系统训练时间，有控制地掌握比赛的次数和强度；要防止与反对违背训练规律的重赛轻练，或以赛代练。

④ 参赛对象要为我所需。可以根据本队任务的需要和不同的要求，选择实力较强的队，以锻炼阵容打法，发现存在问题；或选择实力较弱的队，以培养新手，树立信心；或选择自己所不适应的队，以了解对手特点，研究对付策略。

原载《运动训练科学化探索》一书，该书于1988年1月由人民体育出版社出版，于1989年获国家体委体育科技进步奖一等奖。

发扬优良传统　重振昔日雄风

1978年2月召开的全国排球工作会议，回顾了近30年来我国排球运动发展的历程，总结了排球运动训练工作的经验，分析了当时世界排球发展的动向，提出了向世界冠军冲击的号召，制定了为实现这一宏伟目标所应采取的措施与步骤，同时，部署了进一步发展我国排球运动的任务与规划。11年来，在党的十一届三中全会路线的正确指引下，在全国排球界的共同努力下，我国排球运动有了较大的发展，运动技术水平有了较快的提高，女排率先在三大球中攀登世界冠军的高峰，取得了可贵的经验，在体育界和全国人民中产生了强烈反响。但是，20世纪80年代后期，我国女排的发展走了弯路，女排在获取“五连冠”之后，水平跌落，卫冕失利，这不能不引起人们的关切与反思。

为此，回顾过去，吸取正反两方面的经验教训；正视现实，分析当前面临的严重挑战；展望世界，提出切实可行的奋斗目标；谋划未来，落实重振雄风的具体措施。从而团结与动员全国排球界，为振兴我国的排球事业，保持我国排球水平在世界领先地位而努力奋斗，是全国排球工作者的共同任务。

一、回顾过去

我国排球事业在“文革”中遭受严重破坏，1974年世界排球锦标赛中，男、女排分别降到第15名和第14名的历史最低点。嗣后，暂时解散了国家排球队。为了振兴排球事业，各地方在1972年前后开始从“文革”的废墟中重新组建了一批年龄在17岁左右的青年排球队。在科学训练、严格管理的基础上，这些青年队在较短的时间内迅速成长起来，逐步形成了前所未有的多强对抗的格局。1976年重新组建的中国女排，就是在这种水涨船高的形势下选拔出来的。再经过一年多的系统而严格的训练，年轻的中国新军，参加1977年第2届世界杯赛时初露锋芒，在预赛中以3比2击败了当时“三连冠”的日本队，在决赛中又以同样比分战胜该届亚军古巴队，获第4名，突破历史最高水平。1978年9月，在强手如林、难度更大的世界锦标赛中，我女排获第6名，基本上保持在世界排坛的先进行列。

1979年12月，在香港地区举行第2届亚洲排球锦标赛，中国女排一举打败了日本和韩国队（当时称南朝鲜队），首次荣获亚洲冠军的称号，实现了“冲出亚洲，走向世界”的近期目标，并取得了参加1980年第22届莫斯科奥运会的资格。1981年11月16日，在第3届世界杯赛中，中国女排首次摘取世界女排桂冠，1982年9月，又在第9届世界锦标赛中蝉联冠军。1984年第23届奥运会，女排荣获“三连冠”。1985年第4届世界杯和1986年第10届世界锦标赛，女排又乘风破浪，获“五连冠”的殊荣，为我国排球史册写上了光辉的一页，对世界排球的发展，也产生了巨大的影响。

从1978年至1986年这8年间，我国排球事业在历史发展的基础上，在几代人前赴后继的共同努力下，走过了难忘的历程，谱写了光辉的篇章。这8年，是艰苦创业、发愤图强的8年，是团结拼搏、奋勇进取的8年，是技术进步、人才辈出的8年，是继往开来、不断创新的8年。其主要经验是：

（1）胸怀崇高理想、立志为国争光，是一个队伍冲锋不止、奋进不息的精神支柱。

1978年底党的十一届三中全会，为社会主义建设制定了一条正确路线，我国出现了生动活泼的政治局面，进入了改革开放的崭新年代。在十一届三中全会路线的指引下，排球界同全国人民一样，从长期“左”的思想束缚中解放出来，多年被压抑的潜能释放而出。怀着践行贺龙元帅生前的誓言——打翻身仗的强烈愿望和理想追求，决心把在“文革”中失去的时间夺回来。从国家队到地方队，都是一门心思——攀登世界技术高峰，一个愿望——为祖国贡献力量，一股动力——“冲出亚洲、走向世界”，向世界冠军冲击。尽管当时的物质条件远不如现在，然而大家都为排球事业而冲锋不止，为提高技术水平而奋战不息，把全部身心倾注在排球事业上，把自己的实践同国家荣誉联系在一起，把本职工作同四化建设联系在一起。

理想是人生的光辉，追求是进取的动力。正因为广大排球工作者满怀勇攀高峰、为国争光的理想与追求，从而产生了强烈的事业心和高度的责任感，不知疲倦地顽强拼搏在训练第一线。经过几年艰苦努力，终于结出丰硕果实，这是取得胜利的一笔十分可贵的精神财富。

（2）树立多强对抗格局，发挥两方面积极性，形成高水平的国家队，是继续保持强大实力的基础。

各省区市和解放军在1972年前后相继建立的青年队，经过多年集训和系统训练，到1975年第3届全运会期间，大都替代了原有的省市一队，并在全国逐步形成多强对峙的局面。此后一直延续至20世纪80年代初期，我国女排有10个左右的队实力雄厚，水平接近，旗鼓相当，每逢全国性比赛紧张激烈，胜负难分，少有保持不败的纪录。时势造英雄，乱世出佳人。1976年中国女排重新组建时，就是从这些高水平的地方队选拔出优秀选手的。其后国家队多次调整人选的队员也都是出类拔萃的。中国青年女排也为国家队培养了不少优秀人才，很多选手是经过青年队的训练与加工而被送进国家队的。一个运动项目水平的高低、实力的强弱，不但要看其国家队现有水平与战绩，而且要观察其未来的发展前景及其后劲。只有高水平的地方队，才会有高水平的国家队，只有源源不断的高水平后备军，才会有长盛不衰的国家队。这是已为世界各队的兴衰历史所证实的普遍经验。

既要形成全国多强对峙的格局，同时又要保持统一集中的高水平国家队，在认识上和做法上，有几点经验是值得注意的：

① 要树立全国一盘棋思想。局部要服从全局，各地方队积极支持国家队，一切以国家利益为重，努力为国家队培养与输送人才。

② 要调动国家和地方两个积极性。全局是由局部组成的，国家要大力培养扶植地方队，兼顾地方队的利益，考虑地方队的困难，在运动员回队参赛或出国等问题上，要设身处地为地方队着想。

③ 要有长远的战略观点。从1972年开始，不设国家二队是在调查研究、总结经验的基础上作出的正确决策，以及在一定时期设立“活”的国家队等，这对于扶植地方队，形成多强对峙局面，有一定的积极意义。国家二队或青年队的组建，应以培养训练人才为宗旨。无论国家一队、二队或青年队运动员的选拔和进出，要十分审慎、负责，要防止杀鸡取卵、竭泽而渔的做法。

（3）坚持系统训练，打好扎实基础，是攀登技术高峰、培养尖子队员的必经之途。

建设高水平的队，必须通过严格、系统、科学的训练去完成；培养尖子运动员，必须打好扎实牢靠的基础才能实现。在这个时期内，各队都注意坚持系统训练，重视提高身体素质。高标准、严要求，勤学苦练基本功，掌握全面熟练的基本技术，贯彻从难、从严、从实战出发和大运动量的科学训练方针。每年除了参加两次全国性大赛和一两次邀请赛外，大部分时间（八九个月）都用于系统训练；冬训和夏训各有几个月时间（过去漳州冬训都是二三个月）。国家女排经常在漳州、郴州进行几个月封闭式的系统训练。

在系统训练中，扎实地打好运动员的思想作风、身体素质和基本技术的基础，对于年轻运动员的迅速成才和未来发展，具有重要意义。排球运动训练的各个训练内容之间，是一个密切联系、互相制约的系统，在训练中，首先要有长远的观点，多年训练、系统安排、打好基础、练好基本功，才可能把运动员培养成才。企求急功近利，早出成绩，往往欲速则不达，抄近而实远。其次，要有全局的观点，全面安排身体、技术、战术、意识、作风和心理等方面的训练内容，使之有机结合，互相促进，以加快运动员的成长。再次，要有发展的观点。根据运动员的具体条件，通过严格训练，培养不同特点，并随着运动员技术的发展，不断地提出新的要求，达到新的水平。这个时期我国女排形成列强相争的态势，国家队登上世界技术的高峰，一代球星脱颖而出，就是通过科学训练、严格要求、系统安排、打好基础、不断提高而取得的。

组织全国大集训，是加强系统训练、提高技术水平的好形式和好措施。自1972年开辟漳州基地，以及其后相继组织在郴州等地的集训以来，集训一直具有很大的吸引力和生命力。集训可以集中时间，集中精力，强化训练，交流经验，切磋技术，提高水平。这一成功经验已为17年的历史所证明。现在，集训的条件愈来愈好，集训的内容要不断丰富，集训的要求应越来越高，才能使这一成功经验经久不衰，发扬光大。

（4）**掌握先进技术，不断发展创新，是保持世界领先地位的锐利武器。**

20世纪70年代中期到1984年第23届奥运会期间，是世界排球技术发展较快的时期，也是我国女排技术水平迅速提高的时期，同时也是我国排球训练理论在总结实践经验的基础上，不断升华、逐步丰富的时期。我们密切注视世界排球技术战术发展的趋势与动向，认真研究排球运动训练及比赛的规律与特点，虚心学习世界各强队的技术与经验，注意运用竞赛规则修改后对技术战术所产生的影响。特别是重视在各个不同时期，根据排球运动规律、世界排球的发展趋势和我国的具体情况，不断提出并完善技术战术指导思想，来指导我们的运动训练实践，逐步探索出一条走自己技术提高与发展的道路。我们在训练工作中，能够比较正确地认识和掌握身体与技术、技术与战术、进攻与防守、一攻与防反、个人战术与集体战术、得分与失分、作风与技术、训练与比赛等方面的关系，从而使训练工作产生了质的飞跃，训练水平达到了新的高度，丰富与发展了科学化的训练内容。

批判的武器不能代替武器的批判，技术较量必须用技术去战胜。在正确的训练理论和先进的技术战术思想的指导下，广大教练员和运动员付出了艰苦的劳动与大量的心血，探索与创造出不少行之有效的技术战术打法，这是国内诸强相争的武器，是女排夺取桂冠的法宝。这些武器和法宝，概括如下：

在时间上，提高攻防速度，加快比赛节奏，从而增强了技术战术的攻击性和突然性。在空间上，改进完成技术的动作幅度，扩大进攻与防守范围，从而改善了技术动作质量，增强了攻防能力，提高了技术战术的灵活性和实效性。在人员上，强调运动员技术的全面性，在全面基础上掌握特长，注意发展全攻全守型的阵容配备，重视培养与启用高大运动员，从而加强了网上争夺，提高了比赛的对抗性。在变化上，无论进攻或防守、个人或集体、时间或空间，都增强了灵活变化，从而提高了临场适应能力和应变能力。在配合上，更加重视在提高个人技巧基础上的集体战术配合，强调个人技术的熟练性和集体配合的精确性，从而提高了成功率，减少了失误率。以中国女排为代表的“攻防全面、快速多变、高快结合、密切配合”等特点，就是当时我国排球技术战术发展的产物，也是我们所以能跻身于世界列强之林的锐利武器。

（5）**做好新老交替，阵容逐步更新，是稳定队伍水平、保持强大后劲的重要措施。**

我国女排诸强以及国家队之所以能在一个相当长的时期内，

保持较高的水平，显示强大的后劲，同这些队在队伍建设上能够正确处理新老交替、促使阵容逐步更新不无关系。

经验表明，一个队要想具有实力，并保持优势，首先，在阵容结构上，既要有一个力量雄厚的主力阵容，又要经常保持有一支人数大体相仿、位置分工相同、技术水平相当和年龄结构合理的替补力量，或加上几名技有专精的技术能手，以便在训练中，树立强大对立面，加快促进水平的提高，在比赛时，教练员手中有精锐，调遣可自如，在新老交替中，可以有计划、有步骤地进行安排。其次，在人员培养上，应采取主力阵容逐步更新、年年渐进的步骤与办法，以保持水平稳定，实力不减，而避免出现主力长久不变或人员大进大出的现象。长期不“换血”，队伍会老化，倘若一次大“换血”，也会产生“异化”作用，这已为国内外强队的成功经验与失败教训所证实。中国女排的主力阵容在1976—1984年间也是经过新陈代谢才逐步更新的，所以保持了稳定上升的水平。最后，在队员使用上，一方面要大胆地、有计划地培养与启用有发展前途的新手，大力促使年轻队员迅速成长；另一方面，又要充分调动老队员的积极作用，尽力延长其运动寿命，以发挥人才效益，珍惜国家宝贵财富。不少地方队不断为国家队输送人才，又不断培养出新的人才，同时又十分珍惜与充分运用从国家队退役的人才，因而保持了队伍旺盛的战斗力。中国女排启用郎平、梁艳、郑美珠、杨锡兰、杨晓君等新秀，而让杨希、曹慧英、周晓兰和陈招娣等老将在替补席上当后盾，也是出于队伍新老交替的战略考虑。

（6）**教练员良好的政治素质和业务素质，是建设运动员队伍、造就优秀人才的根本关键。**

常言道：“严师出高徒”“师高弟子强”“强将手下无弱兵”，都说明为师为将在带领队伍中的关键作用。我国排球运动能达到世界先进水平，取得举世瞩目的成绩，同从国家到地方、从专业到业余，拥有一批政治素质好、业务水平高、具有权威性的教练员，有着密切的关系。

教练员肩负着准确选材、科学训练、严格管理、指挥比赛和培养人才的艰巨任务。一个优秀教练员，对待自己的工作，不只是看成一种职业，当作生存的需要，还应看作是事业的需要、自身发展的需要，这样才能产生热爱本职工作、一心扑在事业上的强大动力。一个优秀教练员，为了事业的需要、发展的需要，就要虚心学习，博采众长，认真总结实践经验，不断提高自身的科学理论知识、专业训练能力、科学管理水平和临场指挥艺术，才能较好地完成上述的艰巨任务。

教练员需要具有权威。有权威的教练，才可能在训练上胸有成竹，在管理上运筹自如，在比赛中指挥若定，在队员中享有威望。这种有权威的教练带的队伍，才会有强大的战斗力。然而，权威的树立，不是靠任命或自封，更不是靠奖金或处罚，而是依赖于教练在实践中严于律己、为人师表、严格训练、严格要求，并在实际工作中取得良好成绩，以赢得队员的信任与支持，这应当是教练员管好队伍的一条重要经验。

事物的发展不是平坦的，我国女排的发展，在取得很大胜利之后，走了曲折的道路。第24届奥运会卫冕失利，反映了中国女排的训练水平和技术水准大有下降，昔日的技术优势已经丧失，原有的优良作风有所逊色；全国排球水平亦呈现出下降的势头，过去多强对峙、群雄相争的格局逐步削弱；尽管现有人员条件和物质支持都远比过去优越，但训练水平不高，技术水准较低，尖子队员太少，前景令人担忧。遗憾的是，原来我们引以为自豪的那些宝贵经验，逐步在弱化，甚至变为我们的弱点和不足。

对待女排的胜败，要有一个客观的态度和正确的观点。我们既不主张打了胜仗，就颂扬哄抬、奉若神明，也不欣赏打了败仗，就一损俱损、一无是处，更不赞成传播不存在的“内部新闻”，向失败者泼污水。这是很不正常的。在颂扬胜利、奖赏战功的时候，不要忽视存在的问题；在水平跌落、遭逢失败的时候，也不要否定过去的功绩，这才是实事求是的态度。中国女排的强盛与失利，都已成为过去，重要的是认真总结教训，深刻进行反思，共谋振兴之计。当前主要问题是：

（1）训练水平下降

1987年是世界大赛轮空年，本是加强系统训练、主动调整阵容、大胆培养新手的好机遇。但是，中国女排未能抓住这个良机，却醉心于各种访问赛和有奖赛，从而干扰系统训练，影响水平提高。为了获得比赛的暂时胜利，以维护冠军队的形象，势必依靠老将们去疲于应战，而不敢启用新手上阵。训练不系统，比赛太频繁，老的打太多，新的不敢用。造成老队员体能下降，新队员技术与经验不能迅速提高。老的降下来，新的用不上，两头抓不着，这是近两年中国女排在训练上的重大失策。近几年来，地方队也有热衷于各种有奖比赛、干扰系统训练、破坏正常训练秩序，甚至存在“练赛倒挂”“以赛代练”的现象，从而导致运动员技术粗糙、基础不牢、训练水平不高、技术发展不快、拔尖人才不多的负面效应。

（2）新老交替断档

由于上述种种原因，国家女排在1985年就开始出现了人才短缺的隐忧。现在新调整的女排虽然年纪轻、条件好，表现了一派生机勃勃的景象，但要重振昔日雄风、恢复在世界排坛的领先地位，尚须进行艰苦的奋斗与不懈的努力。

近几年，地方队的训练不很景气，呈现出萎缩的态势，作为成功经验的大集训也抓得不紧；条件虽好，但水平不高，尖子不多；当年多强对峙的格局，被强弱悬殊的形势所代替，“水不涨船不高”。因此，中国女排的兴衰沉浮，除了国家队本身的原因外，同这几年全国排球训练抓得不力、地方队水平普遍下降也有密切的关系。

二、正视现实

我国女排目前正处在一个形势严峻、任务艰辛的非常时期，主要反映在以下几点。

（1）队伍调整，人员更新

第6届全运会之后，各地方队为准备第7届全运会，大幅度地调整队伍，大量年轻队员进队；1988年甲级联赛后，各队为迎接第2届青运会，又做了一次调整，把青运会的阵容并入一队，使队伍又进一步年轻化。因此，目前大部分甲级队同时肩负着完成青运会和完成甲级队比赛的双重任务。通过对具有代表性的、1989年1月参加漳州重点甲级队集训的11个队的调查，调整后的队伍具有以下特点：

① 身材高大化。参加集训的146人，平均身高1.796米，手长2.31米。1.80米以上有90人，占61.64%；1.85米以上14人，占9.6%。全队平均身高1.80米以上有北京（1.816米）、福建（1.803米）、八一（1.803米）、云南（1.803米）和江苏（1.802米）5个队。

② 队员年轻化。平均年龄19.85岁，最小队员14岁（八一队），最大的27岁（河北队）。最年轻的队河南队，平均18.8岁，最大的四川队平均21.3岁。

③ 结构不合理。绝大部分队员都是1968年以后出生（21岁）的，1967年以前出生（22岁以上）的仅有20人，占总人数的13.7%。

④ 年龄跨度大。在同一队中年龄跨度普遍较大，最大的相差12岁（河北队）。

⑤ 教练换新人。第6届全运会后新任主教练的有8人，占11个队主教练的72.7%。在39名教练员中，20年教龄以上6人，占15.38%；10年教龄以上14人，占35.9%；6年教龄以上6 人，占

15.38%；6年以下教龄13人，占33.33%。

新调整的中国女排平均年龄21.4岁，最大的25岁，最小的18岁；平均身高1.806米，最高1.88米，最低1.74米。年龄结构同各甲级队相仿，大都是20岁左右，22岁以上的仅4人。身高1.85米以上的有2人，以1.80米上下为多。

以上情况表明，从地方队到国家队，队伍年轻，身材高大，条件良好，充满着朝气和潜力，是我们的希望所在。但同时也反映了目前队伍太年轻，结构不合理，存在着上下衔接断档、水平继续滑坡的危险。造成这种队伍组织状况的重要原因是，第7届全运会周期太长，第2届青运会接踵而来，竞赛机制的导向不完善使然。

队伍的组织情况还有一个值得注意的问题：各地方都致力于奥运战略和全运战略的项目布局，注重发展奖牌多的单项，削减排球等集体项目，造成有些地方取消排球队或不设置二队，同时砍掉业余体校的排球项目。据统计，目前全国专业女子排球队（含一队、二队）仅有47个，宝塔形的人才输送体制，变成两头小、中间大的橄榄形。这种萎缩现象，必将影响未来后备力量的成长和排球事业的发展。

（2）基础不牢，水平不高

尽管全国一线队有不少身材条件良好的年轻运动员，有希望培养出来优秀选手，但是，近几年训练抓得不很得力，状况不如人意，主要表现在：

① 忽视基础训练。从反映我国女排较高水平的11个重点甲级队的情况看，虽然比上届冬训有明显的提高，但是，运动员的身体素质水平和基本功都较差。在146名运动员中，摸高3.05米以上者35人，3.10米以上13人，全队平均摸高3.05米以上的有2个队。百米跑13.6秒以内4人，除了五级蛙跳有1人外，少有突破过去集训队的最高纪录（摸高3.195米，五级蛙跳14.21米，百米跑13.01

秒）。由于身体素质水平普遍较低，因而影响基本技术的掌握与提高，基本功不扎实，动作不规范，技术不全面，这就很难掌握高难度技术、形成独特打法、达到尖端水平、出现拔尖人物了。因此，目前这些重点队，名义上打着甲级队旗号，实际上是青年队水平，同过去列强相争的局面是不能同日而语的。

造成这种情况的原因之一是，有些教练员的训练指导思想不太明确，系统训练不能坚持，有忽视身体素质和基本功训练的倾向；企求急功近利，层层拔苗助长；过多地练对攻，打配合，以应付各种形式的比赛，或热衷于参加各种有奖赛。教练员的这种心态，同实行聘任制后某些制度尚不完善有很大的关系，促使有些教练员"谁上台，抓金牌，谁掌权，就捞钱"，缺乏长远观点，产生短期行为。

② 训练要求不严。现在一些队在思想上，缺乏高标准、严要求、一丝不苟、不断进取的严谨态度。在作风上，勤学苦练、顽强拼搏的精神较差，不愿付出艰苦劳动；在技术上，久久为功、精益求精的劲头不足，不肯下苦功钻研业务；在要求上，难度不够，质量不高，不能适应实战的需要；在负荷量上，训练时间不足，密度强度不大，平时训练负荷往往不及紧张激烈的比赛。因而造成训练水平较低，训练质量不高，技术进步不快。参加集训的重点甲级队中，有不少运动员已经入队5年多的时间，但其技术水平尚属青年队的层次，还难以担负起甲级队比赛的重任；过去我们总结提出的"三年成形，五年成材，八年成器"的运动员成长规律，不但未能随着实践的深入、科学的进步而有所缩短，反而有延缓这个过程的趋向。

③ 科学化训练水平较低。虽然教练员的文化知识结构比以前有较大的改善，据统计，11支重点甲级队的39名教练中，大专文化程度以上者33人，占84.61%；中专文化2人，占5.13%；中学文化4人，占10.26%。但由于年轻教练较多，教学阅历尚浅，况且

文凭学历同训练能力并不能完全等同，因此，大多数年轻教练在熟练掌握排球运动训练规律、遵循教学训练的原理与原则、有效控制运动训练过程、正确运用训练方法与手段，以及正确发挥教练员在训练和比赛中的临场指导作用等方面，还需要一个不断实践、不断认识、逐步提高的过程。因此，提高教练员的科学化训练水平，是十分紧迫的任务。

（3）**管理不善，制度不全**

由于受外部环境的影响和自身工作的原因，运动队目前普遍管理不严，纪律松懈，思想政治工作薄弱，工作方法不能适应改革开放的新形势。尽管女队的管理难度相对小一些，但女队有不同于男队的管理特点，在管理上仍存在一些带有普遍性的问题，如：回避矛盾，害怕顶牛，尤其不敢严格要求主力或有名气的队员；态度生硬，方法简单，不注意尊重人、启发人的积极性，不善于根据青年人和女性特点去进行工作；纪律松弛，赏罚不明，队伍缺少凝聚力和向心力；有些管理者本身不能为人师表、严于律己，其身不正、其令难行；等等。现代管理学认为，教练员和领队是管理者，管理者是管理活动主体的关键角色，是管理权力的化身。因此，提高管理者的思想、文化和能力素质，决定着管理权力运用的效果，其中当然也应包括提高被管理者的素质。不能设想，一支素质不高、管理不善的队伍，会有强大的战斗力。

此外，某些制度上不健全，政策上不完善，诸如：运动员的退役就业，有些教练员的工资与自己所带运动员形成“师徒倒挂”现象，职称评定的不平衡性，二队教练的待遇和地位较低，培养输送奖励政策不合理，后勤保障不能更好地为训练服务，以及近几年排球界存在的不正之风等。这些问题，如果处理不当，又不能及时调整改正，势必挫伤人们的积极性，直接干扰训练和管理工作，以至于影响到队伍的战斗力。

综上所述，我国女排的形势，既存在严重的困难，也有转机的希望，希望与困难同在，成功与危机并存。我们应当采取措施，努力工作，促使困难向希望转化，危机向成功过渡。

三、展望世界

（1）各方力量的变化

从1988年第24届汉城奥运会和一些国际比赛中看出，当前世界女排形势发生了引人注目的变化：具有雄厚群众基础的苏联女排，在丢失冠军宝座8年之后重新问鼎，显示其技术的成熟和水平的提高，而且它的后备力量充实，潜力较大，是当今一支实力很强的劲旅。古巴队近几年在其拥有强大进攻实力的基础上，正在逐步完善技术，趋于全面熟练，它虽未参加奥运会，但夺取世界冠军之雄心未灭。秘鲁队以技术全面、特点突出、作风顽强而赢得奥运会银牌，受其政府和民众的青睐，必将不遗余力地去巩固自己的地位。日本队训练一批身材高、年纪轻的队员，信誓旦旦，要夺回失去多年的金牌，把希望寄托在巴塞罗那奥运会上，是我们能否“冲出亚洲”的头号对手。民主德国和美国队身材高大，队伍年轻，发展前景很大，也是我们不可掉以轻心的劲敌。尽管这些队并非无懈可击、不可战胜，世界女排强队亦不似男排那样强手林立，但是，这些强队的力量变化，无疑将对正在新老交替的中国女排构成严重的挑战。

在技术打法上，这些世界强队具有以下的特点与变化。

① 占有网上优势。苏、古、美、秘和民主德国队都拥有1.90米的高大队员，高度普遍增长，拥有扣、拦实力，占据网上优势。

② 强攻实力雄厚。欧美队一向以高度和力量见长，目前又加强了后排进攻，扩大了进攻范围，同我强攻实力不足相比，形成强烈的反差。

③ 引进快变打法。近几年，这些欧美队引进了中国和亚洲的快速多变的打法，与其进攻能力相得益彰，从而增加了我们防守

的难度。

④ 发球具有威胁。苏、古等队的平砍式发球，具有相当的破坏性和杀伤力，是我国女排实现快变打法、发挥技术特长的障碍，值得引起重视。

⑤ 技术日趋完善。苏、古等队过去技术粗糙，失误较多，心理状态不很稳定。尽管现在尚未完全摆脱这些弱点，但是已在逐步完善与改进之中。

⑥ 打法未见新招。从汉城奥运会观察，包括冠军苏联队在内的各队，没有出现令人瞩目的新技术或新打法，整个水平似不如洛杉矶奥运会。

⑦ 阵容可能调整。苏联队有两名主力是郎平时期的同辈人，古巴和美国队的主二传已是而立之年，秘鲁队平均年龄比参加汉城奥运会的中国女排还大，而且有不少人已受聘异国，日本队的丸山由美已经挂靴，估计各队的阵容会有新的调整和变化，从而带来力量的消长和技术的差异。

（2）中国女排的态势

正确分析世界排球力量对比，恰当估量自己在国际排坛所处的位置，对于认清排球形势，树立必胜信心，明确努力方向，制定相应对策，具有重要的意义。那么，面对世界女排的力量变化，中国女排在国际排坛的地位与态势如何呢？我们认为，尽管目前中国女排队伍年轻，经验不足，昔日的绝对优势已经丢失，全国女排水平亦呈现下降趋势，形势严峻，任重道远，但是，我国女排仍然存在不少积极因素与有利条件，只要我们发挥优势，扬长避短，夺回冠军的希望是存在的。这些积极因素与有利条件如下：

① 具有一定实力。第24届奥运会之后，中国女排“哀兵”们在香港地区“超霸杯”和“日本杯”赛中，曾经战胜奥运会冠、亚军苏联队和秘鲁队，威逼古巴队；中国女排二队在访欧比赛

中，亦打败过一些世界劲旅，新组建的国家队在今年四国联赛中也崭露头角。这些战绩虽然不能说明问题的全部，但可从一个侧面反映出我国女排的实力水平，显示出我国女排仍不失为世界强队之一。

② 世界强队较少。国际排坛形势，从总体上说是男强女弱，女排强队一般集中在上述的那几个国家，而且少有占据绝对优势者，这就给我们再振雄威提供了有利的条件和机遇。

③ 现有条件良好。如前所述，目前国家队和地方各队都拥有一批身材条件良好、具有一定水平的选手，反映了我们未来的前景与潜力，只要加强训练，振奋精神，做好工作，恢复与保持在世界排坛领先地位的愿望是能够实现的。

④ 积累丰富经验。我们在建设队伍、运动训练、培养人才等方面，积累了40年十分可贵的经验。只要继承与发扬、运用与发展这些好的传统、好的经验，并在实践的基础上继往开来，不断创新，振兴排球事业就大有希望。

⑤ 全国上下支持。由于女排过去的光辉业绩，从领导到群众，对女排寄予特别的厚爱与厚望，表现出格外的关心与支持。这是一种巨大的荣誉，也是一种高度的责任、一股强大的精神动力。我们可以而且应当充分运用这种精神优势，来充实自己，壮大力量。

（3）当前面临的任务

当前，中国女排面临着迎战1989年第5届世界杯、1990年第11届世界锦标赛和第11届亚运会的任务，肩负着夺回世界冠军，并保持在世界排坛领先地位的重任。这些任务是光荣而艰巨、紧迫而繁重的。女排要继承与发扬过去的光荣传统和优良作风，树立信心，科学训练，严格管理，不负祖国人民的嘱托，圆满完成这些任务。

各地方队正在积极组织队伍，准备迎接第7届全运会，同时努力为国家培养与输送高水平的后备人才。地方队要发扬“全国一盘棋、登顶齐努力”的好传统，坚持系统训练，加强人才培养，为国家建功立业，多作贡献。

四、谋划未来

面对当前严峻的形势和艰巨的任务，我国女排必须“卧薪尝胆，科学训练，综合治理，再振雄风”，才能把失去的冠军夺回来，并保持在世界排坛的领先地位。为此，在今后一个相当长的时期内，我们要采取各种措施，做好以下工作。

（1）发扬优良传统，振奋民族精神

我国女排有过光荣的历史、光荣的传统，但现在遇到挫折，存在困难。我们一方面要面对现实，承认困难，分析原因，接受教训；另一方面，更要振奋精神，急起直追，再打一次翻身仗。消极悲观，于事无补，怨天尤人，也不会带来任何好处。现在需要的是，在困难的时候看到光明，增强勇气，同心协力，多出主意。人是需要一点精神的。过去强调“精神万能论”是错误的，现在时兴的“精神无用论”也是不对的。我们要发扬当年漳州草棚集训那种奋发图强、艰苦创业、卧薪尝胆、打翻身仗的优良传统，发扬全国排球界团结协作、同心同德、想国家之所想、急国家之所急的优良作风，发扬中国女排顽强拼搏、奋勇进取、胜而不骄、败而不馁的良好风格。我们要振奋民族精神，增强胜利信心，我们既然有能力在“文革”的废墟上重建队伍，去夺取世界冠军，我们也应当有可能把失去的冠军重新再夺回来。

（2）加强思想工作，严格管理队伍

在商品经济的新形势下，我们一方面要根据现代青年人的特点，来做好运动员的管理教育工作，另一方面要加强队伍管理，做好深入细致的思想政治工作，调动人的积极性和主动性。首先，要经常进行革命理想教育、爱国主义教育、革命英雄主义教育和集体主义教育，使教练员和运动员坚定正确的政治方向，培养又红又专全面发展的专业人员。其次，在队伍管理和思想工作中，要强调领队和教练员以身作则，严于律己，为人师表，时时处处事事做运动员的表率，这是无声的命令、权威的发言，具有潜移默化的作用。再次，发挥尖子运动员和老队员的模范带头作用，这是队伍管理中的重要一环。对待尖子和老队员，要“严出于爱，爱寓于严”，要在思想上、作风上和技术上对其严格要求，做好工作，使之成为全队的核心和楷模，这是榜样的力量，对全队的管理工作将产生积极的促进作用。一切管理教育工作的出发点和归宿，都应当是尊重人、爱护人、培养人，都应当是启发人的自觉、尊重人的自尊、提高人的素质。“一将功成万骨枯”，领队和教练员只有充分调动运动员的积极性和主动性，共同为一个崇高目标而努力奋斗，这个队伍才会有强大的战斗力，也才有可能实现预期的奋斗目标。

（3）明确指导思想，指导训练实践

我国排球在20世纪五六十年代都曾根据当时的运动实践，提出并实行正确的技术战术指导思想。1972年三大球训练工作会议中，在总结过去历史经验的基础上，进一步丰富与完善了这个指导思想，即“在技术全面的基础上，以攻为主，积极防守，发展高度，坚持快速，密切配合，实现快、狠、准、变”。1978年全国排球工作会议上，这个指导思想又进一步得到了丰富与发展，提出了“全面、高度、快速、准确”发展技术战术的四个要素。

当前，根据排球运动自身的发展规律、世界排球技术战术的发展和竞赛规则的改变、我国的具体条件与特点、各队拥有的优势和存在的问题，我国排球技术战术指导思想是：技术全面，突出特点，准确熟练，快速善变，发展高度，不断创新。其内涵如下：

技术全面。是指运动员必须加强基本功和基本技术训练，全面掌握各种攻防技术战术，尤其是专位所需的全面技术。力求做到能攻善守、攻守兼备，使对手无懈可击、无隙可钻。

突出特点。要在技术全面的基础上有所专精，形成特点，掌握绝招，强化得分技术，拥有克敌制胜的武器。

准确熟练。运动员对技术战术的掌握与运用，必须重视在提高个人技术基础上的集体配合，强调个人技术的熟练性和战术协同的精确性，提高成功率，减少失误率，争取多得分、少失分。

快速善变。快速是指运动员必须判断准确，行动迅速，完成技术节奏清楚，组织战术不失时机，攻防转换衔接及时。快速打法是我国的特长，今后应从加快速度、扩大范围、提高高度和灵活变化的方面去发展。善变是指善于根据临场情况的发展变化，当机立断，随机应变，巧妙用兵，提高比赛的适应能力和应变力。

发展高度。运动员要具备相应的身高、手长和弹跳高度，为掌握与运用高难度技术创造必要的前提。要加强高大队员的全面训练，提高强攻能力，发展高空技术，夺取网上优势。

不断创新。要善于在实践中总结经验，博采众长，勇于探索，大胆革新，不断创造新的技术战术，力求走在世界强队的前面。

技术战术指导思想来源于运动训练与比赛实践，但要反过来指导训练与比赛实践，并在实践中不断丰富与发展。各队应根据这个指导思想，结合本队的实际情况，灵活地加以运用与实施，并在不同时期有所侧重。要贯彻“双百”方针，发展多种打法，形成不同流派，以利于在激烈竞争中互相较量，互相促进，取长补短，不断提高，从而推动我国排球技术战术的发展。

（4）加强系统训练，注重打好基础

坚持系统训练，重视打好基础，是我国排球训练的成功经验，也是符合运动训练规律的。鉴于目前我国女排队伍年轻，基础薄弱，水平较低，就更有必要从长远的战略眼光考虑，加强系统训练，注重打好基础。因此，在时间上，每年除了两次全国大赛和必要的检查比赛外，应把主要的时间和精力用在系统训练上，冬、夏集训也应以练为主，以赛促练，要改变“练赛倒挂”或“以赛代练”的违反训练规律的现象。在内容上，对身体、技术、战术、意识、心理和作风的训练，要统筹兼顾、全面安排、互相渗透、密切结合，加强训练的科学性和系统性，改变单打一的、孤立的片面训练方法。

在系统训练中，要强调打好思想作风、身体素质和基本功三个基础。要把培养技术尖子同提高人的科学文化素质和思想道德素质结合起来，从业余体校到优秀运动队，都要把提高技术和造就人才，放在同等重要的位置，以塑造又红又专的运动员。身体素质训练要坚持全面性、长年性和专项性，防止与纠正重技术轻素质、重专项素质轻全面素质，或浅尝辄止、一曝十寒，抑或脱离专项特点等现象。在技术训练中，要重视技术的正确性、全面性，动作的规范化、标准化，打好扎实的基本功；要提倡高标准、严要求，勤学苦练基本功，强调反复磨炼，久久为功，精益求精，不断提高。防止与纠正急功近利，拔苗助长等短视观点和短期行为。必须认识，刻苦训练是基础，科学训练是关键；刻苦训练体现了科学训练的内涵，或者说，科学训练就包含了刻苦训练。把两者对立起来甚至互相否定的观点与做法是错误的。

当今是科技发展、知识激增的时代。要搞好训练、提高水平，虽然仍须强调天赋条件、大运动量训练和实践经验，但仅仅依靠这些是不够的，还需要多学科的综合运用，需要借助于现代科技成果，需要依靠科研力量。要创造条件，把运动生理、运动生化、运动生物力学和运动心理学等现代科学理论，运用到排球训练工作中来，提高训练科学化的水平。同时，要欢迎与支持热心服务的科研人员下队，帮助解决业务技术和训练上的问题，共同攀登技术高峰作出贡献。

（5）强化训练机制，健全训练班子

为了加强对全国排球训练工作的统一领导和业务指导，必须强化训练机制，健全训练领导班子，建议中国排球协会调整与充实教练委员会。全国设总教练委员会，下设男排、女排和青少年部，作为中国排协负责全国排球训练工作的常设领导机构，协同配合国家体委业务部门，对全国排球训练工作进行统一规划和指导。教练委员会应是有职有权有一定经费的实体，而不是徒有其名的摆设。教练委员会由作风正派、事业心强、有较高学术水平和组织领导能力的专家以及各有关排球队的主教练组成。其主要职责是：研究国内外排球发展动向，规划与指导全国排球训练工作；组织教练员学习和培训，提高教练员理论水平与训练能力；推荐国家队、国家青年队的教练员和运动员的人选，并对国家队、国家青年队的训练进行咨询与监督；加强国际联系，促进国际交往等。

（6）积极培养后备，做好新老交替

积极培养后备力量是保持队伍长盛不衰、后继有人的重要课题。掌管训练工作，要一手抓当前，一手抓未来，一手抓尖子，一手抓后备。鼠目寸光，急功近利，只看眼前，不顾长远，就不是全局在胸的指导者，不是有远见卓识的教练员。为了保证培养源源不断的后备人才，在训练工作中应做到：

① 在队伍组建上，从国家队到地方队，从一队到二队，从专业队到业余队，应力求做到层层衔接、上下连贯，形成组织一条龙。就一个队来说，要有比较合理的年龄结构，以利于逐步更新交替。目前有一些地方取消二队建制，砍掉体校排球队，以及在一个队中存在年龄跨度太大、中间档次脱节的现象，值得引起重视。

② 在指导思想上，要正确处理眼前与长远、局部与全局、出成绩与出人才的关系。不要只顾眼前名次，不问长远后劲，只想

拿金牌，不管出人才，从而造成“江郎才尽”、后继无人的严重后果。

③ 在工作安排上，要对有发展前途的年轻队员进行有计划、有目的的培养与使用，在边练边打、边打边练的过程中实现新老交替。任何一个尖子队员的成长，都不可能一跃而成为绝对主力，总是要在训练和比赛实践中逐步培养成才的。

④ 在方法步骤上，要采取逐步更新、个别交替的办法，以保持人员常新，队伍巩固，水平稳定。调整充实队伍或重新组合阵容，力避老队员一哄而退，新队员一拥而上，以免造成全队水平骤然下降。

⑤ 在用人之道上，既要大力培养新生力量，保持队伍的生气与活力，又要重视人才效益，发挥老队员的积极作用，尽力延长其运动寿命。

在对待人才效益问题上，我国从领导思想、社会舆论到传统习惯方面，存在一些值得研究的做法。25岁上下本是风华正茂、运动的黄金时代，却认为该挂靴退役了；有的功成名就，见好就收，赶紧谋个好位置。这同政策不完善也有关系。在国际上，秘鲁女排平均年龄比我国女排大，主力队员大都是杨锡兰的同龄人，苏联女排两名主力是郎平的同辈人，苏联男排二传手扎依采夫已经36岁“高龄”，仍驰骋在奥运赛场上，有些项目中当了妈妈的运动员还不断创造世界新纪录。而我国运动员大都人为地“夭折”，这岂不是对来之不易的体育人才的巨大浪费！

（7）加强继续教育，提高教练水平

教练员掌管全队的选材、训练、管理和比赛等工作，是提高水平、培养人才的直接负责者，因此，提高教练员的政治素质和业务素质，是搞好运动队建设的根本关键所在。根据当前教练队伍的状况，应着重加强以下几方面的工作。

① 加强事业观念。教练员是教育者，教育者要先受教育，为

人师表，做好榜样；要有强烈的事业心和高度的责任感，有为事业而牺牲个人利益的献身精神和高尚品德，一心扑在事业上，对工作兢兢业业，一丝不苟；对运动员全面关心、全面负责，全心全意为四化建设服务。

② 认真总结经验。教练员是训练工作的实践者，具有丰富的实际工作经验。然而，经验不等于科学，只有把零碎的、片面的经验，经过加工制作，使之进一步深化，升华为系统的、有条理的理论，这种经验才具有科学性，然后再以此来指导训练实践。因此，教练员要认真总结自己的和别人的经验，不断深化提高，努力学习进取，以提高自己的理论水平和训练能力。

③ 加强继续教育。面对世界科技迅速发展的挑战和多学科综合运用于运动训练的新形势，教练员要学习新鲜事物，不断丰富知识，进行继续教育，才能适应任务的需要，更好地发挥在训练中的主导作用。即使是经过系统学习、取得文凭的人，也不能只接受一次性的教育。客观世界的发展永远没有穷尽，人们对运动训练的认识也没有止境，只有不断进取、永不满足的人，才能跟上时代的步伐，充当时代的主人。

④ 建立培训制度。要逐步建立各级排球教练员的培训、考核和晋升制度，从制度上来保证提高教练员的素质与水平。

⑤ 重视衔接交替。教练员的新陈代谢、衔接交替同运动员一样，具有同等的重要性，应引起各级领导的重视。教练队伍应保持相对的稳定，以利于训练与管理工作的连续性和队伍的发展提高。应把竞争机制引进教练队伍，以利于推动事业的发展。要有计划、有步骤地培养、使用与更新教练队伍，以保持教练队伍后继有人；年轻教练的成长需要一个过程，老教练一哄而退，并非明智之举。年轻教练要虚心向有经验、有才能的老教练学习，老教练要关心、爱护和帮助年轻教练。

（8）健全规章制度，完善政策措施

为了保证训练比赛正常进行，调动各方面的积极性，同时为了加强法制建设，使各项工作逐步走上制度化、规范化，建议国家体委在重申教练员、裁判员和运动员“三个守则”的同时，根据过去的实践，制定与完善相应的规章制度和政策措施。例如：教练员的工资、职称，二队教练的地位待遇，输送人才的奖励政策，教练员、裁判员的考核与晋升，出国、援外人员的选派，以及比赛中的不正之风等。这些问题，有的过去无章可循，有的存在不合理现象，有的政策本身就不完善，群众反映比较大。希望能通过深化改革，逐步予以解决，以利于事业的发展。

原载《中国排球》1990年第1期、第2期

本文是作者为1989年召开的全国排球训练工作会议撰写的总报告的相关内容。

拼搏精神过时了吗？

中国女排在广岛亚运会和第12届世界女排锦标赛中接连失利，引起了国内外排球界人士的惊讶和震动，有人叹息，有人遗憾，有人彷徨，也有人沮丧，连外国舆论界也感到不可思议：“中国女排究竟怎么啦？”

诚然，中国女排这两役的败绩，确实令人始料不及。女排自1988年汉城奥运会失掉皇冠后，在一系列的世界大赛中，尚保持在二三名行列之中，在亚洲还一直处在领先地位，巴塞罗那奥运会之前，6胜古巴队，纵使兵败巴城，仍不失为世界强队之一，至少还可称雄于亚洲。如今，却连败于韩国队和日本队，又称臣于原属世界二流水平的德国队，沦为世界第8名，比1956年我女排首次参加在巴黎举行的世界锦标赛成绩（第6名）还差，这就难怪国内外舆论哗然了。

女排此次失利，无疑将给我国排球经过几代人艰苦努力在亚洲和世界树立起来的良好形象产生不利影响，使中国女排通过多年努力在同国外强队对抗中建立起来的必胜信心受到挫伤。国内排坛人士为此深感忧虑和不安，并正在总结经验教训，反思走过的路，分析滑坡原因，寻求振兴之策，以重振女排雄风。但是，有的人把女排失利归咎于“拼搏精神”过时了，甚至说什么要从韩国女排的胜利去看所谓“大韩精神”。姑且不论韩国女排两度战胜中国女排的原因是否就能说是“大韩精神”的作用，但从一两次战事的成败来否定鼓舞过一代人的“拼搏精神”，笔者实在不敢恭维和苟同。

以袁伟民为主教练的中国女排（以下简称“老女排”）是我国体育界继中国乒乓球队和中国登山队之后又一面光辉旗帜。老女排为国争光的“五连冠”业绩的“拼搏精神”不是偶然的、孤立的现象，它是中国排球界几代人前赴后继、艰苦奋斗的结晶，是新中国成立以来我国排球工作者不懈努力、创新奋斗的升华，是全国排球界的共同财富。在老女排辉煌的年代里，“拼搏精神”的冲击波和影响力，远远超过了体育界的范围，并至今鲜活地存在于人们的头脑中。难道就因为中国女排的流年失利，就因为在她们身上看不到昔日老女排的作风，就认为是“拼搏精神”失灵了、过时了吗？

在分析“拼搏精神”过时与否之前，首先要弄清楚什么是“拼搏精神”、它的实质是什么。

一、胸怀崇高理想，立志为国争光，是老女排的精神支柱

为了实现周总理、贺龙元帅的遗愿，老女排和当时整个中国排球界心往一处想，劲往一处使，一脑门子地为向世界排坛顶峰冲击而团结奋战。尽管当时的物质条件远远不如今天，但几乎所有的人都把一腔赤诚倾注在排球事业上，不知疲倦地拼搏在训练场，把每一个“我”和祖国的荣誉联系在了一起。老女排也是普通的人，但是当她们把自己的一言一行自觉地与为祖国荣誉联系在一起后，就变得不平凡了。她们可以牺牲个人利益，可以无私奉献自己的一切，正因为有了这种无私，行动才变得崇高。“为祖国争光”成为中国女排克服艰难险阻、无私拼搏的原动力。

二、注重作风培养，严格队伍管理，着力塑造人的性格，是老女排的优良传统

她们那种团结拼搏作风的形成，不仅在于崇高的理想与远大的目标，还在于带头人十分重视队伍作风的培养，深入细致地做好人的思想工作，并将其贯穿在日常的训练、比赛和生活中，铸成一种坚如磐石的凝聚力；在传授技术战术的同时，丝毫不忽视教授做人的道理，于细微处造就运动员良好的思想品质，从而使这个集体的每一分子凝成一个坚强的整体，构造成一种无坚不摧的战斗力，使之在任何困难的情况下都能攻无不克、战无不胜。老女排"三连冠"的历程，每一个关隘都是"走钢丝"般的艰难，面对东道主的主场压力，她们正是靠了平时一点一滴磨炼出来的技术，靠了团结奋斗、顽强拼搏的精神，斩关夺隘，塑造辉煌的。

三、坚持系统训练，打好扎实的基本功，是老女排成功之路

老女排那批队员，是在1972年底开始全国地方队长期集训大会战，并在全国形成多强对抗格局的基础上选拔出来的。1976年组队后，又是在坚持"三从一大"训练原则、经过多年科学系统的训练后，才逐步登上世界排坛技术高峰的。老女排在坚持系统训练的过程中，重视打好扎实的基本功，注重提高技术的全面性及准确熟练程度；重视全面身体素质的训练，注重训练质量；善于根据不同运动员的不同条件与特点，进行有针对性的个别训练；经常加班加点，进行技术补课，保证每堂训练课的质量；坚持按计划闭门训练，不为利益所动，不因实惠受邀，正确处理好训练与比赛的关系。正是在这种持之以恒中忍受着常人难以想象的艰苦，造就出了一批技术特点各异的世界级明星。未雨绸缪培养后备人才，是老女排又一具有战略眼光的举措，正是这种近期利益与远期战略兼备的思想，使得她们在20世纪80年代保持了其当时的高水平和实力优势，取得了历史性的"五连冠"的辉煌。

四、队有特点、人有特长，积极进取，不断创新，是老女排克敌制胜的法宝

老女排通过长期严格的训练、严格的要求，每个队员造就了一身过硬本领的扎实的基本功，全队形成了一套技术全面、战术多样、高快结合、灵活善变、攻防有序、配合密切的技术战术特点。而且，每个队员都几乎身怀绝技，各有特长，拥有使对手慑服的"绝招"：郎平的"铁榔头"，张蓉芳的"怪球手"，曹慧英的"多面手"，孙晋芳和杨锡兰的二传技巧，周晓兰和陈亚琼的“天安门式”拦网，陈招娣的“拼命三郎”，梁艳的全面技术以及张洁云的“无声手枪”等，无不令人叹服。当时，国际排联权威人士曾称赞中国女排的技术与风格，“显示了80年代女排发展的方向，在世界排球史上开辟了新纪元”。老女排还善于把握世界排球运动的发展趋势，认真研究排球运动训练规律，虚心学习各强队的先进技术与经验，大胆实验新的技术战术打法，努力探索自己的路，保持了在世界排坛领先的地位。

五、教练员良好的政治素质和业务素质，是建设运动队伍、造就优秀人才的根本

教练员肩负着准确选材、科学训练、严格管理、指挥比赛和培养人才的艰巨任务。有道是“师高弟子强”“强将手下无弱兵”。作为重任在肩的教练员，要有高度的事业心和责任感，以队为家，一心扑在事业上，兢兢业业，一丝不苟地工作；要虚心学习，博采众长，认真总结经验，不断提高科学理论修养、专业训练能力、科学管理水平和临阵指挥艺术；要敢于和善于管理队伍，做好队员的思想工作，以形成全队坚不可摧的凝聚力；要严于律己，为人师表，处处事事做运动员的表率，并在实际工作中取得良好的成绩，以赢得运动员的信任和支持，树立自己的好形象与权威。老女排的教练们是这样做的，因而创造了我国排球史上辉煌的业绩。

综上所述，“拼搏精神”是老女排在比赛中克敌制胜的法宝，但“法宝”铸造却是老女排和那个时代中国排球界人士共同努力的结晶。正因为有了它，中国排球才得以冲出亚洲走向世界，正因为有了它，中国女排创下了“五连冠”的辉煌。

自从中国女排兵败汉城（现称首尔）后，重振女排雄风的口号就没有停止过。但是，光刮风不下雨，没有理解“拼搏精神”的精髓，没有踏踏实实地在日常训练中锤炼，那么，在需要的时候何以拼得出去，搏得回来呢？“拼搏精神”的弱化，正是这几年来中国女排逐渐走下坡路的症结所在。

人是要有点精神的，更何况一个队？我以为，现今中国女排之所以跌入世界二流队的行列，正是我们丢弃了精神，而绝非什么这个精神过时了，需要重新来个什么精神的问题。无论排球运动如何发展，时代如何变迁，老女排成功之路的基本规律是永恒的，过去夺取“五连冠”依靠它，今后重振雄风依然离不开它。当然，客观世界的发展变化是永无穷尽的，人们对客观世界的认识与掌握也是不断更新和发展着的。但是，历史总是在继承中发展，在继承中前进，正如伟大的物理学家牛顿始终认为自己在科学上的成就，不过是站在“巨人的肩上”一样。历史的经验总是新思维的母体，因此割裂事物发展规律在理论上是经不起一击的。

现役中国女排的将士们不妨反躬自问：你们在哪些方面继承了老女排的作风，在什么地方体现了“拼搏精神”？差距何在？只有摒弃了停止的论点、无所作为的论点，才能从理性上看到自身的不足，才能痛下决心真正卧薪尝胆，去追回失落了的精神支柱，重铸中国女排拼搏的形象。

原载《中国排球》1995年第1期

赛与练的七大关系

——全国排球联赛实行新赛制后的思考

以主客场赛为突破口的排球改革，已经展现了一个良好开端。在新的赛制条件下，如何搞好赛练结合，以赛带练，以练促赛，并寻求科学合理的训练模式，以不断提高我国排球的整体水平，达到改革的最终目的，是教练员们的重要新课题。

首先，要认清主客场赛具有不同于过去联赛的几个特点：把过去冬训系统训练时期转变为繁忙的赛季；把过去集中在10天内打完的联赛，转变为延续3个多月的“马拉松”式竞赛；把过去固定在一地的联赛，转变为南征北战的“拉练”式竞赛；比赛场次比过去增多一倍；有较高的奖金刺激和狂热的观众激励；增强了比赛的对抗性和竞争性等。为此，在训练指导思想、训练周期安排、训练内容与方法、运动量的掌握，以及队伍管理、作风培养和心理准备等方面，都应适应这些特点。

其次，要确立赛练结合、以赛带练、以练促赛的指导思想，既要打好比赛，又应抓好训练，防止与克服以养待赛、以赛代练的现象。在整个赛季要保持良好的竞技状态（包括生理、心理、技术战术等方面）；促进技术战术水平迅速提高；提高身体素质，增强全队体能；培养后备力量，造就高水平人才。

为了达到以上目标与要求，在训练工作中要处理好以下几个关系：

一、训练的针对性与系统性（小周期与大周期）的关系

在联赛期间，各队无疑会采用针对性训练，一是针对本队上一场比赛发现的问题；二是针对下一场比赛对手的情况，这是正确和必要的。但在漫长的赛季中，如何使阶段性的针对训练，同全年周期的系统训练紧密结合起来，以实现全年训练计划的目标与任务，这恐怕是不断提高全队训练水平和技术水平的重要课题。也就是说，训练不能只是“头痛医头、脚痛医脚”，而必须有全面、系统的考虑与安排，既要有阶段的针对性，又要有全年的系统性。

二、技术训练与战术训练的关系

在赛季，加强集体战术配合训练，无疑是必要的。但任何战术配合的成功运用，都必须以全面、熟练的基本技术为基础，因此，在任何时候，即使在赛季，都应重视个人基本技术的训练，都应合理安排技术与战术训练的紧密结合。忽视基本功和基本技术的操练，只能是舍本逐末，事倍功半。

三、技术战术训练与身体训练的关系

在漫长的赛季中，为了保持良好的竞技状态，表现充沛的体力，防止运动创伤的发生，在抓好技术战术训练的同时，必须十分重视身体素质的训练。身体训练要全年进行，不要一曝十寒；要全面安排，不要“杠铃挂帅”；要分别对待，不要“炒大锅菜”；要与专项技术有机地结合，不要仅为指标奋斗；与技战术的比重以不低于30%为宜。

四、数量与质量的关系

紧张的比赛、旅途的劳顿、必要的休整以及雷打不动的文化学习，各队每周实际训练时间只有20～26小时，同以往集训每周40多小时大相径庭。在这种情况下的训练，重要的不是追求数量，而是讲究质量。但没有数量保证，就谈不上质量；而任何数量，都应有一定的质量作为基础，没有质量的要求，数量的意义就不大。因此，教练员在对空余时间的利用、训练课的组织、内容的选择、方法的运用、运动量的安排，以及对运动员的鼓动程度和严格要求等方面，要进行精心细致的运作，才能达到提高训练质量的目的。

五、眼前利益与长远利益的关系

为了打好联赛成绩，获得实际利益，各队倾巢出动，殚精竭虑，有的队甚至挖掘退役队员，重新披挂上阵，这似乎是无可非议的。但如何从战略高度处理好发挥老队员积极作用与大胆培养新手的关系，以及在联赛期间，努力抓好有希望的年轻队员和替补队员的训练，是关系到队伍长远建设的重要问题。浙江等队大胆使用新队员上阵，重视重点队员和二组的训练，是有远见卓识的举措。

六、技术与作风的关系

实行主客场赛制后，比赛竞争激烈，胜负矛盾突出，利益冲突尖锐，对抗性强，刺激性大；加上南北征战，旅途奔波；有时客场的某些情况又不尽如人意等。在这种条件下，不但要求运动队打出水平，发挥高超技艺，而且要赛出风格，表现出优良品格，而不能只强调比赛成绩，忽视作风培养。这是两个文明建设的需要，应引起带兵人的高度重视。

七、一线与二线的关系

反映一个国家或省队的水平在国际或国内所处的地位，不但要看其现有的实力与成绩，而且要观察与预测其后备力量和未来发展。这就提出这样一个问题：在前线战斗打得轰轰烈烈的时候，你后方的后备兵源如何？在前线举杯祝捷、论功行赏的时候，不要忘记为你输送后备人才的后方！目前不少省的二队残缺不全，业余训练不很景气；有些二队教练的奖金待遇还不如体校教练和机关干部；某些政策规定不利于调动二线教练的积极性。此事不可等闲视之，倘若长期不能得到有效解决，可能后患无穷。

原载《中国体育报》1997年3月6日

两强相遇忍者胜

静心旁观赛事，常常颇有所得。

常言道：两强相遇勇者胜。但综观赛场风云，这一说法未免有失偏颇，因为在大多数情况下，两强相战，倘只是有勇而无谋取胜的概率通常较低，而能忍者则常能笑到最后。

所谓忍，是一种反映坚忍性、意志力和自信心的心理活动。比赛中当比分落后或处于领先被对手紧追时，需要的是坚定和自信；当战局处于相持或关键时刻，需要的是冷静与沉着，这些实际都包含在一个“忍”字当中。如全国排球联赛首轮浙江男排与河南队的首场之争，开局豫军咄咄逼人，以14比5胜利在望，但浙江队咬紧牙关，耐心应战，反以16比14先取首局，随后又“连拔两城”，以3比0取得最后胜利。有时看似穷途末路，只剩一口气了，但若作百分之百的努力，却能奇迹般地起死回生，化险为夷。正如毛泽东主席所说的：“有利情况和主动的恢复，往往产生于‘再坚持一下’的努力之中。”这个“再坚持一下”就是忍。忍是体现一种斗争的策略和胆识。在相持不下或局势被动时，不但要打得冷静、耐心，“有斗争的决心和耐战的勇气”，而且要善于观风向，察时变，抓战机，寻对策，或攻其弱点，或抑其优势，或挫其锐气，或乱其阵脚，等待机会，伺机反击，以便打破僵局扭转颓势。只有冷静分析战局，及时采取对策，才有胜利的希望。

为此，笔者以为在比赛中，能忍方为上策，会忍者能令对手胆寒，能为自己赢得一片天，所以说，两强相战当为忍者胜。

原载《中国体育报》1998年3月12日

赛前准备与临场指挥

比赛是检验一个运动队训练管理、培养人才、发现问题和争取好成绩的重要手段，因此为每一位教练所看重。良好的比赛成绩由诸多条件所决定，赛前准备和临场指挥便是其中不可或缺的重要因素。

关于赛前准备

一、思想和心理的准备

运动员的思想和心理状态如何，将极大地影响其在比赛中的技术发挥，因此教练员在赛前和比赛过程中应把握队员的思想脉搏，调整其心理状态，摆正其所处位置，使之在激烈的比赛中能正常地发挥技术水平。在这方面，一般地说，要做好以下工作。

① 明确比赛目的，确立奋斗目标。要教育运动员树立雄心壮志，提倡奋勇进取的精神，“伟大的毅力产生于伟大的目标”，只有调动了全队的积极性和创造性，才有了打出高水平的基本保证。

② 集中全队意志，排除一切干扰。要鼓励运动员把一切注意力集中在比赛任务上，专心研究技术战术，为打好比赛献计献策。必要时还可制定一些规章制度，使全队进入意志集中、斗志旺盛、摩拳擦掌的临战状态。

③ 树立胜利信心，做好应对困难的准备。信心对于打好比赛至关重要。信心的培养与树立，一要靠掌握过硬的技术战术，二要靠正确地估量与分析双方的力量对比，并采取有效的对策，三要对各种可能遇到的困难做好准备，把自己摆在恰当的位置上。

④ 崇尚体育道德，遵守比赛纪律。要教育运动员无论顺境还是逆境都要遵守纪律、服从裁判、尊重对手，文明礼貌、团结友

爱，以良好的赛风为精神文明建设作出贡献。

二、技术与策略的准备

（1）抓好赛前训练

赛前（含比赛过程中）最重要的技术准备是实施有成效的训练，它的质量与水平，将直接影响比赛结果。因此必须根据全年计划的目标和任务、当前队伍的实际情况以及主要对手的特点，制定专门的训练计划。主要内容应包括如下几个方面：

① 改进个人技术。主要抓好两头，一是扬长，二是克短。特别要抓好主力队员这两头，以便在比赛中发挥水平。

② 确定主力阵容。每场比赛阵容的确定，既要从本队运动员的实际情况出发，也要考虑到对手的特点。一般地说，阵容要相对固定，但也应根据运动员的发挥情况、对手的特点和培养新手等综合情况及时应变。

③ 加强战术配合。赛前训练重点是集体战术配合，可根据不同情况重点操练一攻、防反或保攻等，亦可一轮一轮地强化训练。

④ 注重模拟训练。根据比赛对手的特点，进行有针对性的模拟训练，是赛前训练的重要内容。这种训练可使运动员知己知彼，也是比赛策略的实战演练。训练中要把各种困难估计充分一些，预见对手的可变性，以提高临场的适应能力和应变能力。

⑤ 培养核心队员。这是日常训练中的长期任务，但在赛前应给予强化。要有意识地培养那些技术较高、资格较老、作风较好、有凝聚力的运动员，使他们既善于鼓舞士气、团结全队，又具备临场分析判断能力，使之能在困境中力挽狂澜，起到中流砥柱的核心作用。

⑥ 保持身体训练。身体素质训练要长年进行，即使在赛期也要作适量的安排，重点是力量、速度和专项耐力，以保持良好的竞技状态。

⑦ 避免伤病发生。在赛前和赛期一项十分重要的任务是防止

出现任何伤病，否则，这种非战斗的减员，将会使所有努力功亏一篑。因此，教练员在训练中要防止一切可能危及队员安全的情况发生，在生活中要加强管理，注意每一件可能影响健康的细微事情，未雨绸缪，防范于未然，以保证比赛顺利进行。

（2）了解对手情况

赛前和赛中，尽可能详细了解对手的情况，只有知己知彼，才能制定正确的比赛策略。

了解对手的情况：对手的主要技术战术特点和主力队员的特点；每个轮次的战术打法，如一攻、防守、反攻和发球等；替补队员和专门能手的水平与特性；主要教练的指挥能力与习性等。

了解对手的方法，可参照过去有关资料，现场观摩对手同其他队的比赛，记录对手比赛情况，运用计算机、摄像机等设备录制对手有关资料，通过其他队进行调查了解等。

（3）制定比赛策略

了解敌情之后，教练员要经过一番去粗取精、去伪存真的思考，并结合本队的实际情况，制定出一个切合实际的比赛策略。

① 熟悉对手的主要攻防打法和个人特点；

② 确定这场比赛的主力阵容；

③ 研究具体的攻防对策与打法，必要时可以一轮一轮地研究与部署本队与对手的打法；

④ 制定替补队员的换人计划；

⑤ 做好应对突发情况的措施等。

关于临场指挥

赛前的一切准备，要依靠运动员在比赛中的技术发挥和教练员的正确指挥去实现。而教练员指挥水平的高下，对运动员技术的发挥和取得比赛胜利至关重要。

每个教练员的临场指挥可以有不同的风格与特点，但有一点应是共同的，即教练员的指挥要对运动员产生积极的影响，使他们能够执行全队的比赛策略和教练员的指挥意图，临机应变，发挥水平，为此，教练员在实行指挥时，要做到以下几点：

一、密切注视临场变化

比赛情况瞬息万变，要随时注意双方战局的发展变化，甚至预见到可能发生的情况；及时发现问题，并拿出解决问题的方法。

二、始终保持清醒头脑

顺境时，不要掉以轻心；逆境时，不要丧失信心，应鼓励运动员，并给他们指出扭转败局的具体措施与办法。

三、恰当注意言行举止

临场指导时，在任何情况下，教练员的神情要沉着果断，语言要明确简练，抓住要点，切记千万不能喋喋不休、优柔寡断。

四、正确运用“暂停”“换人”

教练员应根据场上情况的发展变化，在竞赛规则允许的范围内正确地运用“暂停”和“换人”，来实施临场指挥。

①“暂停”，大都在局势不利的情况下采用。一要时机恰当，新规则除实行“技术暂停”外，每队每局还有2次“暂停”，这个时机要掌握得恰到好处。当然是发挥不好、失分太多时才叫“暂停”，但一般来说，宁可失之过早，不宜失之太晚，以免大势已去，欲挽无术；也要留有余地，不要前半局把“暂停”都用完了，到关键时刻束手无策。二要指导有方，暂停时的指导，主要是面授机宜、指点迷津，而不是去谈论细枝末节，或指责失误责任。

②“换人”，运用“换人”，有时是因为场上队员发挥不好，有时是为了改变打法，或为扬长，或为补短，或为培养新手等。换人时，一要谨慎行事，教练员对场上队员要给予充分信任，疑兵不用，用兵不疑，在通常情况下，不宜频繁调换队员，以免搞乱自己阵脚，也不要因偶尔失手而动辄换人，尤其对年轻新手，以免动摇其自信心。二要有备而为，如需换人，要事先告知替换者，使其做好身体上、心理上和技术上的充分准备，并要

向其交代具体的要求和打法，切勿仓促上阵，慌忙应战。

五、择机运用“鹰眼挑战”

为了保证比赛的公平性与公正性，纠正由于裁判员的错判或漏判而引起的纷争，根据国际排联竞赛规则的新规定，与赛双方可以运用“鹰眼挑战”。即在该回合结束后8秒钟内，由质疑方的主教练向裁判员提出。主裁判根据“鹰眼”的判断，做出最终的判决。每局比赛每队有两次挑战机会，如果挑战成功还有两次挑战机会，挑战失败则只剩下一次挑战。

“鹰眼挑战”适用于以下7种情况：

① 落地界内或界外球；

② 球是否触手出界；

③ 球是否触及标志杆（先打手还是先打杆）；

④ 扣球或拦网的触网；

⑤ 是否踩到发球线、三米线和中线；

⑥ 自由人上手击球时脚的位置（是否在三米线内）；

⑦ 球是否触及地面。

主教练和场上队长在临场比赛中要善于利用规则，择机巧用“鹰眼挑战”。一般可以有2种情况：

（1）实质性挑战

当比赛过程中确实存在错判或漏判时，场上运动员应及时向教练员示意，由主教练向裁判员提出挑战。这类挑战，场上运动员身临其境，清楚情况，应力求准确无误，以免挑战失败造成本局失去一次挑战的机会。

（2）策略性挑战

这类挑战，一般运用在临近终局或关键阶段（每局20分或决胜局12分之后）。即当本方比分落后、战无章法或情绪不佳，“暂停”次数已经用完，但尚有“鹰眼挑战”可用时；为了干扰对方比赛节奏，抑制其上升势头，同时给本方以喘息调整和以利于再战的机会，可以在适宜时机，明知裁判员无错，却利用规则提出挑战；此时教练员可以在场外喊话指挥，以图扭转战局。为人要老实，打球应狡诈，“兵者，诡道也。”

六、合理处置“3、4、2”模式

在比赛中，各队都可能会遭遇3种类型的对手，出现4种不同的局面，产生2种比赛的结局，姑且称之为“3、4、2”模式。

（1）对付3种类型对手的策略

① 对手强于自己。同强于自己队的较量，首先要有不怕强手，敢于斗争的决心，以弱击强，弱队无包袱，强队怕输球，这是弱队在心理上的优势。其次，强队虽强，但并非无懈可击，要善于发现其弱点并充分发挥你的长处予以攻击。有时，可以先从其某一弱点攻击（如以发球攻其弱点），以取得局部优势，而后扩大战果。有时，可集中攻击或防守其容易激怒或急躁的队员，以制造其混乱。每球得分制的实施，胜负的偶然性增大，以弱胜强，比比皆是。

② 对手弱于自己。对付弱队，最重要的是力戒轻敌麻痹，要把弱队当强队来打。也要防止急于求胜，只要比赛未告终，都要兢兢业业，一分一分地打。以强对弱，在策略打法上要特别注意两点：一是避免各种可能的失误；二是防止重攻轻守，人人都想在进攻上大显身手，而忽视防守。这些都是轻敌麻痹的表现。

③ 双方势均力敌。水平接近的双方对阵，意味着其胜负对最后成绩名次有着重大影响，因此双方会十分重视这个比赛。在这种情势下，首先要有充分信心去应战，同时要估计各种困难，做好几手准备。其次，要解放思想，放下包袱，放得开，才拼得出，即便处于逆境，也要耐心等待机会。在策略打法上，要充分发挥本队的强点去攻击对手，同时严防弱点被攻击。要重点抑制对手核心队员的发挥，以打乱对手的部署。有时，亦可采用上述以弱击强的策略。

（2）处理4种不同局面的办法

① 比分领先时，应坚持原先行之有效的策略打法，以扩大战果，夺取胜利。但要注意观察场上战局的发展和对手打法的变化，以便及时发现问题，调整比赛策略。要防止因领先而高兴太早，放松努力；亦勿因太想赢球而变得小心翼翼、谨小慎微；也不要因被对方赶上几分而急躁忙乱、惊慌失措。

② 比分落后时，应尽快找出问题所在，调整策略打法，同时，要能发现对手的弱点并予以攻击，以图摆脱困境。此时，最重要的是不能动摇信心，丧失斗志，要鼓励运动员耐心坚持，等待时机，因为“有利情况和主动的恢复，往往产生于‘再坚持一下’的努力之中”。场外指挥员更要坚定意志，遇险不惊。只要坚持到底，就可能出现转机。即便这一局失利了，也可为下一局打好比赛鼓舞斗志、丰富经验。

③ 比分相持时，要提醒运动员始终保持冷静和耐心，提倡以高昂的士气去压倒对手。在策略上既要敢打敢拼，充分发挥自己的优势，又要耐心细致，尽量减少各种失误，等待时机，打破僵局。

④ 关键时刻时，每局20分以后的球以及决胜局，可称之为关键时刻。此时此刻，一两个球就可以决定这一局或这一场比赛的命运。因此既要敢于打关键球，还要善于打关键球。切忌胆小手软，急躁慌乱，鲁莽蛮干。

（3）对待2种比赛结局的态度

任何排球比赛只有两种结局，不是胜利就是失败。但无论胜败都要认真总结经验教训，以利于队伍成长和今后再战。胜利者要善于从胜利中找差距，保持清醒头脑。失败者不但要找出失利原因，为下一场比赛和今后训练提供依据，而且要看到自己的长处，在失败中提高信心，增长士气。失败乃成功之母，重要的是要善于从失败中吸取教训。

原载《中国排球》1999年第1期

每球得分制的思考

近几年来，国际排联为了解决世界排球运动发展中的两大难题——进攻强于防守和比赛时间难以控制，对竞赛规则作了走马灯似的修改，以提高比赛观赏性和适应商业利益的需要。1999年起实行的每球得分制，对缩短比赛时间、提高比赛竞争性和鉴赏性，将产生直接作用。

实行每球得分制，对提高中国排球（尤其男排）在世界排坛的地位将起到一定的作用。这是因为：我国一攻战术强于欧美强队，实行每球得分制后，欧美队强有力的发球将受到一定的限制，对我队一攻有利，得分机会将相对增多。正如意大利男排原教练范拉斯科所说的，中国男排同欧洲强队较量，如果每局比分平均为7比15的话，那么实行每球得分制后则可能为12比15。范拉斯科的分析不是没有道理的。

然而，任何事物都是相对的，况且，竞赛规则对与赛双方来讲，其利弊都是相同的，机会都是均等的。因此，探索新规则的特点与内在规律性，研究它对训练和比赛可能产生的影响，并采取相应对策与措施，使我国排球水平乘势而上，显得更为重要。

一、新变化

去年笔者参加了女排A组和男排B组锦标赛，又“客串”了漳州甲A男排秋训及其检查赛。尽管这些赛事国家队员未回队参赛，有些队也不全是“真刀真枪”地投入，但实行的都是每球得分制（锦标赛是盘局的每球得分制），从比赛中初步观察与发现有以下一些值得研讨的特点：

① 胜负因素，偶然性大。原来的发球得分制，只有掌握发球权的一方才能得分，而每球得分制任何一方每一个球都有得分和

失分的可能，这意味着得分与失分、胜利与失败的机会增多，胜败的偶然性也加大，无形中缩小了强队与弱队之间的差距，比赛中以弱胜强的可能性增大。在女排A组锦标赛中没有一个队保持不败，冠军江苏队也输了两场；全运会和甲A联赛冠军上海队还输给已降为甲B的辽宁队；甲A男排秋训检查赛中也没有一个队全胜。这些现象固然有各种复杂原因，但每球得分制所具有的特点不能不是其中一个重要因素。

② 得分结构，发生变化。排球比赛得分的四个因素（发球、扣球、拦网和对方失误）出现了结构性的变化：发球得分率锐减，扣球（尤其一攻）得分率大大提高，拦网得分相对减少，对方失误率相当可观。根据女排A组6场12队次统计，平均发球得分率为5.5%，一攻扣球为35.5%，反攻26.7%，拦网9.9%，对方失误22.4%。甲A男排秋训检查赛6场12队次统计，平均发球得分率为4.6%，一攻46.2%，反攻15.3%，拦网10.2%，对方失误23.7%。这表明，发球求稳者多，攻击性有所减弱；拦网和防反系统薄弱（尤其男排）；技术粗糙，失误惊人，有的队在一场0比3比赛中，竟送了32分，主要是扣球失误和网上犯规。

③ 比分接近，竞争激烈。由于各种得分和失分的机会增多，强弱之间差距缩小，因而每局胜负的分差大都在5分左右，很少相差10分以上，更不可能打成25比0或15比0；经常出现比分不相上下、“你追我赶”的局面，提高了比赛的对抗性和竞争性，增加了胜负的悬念。

④ 比分拉大，较难赶上。过去发球得分制以7比13或10比14落后而反败为胜者，并不鲜见，如今如果比分打成18比24或10比14（决胜局），再要化险为夷就不容易了，因为领先的一方只要获得一次得分机会，就可使落后一方的一切努力化为乌有。从这个意义上说，如果比分拉大了，每球得分制的赛况就不会那么精彩和激烈。

⑤ 裁判因素，影响重大。实行每球得分制后，裁判员的每一

声哨音几乎就是一次得失分，尤其在比分接近的关键时刻。倘若一个错判或反判，来回相差2分，将直接关系到球队胜败命运。因此，对裁判员的职业道德和业务水平提出了更高的要求，同时对运动队如何正确对待裁判也是一个严峻考验。

二、新挑战

实行每球得分制后出现的新变化，必将对训练和比赛产生新的冲击和挑战。面对新挑战，我们的教练员、运动员应做到：

① 抓好训练，练精技术。由于每项技术可以直接得分和失分，因而把技术练得更加全面、熟练、精确，比过去显得更为重要。不但要练精六大技术，而且那些未被列入“正册”、不规范、不起眼的所谓“小球”技术，亦不可忽视，因为大技术和“小球”的成与败，同样关系到得失分。

长期以来，我们有些队训练“大刀阔斧”，技术“粗制滥造”，失误“挥金如土”，实行每球得分制后，这些队在今后的比赛中是难以占上风的。我以为，我国排球同世界强队的差距主要不在高度上，而在技术和体能上。世界男排冠军意大利队的主攻名将比帕身高只有1.90米，亚军南斯拉夫队主力也只有1.91~1.92米；女排六连冠古巴队主攻手贝尔1.78米，路易斯1.76米。这样的身高在我国俯拾皆是，仅在漳州甲A男排集训队中，1.95米以上者有50人，2米以上15人，女排1.80米以上者多如牛毛。中国不是没有人才，而是还没有把他们培养成才，欠缺的主要是技术和体能。人种不能移植，但技术和体能是可以通过科学训练去解决的。

② 学打关键球，善破僵局。每球得分制强队之间抗衡，胜负往往只在几分之差，而且整个赛程经常出现比分相持、互相拉锯的局面，这对运动员的技术发挥和心理、意志提出了新的要求，对教练员的临场决策和指挥艺术也是严峻的考验。要学会在复杂变化的赛场上，观风色，察时变，施谋略，巧用兵。对己，扬长

避短，调整战术；对彼，或攻其弱点、击其要害，或抑其优势、挫其锐气，以求打破僵局，拿下关键分，争得主动，夺取胜利。这种能力的获得，可以通过实战锻炼和潜心钻研去实现，但更重要的还是要靠扎实、精良的技术实力做后盾。

③ 以弱胜强，机遇均沾。每球得分制由于得失分的机会增多，因而给各队（包括弱队）都提供了取胜的机会，这无疑给弱队“注了一针强心剂”，有助于弱队振奋精神、奋勇进取、努力打好每一个球、不放弃任何机会去争取胜利。同时，也给强队“服了一贴清凉剂”，提醒强队要警钟长鸣，常备不懈，切不可掉以轻心，“大意失荆州”。

④ 打好开局，至关重要。“慎重初战”，是兵家取胜之道。每球得分制倘能开局得利，并把比分拉开，将极有利于比赛的结局，因此在排兵布阵、策略运用上，都应力求实现开局大吉。然而，你要打好开局，我也要开场顺利，赢家只有一个，这就要看指挥员的“运用之妙”和运动员的临场发挥了。当然，开局大喜，未必就是万事大吉；反之，开局受挫，只要比分不被拉得太大，经过努力而转变战局的可能性是存在的。

三、新思考

在执行新规则过程中，不少教练员和运动员对今后训练产生了一些新的思路和看法，但某些涉及训练指导思想的认识，却值得思考。

有人说：实行每球得分制要着力抓好一攻。诚然，过去一攻成功只得发球权，现在可以得分，从这个意义上说，一攻的地位更重要了。但在高水平比赛中，次数最多、难度最大、得分机会最频繁的还是防反（含拦网）。统计表明，一攻得分确实多于反攻得分（尤其男排），这一方面说明了我国一攻水平的优势；另一方面恰恰反映了我队防御系统薄弱，而且这种“一打就死”的比赛是难以吸引观众、繁荣球市的。同世界强队较量，只有一攻和防反两大系统并重，才能把胜利建立在可靠基础上，仅凭“一条腿”走路总是要挨打的。一攻要抓好，防反要提高，这才是取胜之道。

有人说，发球重要性降低了，只可保守求稳。无疑，发球轻易失误而丢分（尤其在关键时刻）当然失算，但殊不知，发球无攻击使对方一攻唾手可得，同样也要失分。我以为，每球得分制对发球的训练及其在比赛中的运用，要求更高了，更要强调其攻击性与准确性的结合，强调在训练中严格认真、一丝不苟，在比赛中动作细致、大胆运用。四川女排在A组锦标赛中，开始几场发球保守求稳，特长不能发挥，弱点更加暴露，连连败下阵来。后来通过总结，继续发扬攻击性强的特点，步步占据主动，连胜几支强队，并取得第4名的好成绩。

有人说：自由人可以替换高大队员，后者的防守训练可以松一口气了。自由人可以在后排替换防守差的队员，但高大队员下三路训练和防守技术的提高丝毫不能忽视，因为他们发球之后仍要进场防守，在前排不拦网时也要退下来救球；如前所述，这些人的差距不在高度，而在技术和体能；只扬长，不补短，缺胳膊少腿，是不能练成高水平的。

有人说：每球得分制打满5局，不过耗时1个半小时，今后训练时间不必太长。每球得分制缩短了比赛时间，但并没有降低比赛强度和难度。相反，由于比分接近，竞争激烈，运动员始终处于紧张的状态，提高了运动的强度和质量。排球技术繁多，动作精细，要精雕细琢达到高精尖的程度，不花费较长时间、不提高训练水平是难以奏效的。培养一个优秀排球选手，日本人提出要练1万小时；我国总结为“三年成形，五年成材，八年成器”；国际排联专家著文指出，欧洲职业队每天要练五六个小时甚至七八个小时。因此，大运动量训练原则非但没有过时，新赛制更赋予了它新的内涵。

原载《中国排球》1999年第2期

新规则的知与行

1998—1999年维达全国排球联赛最大的特点是实施了国际排联公布的每球得分制新规则。在历时3个多月的比赛时间内，参赛的16支男女排球队通过实战对新规则进行适应与探索，取得了令人满意的效果。那么，新规则的实施在本届联赛中表现出怎样的特点，带给我们怎样的启示呢？笔者在《每球得分制思考》一文的基础上，作进一步的分析。

一、影响与变化

通过观察和记录，实施新规则对临场技术发挥、比赛演变进程和未来队伍建设，已经和可能产生某些影响和变化。

① 发球威力减弱。由于担心失误而丢分，发球趋于保守求稳，攻击力减弱，发球得分在总得分中比重减少，已成为联赛中普遍的现象。四川和浙江男排2月27日苦战4局，四川队发球得2分，占总得分89分的2.3%，浙江队得5分，占总得分98分的5.1%；上海与浙江女排2月28日鏖战5局，上海队发球未得1分，浙江队得3分，占总得分108分的2.8%。联赛发球前10名队员，发球得分率也大都在5%~6%之间（与其发球总数之比）。发球威力减弱，对其他技术战术的发挥必将产生一系列连锁反应。

② 一攻容易组成。发球攻击性减弱，必使一传到位率提高，一般都在70%~80%以上，一攻组成率和得分率很高，一攻战术变化多端，很多队在比赛中一攻得分率都高于反攻（男排平均一攻为45%，反攻16%，女排平均一攻35%，反攻24%左右），我国排球一攻的优势得到了淋漓尽致的发挥。

③ 防反难度加大。一攻容易组成，势必使防反（尤其是防守一攻）的难度提高，拦网成功率和得分率降低。过去男排在一局

比赛中拦网得分约占总得分的1/3，女排也近1/4，而现在男女排分别只占10%和9%左右。拦网效率降低，后防必然吃紧，尤其男排来回球不多，反攻机会减少，进一步暴露出我国防反能力不强的弱点。

④ 失误相对增多。或因队伍年轻，技术不精，或因心情紧张，对规则不适应，靠对方失误的得分率几乎都在20%以上，有的一局球就失8~9分，而且不少失分出现在最后关键时刻。4月10日河南对四川男排之战，第2局豫军一路领先，但在关键时刻却连失5分（3个发球、2个扣球）而招致第2局23比25之失利。拱手送分，是每球得分制之大忌。

⑤ 心理压力加重。教练员和运动员普遍认为，实行每球得分制心理压力很大，领先怕被追，落后怕输球，关键怕失误，总有一种紧迫感和危机感。或许由于这个缘故而影响技术充分发挥，招致技术上失误，又反过来加重了心理负担。看来，从技术战术运用到心理承受能力，对新规则尚需有一个逐步适应直至熟练掌握的过程。

⑥ 比赛时间缩短。据统计，每球得分制在一般情况下，男排由于进攻杀伤力强，来回球较少，大约一局球耗时18分钟左右，女排来回球较多，每局打20分钟上下。一场3局比赛只需1小时，5局球也不过100分钟左右。这对于控制电视转播时间、吸引更多观众、繁荣排球市场，有积极的作用。

⑦ 竞争更加激烈。每球得分制，各项技术都可以得分和失分，各种得分和失分的机会增多，得失分的速度也加快；每局胜负的分差很小，大都在4~5分，甚至2~3分左右；而且很多场次的胜败，都在最后几分定乾坤；每局取胜必须领先2分以上，没有最高分限，男排有一局曾打到42比40才见分晓。这些特点，使比赛经常出现互相拉锯的紧张场面，这一方面给教练员、运动员和裁判员加重了精神负担和心理压力，另一方面也提高了比赛的对

抗性和观赏性，增加了胜负的悬念。

⑧ 胜败偶然性大。由于上述原因，在一定意义上缩小了强队与弱队之间的水平差距，从而给各队包括较弱的队也提供了取胜机会。本届联赛没有一个队保持不败，也没有一个队一输到底。上海女排提前两轮夺冠，却曾输过4场球；四川男排提前一轮称雄，也有2次败走麦城；辽宁男排和南京部队女排虽然名落孙山，却也都有过几场引以为自豪的打败强队的纪录。而且，在一轮两场的同队较量中，一胜一败者多于两场连胜者。因此，这一比赛方法提示人们，以弱胜强，机会常在，强队翻船，并非意外。

⑨ 延长“运动寿命”。比赛时间缩短，体力消耗较小，每周两场赛事，易于恢复元气，使年龄较大的老队员有用武之地。竞争紧张激烈，胜败往往在须臾之间，这不但需要技术战术，更有赖于经验、智慧、心理和意志，是老队员施展才华的天地。俱乐部相继建立，职业化逐步完善，物质利益不断提高，是“老九不能走”的有利条件。可以预见，这些因素将会延长我国排球运动员的运动寿命，有利于挖掘人才资源，发挥人才效益。那些职业道德好、技术水平高的老队员，将会充分体现其自身价值，为排球事业多作贡献。过去运动员过早“夭折”、过多流失的现象，将会得到一定程度的遏制。

⑩ 发挥指挥才能。新规则允许教练员在一定场区内自由行走，对比赛过程实施临场指挥，使教练员有了与队员直接交流的时间和空间。然而，也许是不适应、不习惯的原因，很多教练并未利用这一规则。其实，赛场风云变化万千，有时胜败往往只在最后几分球之间，教练员如能在此千钧一发之际及时与场上队员沟通，或指点迷津，或防患未然，或调整策略，往往比亡羊补牢或事后指责有效得多。这方面的学问，需要教练员们在实践中不断探索与提高。

⑪ 矮个可以上岗。自由防守队员的使用，使矮个队员有了

用武之地。它不仅能帮助高个队员弥补防守的不足，而且可以加强后排防守的力度。但从联赛表现看，大多数自由人尚未发挥其应有作用。在前10名最佳防守和一传的队员中，自由人者屈指可数。这是因为，规则刚实行，各队都是就地取材，从现有队员中挑选防守技术较好的人来担任，来不及认真去选材，也来不及对其进行充分系统的专项训练。从发展看，现有自由人中男排身高1.90米，女排身高1.80米以上者，未必适合这个角色，除非防守过人者。可以挑选那些身材矮小、反应灵活、防守突出、作风顽强的人担当，并加强对其进行专门训练，才能真正起到自由人的作用。排球管理中心对这些人的体能测试项目，亦可有相应的优惠政策。

二、重新认识与处理好几个问题

根据新规则的实行所反映出来的一些特点与变化，在训练和比赛工作中，重新认识与处理好下述几个问题，有着现实意义。

① 全面与特长。“技术全面、突出特点”，是我国技术战术指导思想的重要内容之一，也是我国排球有着辉煌过去的重要经验之一。实行每球得分制，使我们进一步认识到技术全面性的重要意义。但人们的知与行、认识与实践，并不完全画等号，有的队把运动员练得过于专精，而忽视其全面性，或只重扬长而轻补短，这是值得商榷的。谁能真正处理好全与专、博与精的关系，谁就能更早更快地掌握比赛的自主权，特别是对高大队员，更是如此。

② 攻击与准确。发球的技术运用要做到攻击性与准确性的统一。发球是一项“牵一发而动全身”的技术，发得好可以威慑对手，有利于防守反击；发不好，不是直接失分，就是对手一攻易于得手。怎样才能练得精、用得好，既有攻击性，又有准确性，在准确性的基础上加强攻击性，在攻击性的前提下提高准确性，这里有指导思想、训练要求和策略运用等问题，值得重视。

③ 一攻与防反。一方面，由于一攻地位与作用比以往更重要，因而必须重视一攻能力的训练与提高；另一方面，一攻容易组成，又使防守一攻变得困难，防反任务更加重大。不少战例表明，一攻扣死率高于对方，反攻扣死率低的队未必赢球。因此，防反的训练与提高不容忽视。事物总是在矛盾对抗中发展前进的，任何只重视一方而偏废另一方的做法，都不符合排球运动自身的规律性。

④ 开局与关键。打好开局，至关重要，攻下关键，胜败攸关。要在训练和比赛中培养尽早"进入状态"、打好开局的状况，克服那种不紧不慢、不张不弛的"温吞水"现象。还要培养敢于和善于攻下关键的决心、意志、谋略和能力。开局领先，未必胜利在握；关键落后，未必注定失败。四川女排同一强队较量，在17比23落后的危难中连扳8分，反败为胜，这是每球得分制的奇观，是值得着力研究和解决的学问。

⑤ 强队与弱队。以弱胜强，机会常有，强队失手，似不应该。要善于根据本队所处的地位，利用新规则的特点，弱者努力进取，创造条件，使强弱互易其位；强者则应居安思危，警钟长鸣，不给弱者以可乘之机。这是强弱双方都应研究的课题。

⑥ 老兵与新秀。在队伍建设上，新规则为老兵延长运动寿命创造了有利条件。但要防止一种倾向掩盖另一种倾向，在充分释放老兵人才潜能的同时，要大胆积极培养新秀，使队伍生生不息，后继有人，这是保持队伍长盛不衰的战略性问题。既不能把老将用到"江郎才尽"才下岗，也不能让新人一哄而上。要把握好这个"度"，并非易事，需要有胆识与魄力，也要有正确的措施与办法，防止"老的只打不练，新的只练不打"的现象发生。

⑦ 技术与精神。两强相争，实力虽要靠技术战术去体现，但是精神的东西一旦支配了掌握技术的人，就会变成巨大的物质力量，在一定条件下，后者往往对比赛胜负起着决定性作用。因

此，在训练技术战术的同时，要十分重视对心理、意志、作风和凝聚力等精神方面的培养与锻炼。在实行每球得分制的条件下，竞争更加激烈，关键决定胜败，精神的作用不能忽视。

⑧ 数量与质量。新规则缩短了比赛时间，但提高了运动强度与质量。排球技术繁多、动作精细、技巧性强，没有一定训练量的保证，就谈不上强度和质量，就不能适应实战的需要。况且，任何质量都是通过一定数量表现出来的，没有数量，就谈不上质量。当然，任何数量，必须是在一定质量基础上的数量，没有质量，这种数量的意义也不大。因此，在新规则条件下，探索在一定训练量的基础上，提高强度和质量，安排好每一堂训练课，显得更有意义。

原载《中国排球》1999年第4期

学会打好关键球

——兼谈2000年奥运会亚洲男排资格赛中、日之战

所谓关键球，这里指的是在每局20分（决胜局12分）以后双方的角逐与争夺。此时此刻，每分球的好坏得失，都将影响乃至决定这一局或这一场球的成败胜负。实行每球得分制，各项技术都可以得分和失分，强、弱队之间的差距缩小，出现比分接近的关键球的概率比以前增多，而且胜败往往由最后几个球来定乾坤。因此，打好关键球，是强队在重大比赛中过关斩将、夺取胜利必须学会的一种本领。

2000年悉尼奥运会亚洲男排资格赛的中、日之役，可以说是一场由关键球来决定胜负的激战。中国队在第一、第三局比较轻松地以25比20和25比18攻下两城，但在第二、第四、第五局却分别以27比29、23比25和13比15的两分之差败阵，输得令人惋惜与遗憾。如果在这三个关键局中，我们能拿下其中的一局，胜负的结果就要重新改写。尽管中、日抗衡的结局不足以决定进军悉尼奥运会，但对下一场中、韩之战的信心与士气，却有着不可低估的影响。痛定思痛，输要明白，认真总结打关键球的败因，研究探索打关键球的经验，对于每个强队来讲，不是没有意义的。

平心而论，中、日这场比赛，双方都打出了较好的水平，中国队的将士们也尽了自己的努力，只不过貌不惊人的日本队比我们发挥得更好一些，而且我们在第二、第四、第五局对关键球的处理上有失误的地方，因而招致全局的失败。综观双方对关键球的处置，有几点经验教训是值得记取的。

第一，气势必须旺盛。关键时刻，势均力敌，你想攻城夺

地，我想占据优势，谁都企望胜利，不愿失败，双方心理压力沉重。在这种情势下，谁的信心足，气势旺，手不软，胆不怯，谁就可能在心理上占优势，并在技术上攻不手软、守不乱阵。应当说，开始时双方的士气和斗志是难分伯仲的，都有一股力图压倒对手的勇气和气概，中国队也打了不少令人喝彩的漂亮球，所以才有第一、第三局轻松取胜的战局。问题在于我们缺乏始终不渝的坚毅性和经久不衰的耐战性，在比分接近的关键时刻，有些队员信心动摇，动作犹豫，进攻手软，防守无措，从而招致技术上的失误。例如：第2局我们仅因自身失误就送给对方9分，占总失分近1/3；第4局后半局起，日本人似乎越战越勇，有打必中，而我们显得缺乏耐心和拼命精神，防守上几乎处于不设防的状态，这就难以掌握场上的主动地位了。关键球之争，对抗双方谁都怕谁，你若怕他，他就压你，你不怕他，他更怕你。这一念之差，就可能会产生不同的心理反应和技术效应。

第二，战术要讲策略。打好关键球，仅凭气势如虹和顽强拼命的匹夫之勇是不够的，还需要有冷静的头脑和善战的谋略。要善于观风色，察时变，讲策略，巧用兵；或扬我所长，攻其所短，或抑其所长，避我所短。然而，关键时刻容易犯的通病是，打法保守求稳，战术呆板固定，不自觉地放弃自己克敌制胜的特长，甚至被对手牵着鼻子走。人们注意到，从第4局后半局开始，中国队擅长的快速多变战术运用得少，过多地企图依赖强攻去解决战斗（这当然同防守起球率差有关），有一球从4号位连攻三板不下，最终被对方拦死。而日本队开始少从3号快攻突破，此时却打了不少3号位快球，尽管其扣球力量不重，但都奏效。实行每球得分制，二传手在组织进攻中的地位与作用更加重要了，尤其在关键时刻，从什么区域突破、运用什么战术、由谁去进攻，不是由进攻手自己决定，也不是教练员能够左右，而是由二传手来主宰的；每个球分配恰当与否，在很大程度上决定这一分球的得失胜负。因此，二传手的技术水平、战术意识和组织能力，对关键时刻的胜败有着举足轻重的作用。

第三，技术力避失误。失误是比赛失败的重要根源，尤其关键球的失误，是致命的失误。第1局日本队失误12分（其中发失7分，扣失5分），必败无疑。第2局中国队送了9分，是造成失利的重要原因。五局球中国队送27分，日本队送我25分，相差无几，问题在于我们的技术失误很多情况下都在临终局决定胜负的节骨眼上。例如第2局27平时，日方在2号区扣一个远网球直线出界，但因我方刚换上场的主攻手拦网触网犯规，反被对方得分；第4局21分之后，我方有两轮连续跳发球失2分，使胜利希望变得渺茫；第5局13比14分时，我方换人上去拼发球又以直接失分而告败。这种关键时刻的失误，不仅仅是在记分牌上对方长一分，而且会对双方的心理和士气产生截然相反的影响，从而波及下一回合的技术发挥。最优秀的运动员也难免会马失前蹄，造成失误，但应避免节骨眼上的失误，更应杜绝不该发生的低级失误。造成失误的原因，有时是技术上的，有时是配合上的，有时是心理上，有时兼而有之或互为因果的。要想减少失误率，提高成功率，归根结底要靠平日严格要求，刻苦磨炼，培养自信，砥砺意志，才能达到“艺高人胆大，胆大艺愈高”的境地。

第四，换人务必审慎。关键时刻，教练员们希望通过换人来增强力量，调整战术，变换打法，弥补弱点，改变节奏或打破僵局，是常有的事，也确实有过不少成功的范例。1984年洛杉矶奥运会中、美女排之战，首局13平时，袁伟民指导换上侯玉珠发球，第一个直接得分，第二个造成我队打探头球，以15比13告胜，并再连取两局以3比0胜出。人们赞叹袁伟民的魄力与胆识，也欣赏侯玉珠的沉着与技艺。这个现象看似偶然，但却隐藏着事物的必然：一是侯玉珠要身怀绝技；二是袁伟民要知人善任；三是美国队在本土作战想赢怕输。具备这三条，才会有连发两球而得分的必然结果。恩格斯说过："有谁曾经不冒一点风险，而打过胜仗？"诚然，在关键时刻为了奠定胜局，有时是需要有大无畏的勇气和魄力去冒点儿风险的。我想，那时那刻袁伟民何尝不是如此！但这种冒险不是莽撞和妄动，而是建立在平时苦练过硬本领的基础上，建立在对队员充分了解和信赖的基础上，建立在对临场双方情势分析的基础上。从这个意义上说，这种冒险是审慎的冒险、有把握的冒险。无论如何，关键时刻的换人是必要的，但必须是有把握的、有成效的，才能达到换人的战术目的。

总之，打好关键球是一个队体能、技能、智能、经验和指挥艺术等综合实力的反映，是平时严格训练、严格要求、严格管理的结果，是不断实践、不断认识、不断提高的过程，不可能心想事成，一蹴而就。愿每个强队在实践中努力培养遇险不惊、迎难而上的能力，提高打好关键球的水平。

原载《中国排球》2000年第2期

正确认识竞赛规则的修改

近几年来，国际排联对排球竞赛规则作了频繁的修改，特别是实行每球得分制和自由防守队员，给训练和比赛提出了新的课题，不少教练员、专家纷纷发表个人看法，见仁见智，这对于活跃业务研究、推动排球理论发展是有益的。

排球管理中心曾组织调研组，对实施新规则将会给训练、比赛和技术、战术带来的影响进行调查研究，并写出调研报告，提供给教练员作为研究和参考。报告认为，新规则的主要特点和对训练比赛的影响是：

① 一攻成功由过去只能得发球权变为直接得分，应予以足够的重视。

② 防反能力举足轻重，往往影响比赛的胜负，绝不能削弱。

③ 各项技术都可以得分或失分，得失分的比例结构发生变化，失误是比赛之大忌。

④ 发球作用不可低估，是“牵一发而动全身”的重要技术，应加强发球训练，重视运用策略。

⑤ 强队与弱队的差距缩小，胜负的偶然性增大。

⑥ 双方比分接近的情况增多，打好关键球的能力需要加强。

⑦ 自由人的重要作用不容忽视，需要挑选专门人选进行培养与训练，但自由人不能替代高大队员的防守训练。

⑧ 比赛时间相对缩短，但其强度和难度显著增强。

⑨ 老运动员的技术、经验更为可贵，其运动寿命可相对延长，但对新队员的培养和启用值得重视，等等。

然而，新规则的实施，一方面对训练和技术战术产生一系列影响，我们要很快适应它，充分利用它，才能适应新形势，跟上新潮流。另一方面，应当认识到，实行新规则并没有改变排球运动的基本规律。这些基本规律主要是：

① 排球的进攻（除发球和扣探头球外）都是从防守开始，防守是进攻的基础，进攻是防守的延续，攻防必须全面，缺少了哪条“腿”，攻防转换就会失灵。

② 排球技术项目繁多，动作精细，瞬间完成，配合精密，技巧性强，要想达到全面、熟练、精确、安全、有效的境地，要多花时间，花大气力去训练。

③ 排球技术双方之间有4种对抗形式：发球与一传、扣球与拦网、扣球与防守、拦网与保护。彼此间既互相对抗，又互相促进，只有保持其相对平衡，才能推动技术的发展。

④ 排球比赛大多是在快速运动中、突然变化中、连续动作中和激烈对抗中进行的，这些特点，不因规则的修改而削弱，反而有所增强，从而提高了比赛的强度和难度。

⑤ 排球的进攻与防守、一攻与防反、“网上”（扣、拦）技术与“地上”（传、垫、防）技术，都是对立的统一，既互相矛盾，又互相依赖。一方面，没有可靠的一传、二传和防守作保证，就不可能实现强有力的进攻，没有后排防守作后盾，仅靠拦网不可能拦住对方的全部进攻。另一方面，没有势如破竹的进攻，前面的一切防守努力，也失去了意义。

我们要全面地认识排球运动的这些基本规律与特点，辩证地看待各项技术之间的关系，正确地理解规则修改的实质，准确地把握新规则的内在规律，坚持那些符合排球运动发展规律的训练理论与方法，发展新的理论与方法，以适应和利用规则的改变。

中国在1965年和1977年两次拦网规则作重大修改时，有过成功的经验，创造了“盖帽”拦网和“快速反击”等新打法，掀起了提高排球技术水平的新高潮。如今面对规则的频繁修改，我们理应继续有所作为。

原载《中国排球》2000年第3期

中国排球路在何方

中国男排无缘进军2000年悉尼奥运会，女排未能在奥运会上跻身前4名，国内舆论哗然，各界评说纷纭，尤其是那些亲临前线的记者们，更是妙笔连篇、指点江山，这说明全国上下对排球沉浮的关怀与厚爱。然而，有些媒体的论点，本人不敢苟同。有人写道：中国女排“落至连韩国也要输（当时中、韩尚未交锋——笔者注），只能赢赢肯尼亚、澳大利亚的业余水平的队伍”。有的人还以挖苦的笔调指责女排。当然，每个人有权发表自己的评论，或许是出于“怒其不争”“恨铁不成钢”，但这并不能解决排球存在的问题。我不欣赏墙倒加推力、落井抛石头的做法。重要的是总结经验教训，寻求存在问题，探讨振兴措施，唤起信心士气，同心同德为重振我国排球雄风而共同奋斗。

一、沦为二流吗？

中国女排在悉尼奥运会预赛中，连续败在美国、克罗地亚和巴西队手下，以小组第4名身份同俄罗斯队碰硬而进不了半决赛，确实令人感到意外和遗憾。这3场比赛的败因，除了对手高水平的发挥外，主要在于自己工作未做好，临场心情太紧张，水平未发挥，补救少办法。特别是对新建队的美国队和从未败过的克罗地亚队之战，可能思想准备不足，困难估计不够，应急措施不力，从而造成“要技术没技术，要作风没作风”的困局。在这种压力重重的奥运大赛中，输给不该输的队，因精神重负而导致技术上的失常，不身临其境是无法领悟的。所幸的是，女排通过各方的工作，在后3场比赛中，以微弱比分败给俄罗斯队，又以较大优势战胜韩、德两队，打出了应有的风格与水平，并位居第5位。有人说，如果用后3场的水平去拼前3场，结局未必如此。

当然，世界上没有后悔药可吃，成绩的改写也是4年以后的事。但是，失败不应失掉信心，女排的水平绝不是“只能赢赢业余队”。何况，按照国际惯例，前6名的队都属世界先进水平。当然，女排要崛起，重新名列前茅，还要作艰难的挣扎与奋争，特别是实行每球得分制之后，没有绝对的技术优势，胜败常在偶然之中。

二、没有创新吗？

有人说，男女排的失败在于没有技术创新，并旁征博引历史上某些队因拥有新技术而夺冠的实例。什么叫创新？别人没有的打法你有，是创新；过去没有的技术现在有，是创新；过去虽有但丢了，现在又启用，也是创新。如果以此标准来衡量，说男女排没有创新是委屈了他们。男女排在4号位高点强攻改用平拉开打法，在2号、3号位的前后交叉跑动进攻，都是其他队所没有的。反观本届男排俄、南、意等队和女排古、俄、巴诸强，他们的进攻战术都是中间快球加两边拉开高球的原始打法，再加上大家都有的跳发和后攻（古巴女排连后攻都没有），防守是清一色的“边跟进”，并未出现什么新式武器。问题是他们这些原始武器就足以置人于死地。而我们那些别人没有的东西，因为没有可靠的一传、防守作保证，或因一锤不能定音，而失去它的效用。可见，重要的是要有牢固的整体技术实力，而不是一两件新式武器。过去，日本女排的勾飘和垫球，中国女排的背飞，波兰男排的后攻，日本男排的短平快球，美国男排的两人接发球，确实在夺冠中发挥了作用，但依靠的还是整体攻防的技术实力，而绝不仅是什么新式武器。何况，一种新打法的出现，很快就会被大家所仿效。要鼓励发明新技术，但只有不断增强整体技术实力的队，才是不可战胜的。

三、高度不行吗？

有人说，我们高度不如欧美队，难操胜券。诚然，我们女排身高不如俄罗斯队，弹跳不及古巴队，男排高度亦是如此，这是我们在人种上的先天弱势。但仔细分析，并非完全如此。我们男排平均身高1.96米，女排主力平均身高1.82米；历史记录表明，世界冠军并非都是长人，女排勇夺三连冠，身高都不如苏、美等队，巴西男队在巴塞罗那夺魁，平均身高1.94米；世界名将意大利男排主攻手比帕身高只有1.90米，古巴女排过去的路易斯身高和现在的鲁易斯身高都不到1.80米，进攻凶狠的巴西女排左撇子雷莉，身高也只有1.78米。可见，起决定因素的是拥有技术实力的人，而不全在高度。高度是重要的，但问题是我们不能立马繁殖长人，又不能"克隆"2米以上的大汉，中国运动员只能从本国的实际出发，来锤炼自己的技术，掌握过硬的本领。

四、后备不足吗?

有人说，后备人才不足，是水平滑坡的原因。的确，由于众所周知的原因，近几年来，我国排球队伍萎缩，人才流失，给事业的发展、水平的提高带来了困难。但另一方面，随着人民生活水平的改善、人口素质的提高，以及运动员选材的优化，现有甲级队运动员的身体条件却是历史上最佳的。据统计，12支男排身高1.95米以上者有80多人，其中2米以上者有20人；12支女排身高1.80米以上者占60%以上。就身材条件而言，在亚洲首屈一指，也可以说是接近或达到国际水平的。此外，各队还有一些身高虽不突出，但技艺超群的、不可忽视的人才。可见，中国不是没有后备人才，而是还没有（或来不及）造就顶尖的世界球星。如果把这些希望之星练成拥有真正实力的栋梁之材，中国何愁没有后备人才!

五、关键在于训练

综上所述，中国排球水平存在的主要问题，在于缺乏强大的综合技术实力，而实力的强弱则来源于科学、刻苦和有针对性的训练。中国男女排要迎头赶上世界水平，应当建立在什么基点上？采取什么训练路子？是追随欧美队打法，着力在网上高度和力量上下功夫，还是从中国具体特点出发，博采诸家之长，走自己的技术发展道路？这是值得研讨的问题。

实行每球得分制后，在比赛4项得分手段中扣球的比重急剧增加（约占65%左右），加上欧美队依靠其网上高度而在对抗中占优势，有的教练在训练中就侧重抓主要得分手段的进攻，力求与欧美强队缩小差距，这有其正确的一面。但我以为，忽略了两个带有规律性的问题：一是排球的一切进攻（除发球和扣探头球外），都是从接球和防守开始的，没有良好的接球和防守作基础，一切进攻无从实现，这对于以快速打法为特点的中国队而言，更显重要；二是每球得分制要求运动员的攻防技术更加全面、准确和有效，这是我们过去的特长，而今却有所弱化。排球的各项技术，是互相依存、互相制约的。进攻与防守，“网上”技术与“地上”技术，既互相矛盾，又互相依赖。规则的修改，并没有改变排球比赛的这些基本规律。要力戒“邯郸学步”，别人的东西学不到，自己的长处又丢掉的做法。

历史经验和实际情况表明，我们在人种和体能条件上总比不上欧美诸强，一味追随他们的打法，将永远要落后挨打的。我们应当发扬自己的优势，弥补存在的弱点，从本队特点出发，采取可靠的策略。对付亚洲强队，我们男女排在高度上优于对手，扣、拦实力应占有优势；而在技术全面、速度变化、动作技巧、防守保护和减少失误等方面，则要争取与对手打个平手，这样才能置敌于死地。而对付欧美队，我们在技术全面、速度变化、动作技巧、防守保护和减少失误等方面，则要占上风，但在网上扣、拦实力上要缩小差距，力争与其打个平手，这样才可能立于不败之地。过去，中国女排获得“五连冠”，中国男排跻身世界先进水平，就是依靠这一套训练策略，并通过艰苦训练，形成具有坚强实力的特点。在新的条件下，这个策略不应改变，只是要进行更加艰苦的训练，去达到更高层次的技术实力。

综合实力除了技术、战术和体能外，还包括战术意识、心理品质和球场作风，这些也是构成战斗力的重要因素，在一定条件下，它是两强相争、决定胜败的主要因素。这些因素不受人种和身材的影响，主要是通过日积月累的有意识的训练和潜移默化的有目的教育而实现的，是极其重要而又易被忽视的训练内容。此外，队伍力量的组织，人员的调遣，赛前运筹帷幄，赛中临场指挥，赛后随机处置，都是一个队实力的构成因素。这些都需要认真加以总结和强化。

必须看到，现在我国排球的形势，不同于20世纪七八十年代，当时国内女排有6~8支队伍相当于国际上的强队水平，地方男排也有相当实力；欧美国家队大都是业余队，对排球训练规律尚未入门。如今，国内多强对抗的格局尚未形成；欧美队职业化趋向方兴未艾，对训练的投入和敬业精神令人赞叹；加之当今国内运动队的追求目标、价值观念和利益取向，同过去有很大的差异。这些都给运动队的训练和管理带来新的难题。因此，建议训练管理部门除了重点做好国家队工作外，还要把更多的注意力放在地方队的建设上。中国排球要翻身，任重而道远。我们既要充满信心，更要扎实工作。

原载《中国排球》2000年第6期

投鼠何必忌器

发球是得分的技术手段，是破坏对方进攻战术的重要武器，是动摇对手心理防线的威慑力量，也是减轻本方的防守压力，并为反攻创造有利条件的前奏序曲。

然而，发球的这些功能在联赛中并未得到充分的发挥和体现。过去，发球权得分制每场比赛发球得分数，约占4项得分总和的10%以上，女排更高一些；实行每球得分制后，发球得分只占总得分的3%左右。而发球攻击性的减弱，并没有换来失误率的减少。据统计，男女队发球失分均占总失分的9%左右。今年女排联赛获得发球技术奖的四川队熊姿，在43局中发球得13分，失11分，平均每局只得0.05分。男排前12轮发球佼佼者江苏的卢卫中，在42局中发球得22分，失16分，每局平均得0.14分。发球前10名队员中，大多数人得不偿失。我国发球的这种落后状况，值得引起重视。

发球攻击性不强，势必不能有效地促进接发球水平的提高，从而影响进攻能力的发挥；在国内比赛中缺乏强劲发球的刺激，在国际比赛中就难以适应有力的发球，难怪有些国家队员感叹接老外的发球速度和性能大不一样；发球攻击性不强，不能遏制与减杀外国强队本来就处于优势地位的进攻能力，使对手进攻轻易得手，从而给自己造成心理威胁；发球攻击性不强，又使本方拦网和防守处于捉襟见肘的困境，一步被动，处处挨打，并给反攻得分带来困难。因此，发球的优劣，不只是多得或少得几分的问题，而且将引起一系列的连锁效应。

发球的重要性人所共知，但实践起来却大相径庭。有人认为每球得分制发球是一把双刃剑，既可得分，又可失分，既想得分，又怕失分，因而保守求稳，缩手缩脚，谨慎有余，大胆不足。其实，岂止是发球，扣球、拦网等技术都具有得分和失分的两重性，我们应趋其利、避其害，而不可因其害而弃其利，难道我们可以因怕扣球失分而放弃进攻吗？殊不知，你发球不攻对方，不但可以使其轻易得分，而且容易助长其进攻气焰，使自己处于十分被动的境地。

投鼠何必忌器！又想击毙老鼠又怕打破坛坛罐罐的人，是永远打不着老鼠的。因此我认为，要改变发球攻击不强的状况，首先，思想要解放，思路要对头。要敢于把自己掌握的技术水平充分展现出来，去威胁对手，而不是畏首畏尾，束手束脚，患得患失。经验表明，越怕失误，越易丢分。其实，在你发球时，你是进攻，他是防守，你占主动，他处被动，此时此刻，如果说谁怕谁的话，应是他怕你，而不是你怕他。这种思维方式的一念之差，就可能产生截然相反的技术效果。

其次，要认真抓好训练，掌握过硬本领。发球是一项不需同伴配合、不受对手干扰的独立操作技术，从理论上讲比较容易练好，但实际上并不尽然，往往容易随心所欲，放任自流，而达不到预期效果。关键要思想重视，一丝不苟，严格训练，严格要求，带着“敌情”观念去操练；不但要有数量的指标，而且要有质量的要求；要经常变换训练方法手段，以刺激队员的训练积极性；要改善体能训练，加强腰部、手臂等部位的爆发力和速度；要刻苦钻研新的发球方法与性能，创造别人没有的新武器。

原载《中国体育报》2001年5月31日

对中国男排技战术发展方向的考量

——中国男排50年掠影

摘要：中国男排50年的历史表明，必须根据排球运动训练的客观规律、世界排球技术战术的发展趋势，以及中国排球运动员的具体特点，来设计与制定球队的训练方向和发展战略，并付诸实践，贯彻执行，才有可能向世界先进水平冲击，重振中国男排的昔日雄风。

关键词：中国男排；技术；战术；指导思想

引　言

中国男排在前任教练邸安和任期未满的情况下，突然易帅，由周建安教练执掌帅印，并已着手选拔队员，集结队伍，投入训练，这意味着中国男排将士们又将发起新一轮的向世界水平冲击，特别是要在2008年北京奥运会上能有上佳的表现。处于低谷的中国男排这种不屈不挠、前赴后继的精神，令人敬佩。但新组建的中国男排要走什么训练路子、往哪个方向走，也引人关注。

一、坎坷的历程

中国男排建立50年来，经历了一条曲折而坎坷的道路。1956年2月，第一届国家男排混合队正式成立，同年9月，中华人民共和国第一次派队参加在巴黎举行的第3届世界男排锦标赛，在参赛的24队中获第9名。尔后在1962年第5届和1966年第6届世锦赛上都名列“老九”（第4届因故未参加），基本上都保持在世界中档偏上的水平。“文革”前曾达到相当的水准，1965年在苏联里加市参加有苏联、捷克斯洛伐克、民主德国等当时世界男排大腕出席的国际比赛中，与苏、德队积分相等，排名第3。后因众所周知的“文革”原因，1974年第8届世锦赛下降至15名（第7届亦未参加）。之后，国家队暂时解散。

1976年中国男排重新组队，1979年首登亚洲锦标赛冠军宝座，1977年和1981年获得世界杯两次第5名，以及1978年和1982年第9届、第10届世锦赛第7名，是中国男排最兴旺时期，呈现出向世界先进水平（通常界定为前6名）迈进的势头。

但1982年之后，中国男排开始走了一条崎岖之路，有时丢掉亚洲霸主地位，有时失去进军奥运会资格，水平上下波动，成绩时好时坏。20世纪80年代中后期，世界男排群雄崛起，技术战术日新月异。而中国男排尽管教练员频繁更迭，运动员也不断换班，但其水平与成绩却未见有大的起色，在国际大赛中几乎都徘徊在第12名之后，在亚洲也常称不了帝，有时甚至输给属于业余队的中国台北队和埃及队，现在打泰国、印尼队都令人提心吊胆，以至于国人对男排的未来丧失信心，认为它是扶不起的阿斗。这当然是一种怒其不争又过于悲观的情绪的反映。

二、起伏的主因

中国男排历经50年曲折道路，其原因是多方面的，这不是本文所能够简单地加以表述的。然而，一个队的兴衰沉浮，如从训练的角度而言，主要取决于运动员的专业条件（体态、体能、技能、智能等），教练员的素质水平，训练指导思想，训练管理体制以及科研意识和科技介入等方面。

历史的经验值得注意。在20世纪50年代，初建的国家男排由八一队孙志安和国家体委干部钱家祥任教练，率领平均身高只有1.80米左右的队员江正洪、张然、李策大、伍理民、曾荣乐、叶烁、谢烈（以上为八一队队员，以下是中央体训班队员）、王祖洪、蔡翘、朱慈、马俊耀、梅寿南等，只经过6个月集训，首次参加世锦赛就获得第9名成绩。当时，他们娴熟的技术和快变的战术，崭露头角，震惊排坛，被外国舆论誉为“杂技般的表演”。

在60年代，以袁伟民、邓若曾、马立克、冯正海、祝嘉铭、李宗镛、李耀先、伍振辉、刘向翌、赵承康等名将组成的国家男排，平均身高也仅1.85米左右，在当时苏联和东欧国家队雄踞世界排坛霸主地位的情势下，仍保持在世界中流偏上的位置，而且在“文革”前夕，曾经达到可以抗衡世界霸主的较高水平；他们主要依靠的是全面的技术、多变的战术和某些技术上（如拦网）的创新，理所当然地引起国际排坛刮目相看。

如果说中国排球在50年代和60年代是处于学习外国经验、“摸着石头过河”的探索阶段，那么，到了70年代，通过反复实践，总结经验，博采众长，扬长补短，并组织全国集训，实行多强对抗，注重打好基础，加强系统训练，提倡奋发图强、勤学苦练，逐步走出一条既符合排球运动训练规律，又适应中国排球具体特点的路子，从而使男排同女排一样涌现出一大批具有冲击世界水平的优秀选手。并在此基础上，1976年重新组队的胡进、汪嘉伟、沈富麟、侯杰、李建新、郑宗源、王康恒、李连帮、林榆廷、周仲瑜等名将，以及后来补入的曹平、陈刚、徐真、郭明等，在戴廷斌教练的率领下，创立了一套新颖的足以克敌制胜的技术战术，因而战胜了不少世界劲旅，取得了两次世界杯第5名和世锦赛第7名的历史最佳战绩。

自80年代中后期起，世界男排风起云涌，形势发生较大变化。东欧国家今不如昔，“亚洲三杰”日趋衰败，西欧诸强逐步兴起，美洲劲旅后来居上，世界男排形成列强对峙、群雄争斗的格局；在技术战术上，欧美队在发挥其身高体壮的优势基础上，引进了亚洲的快变打法，实力如虎添翼；同时，一些国家排球职业化、商业化的进程，也催化了各国排球人才的交流和运动技术水平的发展；此外，某些排球竞赛规则的修改（如设自由人、发球触网过网有效等），也有利于欧美队扬长补短，使强者愈强、弱者吃亏。

而在此期间，中国排球未能适应这种变化了的形势，不但在训练上没有新的建树，技术上缺少独到的东西，而且原有的优良训练传统和某些技术优势有被弱化的趋势；加上国内正处于商品经济大潮的冲击下，人们的世界观、价值观发生了较大变化，队伍的管理、训练的理念、技术的要求、水平的提高都受到新的挑战。尽管从90年代中后期起，国家对排球的训练、竞赛体制进行了改革，注入了前所未有的新活力，运动训练的物质保障有较好改善，运动员自身条件有较大优化，教练员素质有所提升，科研介入不断加强，但是男排的水平与成绩仍没有明显改观，这就值得我们认真思考问题了。

三、道路的选择

平心而论，近几年来中国男排各方面条件是历史上最优越的：运动员平均身高1.97米左右，有多名身高达到2米以上，当属世界水平。这几年巴西男排夺冠，身高不过1.95米上下，何况历史上绝大多数世界大赛冠军，并非被身材最高的队夺得；教练员是经过认真选拔的有丰富实践经验的中青年优秀者；物质待遇和后勤保障提供了强有力的支持；竞赛体制改革和对外交流使之有较多的国内外参赛锻炼机会；科技进步和科研介入也同70年代以前不可同日而语。此外，还拥有比较精良的后备军，全国甲A男排身高1.95米以上者有130余人，其中2米以上50多人，这也是70年代以前无法比拟的。那么，现在剩下的问题可能就是走什么路子、用什么方法，把这些人才资源训练成世界级的优秀选手了。

早在1989年我在体育强国东德训练其国家男排时，德国人曾经问我："为什么中国女排能连续拿世界冠军，而中国男排却老是名落孙山？"我答道：从客观上讲，世界男排强手林立，要想名列前茅，并非易事，而女排强队较少，夺冠难度相对小些；从主观上讲，中国女排注重遵循排球训练客观规律，坚持走技术全面、快速多变、高快结合、密切配合的道路，同时训练刻苦认真，管理严格有序，而男排重攻轻守，技术片面、粗糙，勤学苦练程度也不及女排。客观因素不可逆转，但主观努力却掌握在自己手中。

毋庸讳言，目前中国男排的技术水准，是全国男排队伍的缩影和集中表现。从全国男排联赛前几名的决战中不难发现，赛场气氛虽热闹非凡，但精彩场面却寥若晨星，几个回合的来回球极为鲜见；各队都把“赌注”放在拼发球和抓一攻上，防反能力相当低下，低级失误层出不穷；据统计，比赛中接扣球的成功率不到30%，有些场次只有10%左右，这样低劣的防守水平，是不可能有多少反攻能力的。几年前，一位颇有见地的体工队领导在看球时对我说：“男排大都重攻轻防，我队平时几乎不练防守。”这并非危言耸听，比赛中的表现就是反映训练成效的一面明镜。近几年，国家队在国际比赛中的防反水平也高明不了多少。

值得注意的是，在排球界有一些似是而非的训练论点。有人认为，实行每球得分制提高了一攻的地位，重点抓好一攻就可以赢球；有的则说，有了自由人，高大的进攻队员可以少练或不练防守技术，认为练了也无用，浪费时间；有的还认为，高大队员只要练好扣球和拦网，就能缩短其成才过程等。这些论点，迎合了那些害怕艰苦防守训练、回避引起教学矛盾的运动员和教练员的心理，很容易被他们所接受，不能不说是一种误导。造成的后果是运动员技术片面，动作粗糙，攻防失调，基础疲软，经不起敲打，培养不出尖子，违背了运动员的成才规律。

技术全面提高，攻防协调发展，是排球运动训练最基本的客观规律，也是优秀运动员成才的必经之途。包括中国女排在内的世界强队的成功经验已经证明了这一点，中国男排50年的兴衰史也验证了这个真理。特别是对于体能不占有优势的中国男排而言，没有技术全面，就不可能铸造出类拔萃的尖子，没有攻防均衡，也不可能抗衡强队如云的对手。任何违背排球训练规律的训练论点和训练方法，是注定不可能取得良好训练成效的。

我以为，在现阶段中国男排应在两个“字”上下功夫：

一是“知”，就是要正确认识排球运动训练的客观规律，正确认识世界排球技术战术的发展趋势，正确认识中国排球运动员的具体特点，正确认识排球运动员的成才规律，并据此来制定自己的训练方向和发展战略。其实，答案是现成的，2001年召开的全国排球训练工作会议，对全国排球技术战术指导思想（即训练方向或制胜因素）进一步明确为：“技术全面，突出特点，准确熟练，快速善变，发展高度，加强体能，不断创新”。这个指导思想的内涵及其外延，遵循排球运动客观规律，顺应当代排球发展趋向，符合中国排球具体特点，是排球界几代人共同努力的经验总结，是优秀排球运动员成才的必修课程，也是中国队冲击世界先进水平的制胜法宝。现在的问题是，有的人不能全面理解，有的人只是一知半解，有的人有所误解，有的人加以曲解，有的人知而不行，有的人浅尝辄止。

黑格尔指出：“熟知不等于真知。”会背诵这28字指导思想，不等于就能正确认识其真正含义与内涵，更不等于能认真贯彻执行于行动之中。中国男排的一切训练行为，要统一于这个训练指导思想，全国男排的一切训练活动，也要根据这个总的指导思想，结合本队的具体条件，来制定其发展方向和相应策略，这才是我国男排应走的正确训练道路。

二是“行”，就是要把正确的指导思想和发展方向，认真地贯彻实行于日常训练之中，努力塑造运动员正确的技术形象，逐步形成自己的技术战术风格，这是一个艰难的甚至是痛苦的训练过程。譬如：你要“技术全面”，那就必须摈弃重攻轻守、重拦轻防的观念，苦练各项技术基本功，打好攻防技术基础；你要

“突出特点”，就必须在掌握全面技术的前提下，根据不同的职位分工，通过苦练和钻研去培养特点，形成特长，掌握绝招；你要“准确熟练”，就必须反复磨炼，久久为功，精雕细刻，精益求精，以达到全面、熟练、精确、有效的境界；等等。这些努力，都需要付出惊人的艰苦劳动，不是坐而论道所能够实现的。

人的惰性有时不容易改变，尤其是要从带有普遍性的不正常理念训练及其产生的负面效应中转变过来，其难度是可以预见的。人的惰性是可以改变的，只要方向正，决心大，措施好，方法对，锲而不舍，持之以恒，不达目的，誓不休止，中国男排是可以重整昔日雄风的。

这个“知”和“行”的统一之时，或许就是中国男排雄风再现之日。反之，如果因循守旧，不思进取，抱残守缺，得过且过，把正确的训练思想束之高阁，不去实行，那只能永远处于落后挨打的窘境。

最后，套用马克思的一句精辟论述与中国男排共勉：在运动训练上“……没有平坦的大道可走，只有在崎岖小路的攀登上不畏劳苦的人，才有希望到达光辉的顶点”。

原载《体育科学研究》2006年第2期

中国男排症结何在?

中国男排各方面条件越来越好，但连年战绩不佳。有人说男排要反思，有人说主教练要检讨。我以为，要反思的恐怕不只是他们。

国家队水平是全国男排的缩影，男排现状不是一天形成的。众所周知，比赛是训练的一面镜子，为什么条件越来越好，成绩却每况愈下？全国一线队1.95米以上的高大运动员近200人，其中2米以上者五六十人，为什么未能出现出类拔萃的尖子？根源在于训练，在于训练的指导思想，在于训练的科学性和艰苦性。

几年前，有人撰文称：实行每球得分制，抓好一攻就能赢球；有了自由人，高大队员可以少练防守；高大队员只要抓好扣球和拦网，就能早成才；有一位甲A强队的教练员曾直言不讳地说，大个子练防守是浪费时间；等等。这类违反训练规律的观点具有很大的误导性和易接受性，并带有普遍性，而且，这些年来确实在实践中发生了作用。

君不见，全国男排联赛大都是拼发球表演和抓一攻效率，少有防反的精彩场面，低级失误层出不穷。技术全面、攻守兼备等正确指导思想被抛弃了，艰苦奋斗、勤学苦练等优良传统被淡化了，或者只挂在嘴上，写在纸上，知与行严重脱节。有一位其男排名列前茅的体工队领导曾对我说：我队平时几乎不练防守，全国男排都重攻轻守。一语中的，击中要害。邸安和、周建安都无奈地表示国家队员还要练基本功，足见全国男排的训练状况。

可以断言，一个技术上“缺胳膊少腿”的队员不可能成为顶级尖子，一支技术片面、攻防失衡的队也不会立足于世界之巅。训练思路不端正，优良传统不发扬，不管换多少教练都于事无补，循此下去，恐怕不是亚洲第4名、世界第16名的问题了。

诚然，比赛胜负、成绩好坏，还有心理、指挥等因素的作用，然而，实力强弱、技术高下是第一位的，是基础性的东西。正如一位伟人所指出的："批判的武器当然不能代替武器的批判，物质力量只能用物质来摧毁。"没有过硬的技术战术，即便有良好的心理素质或高超的指挥艺术，其作用也有限。

原载中国排球协会官网《赛事点评》栏目（2007-09-29）

技术全面是永恒的主题

——再谈中国男排症结何在

我在《中国男排症结何在？》一文中，浅析了从男排比赛中折射出训练的一些问题，本文拟再进一步加以阐明。

每球得分制提高了一攻的作用，但防反的重要地位不言而喻，两者不可偏废。自由人可以在一定程度上弥补高大队员在后排的缺陷，但不能替代其全部功能。高大队员的训练有其特殊性，但不能摒弃技术全面这一训练规律。

有人说，技术全面不是指个人要掌握全面技术，而是通过全队的战术组合、互相弥补而达到全面的目的。先生此言差矣！整体是由个体组成的，战术的基础是技术。次品的零部件不可能组装成精密、高效的仪器，蹩脚的技术也不可能组合为完美的战术；尽管在一定条件下战术可以反作用于技术，但归根结底还是技术决定战术，如同内容决定形式。

技术全面，是六人排球运动的突出特点，是当代排球技术战术的发展趋势，是我国几代排球同仁的经验总结，也是我国排球运动在各个不同发展时期提出的技术战术指导思想的重要内容之一。无论竞赛规则如何修改，运动员身高有何变化，技术全面是培养和训练运动员（自由人除外）的永恒主题。因为：

从比赛规律讲，每球得分制各项技术都可以得分和失分，高矮队员，概莫能外，在分数面前人人平等。其一，高大队员在发球后必须入场防守一轮，如果不会防守，这一分必输无疑；倘若是关键的一分，就可能导致满盘皆输，这种战例屡见不鲜。其二，自由人只有一个，如果后排有两个以上防守差的高大队员，一个自由人是无法应对的，其他防守差的队员必将成为对方集中攻击的靶子。其三，高大队员在前排不拦网时必须后撤防守，在比赛中还要处理各种“小球”，技术不全面的人是不能胜任的。这些都是排球比赛最基本的客观规律。

从攻防关系讲，排球的一切进攻（除发球和扣探头球外），都是从防守（接球）开始，只有防守成功，才能实现进攻；防守是进攻的基础，没有防守作保证，进攻就无法发挥；尤其在比分落后的情势下，倘无防守反击，绝无逆转可能，下文必败无疑。重攻轻守不可取。

从拦防效果讲，随着身材高大化和进攻能力的提高，现在拦网成功率只有20%左右，就是说对方扣来的球有80%要靠防守来抵挡，防守低下的队必然失分易、得分难。以拦代防行不通。防守训练是艰难、吃重的苦力活，还易引发教与学之间的矛盾。不练防守，教练、队员皆大欢喜。须知：训练艰苦，比赛从容；训练轻松，赢球困难。这是练与赛的因果关系。难怪中国男排昔日曾是亚洲老大，如今打泰国、印尼和中国台北等业余队，都让人心惊肉跳。

从生理学理论讲，高大队员进行全面的技术训练，可以在其大脑皮层中建立更多的“暂时联系”，形成广泛的条件反射。有利于在技术的掌握与运用中技巧转换，相互促进，举一反三，触类旁通；有利于培养队员灵活敏捷、快速反应、适应性与应变性强等能力。这是那些技术片面、攻防失调的人所望尘莫及的。

从系统论的“木桶原理”讲，“一个由若干块木板组成的木桶的容积，不是取决于最长的而取决于最短的那块木板。”一个队的主力阵容由6个个体组成，个人技术不全面，集体配合就不可能完善，整体功能难以充分发挥，容易陷入捉襟见肘的困境。高大队员拥有全面技术，加上网上优势，才能显其强大实力，否则，你有一块木板太短，其容积必然缩小，实力必打折扣，是经不起摔打的“泥足巨人”。

从训练学观点讲，高大队员如果不加强基本功训练，不掌握全面技术能力，过多地练习扣球和拦网，而忽视传、垫、防等下三路技术的培养，还容易引起运动创伤，缩短运动寿命，甚至于半途夭折，这种历史教训并不鲜见。排球运动训练规律和运动员成才规律不可违背，也不能凭空想象。否则，欲速则不达，抄近而实远。

当然，技术全面是相对而言的，世界上没有绝对的全面，也不是要求高大队员达到像矮个队员一样的全面水平。技术全面不是“样样粗通，样样稀松”，而是要在技术全面的基础上，有所专精，形成特点，掌握绝招，拥有克敌制胜的技术武器。

培养优秀运动员如同治学之道，有它自身的客观规律性。我国近代著名教育家蔡元培先生对学生的成才过程，作了“宏、约、深、美”4个字的科学概括，意即首先知识结构要博大宏伟，打好基础，进而选好专业，精深发展，才能达到完美境界。鲁迅先生也主张治学要“既博且专”。同理，运动员的培养过程，也必须掌握全面技术，打好坚实基础，拥有技术特长，提高专位能力，才可能造就成为世界级的优秀人才。

因此，对于技术全面的内涵，要全面理解，深刻体验，付诸实践，落实行动。不要一知半解，片面理解，有所误解，或加以曲解，也不要知而不行，或浅尝辄止。在运动训练上没有平坦大道，只有坚持不懈、不怕艰难沿着陡峭山路攀登的人，才有希望到达光辉的顶点。

原载中国排球协会官网《赛事点评》栏目（2007-10-08）

要用辩证法观点指导训练

——三谈中国男排症结何在

每球得分制从理论上讲，各项技术都可以得分和失分。但在实际比赛中，不同的技术有多得分、少得分，甚至不得分的区别，譬如扣球、拦网和发球是多得分的技术，而一传、二传、防守和保护等是少得分或不得分的技术，而且有些是容易失分的技术。比赛技术统计表明，扣球得分（含一攻和反攻）约占总得分数的65%，拦网得分约占12%，发球占3%，靠对方失误得分约占20%。有人就由此认为，只要重点抓好多得分技术的训练就可以赢球，并设计了如下的训练比重模式："65%抓一攻，15%抓拦网，10%抓发球，10%抓防守。"

各项技术训练的比重安排，恐怕不能仅根据比赛技术统计的数据来进行设计。各队具体情况各不相同，不同训练时期的训练重点有所侧重，每个队员的特点也千差万别，一种模式不可能适用于各队各人；更重要的是，排球各项技术之间的辩证关系，不能以数字作机械理解，也不能把它们孤立地分割开来。多得分的技术固然重要，但不等于说少得分或易失分的技术就无足轻重，如同篮球的投篮虽然重要，但运、传、截、抢等技术绝不可忽视。

宇宙万物，都是互相联系、发展变化，而不是彼此孤立、静止不变的。排球的各项技术之间，有着微妙的辩证关系。发球与一传，扣球与拦网，扣球与防守，拦网与保护等，它们之间既互相对抗，又互相促进。前一项技术（如发球等）的提高，不但对与其相对立的后一项技术（如一传等）是一种制约，而且对后者也是一种促进；同样，后者的发展，也会促使前者进一步提高。而一传与二传，二传与扣球，扣球与保护，拦网与防守，发球与拦网等，它们之间既互相联系，又互相制约。前一项技术（如一传等）效果的优劣，必将影响与其相联系的后一项技术（如二传等）的发挥；当然，后一项技术的良好运用，也可在一定程度上弥补前一项技术的不足。这些既对抗又促进、既联系又制约的技术，只有保持其相对均衡和协调的发展，才能在训练中相互促进、相互提高，在比赛中保证技术发挥，最终争得比赛胜利。任何片面强调某一方面而偏废另一方面，或孤立地抓某些技术而忽视其他技术，都会造成某些环节的弱化或疲软，影响运动员全面协调的发展，阻碍技术提高，干扰技术进步，制约技术发挥，导致比赛失利。

再者，进攻与防守是互相依赖、互相制约的。一方面，防守是进攻的基础，排球一切进攻大都从防守开始，只有成功的防守，才能保证进攻的实现；另一方面，进攻是防守的继续，排球一切防守都是为了进攻，没有有效的进攻，防守的一切努力也失去了意义。同时，防守的加强，可以保证进攻的组成；进攻的成效，可以减轻防守的压力。因此，进攻和防守，如同人的两条腿，都要协调发展，都不可偏废，攻强守弱，或守强攻弱，都难以在激烈的对抗中取胜。

排球比赛的得失分规律还昭示人们，在比赛中多得分、早得分，可以取胜，少丢分、晚丢分，也可以赢球。发球、扣球、拦网是能够多得分的技术，而一传、防守、保护则是容易失分的技术。显然，只重视抓好多得分的技术，而忽视那些容易丢分的技术，归根结底还是不能打胜仗；只重视抓扣球和拦网，而忽视技术的全面发展，最终只会误人子弟、毁了人才。

据胡进教练介绍，最近国际排联召开教练委员会，有人提出“新思路”，“要求每一名运动员重视防守”，提高防守起球意识，“场上大部分运动员都能有自由人一样的防守水平。”这些观点，同我们提倡的技术全面发展可谓“英雄所见略同”。

当然，就一个队的训练过程而言，在某个训练时期重点练某些技术战术，或在某一训练阶段着重解决某队员的特点技术，无疑是正确和可行的。但必须统筹安排，协调发展，在抓重点的同时要兼顾一般，练特点的时候要发展全面，任何厚此薄彼或者挂一漏万的训练思路和方法，都是不可取的。

学点辩证法，或许可以拓宽视野，理清思路，增长见识，避免片面性，减少盲目性，少走冤枉路，从而提高教练员的执教能力，保证训练沿着正确轨道运行。

原载中国排球协会官网《赛事点评》栏目（2007-10-17）

正确处理技术与战术的关系

——四谈中国男排症结何在

全国联赛实行主客场赛制不同于过去的赛会制，几个月漫长的赛程，每周都有赛事，而且队员们经常长途跋涉，旅途劳顿。这个现实，理所当然地促使教练员对其训练内容和方法进行相应的调整，使训练具有较多的当前性和针对性，而且多以集体配合为主，缺少长远性和系统性，基本技术训练常被置于次要位置，这似无可厚非。

每年一度的短期集训，各队都想抓住难得的机遇，同各强队打对攻、练对抗，无暇顾及基本技术训练，这同过去集训主要抓技术训练大相径庭。加上近几年来，比赛机会增多，有的队就片面强调磨合的重要性，热衷于练对攻，把排球训练内容简单化，有人将其戏称为男排训练三部曲——打防、扣球、对攻，忽视对基本功和基本技术的刻苦磨炼、精雕细刻。

2001年在全国排球训练工作会议上，国家排球运动管理中心领导曾在报告中指出，专业队训练存在着“少年训练成年化，成年训练简单化”的现象。中国男排近几年在世界比赛中战绩不佳，不少专家也谈到运动员基本功不扎实的问题。我想，这些问题的存在，从认识上讲，是因为不能正确处理好技术与战术的关系。

技术是组成战术的基础，有什么技术，才能打什么战术。如有了后排扣球技术，才能组织立体进攻战术；有什么水平与质量的技术，才能组成与其相适应的战术。只有一传或防守基本到位，二传恰到好处，扣球得心应手，才能打好某种进攻或反攻战术。从这个意义上说，技术是第一位的，战术是从属的。没有扎实的技术作基础，任何战术设计只能是难以实现的空想。

技术与战术的关系，实质上是内容与形式的关系；内容决定形式，技术决定战术。当然，形式可以反作用于内容，战术也可以反作用于技术。战术是技术的合理组合与良好发挥，特别是排球的个人技术，只有通过合理的组织，才能充分发挥其作用，而且战术上的需要可以对技术提出新的要求，这就是战术对技术的能动作用。但是归根结底还是技术决定战术，没有过硬的个人技术，一切战术都是纸上谈兵。因此，每个队和队员都要不遗余力地把注意力放在打好扎实基本功、练好高质量的技术、提升个人的技术能力上。新老队员，概莫能外。而不要舍本逐末，颠倒主次，把马车放在马的前面，把过多的时间和精力放在练磨合和打对攻上，以免事倍功半，收效甚微。

技术与战术的关系，好比基础与高峰的关系。万丈高楼平地起，功夫全在打地基。高峰愈高，就必须建筑在更坚实更广阔的基础上。8800多米的珠穆朗玛峰，只能出现在世界上面积最大的世界屋脊青藏高原上。现役中国男排平均身高1.97米左右，堪称国际标准，其各种战术套路也不能说不先进。但在比赛中，特别在关键时刻，往往一传不到位，防守不起球，二传不顺心，扣球不奏效，这种建立在沙滩上的战术，是经不起严峻考验的。省市一些队亦普遍存在同样的问题，所以全国联赛精彩场面凤毛麟角，低级失误俯拾皆是。当然，用很多时间去打对攻，练磨合，也不能讲一无所获。但是，一部齿轮和螺丝钉都是次品的机器，任凭技艺超群的工程师怎么精心去组装和磨合，充其量也只能是下等品。我不反对练对攻和磨合，对攻作为习练集体配合或赛前模拟训练，不失为一种好方法。但是，任何真理只要跨越一步，就会变成谬误。

原载中国排球协会官网《赛事点评》栏目（2007-10-23）

硬实力与软实力

——五谈中国男排症结何在

排球运动训练的内容，应包括体能、技术、战术和战术意识、心理、作风等几方面。前三者，眼看得见，手摸得着，姑且称为硬实力；后三者，眼看不见，手摸不着，但确实存在，可称之为软实力。硬实力是构成一个队综合能力的物质基础，其重要性不言而喻；而软实力是形成一个队战斗力的精神因素，其功效性不可低估。在运动训练实践中，人们无疑非常重视对硬实力的训练与提高，把它列入计划，倾注心力，操练不止，钻研不息；但对软实力的培养与造就，或有所忽视，或不够自觉，或一曝十寒，或弃之不练，从而影响运动员对硬实力的加速掌握与合理运用，延缓运动员的培养与成长过程。

一、软实力的重要作用

战术意识，是运动员在发挥技术过程中，支配自己行动的、带有一定战术意图的思维活动，是运动员根据彼我双方情况，正确运用技术的能力，也是运动员成熟谙练的表现。运动员在场上每一项技术的合理运用，无不受一定的战术意识所支配，无不包含战术意识的内容。战术意识是运动技术的灵魂，它左右着技术的正确运用，影响着技术的良好发挥。培养战术意识的内容包括：技术运用的目的性，行动的预见性，判断的准确性，进攻的主动性，防守的积极性，战术的灵活性，动作的隐蔽性和配合的协调性等。

心理，是客观事物在人脑中的反映，是人的感觉、知觉、记忆、思维、情绪、性格、意志等的总称。运动员心理素质的高下，对其技术的正确掌握和合理运用，有着举足轻重的作用。心理训练，就是运用心理学的原理与规律于运动训练和比赛之中。心理训练的内容，狭义地讲，是使运动员学会调节自己心理状态的各种方法；广义地讲，是有意识地对运动员的心理过程和个性心理特征施加影响，以创造有利于提高和发挥技术水平的心理条件，诸如训练运动员的认知能力，专门化的知觉（手感、球感、本体感、时空感），注意力的集中与分配，思维的敏捷性和灵活性，动作的记忆力，意志力以及自我调控能力等。

作风，是运动员在训练比赛或生活上一贯表现的态度和行为，是一种潜移默化的"习惯势力"，具有一定的继承性、延续性和感染性。好的或不良的作风都会耳濡目染，相互作用，甚至于代代相传。好的作风可以形成一种影响氛围，产生无穷的辐射力，可以促进技术迅速提高，保证技术充分发挥。常言道："两强相遇勇者胜"，"一个军队的实力，四分之三是由士气构成的"（拿破仑语），或"近朱者赤，近墨者黑"，说的都是作风对人的行为的影响与作用。领导者、教练员和尖子队员的榜样力量和引导作用，是作风形成的关键性因素。要培养运动员勤学苦练、一丝不苟的训练作风，顽强拼搏、奋勇进取的比赛作风，以及团结协作、遵纪守法的生活作风等。

二、硬实力与软实力的相互关系

硬实力是一个队的物质基础，软实力是一个队的精神支柱，两者互相制约，相辅相成。训练硬实力，是用高水平的技能去塑造运动员的坚强体格、技术形象和全队的战术风格；培养软实力，是以良好的精神状态去保证硬实力的正确掌握与发挥。硬实力是软实力赖以存在的载体，软实力可以使硬实力如虎添翼。拙劣的硬实力，是无水之源，无本之木，纵使"充分发挥"，也是水平低下，使软实力难以施展其功能；脆弱的软实力，会使硬实力如同盲人骑瞎马，夜半临深渊，失去正确导向。"艺高人胆大，胆大艺愈高”，是对硬实力与软实力互为因果关系的精辟概括。因此，只有同步运用硬实力和软实力去训练与培养运动员，使两者同时发展，相得益彰，才是迅速提升运动技术水平，增强全队综合实力，加快运动员成才过程的有效途径。

不言而喻，软实力可以带动硬实力，但不能代替硬实力。马克思指出：“批判的武器当然不能代替武器的批判，物质力量只能用物质力量来摧毁；但是理论一经掌握群众，也会变成物质力量。”比赛双方的较量，主要是通过硬实力去实现，技术战术的对抗只能用技术战术去攻破；然而，软实力一旦武装了运动员，就会产生强大的技术战术力量，使硬实力更好地发挥其威力。

三、培养与训练软实力的主要方法

软实力的培养与训练是长期的任务，绝非一日之功，一蹴而就。首先，要加强理论学习和业务研究，“自由是对必然的认识”，要让运动员认知软实力的重要作用，了解其训练的内容、方法与要求，使他们不但知其然，而且知其所以然。

其次，除了进行必要的专门教育外，主要是要把对软实力的培养，渗透、融合于日常的硬实力训练和生活、学习之中，使两者的训练有机结合；要加强养成教育，培育各种有利于训练和比赛的良好习惯与气质。

再次，在一切教学训练实践中，要强调手、脑并用，练、想结合，做、讲并举，充分发挥第二信号系统在掌握和运用技术中的作用。

最后，要锲而不舍，坚持经常，持之以恒，积以时日，才有成效；而朝练夕停，浅尝辄止，则收效甚微，于事无助。

原载中国排球协会官网《赛事点评》栏目（2007－11－30）

兵无常势

组织与运用战术，是教练员在比赛中实施指挥的中心任务之一，也是作为组织进攻战术核心人物二传手的重要职责。

从联赛中不难看出，一些队在战术的组织与运用上，还可以有较大的改善与发展空间，可以进一步提升战术素养和战术水平，尤其是女排。音符只有七个，但可以谱写无数动听悦耳的歌曲；颜色只有几种，但可以绘出各种色彩斑斓的画面；战术就那么几套，却可以变化万千，运用无穷。这就叫作“运用之妙，存乎一心”。略举几例，抛砖引玉：

进攻的突然性：不因循三次击球过网，要加强两次进攻意识，创造突袭对方机会；不拘泥于一传近网才打快球，半远网亦敢运用快攻；不但顺境时能打战术球，逆境中也敢猝然运用之等。

运用的反常性：在一传不太到位的情况下（离网4米左右），不囿于从4号位单点突破，仍可组织多点攻击；主攻手不只扣高球，亦可跑动起来打快球；副攻手不但扣快球，亦能打调整球；不只从顺当位置进攻，也可从别扭地方袭击（如反手位置）；根据彼我双方情况相机采用集中、分散或转移进攻，不形成习惯性规律等。

行动的隐蔽性：二传组织不过早暴露传球意图，或运用假动作，使二传技术带有进攻因素，以迷惑拦网者的判断；扣球上步（指第二进入者）不过早显现进攻端倪（可采用慢起动、快追击），以造成拦网者的错觉和不意；加强个人扣球战术变化，诱使对方拦、防上当等。

跑动的积极性：运用进攻者的交叉跑动，迫使拦网者向中部压缩，然后从两翼进攻；或分割其拦网者，造成其互相阻塞与干扰；或从拦网者的结合部攻之等。

集体防守的针对性：要根据对方的进攻特点和本方的反攻需要，来组织各个不同轮次的防守战术，不用一种模式对付对手的各种战法等。

个人防守的主动性：拦网不应被动挨打，而要主动阻击；后防不以防起为满足，而要力求到位，使本来处于被动形式的防守行动具有主动的内容，并能够很快转入反攻态势。

此外，还可采用扬长避短，避实击虚，攻其不能，虚实相间，以及攻其一点，再及其余，破釜沉舟，背水一战等策略与战法，以取得场上主动权。

灵活地组织与运用战术，是在比赛中摆脱被动态势、争取主动地位的最有效方法。主动地位不是现成的东西，而是要有意识地去争取。教练员在比赛指挥中，要把注意力的重心放在具有全局意义的“用兵”上，而不要过多地关注细枝末节的得失；平时训练中就要教会二传手逐步掌握这种驾驭全局的能力。因为在比赛过程中，运用什么战法、由谁去进攻、从哪里突破，不取决于扣球者而取决于二传手，在很多情况下，教练员在场外也无法左右。

需要强调的是：一则任何战术的运用，必须建立在扎实基本功和全面熟练技术的基础上，切勿车置马前，本末倒置；二则任何战术的运用，必须从本队实际情况、对方具体特点和临场发展变化出发，切勿邯郸学步，死搬硬套。

原载中国排球协会官网《赛事点评》栏目（2007-12-10）

兵不厌诈

做人要老实，但打球要狡诈；做事要讲诚信，但比赛要会忽悠。正如孙子所说："兵者，诡道也。"

然而，从联赛中人们注意到，眼下一些运动员打球比较"厚道"，行为比较"本分"，不善于在对抗中玩心计、施谋略、巧周旋、搞诡诈。如二传手的传球隐蔽性较差，少有忽悠人的假动作，职位与功能过于专一，不善于猝然运用两次扣球及其转移技术；进攻手过分相信和依靠高度与力量，忽视自我掩护动作和技巧、智谋的施展。总之，其技术行动大都是在明火执仗、毫无掩饰之下进行的，缺乏突然性、隐蔽性和欺诈性，因而不能有效地迷惑和干扰对方拦网与防守的判断，为顺利突破其防线创造有利条件。

历史的经验值得借鉴。我国素有优良二传技术的好传统，传球技巧有独到之处，临场运用具有神妙之功。早在20世纪50年代，我国请来的苏联专家格罗玛佐夫先生，就曾赞誉我国国家队二传手为"杂技般的技术""猜不着的传球"；80年代我国有多名运动员先后在国际大赛中被评为最佳二传手。我国个人进攻技巧在70年代后期也曾享誉排坛，风靡全球，时间差、位置差、空间差等打法显赫一时，为外人所望尘莫及。这些优良的技术传统，应当加以发扬光大。

二传手运用眼神的吸引、身体的掩护和手法的变化，以及利用对手的心理特点和对比赛规律的掌握，可以迷惑、牵制，甚至摆脱拦网者，使二传技术具有进攻因素，为扣球者创造突破的便利条件。扣球者运用在助跑起跳过程中和在腾空中的时空变化，以及在击球手法上的路线、落点的变化，加上同伴的密切配合，可以诱使对手上当受骗，为自己创造顺利突破的机会。

这种技术诡诈行为，是技术成熟老到的彰显、战术运用灵活的标志、比赛经验升华的表现，是实施以巧制胜、夺取主动地位的手段，也是传承优良传统、不断革新技术、推进可持续发展的途径。

要通过长期、艰苦的训练，去精雕细刻这些技巧性强、实效性好的技术，形成自己的技术特长，而不满足于或止步于大众化的、粗放化的水平上。

毋庸讳言，由于人种、体质的原因，我们的进攻实力不如西方人，但可以从其他左道旁门挖掘潜力，另辟蹊径，扬我所长，避我所短，你打你的优势，我打我的特长。而且，这些技巧和特长，不受人种因素影响。因此，力不如人的强攻，仍应努力弥补，人不如我的技巧，必须不断加强；那些不受人种制约的技术（如一传、二传、防守、小球等），务必领先对手。这种“田忌赛马”式的策略，或许也是战胜强手的重要途径之一。

原载中国排球协会官网《赛事点评》栏目（2008-01-10）

双塔和高快的正解

中国排球协会官网日前刊登了陆川同志“高快、双塔孰优劣？——中国女排副攻辩证法”一文，引起了读者的评论，说明公众对排球的关切和对业务的钻研。3月4日晚间，央视五套播放中、古女排比赛，播音员解释说：现在中国女排副攻采用的是双塔阵容，而不是以前的高快结合。看来，陆川对排球术语“高快（结合）”的新解或误解，被以讹传讹了，似有必要加以正解。

双塔，是媒体譬喻目前中国女排阵容中两个副攻队员赵蕊蕊和薛明，人高马大、形似高塔，如同篮球双高中锋也早有双塔之谓。

高快，这里是讲排球术语“高快结合”之意，是指一个队的战术风格，既有强攻又有快攻，而且紧密结合，灵活运用，如五连冠和当今中国女排都属于这类风格；或指一个人的战术打法，既能扣高球又能打快球，而且两手都硬、运用自如，如当年主攻手郎平是也。而不是一个高人赵蕊蕊，一个快攻手刘亚男。

陆川所说的“高快结合”，是指一个高人和一个快攻手的组合，这不但与排球界通常的术语含义不同，而且用词不够确切、不合逻辑。赵蕊蕊是高人，但她主司快攻，刘亚男是快攻手，但亦可在3号位打高球，怎么区分谁高谁快呢？如今的双塔赵蕊蕊和薛明都是3号位快攻手，倘若一传不太到位，也可从3号位打高球突破，这就是高快结合啊！

因此，双塔是比喻人高如塔，高快是指战术风格，这是两个不同范畴的概念，不好混为一谈，也无可比性，不存在孰优孰劣的问题。如果写为“高矮（结合）、双塔孰优劣”，或许就比较顺了。一字之差，含意各异。

对一个排球术语的理解或运用的正误，本无伤大雅，也无关宏旨，更不会影响排球水平的发展；倘若以讹传讹，让读者、听众不知所云，或混淆不清，就值得引起注意了。

记得在20世纪70年代，前国家体委领导荣高棠同志曾幽默地说：排球界江湖黑话太多，让人不得其解。告诫人们在确立或运用一个名词概念时，一要合乎逻辑，二要简明易懂，不要牵强附会，生抽硬造。无论是排球界或传媒，似应注意这个问题。

原载中国排球协会官网《赛事点评》栏目（2008-03-09）

“三分钟”与“十年功”

实施每球得分制，一场排球赛通常耗时60分钟（3局）至100分钟（5局）左右，比赛过程比以前的发球权得分制缩短了，并具有可控性。由此有人认为，专业队的训练量可以随着比赛时间的缩短而相应减少。比赛时间的长短与训练量的大小，能不能简单机械地等同递减，应当进行具体分析。

实验表明，高水平的排球赛属于无氧代谢与有氧代谢相结合，而以无氧代谢为主的运动项目。每球得分制虽然赛程缩短，但其竞争加剧，对抗升级，紧张程度提高，心理压力加大，对运动员的机体能力、技术难度和心理素质的要求，不是减弱而是加强了。如果平时训练缺乏高数量、高强度、高质量的刺激，就不能有效提高运动员的身体机能、技术水平和心理承受能力，不能适应剧烈比赛的需要。常言道：“台上三分钟，台下十年功”，说的是杂技等表演艺术家虽在台上只有几分钟的精彩展示，但却是经历了长年累月的久久为功和千锤百炼，才达到如此炉火纯青的境地的。同样，排球运动员在比赛中瞬间完成各项技术的成败，也同日常训练效果的优劣息息相关；只有平时训练的量和强度大大超过比赛的量和强度，才能练出过硬功夫，应对实战需要。

排球属于技巧类的运动项群，其技术繁多，动作精细，技巧性强。要想达到全面、熟练、精确、有效的自动化技术境界，不花大气力、多时间去操练，是不可能实现的。排球运动的某些特点，诸如瞬间击球、球不落地、不能连击、三次过网等，不但要求个人技术娴熟、运用自如，而且队员之间要行动协调、配合精密。但从联赛中反映出的不少运动员技术片面、动作粗糙、球感较差、失误频繁、基本功不扎实、互相配合不默契等问题，其重要原因之一，恐怕就是训练不足、火候未到所使然。须知，熟能生巧，久练必精，只有通过反复磨炼，精雕细刻，才有可能获取技术真知，达到理想境界。

培养一个世界级优秀排球选手的过程，日本女排著名教练山田重雄在20世纪70年代称霸排坛时说：要经过1万小时左右的训练。中国排球在20世纪80年代鼎盛时期的经验是“三年成型，五年成材，八年成器”，或称“三年打基础，五年出成绩，八年攀高峰”。五连冠和21世纪中国女排这批选手，大都是经历了8年至10年左右的训练，才达到世界顶峰的。国际排联专家们经过调研认为，“世界锦标赛和奥运会的冠军队，一般超过26岁（男排）或23岁（女排）”（译自FIVB *Coaches Digest*）也要经过8年到10年左右的系统训练。以每年280个训练日，每天练5小时计算，8年大概也是1万小时上下。可见，中外观点不谋而合，天下英雄所见略同。这些都是培养优秀排球人才的成功经验。

当然，随着科技的昌盛，经验的积累，选材的优化，训练的改进，未来可能会缩短运动员的成才过程；但是，运动员的成才规律是不可以违背的，无论科技如何发达，总要通过不平凡的系统训练才能成才。减少日常的训练量，无异于延长运动员的成才过程。

目前，我国男排在世界排坛属二三流水平，女排虽又夺世界冠军，但尚未占有绝对优势。而欧美诸强拥有人种和体能的先天优势，他们良好的职业道德和专致的敬业精神，当令头脑清醒的业内人士脸红耳热，慨叹不如，并引发危机感和紧迫感。排球兴衰，匹夫有责。“高水平运动员每天必须练习4～6小时；世界一些名列前茅的队一天的训练时间高达8小时，每周40多小时。”（引自FIVB *Coaches Digest*）具有先天优势的老外尚且如此苦练，而我们现在一些专业队一天平均不到4小时的低水平训练还要减量，提出什么“少课次（每周），精课时（每天）”的主张，这岂不是一种训练误导？这怎能赶超世界水平或保持领先地位呢？

综上所述，有理由认为，实行每球得分制，我们不但不能减少训练量，而且要理直气壮地重新叫响并实行“三从一大”的科学训练原则，因为它符合“条件反射”建立规律和“超量补偿”科学原理，是包括排球在内的我国许多运动项目登上世界技术巅峰的宝贵财富，是经过实践检验的颠扑不破的科学真理，是不可以随意曲解的。

训练量或称运动量，是数量（时间、次数）和质量（密度、强度、难度、动作准确性）两个互相依存、互相制约的对立统一体。一方面，任何数量必须是在一定质量基础上的数量，训练不但要有量的指标，而且要有质的要求，保证训练在高指标、严要求、勤动脑、精安排的条件下进行；而磨洋工，泡时间，出工不出力，出力不用心，这种训练数量事倍功半，意义不大。另一方面，任何质量都是通过一定数量表现出来的，没有数量就无所谓质量，没有一定量的积累，就不可能产生质的飞跃；不达到相当的个人摸球次数，就不可能获得球感、手感、本体感、时空感，就不可能熟练掌握和合理运用技术战术。一位生理学家讲得好：“没有疲劳就没有训练。”没有相当数量和质量的运动量的所谓“快乐排球”，不是专业队或职业队的训练，而只是业余队训练或大众健身活动。

原载中国排球协会官网《赛事点评》栏目（2008-03-26）

向老外学些什么?

观看2008年北京奥运会高水平的排球赛，令人耳目一新，得益匪浅。从中我们应向老外学些什么，或许可以说上好多条，但有些说了暂时也学不到家，譬如人种不能克隆、体能不好移植、发球时速百余公里、扣球重量几十公斤等。这里只讲一点，应是可以学到的。如果真正学到了，中国排球水平将会大大提升一步。

央视五套洪钢先生在赛场评论中曾多次提示，要学习老外全面细腻的技术。他说得很专业、很中肯，也很有现实意义，但我听了感到有点悲哀。

全面细腻的技术，本是我们的看家本领，也是过去中国排球鼎盛时期制胜的法宝之一。20世纪80年代，在意、荷、德、法和南斯拉夫等欧洲排球队，就有中国援外教练的声音，如今他们这些运动员是当时中国弟子的学生，当属徒孙辈。美国女排也请中国名师郎平任教，美国很多大学和俱乐部里都有中国教练的足迹，为其培养后备力量。如今我们却要反过来向他们学习，心中难免有点想法。

当然，技术无国界，交流促共赢，无可非议，而且，徒弟胜师傅，自古就有之，不足为怪。更何况，韩愈老前辈早有遗训："弟子不必不如师，师不必贤于弟子"，老师向学生学习，也不是什么不光彩的事。问题是，我们过去"制胜的法宝之一"现在怎么不灵了，老外又怎么向我们杀回马枪的，却值得认真思量一番。

大概从实行每球得分制和自由人规则起，我国排球界重攻轻守、忽视基本功训练的现象就有所抬头，而且出现一些流传甚广的“新概念”，什么“抓好一攻，就能赢球”“有了自由人，高大队员可以少练防守”“练好扣球和拦网，运动员就能早成才”等。几年下来，已见效应。难怪国家队教练邸安和、周建安都曾惊呼：国家队员还要从基本功练起！陈忠和也说过，新调入的队员要补练的东西很多。最近国家青年队教练李焕宁在南京对我讲，国青队安排练习传、垫、防技术时，队员竟问：“我们还需要练这些？”看来，“打防、扣球、对攻”的流行训练模式，已经深入人心，普及到青少年队啦！

掌握全面技术的重要性，此前我在中国排球网多有阐述，不再赘言。人们常说：“现代排球斗争焦点在网上。”此话无大错（只要不理解为只有扣、拦才重要）。其实，岂止在现代，自从出现扣球和拦网技术，网上早就有斗争了，只不过随着身材的高大化和进攻力的加强，“现代”更加剧烈而已。然而，此话只说对一半，因为网上斗争的终结（被拦死），只占整个比赛过程的20%左右，其余大量的斗争行动都在“地上”进行。如果没有“地上”垫、防、保、传做后盾，就没有有效的反攻或再攻，甚至这一回合的斗争就结束了。道理并不复杂，实行却非易事。

逆流世界排球发展趋势，违背排球运动训练规律，是要付出代价的，这不是危言耸听，而是历史必然。

中国运动员具备快速、灵活、敏捷等先天素质，又有很多优良的技术传统，只要思路理清、训练得法，那些不受人种制约的垫、防、保、传和快攻等技术，优势当非我莫属。我们虽无重磅炸弹，但有机枪钢炮，加上智慧与谋略，也足以使对手闻风色变。袁志、王一梅等攻手在奥运会赛场上的扣球威力，老外不也抵挡不住嘛，但前提是必须有垫、防、保、传等全面技术作为保障。中国男排打了几场好球，其主要技术原因之一，也是有较好的一传和像样的防守，从而保证了进攻和反攻的发挥。

原载中国排球协会官网《赛事点评》栏目（2008-09-03）

耳听为虚　眼见为实

——再谈向老外学些什么

早在一两年前，有业内人士称：当代世界排球技战术的发展趋势是简单、实用的打法。2008年初，又亲耳听到一位大学体育教授向某排球队作技评时，也讲了同样的论点。

“趋势”者，事物发展的倾向也。所谓“简单、实用”，意即欧美队战术简单、打法实用，仗其高球强攻，不需快变战术，就可以把对手扣死，这是当代流行的趋势。一般地说，“趋势”是大家要跟从、效仿的方向。

我多年未涉足排坛，坐井观天，孤陋寡闻，听到这种新论，颇有“洞中方七日，世上已千年”的感慨，但心里总有点疑惑不解。

看了北京奥运会排球比赛，使我茅塞顿开，彻底颠覆了上述的所谓“趋势”的高论。事实并非如此。无论男女排球队，从前四名到最后一名，哪个队不是既拥有高球强攻，又掌握快攻战术！即便是进攻实力强劲的美国、俄罗斯男排，除了前后排强攻突破，还伴有中间快球牵制。俄罗斯女排因其技术片面、二传太差，所以打法简单，但并不“实用”，更代表不了当今排球的发展趋势。

巴西男女排的技术风格值得称道。他们攻防全面，战术多变，反攻速度快，个人有特色，尤其是立体进攻的组合，其速度之快，变化之多，运用之活，掩护性之强，常令对手防不胜防（其男排因二传手易人而有所逊色）。

耐人寻味的是，1956年在巴黎举行的第3届世界男排锦标赛上，24个参赛队中，当时运用快攻战术的只有首次参加世锦赛的中国队（当时我是二传手）和巴西队。我队获第9名，巴西队获第11名。如今，这种快变打法，已传播全球，并向纵深发展为立体战术，使世界排球运动更加蔚为壮观，引人入胜。而巴西队发展得更快速、更先进了，并从1992年巴塞罗那奥运会起，屡获世界比赛桂冠，值得我们认真学习。难道历史会倒退到52年前的世锦赛冠军队——前捷克斯洛伐克队那种“简单、实用”的打法吗?

退一步说，即便今后欧美队果真向简单、实用的方向发展，我们也不能照猫画虎，亦步亦趋。中国队如果放弃快变打法，依靠“简单、实用”，那就是扬短避长，走进死胡同。

还有一种论点：当今世界强队的防守阵式都是向前压缩，即后排三人站在中场，运用全身各个部位的传、垫、挡、堵、碰等动作，去迎击来球；防守人不需要太弯腰屈腿，人体射影以外和手脚够不着的球都是界外球，从而弥补了后排空挡。理论依据是，球速超过了人的反应时，传统的“马蹄形”阵式不能适应。这种高论，有人称其为“前进式”防守，有人戏称为“堵枪眼”阵式。

论点听起来很新鲜，但我心中有疑团，就曾先后请教了王祖洪、董天姝等几位老教练、老专家，他们对此都持否定态度。我又反复观看了国际排联监制的*Top Volleyball*光盘中高水平队的比赛场面，并未发现这种新法。

观看奥运会排球赛，我发现有的队在一种情况下有时采用“前进式”防守，即当对方一传到位，有可能打快攻时，后排队员压前防守，但仍弯腰屈腿，以便于接球；当对方扣高球或后排进攻时，迅即退守后场。多数队则采用1号、5号位队员守“腰”防快攻、6号位压“底”策应的阵式（即“马蹄形”），并根据情况而灵活进退，有些6号位队员甚至从端线启动防守。

把“前进式”作为普遍的防守阵式，在实践中是不可行的。其一，高点超手扣球和后排进攻的落点大都在后场，站在中场难以应对；其二，手部和前臂是控制球的最佳部位，而用身体其他部位去“堵”球，被击起的球可能会不知去向；其三，守株待兔，以不变应万变的战法，不能适应千变万化的战况。

可供借鉴与启示的是：防守战术的运用，一要根据对方进攻战术的特点，二要根据本方反攻战术的需要，而不要主观随意，盲目行动；防守阵式的采用，应根据临场情况灵活变化，而不要固定模式，一成不变；防守动作的取向应根据对来球的判断，要在移动中以低姿势进行，而不是逢球便蹲，一蹲就死，形同画地为牢，“铆”死脚步。其实，这些都不是什么新鲜理论，而是排球专业的基础知识，然而，高深源于浅近，温故可以知新。

我们学习与传播国外技术经验，特别是那些带有趋向性的东西，要有求真务实的态度，不要脱离现实，忽视中国排球运动的特点；要有全面的辩证的观点，不要以偏概全，只见树木，不见森林。以免以讹传讹，误导他人。

凡事要用大脑而不是脚后跟去观察与思考问题，不要人云亦云，亦步亦趋，以免误入扑朔迷离的迷津，把训练引向要付出代价的歧途。

原载中国排球协会官网《赛事点评》栏目（2008-09-17）

赛场无弱旅　乱世育英豪

在排球比赛中，根据以往的战绩，各队一般都会面临三种不同的对手，即强于自己、弱于自己和势均力敌的队。教练员总会根据不同的对手来制定本队的比赛策略、阵容安排和具体打法，运动员往往也会由此产生不同的思想准备、心理状态和动员程度。

然而，在实际比赛中，这种赛前的分析与判断，常会被比赛结果无情地颠覆和粉碎。风云突变，阴沟翻船，战局逆转，以弱胜强，是常有的事。在2008—2009年排球联赛中，男排：主力缺阵的山东队分别以3：0和3：1战胜强劲对手八一、河南和江苏队；不被看好的河北队又以3：0打败擅长打强队的山东队；2008年濒临降级边沿的北京队在先失两局的情况下，翻盘战胜名次靠前的江苏队；两天后，哀兵江苏队又以3：0的大比分击败多年未胜的上海队；名次靠后的浙江队在客场战胜雄心勃勃的辽宁队；后劲甚足的四川队又连胜几个强队等。女排：多年金身不破的天津队两度败于以新手为主的上海队；气势如虹的上海队在主场败给起伏不定的八一队；不太显眼的浙江队均以3：0大胜名列前四的八一队和江苏队；而倒数第二的北京队却以3：0击败江苏队；来势正旺的浙江队又败在力图保级的山东队手下等。这些看似反常的比赛结局，其实是司空见惯的正常现象。

这类战例，古往今来，屡见不鲜。这是因为，天下没有绝对的强队，也没有绝对的弱队。强队并非无懈可击，弱队亦非一无长处。而且，强队和弱队在一定条件下，是可以互相转化、互易其位的。这个条件，有时是主观指导失误，有时是客观因素造成，但归根结底在于内因，诸如：或因轻敌麻痹，或因领先松懈，或因急于求胜，或因压力太大，或因包袱太重，或因内部矛盾，或因特长受抑，或因弱点暴露，或因用人不当，或因指挥失宜，或因外界干扰，或因裁判错判等。其中，如果有一个或多个条件产生，并导致运动员心理发生变化、技术发挥失常，就可能向对立面转化。加之，每球得分制的特点之一是，缩小了强弱之间的差距，使胜负更具有偶然性、戏剧性、可变性和观赏性。这或许是排球比赛的重要规律之一。

这个规律告诫人们，赛场从来无弱旅，胜败兵家未可期。为此，处于强势的队，在充满信心的同时，要增强忧患意识，做好应对困难准备，谋划应急预案，切莫掉以轻心；处于弱势的队，在估计困难的同时，要树立敢胜的信念，发扬顽强拼搏的精神，寻求摆脱困境的策略，切莫未战先衰。比分领先的队，要一鼓作气，乘胜追击，不到终场，决不懈怠；因为，胜利在望不等于胜利在握。比分落后的队，要奋起直追，决不气馁，只要有百分之一的希望，也要作百分之百的努力；因为，“有利情况和主动的恢复，往往产生于‘再坚持一下’的努力之中”（毛泽东语），即便这一局赢不了，也要力争多拿几分，这可以为下一局扭转战局或转败为胜，提高士气，增强信心，积累经验，奠定基础。

在发球权得分制时期（每局15分），以比分7∶14落后而反败为胜者，时有所见；如今的每球得分制，以24∶18优势而终于败北者，亦曾发生；先胜两局而逆转的，更不鲜见。这都说明，不到终局，不算输赢，坚持到底，就是胜利。

这个规律还昭示人们，教练员在错综复杂、变幻莫测的对抗中，不但要研究比赛策略，指点技术战术，而且要掌握队员思想脉搏，了解其临场情绪变化，发现不利因素苗头，及时给予心理提示，适时做好思想诱导，预见可能发生的动向，防患于未然，并运筹有针对性的对策。“锋从磨砺出，香自苦寒来”，这正是教练员不断改善与提高执教能力和指挥艺术的良机。

对运动员而言，这种犬牙交错、诸强混战、比分你追我赶、战局起伏跌宕的情势，正是锻炼自己，磨炼意志，培养作风，提升技术，积累经验，增长才干，造就人才的好课堂。“自古雄才多磨难，从来纨绔少伟男。”只有经风雨，见世面，不怕艰难险阻，敢涉荆棘险滩的人，才有希望登上技术巅峰的殿堂。

原载中国排球协会官网《赛事点评》栏目（2009-01-13）

刍议中国女排访欧之战

日前，由新帅蔡斌率领的中国女排赴欧征战，从战绩看，虽胜多负少，但两次败于日本队，不尽人意，球迷颇有微词。从过程看，应当说达到了考察队员、检验阵容、锻炼队伍、发现问题、了解队手、寻求对策的目的。

世人历来以胜败论英雄，胜者为王，败是孙子。因而对女排的战况，有人叹息，有人着急，有人质疑，有人指责，有人挖苦，也有人鼓励。大千世界存在多样性，各种面孔都有，不足为怪。

这也表明，国人对女排怀有特殊情结，“望女成凤”心切，可以理解。但女排毕竟刚换了主帅，添了新人，另起炉灶，重新组合，对其太倾情，太偏爱，太心急，太苛求，会不会事与愿违，适得其反？

“始生之物，其形必丑。”美丽的天鹅刚生下来，像只丑小鸭；漂亮的西施在襁褓中，说不定是单眼皮、塌鼻子；世界上第一台计算机，据说像几层楼那么笨重；第一台蒸汽机，人们开始并不知道能不能开得动。事物总是在发展过程中不断改进与完善的。

新组合的女排，教练员的训练思路与训练风格，运动员要有一个逐步认知与融会贯通的过程；运动员的技术特点和性格特征，教练员也要有一个了解和掌握的时日；新阵容、新位置、新打法、新配合，以及各项技术战术的改进与提高，更需要通过艰苦训练、反复实践、不断修正、逐步完善去实现。要求人家一步登天，尽善尽美，是不是思维方式太过于“柏拉图”啦？

新组建的女排，人们期望其在训练理念、技术战术、阵容组合等方面能有所改革，有所创新，有所前进，但改革与创新并非一日之功，一蹴而就，要给人以充分的时间、宽松的氛围、换位思考的理解，甚至允许其挫折与失败。鲁迅先生曾讥讽那些“知识高远而眼光远大的先生们”的思维逻辑是：“生下来的倘不是圣贤，豪杰，天才，就不要生；写出来的倘不是不朽之作，就不要写；改革的事倘不是一下子就变成极乐世界，……就万万不要动！”女排才集训50天，打16场比赛输4场，有人就贸然质疑其技术不精，战术不活，用人不行，阵容不当，执教不力，选帅不宜，是不是有点求全责备，强人所难？

当然，作为女排将士们，一方面，要虚怀若谷，海纳百川，倾听各种声音，包括逆耳之言，择其善者而从之，取其利者而用之；另一方面，要认真总结经验教训，练好扎实技术功底，坚持既定正确方向，不为各种闲言左右。

不过，要重视反思连败于日本队。有媒体称：第一场球因“轻视对手”，第二场是“心态失衡”，似都归因于精神、意识问题。我以为，这可能是部分原因，但不是事物的本质和全部。试想：第一场赛前如有轻敌，输了一局、两局之后，还敢继续大意下去！第一场若心态出了问题，第二场还不立马解决！

中国媒体和教练员，一旦输球，大都习惯归咎于运动员心态不稳等精神因素，少有从技术和训练上去寻根问底。

马克思主义基本原理承认精神、意识对物质、存在的反作用；但物质是基础，是第一性的东西，物质先于精神，存在决定意识。

20世纪五连冠和21世纪再夺冠的中国女排，都曾以大比局败在日本队手下。今天，我们不是以五十步笑百步，寻找宽谅自己的理由，而是要认真考量：为什么貌不惊人的日本队，能不止一次地战胜水平不俗的中国队？其中必有必然性东西在起作用，或者说，它有什么过人的招数克制了我们？我想，可能有三：

其一，无与伦比的垫、传、防、保和小球等技术，保证其反攻的实现，弥补其网上的不足；

其二，独特的个人扣球技巧、准确的拦网判断能力和快速的反攻节奏，既顺应其身高不占优势的特点，又扰乱其对手的正常比赛秩序；

其三，永不言败的拼命精神，以及日本人惯有的不服输心理，激发其技术的发挥。

球要输得明白。学人之长不是患“恐日症”。如果我们通过训练也拥有人家这些招数，加上原有的各种技术优势，那么，对欧美队，在网上，可以与之抗衡，在地上，优于对手；对亚洲队，在网上，可以压过对方，在地上，可以与其打平。这样，我们在世界排坛上，就有可能所向披靡，胜券在握。

值得深思的是，我们的训练（不仅指中国女排），有没有重进攻、轻防守，重“网上”、轻“地上”，重高度、轻技术，重力气、轻技巧，重手脚、轻用脑，重技能、轻智能的倾向或现象？

“艺高人胆大，胆大艺愈高”，是对存在与意识、技术与作风的辩证关系的精辟概括。只有拥有全面扎实的技术实力，才能浑身是胆，拼得出去，并反过来促进技术的发挥。而欠实力，少硬功，鼓虚劲，空叫唤，则于事无补，胜算难保。

原载中国排球协会官网《赛事点评》栏目（2009-07-14）

探索进攻的另一谋略

2009—2010年全国排球联赛已鸣金收兵，人们从中可以得到一点启示与感悟：随着运动员身材、弹跳的提高和进攻能力的加强，近网扣球固然威猛无穷，但被拦网的可能性也必然增多；而在联赛中有的队或有些运动员所采用的中、远网进攻策略——不论它是偶然出现抑或有意而为，其良好效果和可利用优势是显而易见的，也是可以预料的。

其一，中、远网扣球的射出面广，可利用的进攻范围大，易于避开拦网，突破防线，并减少本方保护的压力；

其二，运用中、远网进攻，势必迫使对方调整防守布局，扩大防守区域，从而造成中区敞露，顾此失彼，利于进攻者打、吊结合，寻隙突破；

其三，我国目前男女排多数进攻队员的身高、弹跳及其扣球技术水平，具备了中、远网进攻的能力，君不见，后排进攻尚且挥洒自如，前排中、远网扣球当是“小菜一碟”；

其四，据说国际排联将欲试行“一攻”必须在三米线后起跳扣球的规则修改，这也迫使人们改变过去的进攻模式。为此，我们可以先行一步，提前实施，取得经验，抢占先机。

中、远网进攻不但可运用于高球强攻，也适用于各种快攻。2009年，在江苏男排的一次训练中，我曾请其运动员做过试验，二传与球网的距离，强攻在1～2米之间，快攻在0.5～1米之间，其进攻威力与效果不比近网进攻逊色。

组织与运用中、远网进攻模式，对一传的落点，二传手的取位与出手方向，扣球手的助跑起跳及其扣球手法，都应通过训练进行相应的调整与要求。

任何战术模式的优劣成败，主要取决于与其相关的技术质量；只有一传恰到好处，二传得心应手，扣球运用自如，才能组成有效的中、远网进攻战术。否则，倘若一传不知去向，二传茫然失措，扣球无的放矢，再好的进攻战术也于事无补。然而，形式可以反作用于内容，合理的中、远网战术，可以在当前网上斗争激烈的条件下，更好地发挥与实现其进攻质量与效果。

提倡运用中、远网打法，不能抛弃近网进攻，因为在比赛中还会主动采用或“被动”出现近网进攻的可能，或根据不同的比赛对手和临场情况变化，来变化运用不同的进攻模式。这就要求在训练中培养运动员在场上的预见能力、判断能力、适应能力和应变能力，以便相机灵活运用不同的战法。

原载中国排球协会官网《赛事点评》栏目（2010-03-28）

攻防全面、彰显特点，才是中国队崛起之途

——与古月同志关于“攻势排球”的商榷

中国排球协会官网于2010年9月8日和10月4日在《赛事点评》栏目中先后发表了古月同志的“（从）数据分析看中国女排技术水平　攻势排球才是取胜之道”和“再谈攻势排球：建立比赛技术和得分模式”两篇文章，引起了排球同行的关注。古月同志积累资料的努力和钻研业务的精神，令人敬佩，但其分析问题的方法和阐述的某些论点，恕我不敢苟同。有些网友对此已有异议，这里我冒昧提出几点与其商榷。

一、要辩证地看问题

排球各项技术之间是互相联系与制约的。单从技术层面上讲，各项技术在比赛运用中的成败得失，除了反映各项技术本身的水平与能力外，还与其他各相关技术的发挥情况紧密关联（独立操作的发球除外，但发球好坏也会影响本方拦、防和反攻的效果）。孤立地评说发、扣、拦得分的重要功能，不剖析垫、传、防、保等基础技术的保证作用，并由此得出结论：“网上扣球和拦网技术的高低，将直接左右排球比赛的胜负”“攻势排球才是取胜之道”，这种判断恐怕不够全面准确，也有悖于排球运动训练和比赛的规律。

2010年世界女排大奖赛，日本队分别战胜奥运会冠军巴西队和世界杯冠军意大利队，并在前六名队的扣球得分中雄踞榜首，这是事实。但日本队的扣球技术水平，果真使全世界俯首称臣，从而“左右比赛的胜负”吗？非也！日本队依靠其出类拔萃的垫、传、防、保技术，从而确保其卓有成效的进攻和反攻，这是

人所共知的。

中国队的扣球得分屈居末位，我不怀疑，但神威王一梅和睿智李娟等队员的扣球能力，果真比貌不惊人的日本队扣手们都逊色吗？非也！中国队垫、防等技术的疲软，制约了给王、李等攻手提供施展才华的机会，这是有目共睹的；而且，据说“中国队扣球水平同日本队……相比差距相当明显”，却并没有“左右比赛胜负”，反而打败了日本队，这是不争的事实。

再说，俄罗斯等以扣、拦见长的欧洲队，近几年为什么并未取得骄人的战绩？其缘由也是不言自明的。

这都表明，单纯以扣、拦技术论英雄，只见树木，不见森林，只看“网上”，不看“地上”，是很难对事物作出全面准确判断的。

二、攻防要协调发展

“攻势排球”的命题，本身就欠科学，少逻辑。难道当今世界还有提倡“守势排球”的吗？正如一位成都网友所言，这种认知是对排球“防守的颠覆”，是“违背排球比赛制胜规律的”。“攻势排球”论的实质，同前几年有人提出的“高大队员只要练好扣球和拦网就可以早成才”“有了自由人高大队员可以不练或少练防守”，如出一辙，这很容易误导排球运动训练工作，值得引起关注。2007年以来我在中国排球协会官网对此曾多有评论，这里不再赘言。

需要指出的是，古月同志的文章说：“现代排球运动已经进入网上排球时代，攻势排球是排球比赛的取胜之道”，这种论点，值得推敲。

第一，岂止在“现代”，自从排球运动出现扣球和拦网技术，早就进入网上排球时代的争夺了（而不是原始的把球推来推去），只不过随着运动员身高、弹跳力和进攻力的加强，“现代”更加剧烈而已；然而，不要忘记，网上争夺的加剧，必然对

“地上”各项技术提出更高的要求，只强调“网上”而忽视我们已失去昔日优势的“地上”，其后果必是攻防失调，进退失据，难以取得比赛的主动权。

第二，防守是进攻的基础，进攻是防守的继续，也是防守的目的。攻防在网上争夺的终结（被拦死），只占整个比赛过程的20%左右，其余大量的攻防行动都在“地上”进行。如果没有可靠的“地上”垫、传、防、保作为支撑，就不会出现有效的进攻和反攻，甚至这一回合的攻防斗争就结束了。反之，倘若没有强有力的进攻和反攻，“地上”的一切努力也失去意义。所以，攻防必须协调发展，任何片面强调一方而偏废另一方，都是不可取的。

第三，排球有六大技术，还有诸多不入正册的所谓小球技术，倘若只强调“特别要加强扣球和拦网技术水平的训练”，而忽视其他技术的提高，这不可能是“取胜之道”；而且，“网上”得分可以赢球，“地上”丢分也会输球；“网上”是得分的主要来源，“地上”是失分的主要渠道，也是得分的重要帮手；只顾赚钱，不问丢钱，绝不是理财致富之道。道理并不复杂，实行却不简单，这是令人慨叹的！

当然，我也注意到古月同志的文中有一句话“在全面技术基础上……”，但这只是虚晃一枪，通篇文章的本意还是“重点提高扣球和拦网水平”。因此，人们有理由担心，如果以“攻势排球”论的理念来指导训练，必将导致“网上”“地上”失调，攻防比例失衡，这恐怕不是中国女排的取胜之道。

三、要正确自我定位

古月同志的文章中，根据中国队每局平均失误送分比其他队少不到一分，并在六个队中排名第二，就定位中国队“技术是全面的、熟练的”，一位排球界人士最近也讲过类似的话。这似也是一种悖论。谁讲的并不重要，重要的是以下的事实：

自诩中国队的技术全面熟练，这要看是跟谁比较，同俄、德等欧洲队和非洲队相比，我们当然当之无愧，但若与巴西、美国等劲旅相比，恐怕就应自愧不如了，这是明摆着的事。

王宝泉教练和媒体在赛后评论中常提到，中国女排一传不稳定，基本功不扎实，这应是实事求是的。

从转播中观察，中国队同巴西、美国等强队对抗时，防守捉襟见肘，反击形同软肋，而且都以0：3和大比分败北，恐怕也不全是输在扣、拦技术上，这是显而易见的。

记得在北京奥运会期间，中央电视台评论员洪刚先生根据现场观察判断，曾中肯地指出，中国队要学习老外全面细腻的技术（这本是我们的看家本领之一）。当时我曾著文称："如果真正学到了，中国排球技术水平将会大大提升"，这一点可能大家记忆犹新。

以上事实说明，同强队相比（同低档次的队无可比性），中国队的弱势，不仅在"网上"，更在不被足够重视的"地上"。昔日中国女排赖以安身立命的技术优势，如今逐步弱化为劣势，不承认这一点，是很悲哀的；一个缺胳膊少腿、技术不全面的队，是难以称雄于世的；不看到这一点，也是不可思议的。

因此我以为，提出并践行"攻防全面，彰显特点"的技术发展方向，或许比片面强调"攻势排球"更切合中国队的实际情况，更顺应排球运动发展规律，更合流世界排球技术战术发展趋势，这可能也是中国队的崛起之途。

四、不要被数据忽悠

顺便提及，比赛中的技术统计，可以作为分析比赛、指导训练的参考，但似不宜成为唯一的依据，还须综合各种相关因素，才能作出正确判断。如上所述，日本队的扣球得分第一，并不意味着其扣球水平盖世超群；中国队的失分第二，也不表明其技术全面。

古月同志在文章中，制定了一套比赛技术和得分模式。如果将其作为全队和个人的奋斗目标，有积极意义，但要完全套用这个模式去取胜，并非易事。因为，比赛过程是双方对抗、动态运行、瞬息万变的，不以个人意志为转移；而得失分的比例是此消彼长、因队而异、因人而异的，不按主观意愿去运行。有时，一局中拦网得六七分，却未必赢球，技术失误八九分，也未必输球，胜负是由多种因素造成的。明白此理，才能正确运用数据，做数据的主人，而不至于被数据忽悠，当数据的俘虏。

看来，我们需要多学点唯物辩证法和科学发展观，用相关理念、观点和方法来观察、分析与处理训练和比赛中的各种问题，以保证排球训练和比赛，沿着合乎排球运动规律的轨迹运行。

原载中国排球协会官网《赛事点评》栏目（2010-10-26）

再谈中国队崛起之途

前文（刊载于中国排球协会官网2010年10月26日）是与古月同志商榷“攻势排球”，本文谈论的是“彰显特点”的话题。

一、彰显特点的意义

特点，或称特色、特征、特长，是指全队或运动员个人擅长的技能、突出的风格、与众不同的打法、出奇制胜的绝招。

技术特点，是技术掌握比较成熟和完善的表现，是技术运用达到更高造诣的标志，是超人出众的技术优势，是克敌制胜的有力武器。

提倡技术全面、攻防协调，不是十八般武艺样样粗通，样样稀松，各项技术像万金油一样平淡无奇、无所作为，而是要在全面基础上，培养、形成与彰显个人和全队的技术特点和战术风格。

倘若有全面，而无特点，在比赛中不足以威慑对手，置敌于绝境，不能掌握比赛主动权；而有特点，却不全面，则容易授人以“隙”，或不战自乱，也难以取得优势地位。只有既掌握全面技术，又拥有某种特点，才能屈人之兵，拔人之城，攻人之短，防人之长，并战而胜之。

排球历史已经证明，那些战功赫赫的球队和功勋卓著的运动员，无不是技术全面、身怀绝技的佼佼者。古今中外，举不胜举。

二、形成特点的条件

那么，我国排球应彰显哪些特点，又如何培养与形成特点呢？这我可不敢妄言，但可以从一些侧面谈几点肤浅的思路，供业内有关人士考量。

国人常说，欧美队拥有人种和体能的优势。在高度和力量上，我们总有一种自愧不如的自卑感。

我以为大可不必。人种不能克隆，体能不可移植，事实无法改变。但你有你的优势，我有我的特长，我们也有另一种人种和体能的强势，那就是灵敏、快速、柔韧和协调性等，这是欧美队多数运动员所望尘莫及的。

高度，无疑是当代排球重要发展趋势之一，不容忽视。缺乏高度，必将被动挨打，如同某些亚洲队那样，很难取得好名次。然而，高度本身不能决定胜负，高度只有加上精湛技术，才能发挥强大威力。身无技艺的傻大个虽然可爱，但永远不可能成为球星。

国际排联的资料表明，夺得历届三大赛的世界冠军者，除1996年亚特兰大奥运会是身材最高的荷兰男排外，大都不是最高的人。比如女排分别获得6次、7次和9次冠军的日本、中国和古巴队，以及新科冠军巴西队；男排曾多次夺冠的俄、美、意、巴（西）等队，在当时都不是鹤立鸡群的，当然也不是最矮小的。

去年参加全国甲A联赛前12名的队（不含13名以后及青少年队），运动员的身高：男排1.95米以上的有127人，2米以上58人；女排1.85米以上的有101人，1.90米以上28人。队伍不多，精兵不少；“室雅何须大，花香不在多”。如此身材条件，是历史之最，当令国人振奋，让亚洲垂涎，使欧美刮目。常有人哀叹后继无人，好像证据不足。如果这些高人的成才率为50%，哪怕30%，也可组成几个国家队。

现役中国男排平均身高1.97米，女排1.87米，弹跳力也不差，应当说，高度堪称世界水平的，甚至比世界冠军巴西男女排队员都高，但高度不是我们现在问题的症结所在。此外，我们快攻战术体系的先进性和有效性，虽然不敢妄自尊大，但却值得自信和自豪。技术是战术的基础，没有全面扎实的技术作基础，一切战术体系都将形同虚设，空有其表。

因此可以认为，我们缺少的不是高度，也不是战术，而是技术能力，以及作为它的生理基础的体能。而高超技能和体能的获得，只有依靠正确的训练理念（指导思想）和科学的训练实践去实现，舍此别无他途。今年世锦赛，日本和美国女排争夺季军之战，打满5局，日队一传只失一分，不得不令人赞赏。我想，同是亚洲人的日本人，也是靠练出来的，而不是从娘肚子与生俱来的。

三、练就特点的要素

那么，我们的体能和技能缺在哪里呢?

体能，反思我们的体能训练：有没有只侧重于力量等素质的“补短”，而忽视了灵敏、速度等体能的“扬长”？有没有训练手段过于简单，很少涉及田径、体操等发展全面素质的训练内容？这是很失算的。“补短”虽重要，“扬长”不可弃。昔日鼎盛时期的中国女排和如今努力向上的日本队，就可能既注意“补短”，更重视“扬长”，因而把自己的特长素质转化并反映在技术上的动作细腻、灵活快速、进退自如、少懈可击，把亚洲人种的特点和优势演绎得淋漓尽致，让人叹为观止。这是值得认真总结和借鉴的。

扣球，是体现进攻的重要内容，是一项技术结构复杂、与同伴配合密切、同对手直接对抗、掌握与运用难度较高的技术。在训练上，不要只热衷于高度和力气的比拼——这无异于拿自己的短处去打老外的长处，绝非明智之举；而更应注重速度、技巧、手法、变化等特点的塑造，与队友配合的调适，洞察全场能力的训练，处理困难球的操作，对抗能力的锤炼，以及同对手斗争的胆识与谋略的培养等，这样才能形成有威慑力的绝技，造就全面型的攻击手。我们虽无重磅炸弹，但有机枪钢炮，加上智慧与谋略，足以让对手闻风色变。过去男排汪嘉伟、曹平，女排张蓉芳和郎平等优秀进攻手，应是今人仿效的技术楷模；几年前，如日中天的周苏红、杨昊等人的全面技术和风格特点，也是值得称道的。

一传、防守、保护和拦网等，是形式上被动的、需要对对方行动准确判断、与本方同伴密切配合、付出更多劳动与意志的技术。如果在训练中给以足够的重视与强化，舍得花费较多时间与精力去磨炼，不只是操练摸爬滚打，更应强调观察与判断，不只是注意技术动作的改进，更要在训练过程中渗透与贯穿战术意识、心理素质、作风意志等因素的培养（训练其他技术亦然）；那么，这种训练不仅事半功倍，能有效地提高技术动作本身，并可以开发智力，锤炼气质，把人练活，使人聪明，造就有特色的技术本领；而且，有可能把本来形式上被动的技术，转化为内容上的主动，为进攻和反攻创造有利条件。昔日中国“女排精神”，不只是彰显在气质、精神上，更表现在技术、战术上，也反映在这些被动技术上。可是，近几年由于受重攻轻守、重拦轻防等训练理念的误导，这些技术优势大有消退之势。

二传，是由防转攻的枢纽，是组织进攻的关键，是一项技术细腻、动作繁多、技巧性强的技术；二传本身不是进攻技术，但卓越的二传，应具有牵制对方拦网、含有进攻因素的效能，而不只是简单地把球传到位就满足。因此，二传手只有进行必要的二传专门训练，掌握各种不同性能的二传技巧，学会通观全场的能力，赋予丰富的战术素养，教会其运用技术的智谋与策略，才能达到技术升华，拥有高超技艺。要用心培育二传手独立思考、凝聚全队、鼓舞同伴、中流砥柱等特有气质，发挥其在场上的核心作用。可惜，目前少有出众拔尖的二传手活跃在赛场上，存在着动作粗糙、技巧性差、脚步缓慢、“二垫”太多、视野不广、运用不活等问题。老一代拥有的可以迷惑与干扰对方拦网的高端二传技巧，也似已失传。

发球，是一项自我操作、独立作战、无须同伴配合、不受他人制约、不被对手干扰的技术。这些属性，从理论上讲，应是比较容易掌握和运用的技术，但实际上并非如此。在发球训练中，队员容易随心所欲，放任自流，达不到预期的训练效果；在比赛中，队员有时胆小手软，攻击乏力，有时莽撞蛮干，得不偿失。今年亚运会，中、日男排之战，只打三局，我方发球一分未得，却发失16分，这种蚀本买卖，实属罕见。因此，必须在训练中严格要求，一丝不苟，带着“敌情”练好每一个发球；每人要有把握地拥有两种攻击性和战术性的发球手段。只有熟练掌握过硬本领，才能建立信心，在比赛中大胆放手，充满自信，并根据对方轮次特点、双方比分消长，以及当时比赛态势等情况，来运用各种发球策略。

快速多变的战术，中国是它的鼻祖，也是我们的优势所在，但要保证它的圆满实现与充分发挥，就得有高效的一传、防守和二传等“地上”技术来保驾护航。否则，没有载运火箭的导弹就会变成废铜烂铁，这是毋容置疑的。可叹在实践中，至今有人还没有完全弄明白，这是令人费解的。

老祖宗的快变打法，不能亘古不变，照方抓药，因为时代变了，长人多了，弹跳高了，拦网强了。因此，可以把快攻的攻击点，从易扣也易拦的前沿，向射击面宽、不易被拦阻的纵深地带发展，并寻求更多的进攻点，从而形成新的打法与特点。同时，还要准备几套一传不到位的应急战法，防患于未然。

此外，在跑动中进攻的“运动战”，也是中国队的擅长打法，必须坚持。但若一传到位率只有30%左右，防守成功率20%上下，谁也不会犯傻，浪费体力在球场上瞎“跑动”。

需要指出的是，实施每球得分制，提高了一攻在比赛中的地位，但并没有颠覆防反的固有功能；防反的成败得失，在很大程度上仍是左右比赛胜负的关键。

历史的经验值得强调。对付人高马大的欧美队，我们必须重拾昔日“地上”技术的优势，形成独特的防反风格。同时，提升扣、拦技术战术水平，才能拥有与其在网上抗衡的可靠资本，进而夺取胜利；否则，本来“网上”就不占优势，如果连“地上”技术都不如人家，下文必败无疑。

而应对正在崛起的日、韩等亚洲队，我们虽有“网上”优势，但若“地上”技术不能同其不相上下，伯仲难分，则“网上”优势必将失去支撑，取胜的难度就大。历届世界大赛的比赛现实，已经不止一次地从正反两面验证了这些无可争辩的真理，为什么有人至今还视而不见，睡而不醒呢?

违反排球运动普遍法则，逆流排球比赛制胜规律，是会付出代价，受到惩罚的。这不是危言耸听，而是历史的必然、残酷的现实。如果在比赛中屡战屡败，但又不愿接受经验教训，这岂不是一种“杯具”！

四、培养特点的规律

综上所述，特点的培养与形成，似有几条可以遵循的规律。

特点的培养与形成，要以技术全面提高、攻防协调发展为前提，否则，所谓的特点，就是无源之水，无本之木，缺少生命潜力和发展空间。

特点的培养与形成，要从本国、本队和个人的实际情况与具体条件出发，因材施教，因人而异，而不要东施效颦，或削足适履。

特点的培养与形成，要首先注重扬我所长，同时补我所短，而不要只顾补短、忽视扬长，或只抓强项、不管弱点。

特点的培养与形成，要在技术战术训练的过程中，同时贯穿与渗透战术意识、心理素质、作风、意志以及智慧、谋略等的培养与训练；而不要只抓物质，不抓精神，迷信硬实力，轻视软实力。

特点的培养与形成，不仅表现在技术战术上，也反映在身体素质上。不仅要注重进攻性的技术战术，也要重视防守性的技术战术，不要厚此薄彼，或顾此失彼。

特点的培养与形成，既要认真总结自己的经验，光大优良的技术传统，也要根据形势的变化、技术的发展，与时俱进，不断创新，博采众长，为我所用；不要因循守旧，墨守成规，也不要夜郎自大，或自惭形秽。

复杂源于简单，高深源于浅近。中国排球要重新崛起，再创辉煌，从训练层面上讲，看来是需要从最基础、最现实的训练实践中逐步去求索与实现的。

五、值得思考的问题

要认真审视这几年训练的科学性和有效性。为什么我们的特长体能不能反映在专项技术上？为什么我们的技术特点逐步被磨平，而弱点却不断在扩大？为什么我们全面、细腻、串联和防反等技术优势逐步在弱化，甚至不如某些欧美队？为什么我们也在苦力干活，而且集训的时间比人家长，却未能挽回技术下滑的颓势？为什么全国有为数众多的男女高大运动员，却少有出类拔萃的尖子？为什么通过几代专家学者调研论证和总结出来的、经过历任排球高层认可的、又由全国排球训练工作会议确认的、多年行之有效的排球技术战术指导思想（或称制胜规律），未能得到继承与发扬？

要勇敢面对这些现实，努力寻求正确答案，切实采取有效措施，积极认真地予以改进。我们即便是亚运会拿到冠军了，也回避不了这些业已存在的矛盾。因此，脚踏实地去探讨这些现实的、根本的训练和技术问题，如每年在天津举办高级教练员培训班，以及在各地举行排球集训，倘若能多研究并解决一些对当前训练和比赛有实际意义的现实问题，或许更有裨益。

要大兴学习与研究业务理论之风。要学习与研究训练理论、指导思想、技术战术、战术意识、体能训练、方法手段、策略谋略等，还要学点辩证法和科学发展观。据说，多年少有这种认真的研究氛围了。而没有正确的理论指导，就没有正确的训练行动和技术行动。盲人骑瞎马，夜半乱扬鞭，是危险的；以其昏昏，使人昭昭，更不足取。

要正确对待胜负。不要一胜掩百丑，赢球就昏头；也不要输球就挨骂，墙倒众人推。中国男女排落到今天的严冬境地（今年世锦赛男排并列第19名、排序第21位，女排第10名），绝非一日之寒，也非一种因素造成的（本文只谈训练）。指责当任的教练员和运动员并不公平。讥讽怒骂，不是良方。我行我素，气度太小。泄气丧志，也不是中国人的气概。

重要的是，全国上下排球界人士，特别是管理层，要同心同德，博大宽容，调动各方积极因素，尤其是地方队的积极性，共同振奋精神，卧薪尝胆，认真总结经验，共谋崛起之策，才有希望看到未来愿景，重现昔日风光。

这是一个耄耋之年、为排球干活一生的排坛老兵，乐观其成的。如此而已，别无他意，也无他求。

原载中国排球协会官网《赛事点评》栏目（2010-12-15）

“四国联军”闯天下刍议

本年度甲A女排联赛已过半程，比赛过程耐人寻味。

由4名已经或行将退役的本土运动员，加上引进塞尔维亚和美国（或泰国）各一骁将组成主力阵容的恒大女排，除了不敌技高一筹、作风硬朗的天津队，并同上海队各胜一场外，迄今为止，几乎把其他各地方队都打得花落水流，纷纷败北，实是令人感慨良多，联想万千。

是恒大队强大，还是地方军疲软？一个刚拼凑起来的“四国联军”，地方队大都抵挡不住，不堪一击。这个现实，大概除了与恒大队利益相关的人士外，业内同行是笑不起来的。

不过，失败有时比胜利更有价值，人们从中或许可以悟出些许启迪来。

“兵民是胜利之本。”武装个人技术能力是构成全队战斗力的基础。恒大女排依靠几个老外和冯坤、卓玛等人的个人实力，并未经过太久的磨合，就能演出精彩纷呈的好戏来，这给那些热衷于打对攻、练磨合，而忽视基本技术能力训练的人，不啻是一剂有益的良方。

历史的经验值得回味。1976年，袁伟民教练重新组建中国女排不到半年，就把由著名教练小岛孝治率队来访的、当时被认为不易战胜的日本“尤尼奇卡”职业队，打得丢盔弃甲，全败而归；嗣后，在访美中，又六战六胜在生理学博士赛林格麾下，拥有身高1.95米、号称天下第一攻手的海曼、弹跳力惊人的克罗克特和亚裔二传手格林等名将的美国国家队。同期组建的、由戴廷斌教练率领的中国男排，也初露锋芒，展现实力。

其重要原因，除了教练员的精心组织和正确指导外，是这批队员经过1972年以来多年大集训，磨炼出扎实的基本功和个人技术能力，因而只经短期集中配合，就可显现其水平与实力。

不难理解，一个连横、竖、点、撇、捺都“描”不好的人，是怎么也书写不出漂亮的字体来的；反之，如果把基本笔画练得炉火纯青，不论写什么复杂的文字，都可以随心所欲，笔下生辉。打球和写字，其义相同，其理相通。

球星的力量无穷。恒大女排仰仗布拉科切维奇和汤姆等身怀高技的外援，通过技术与经验俱佳的二传手冯坤的穿针引线，加上其他队员的积极配合，就导演出一幕幕威武雄壮的活剧来。球星的作用不言而喻，这是她们所向披靡的重要原因。

可以看出，恒大队具备了两个条件：一是有技艺出众的球星；二是有为球星施展才华的技术环境与平台，全队的全面技术能力和组织进攻水平，保证了球星的充分发挥。两者缺一不可。

我们有些队（包括国家队）也有技术超群的雄鹰，但好像欠缺让其展翅翱翔的良好空间与气候。

我们很多队都有身体条件优良、有望打造成为球星的良种好苗，人们期待他们早日成才，也期望能同时营造良好的技术环境与平台，为未来的球星保驾护航，锦上添花。

“民富”才能“国强”。袁伟民同志曾几次说过：20世纪70年代后期到80年代中期，国内女排前六名的队，可以同世界强队相抗衡，所以才有国家队的兴旺发达。

事实确是如此：其时，由世界冠军教练山田重雄带领的、名噪一时的日本“日立”职业女排，到漳州基地同四川、江苏、福建、陕西等队共同训练与比赛，在国家队员未返队的情况下，中、日双方对阵，我方胜多负少，让不可一世的山田教练感到意外和惊讶。

1977年，临时组建的中国青年男女排，参加在巴西举行的首届世界青年锦标赛，就双双荣获亚军。

1981年，组队不久的中国青年女排访问秘鲁，与翌年获得世锦赛亚军、曾盛极一时的秘鲁国家队交锋，取得了五胜一负的战绩。

一枝独秀不是春，百花争艳春满园。其时的全国比赛，男排有七八个队，女排有十个队左右，水平不相上下，彼此互有胜负。从1976年至1986年，男排的上海、江苏、八一、福建、北京、广东、湖北等队，女排的四川、江苏、八一、福建、辽宁、浙江、河北和陕西等队，都曾夺过全国冠军，同现在只有上海和天津男女排独占鳌头的情况大相径庭。这都说明，当时地方队蕴藏着强大的潜力与后劲，所以才有国家队的强大与威武。

有了实力雄厚的地方队后备军，国家队教练的主要任务是，集中全国技术精英，有计划地进行精心加工、战术组合和技术升华，以达到一个更高的实力水平。他们不必像现任教练们那样，还要为国家队员的基本功和其他杂事而日夜操心。

国家队教练，应是挥洒自如的乐队指挥家，而不是既要指挥，又要拉二胡、敲锣鼓、吹喇叭，好辛苦啊！

“国强”来之不易。只有实力雄厚的地方军，才会有高水平的国家队，这个道理人所共知。然而，“熟知不等于真知。”（黑格尔语）要把“道理”变成现实，需要远见与胆识、责任心与牺牲精神。上述地方队的兴旺局面，不是凭空而来，而是经历了一个漫长而艰难的奋斗历程。

1974年，“文革”期间备受折腾的国家男女排参加在墨西哥举行的世界锦标赛，分别跌落至第15名、14名，各地方队的“元气”也远未恢复，中国排球水平处于极度低潮。

当时国家体委和排球高层，高瞻远瞩，深谋远虑，果断决策暂时解散国家队，把工作重点转入扶植与加强地方队，从政策、措施等方面调动地方队积极性；韬光养晦，“藏富于民”，强化全国集训，狠抓基础训练，大搞技术攻关，实行多强对抗；球类司司长张之槐、夏朗和排球处长钱家祥等领导，深入基层，集思广益，长期蹲点在漳州集训基地，与地方队教练员和运动员保持零距离沟通，同呼吸，共命运，抓思想，搞训练，攻技术，上水平。

经过全国上下的艰难奋斗，1976年国家队重新组建，1977年参加世界杯赛，就获得女排第4名、男排第5名的良好成绩，以及尔后出现全国排球腾飞、女排连续五次夺取世界冠军的大好形势。

重温历史经验，不是主张照搬过去，或解散国家队，而是意在给力阐明夯实技术基础、加强基层实力，水涨船高、“民富国强”的深远战略意义和现实“蝴蝶效应”。

“Money talks”管用吗？有钱能使队变样，新建队的恒大女排，财大气粗，高薪引进高水平的外援和内援，一夜之间爆发成强队，这是不争的事实。

引进外援，可以热闹球市，吸引眼球，交流技术，加剧竞争，这也是可以想象的。

然而，从长远眼光和宏观角度来看，外援并不能改变中国排球的命运。即便其他俱乐部都有大把钞票，把俄罗斯的加莫娃等世界球星引进来，各队摇身一变成为强队，那也只是一种虚假繁荣、泡沫实力。因为，谁都明白，这些老外赚足钱财就走人，不可能加入中国籍，参加全运会，入选中国队。

我并非诟病或反对引进外援，而是说，外援只治标，不治本，不能根本解决中国排球的问题。不靠神仙和上帝，只靠自己救自己。20世纪50年代，苏联男女排称霸排坛；60、70年代，“东亚魔女”日本队大显神威；80年代，中国女排称雄世界，中国男排扬眉吐气，美国男排异军突起；80年代至90年代，加勒比海“黑旋风”古巴队席卷全球；以及当今新科状元巴西男女排，都是依靠本国力量崛起的，而不是靠引进外援才发家。这是有目共睹的事实。

因此我以为，有抱负、有能力、有责任感的教练员，应当立足于奋发图强，自力更生，总结自己经验，博采诸家之长，精心培育与打造本国运动员。这才是真正的本事与水平所在，也是振兴我国排球可靠的治本之道。

原载中国排球协会官网《赛事点评》栏目（2011-02-15）

中国女排后继有人

最近我有机会去漳州基地观摩集训之后的全国青少年女子排球联赛。故地重游，情景再现，感触良深，茅塞顿开。

刚走进比赛场馆，我就被此起彼伏、激动人心的叫喊声和战斗声所吸引。得分的一方，如同中了头彩一样兴高采烈，欢呼雀跃，跑场转圈祝贺；输球的一方，则互相慰勉，拍手致意，表示不屈不挠。

这些乳臭未干、稚气犹存的年轻姑娘，在球场上所彰显出来的朝气与拼劲，使我这个曾经在这里奋战二十几年、对漳州基地充满情怀的排球老兵，仿佛又找到了20世纪70、80年代大集训时期的感觉，重睹了当年艰苦奋斗、不怕困难的“竹棚精神”，感受了昔日老女排奋勇进取、顽强拼搏的大无畏气概。

可谓长江后浪推前浪，事业自有后来人。长眠于漳州基地的新中国排球事业开拓者——老排球处长钱家祥，倘若在天有灵，定会含笑九泉，深感欣慰。

一位哲人说过：“人一旦受到责任感的驱使，就能创造出奇迹来。”或许是由于受到下一届全运会赛制改革的激励，男女排各有6枚金牌的冲动，据说今年冬训的气氛不同寻常。

担任集训队训练组长、联赛技术主任的郑宗源指导对我说：今年集训40天，训练气氛特好，估计这批运动员中会出现一些人才；基地工作人员在闲谈中讲，这批年轻队员练得比成年队认真投入；有关教练坦言，他们每天都练7个小时左右，各队之间都比着干；我亲眼目睹有些队上午赛后继续补课，练到中午12点多；赛间有半天轮空，各队都不休息，抢场地、抓训练；基地设备硬件虽陈旧，但后勤服务软件却依然是一流的，其敬业精神，令人肃然起敬，颇有“比学赶帮超”的意味。此情此景，与当年大集训的气氛，何其相似乃尔！

这14支青少年队，大都是1994—1997年出生的，身体条件引人注目，1.83米以上的有90多人，其中1.88米以上近30人（不含秩序册上未标明身高的天津、辽宁两队）。八一队最为突出，有5人1.90米以上，最高1.95米。很多队员还大有生长的空间。她们普遍掌握一定的技术水平，并拥有一线队伍所运用的各种攻防战术。

当然，这些良种嫩苗，从生长到成熟，尚需时日，还有很长的路要走，很多的事要做。只要严格遵循排球运动训练规律，正确引导，科学管理，勤奋训练，不被偏方歪论所误导，未来前景令人乐观。

评价一个项目的人才储备状况，不但要看其注册队伍的数量，更要考量其组成人员的质量。我国排球队伍虽有所萎缩，但运动员的良好条件却是前所未有、创历史之最。除上述青少年队外，国家女排和各省、市、军一线队还拥有100多名身高1.85米以上，近30名1.90米以上的高人（男排一、二线队伍的长人也比比皆是）。此外，无论一线队或青少年队，还有一批貌不惊人，但技艺出众、或身怀长技、或功能齐全的选手，这也是一支不容埋没的人才队伍。

兵在精不在多。甜桃一口，赛过烂杏半斗。滥竽充数，多有何用！这些高人，如果成才率50%，哪怕30%（这个要求并不高），何愁国家队后继无人！

至于如何管理、引导、培育与打造这些充满希望的精兵良将，当是各级管理层和教练们的当务之急。

舆论认为，近年来中国排球水平处于低潮，似有一种无可奈何的说法：这或许是大环境和现行体制所使然。诚然，环境和体制，对人的世界观、人生观、价值观和人的行为都会产生一定影响，但人的精神、人的主观能动性，在物的面前真的会变得如此苍白软弱、无能为力？那么，为什么在同样的环境和体制下，那些青少年队员在带兵人的率领下，可以练得虎气生生，干劲冲天？上海男排和天津女排为何能够长期保持强劲不衰的领先势头？我国其他一些传统优势项目，不也依然雄踞在世界霸主的地位吗？这是不是值得人们去认真思考与总结？

成功一定有方法，失败一定有原因。

被评为全国“双百”人物的五连冠中国女排，她们的成功与胜利，“靠的是中华民族最为认可，也是世界其他民族最为认可的美好品质：诚实、勤劳与智慧”。（新华社2011年3月31日）五连冠中国女排的优良传统和美好品质，永远值得我们珍惜传承，发扬光大。

原载中国排球协会官网《赛事点评》栏目（2011-04-12）

中国女排胜利的启示

中国女排在第16届亚洲女排锦标赛中，八战八捷，6年后重登亚洲女排之巅，国人为之振奋，同行额手称庆。

人们会想，不到一个月前，在世界女排大奖赛中，中国女排战绩不佳，输给泰国队，之前还败在以二队为主的日本人手下，为什么时隔不久女排姑娘一下子能成为亚洲老大？

胜利一定有理由，失败一定有原因，有几点启示，颇耐人寻味。

一、一着走对，满盘皆活

世界大奖赛后，女排阵容作了调整，重新召回张磊和张娴，安排其主打事关要害的接应位置和专司半壁江山的后防要塞，使全队左半场有张娴据守，右半场有张磊策应；有稳定的一传和防守作基础，才保证了网上进攻的实现，再加上张磊的跑动进攻和灵活出击，极大地干扰与牵制对方的拦防部署，使我方进可以攻，退可以守，处于主动有利的地位。这一决策，可以说激活了全盘战局，改变了全队命运。

阵容配备事关排兵布阵，组织力量，运用战术，发挥队员潜在能力，调动全队积极因素等重大战略问题。指挥员要视野开阔，成竹在胸，知己知彼，深思熟虑，才能运筹于帷幄之中，决胜于千里之外。

二、“网上”要争，“地上”必保

随着运动员身高、弹跳和进攻能力的提高，网上争夺加剧，无疑是当代排球比赛的重要特点。然而，网上斗争的加剧，必将对后防提出更高的要求，这是不难理解的。人们注意到，张磊和张娴在后排防守的出色表演加上全队的密切配合，有效地使我方在亚洲本来处于优势地位的网上实力，能够获得淋漓尽致的发挥；在同日本、韩国等强队的对抗中，较少出现像世界大奖赛那样一传不稳定、防守不起球的乱象，这是有目共睹的事实。这再一次表明，在比赛中，倘若只顾“网上”，不问“地上”，只顾得分，不问失分，只顾攻城，不问伤亡，绝不是兵家取胜之道。

三、高度重要，特点坚持

高度是当代排球运动的发展趋势之一，缺乏高度，势必挨打，像有些亚洲队那样，永无出头翻身之日。但是，重视高度的同时，必须坚持中国队的技术战术特点。片面追求高度，全场布满长人，盲目追随欧美打法，不自觉地忽略或被迫放弃自身特点（球不到位，哪来特点！），实践已证明这是一条“此路不通”的死胡同，绝无可取之处。身材高大的不一定都是强人，当然也有强人。历届男女排世界冠军，大都不是被身材最高大的队所夺得。高矮搭配，比赛不累，优势互补，打球不苦。这或许是趣谈，但是不无道理。

四、摆正位置，哀兵必胜

女排在亚洲锦标赛的胜利，可能还有一个精神上的重要原因，那就是身处低位，势在必拼，轻装上阵，哀兵必胜。中国女排这些年跌宕起伏，胜败沉浮，经受了各种困难与考验。常言道：“自古英雄多磨难，从来纨绔少伟男。”只要做好各方面工作，那些消极因素就可以向其对立面转化。相反，有些亚洲队曾经一时身处高位，可能想法太多，背上包袱，作茧自缚，打不出应有水平。命运往往会捉弄那些孜孜以求而又得不到手的人，这是司空见惯的“杯具”。但我以为，技术实力才是起决定作用的第一位东西，精神因素的反作用也不容忽视。

人要有勇气否定自己。其实，每个人在一生中都经常在否定自己。写篇文章，要修改十几遍或者更多，就是在不断地否定自己；调整阵容、改变思路，也是在否定自己。否定自己，就是服从真理，修正错误。因此，否定自己，不是羞耻之事，刚愎自用，也未必就是伟人。

总而言之，顺应排球运动客观规律，遵循正确技术战术指导思想，坚持攻防全面的发展方向，发挥中国队的自身特点；加之，摆正自己所处的位置，轻装应对各种挑战与考验，应是中国队今后要走的漫长而崎岖的道路。

一位伟人曾经说过："人要学会走路，也得学会摔跤，而且只有经过摔跤他才学会走路。"

人们相信并希望，几经摔跤、磨难的中国女排，通过本届亚锦赛的成功与胜利，将会认真总结经验教训，重树女排昔日威风，在今年世界杯和明年奥运会比赛场上，不但学会走路，而且会展翅高飞，搏击长空，去夺取新的胜利。

原载中国排球协会官网《评论观点》栏目（2011-09-26）

值得看重的财富

——旁观世界杯女排比赛心得

经历十几个紧张而兴奋的日日夜夜，中国女排在2011年世界杯赛场上如愿以偿，勇闯三甲，率先取得进军伦敦奥运会资格。这个事实，大概除了日本、德国和巴西女排外，中外排坛人士都很高兴。

我想，我们在庆幸胜利之余，或许还有比获得第三名更值得珍视的东西，包括自己的和别人的，胜利者的和失败者的。这些东西，如果运用得当，将是一笔有益的财富。

至少有三：

一、“女排精神”，依稀再现

世界第三名，对于过去的中国女排而言，不过是家常便饭，小菜一碟。1988年汉城奥运会上中国女排得了第三名，教练、队员还挨臭骂。可如今的第三名，因其背景、条件不同，意义却大相径庭。

这些年来，中国女排流年不利，几经磨难，去年世界锦标赛只得第十名，今年8月世界大奖赛中又名落孙山，队伍陷入低谷，舆论普遍哗然。

然而，女排姑娘们痛定思痛，败而不馁，知难而进，奋力崛起。在短期内调整阵容，召回“两张”；改变思路，重视防反；彰显特点，发挥优势；加强“网上”，注重“地上”；摆正位置，轻装上阵。从而在9月的第16届亚锦赛上，重登阔别6年的冠军宝座，大长自己的威风，重树胜利的信心。进而在本届世界杯上，敢打硬仗，敢拼强队，敢顶逆境，打出了气势，打出了特点，打出了水平。这种技术状态和精神面貌，仿佛重展了昔日威风，再现了“女排精神”，不论胜败结局如何，比赛过程无不令人赞叹！这使人充满信心，看到希望，并有足够的底气。这是一笔十分可贵的财富，比第三名更有意义。

比赛名次，随着赛事的平息，已成为历史陈迹，而技术财富和精神财富，却永远为自己所拥有，不易消失。

因此我以为，目前中国女排属于世界哪个层次、哪一流的队伍，并不重要，重要的是，中国女排只要一直保持并发扬这种状态、面貌、信心和底气，事情就会发生令人想象不到的变化。

“行百里者半九十。”中国女排要在伦敦奥运会上更有作为，还有很长的路要走，很多的事要做，还要面对诸多困难与挑战；一些技术要改进，战术要完善，配合要加强等。但有了现在这个基础，人们对她们满怀信心与期待。

二、日本女排，以小打大

人们对日本的当权政客，从不怀有好感，但对日本女排的技术与拼劲，却不得不叹服。她们身材不高，貌不惊人，但掌握着扎实的基本功、全面熟练的技术、快速跑动的战术，拥有一套以小打大、以快制高的战法，以及永不言败的拼命精神。在本届世界杯上，日本队以大比分打败了比她们身材高出一个头的美国和巴西等强队；去年世界锦标赛，她们也战胜了几个欧美劲旅。这对于包括我们在内的亚洲各队，应当有所启示。

身材相对较矮的排球运动员，同样可以大有作为，不必自惭形秽，愧不如人。高有高的优势，矮有矮的长处。张磊不过1.82米，2008年北京奥运会巴西男排队长、核心名将吉贝（译音）也仅1.90米出头。关键在于技术和志气，在于观念和训练，尤其是管理者和教练员。

反观我国排球运动员的选材，似有过分倚重人高马大的倾向，女排若不是1.85米、男排不到1.95米以上的，都看不上眼。

或者勉强选上，又不去精心培养，浪费了不少有用人才。高度是重要的，但高度不只是指身高，还有手长和弹跳高度；高度要加上精湛的技术与智慧，才能有真正的优势。

就一个队的阵容而言，满场全是长人，未必就是上策。中国女排在大奖赛后成功地进行阵容调整就是明证。高矮搭配，比赛不累，优势互补，打球不苦嘛！

排球是一项全民可以参与的运动，而不是高人的专利。片面强调运动员高大化，不但会不自觉地扼杀有用人才，而且会制约群众性排球活动的普遍开展，抑制排球人口的正常增长。众所周知，日本学校排球运动的蓬勃发展、排球人口的繁荣景象，或许同其选材和训练理念不无关系。

“他山之石，可以攻玉。”日本人的选材和训练理念，如果对我们开展群众性排球运动和专业训练，有什么启发意义的话，岂不也是一种财富！

因此我以为，要端正我们选材和训练的某些理念，不要好高骛“大”，重高轻矮，忽视“小人”，荒废人才！

三、欧美诸强，潜力巨大

从本届世界杯的赛场上，人们不难发现，欧美强队不但身材高大，力壮如牛，进攻凌厉，网上实力雄厚，而且技术日趋全面、细腻，防守、小球等下三路技术并不比有些亚洲队逊色；过去那种技术片面、动作粗糙的现象，似已不复存在。

这些曾经在中国教练员的训练下成长起来的弟子们，已经掌握了排球运动训练的不二法门。不用说巴西、美国、意大利等传统强队的实力过人，就连过去属于二三流水平的德国队，现在也虎视眈眈，入道不久的塞尔维亚队也咄咄逼人，还有俄罗斯和古巴等队，暂时没有资格出场亮相哩！

早在1995年，当古巴和巴西女排风头正盛时，我曾在《中国体育报》著文《从世界杯赛看女排大势》（1995-12-13），分析当时世界女排形势："优势移美洲，潜力藏欧洲，危机伏亚洲"，看来是被言中了。这个现实似乎可以提示我们：

其一，是不能为，抑或不为。长人可以而且能够练好下三路技术，男女皆然，概莫能外。欧美人身高体大，能够练好出色的防守等下三路技术；中国人灵敏机智，应当更不在话下。关键在于训练理念和训练方法，以及对其重视程度。

其二，师不必强于弟子，但师不能贻笑大方。曾经是中国教练的弟子们，都懂得排球运动训练与比赛规律，掌握攻防全面的技术战术，老祖宗却还在鼓吹和践行那些过时的"重攻轻守"及其翻版的训练理念，岂不让人笑掉牙齿！

其三，要警钟长鸣，未雨绸缪。我不担心欧美人的进攻有多厉害，这是她们的本能和天性，无法阻挡。我忧虑的是其下三路技术大有长进，因为，这将使其本就处于优势地位的进攻如虎添翼。虽然我们现在名列前茅，但要有足够的危机感，并采取有效的应对预案。仅就训练方面而言，如果我们的下三路技术水平能够超越她们，并在跑动进攻和拦、防体系上有所创新与突破，就足以与其抗衡，并战而胜之。至于其他方面的预案，那是各级管理者的职责，旁人鞭长莫及。

原载中国排球协会官网《评论观点》栏目（2011-11-21）

联赛随想录之一：主场龙与客场虫

一年一度的全国排球联赛已过半程，比赛中出现的一些现象，颇耐人寻思。

自从20世纪末实行主客场赛制以来，有些队往往纠结于主客场比赛的技术发挥。在主场，手脚放开，挥洒自如，表演淋漓尽致，犹如出海蛟龙；在客场，则畏首畏尾，步履维艰，技艺无从施展，宛若落地爬虫。当然也有反客为主的现象，但较为少见。

壮哉，蛟龙！哀哉，爬虫！为什么同一个队在不同场合，会出现如此截然不同的表现？

不容置疑，客场比赛是有一些不利的客观因素，诸如场地不太熟悉、观众球迷干扰等。但我以为，更多的恐怕是主观上过分夸大客观困难，从而束缚了自己的手脚。

其实，某些客观因素是不应成为影响技术发挥的理由的。我们不妨改变一下思维定势：场地大小、球网高低、灯光亮度、比赛用球等，都是统一标准，并经过检验合格的，主客队一视同仁，人人平等，对此不必过于介意；世界上从无没有观众的正式比赛，害怕观众哄闹的运动员，如同害怕枪炮声的士兵一样，恐难成为球（战）场上的达人；各国球队出国参加世界三大赛事，大都是客场作战，但冠军却绝大多数被有实力的客队所夺取。

技术发挥的程度、双方较量的结果，主要依靠技术实力说话，辅以心理素质支撑。如果心理上未赛先衰，原有实力也会大打折扣。过分强调客观原因，忽视主观努力，放弃主动适应，无疑会作茧自缚，未战先败。

有哲人开导说：你改变不了环境，就去适应环境；改变不了别人，就改变你自己；改变不了这个事情，就改变对这个事情的态度。妙哉！态度决定命运，态度左右胜负，这应是强者的精神状态。

主场必胜论，或客场必败论，可以休矣！

原载中国排球协会官网《评论观点》栏目（2012-02-02）

联赛随想录之二：榜样的力量无穷

前世界冠军周苏红重披战袍，以普通一兵的身份，出现在浙江女排的赛场上，引起了业内和媒体的关注与围观。

我想，老队员重新披挂上阵，至少必须具备两个基本条件：一是要有强烈的事业心和责任感；二是要有扎实的体能和技术的功底。

去年底，我去灌云县观看江苏和浙江女排比赛，目睹了昔日冠军队员重新出山的风采。周苏红可能状态尚未完全恢复，出场不多，偶尔换上去发球或加强后防，起到一定的稳定军心和鼓舞士气的作用。

令我深为感触的是，周苏红作为替补队员，在场外随时待命，一直保持身体活动；在寒冷的苏北，其他小队员都穿外套，唯独她一人只穿着短衣衫，足见其对活动的投入程度。更值得一提的是，每逢暂停或局间休息，周苏红总是带着小队员，在场边认真地做各种移动脚步或带球的练习。

一个曾经叱咤风云的著名运动员复出之后，以普通替补队员身份，在众目睽睽之下，同小队员一起兢兢业业地操练，这虽然不是什么惊天动地的丰功伟业，但并非每个老队员、尖子队员或著名运动员都能够自觉做到的。

一叶落而知天下秋。周苏红的身体力行，体现着老队员的价值，昭示着老队员的潜能，折射着老队员的敬业精神，彰显着老队员的榜样力量。

千里之行，始于足下。一个队员或一个队伍作风的培养与树立，往往发端于点点滴滴的日常活动之中，产生于日积月累的耳濡目染之间，形成于不知不觉的潜移默化之下。

复杂源于简单，深远源于浅近。平凡孕育伟大，见微可以知著。

每个队都有自己的老队员、尖子队员或著名运动员，他们的榜样和引领作用，对一个队的建设与成就有着举足轻重的影响。倘若他们都能在日常的训练、比赛、学习和生活中，以身作则，严于律己，为人表率，带领全队，这个队的事业必将生生不息，薪火相传，长江后浪推前浪，一代新人胜前人。

人们高兴地看到，去年扬威世界杯的一些国家女排名将在归队参加联赛过程中，身先士卒，奋力拼搏，匹马当先，激励全队，起到良好的榜样作用。国家队员理应承载大众的期待与重托，这是不难理解的。

然而，在现实生活中，曾经有些队疏于或不敢对老队员、尖子队员或著名运动员严格要求，不是寓爱于严，寓情于教，而是一味地捧、宠、哄、纵，有时还加上媒体的加温发酵。这绝不是育人之道，或惜才爱才，而是误人子弟，坑才害才。这是带兵人之大忌，也是宣传报道之所讳。不敢严格管理和训练尖子队员或著名运动员的人，绝不是称职合格的管理者和教练员。殊不知，有时捧杀比棒杀更具杀伤力，因为前者是在甜蜜之中悄悄进行的，值得引以为鉴。

原载中国排球协会官网《评论观点》栏目（2012-02-07）

联赛随想录之三：细节影响全局

一个蚁穴，可以引发江河溃堤。一个零件，就会造成火箭升空失败。细节影响全局，细节决定成败。这是司空见惯的事，但在事情发生之前，未必会引起人们足够关注与防范。

1979年第4届全运会男排决赛在新疆举行，上海男排大主攻董传祥，在赛前因开罐头划破右手而不能出战，使该队失去了可能争冠的希望。今年联赛，江苏男排大主力陈平因在国家队受伤而缺阵，该队从去年亚军陷入保级边沿；江苏女排“大姐大”惠若琪手指被门压伤，因此增加了冲击前4名的难度。很多队或许都有过类似的因细节出事而影响全局，甚至决定成败的尴尬经历。

曾经有人不以为然，认为运动员的伤病，如同士兵在战场上伤亡一样不可避免。话可以这么说，但事情未必全是如此，要作具体分析。

这里有两种不同情况：类似陈平的受伤，是火线负伤；类似董传祥和惠若琪的意外，属非战斗减员。火线受伤似乎情有可原，非战斗减员好像责无可恕，但也并不尽然。

养兵千日，用在一朝。士兵在战场上，首先要千方百计地保存自己，才能卓有成效地消灭敌人。运动员经过多年的艰苦训练，为了能在竞技场上展现自己的价值，以报效国家和社会，就必须懂得并善于从各个方面珍惜与保护自己，没有理由和权利不重视或不爱护自己的身心健康。谨慎不是胆小，莽撞不是勇敢，马虎不是豪爽，放纵不是潇洒。不善于自我保护、自我珍惜的运动员，不是明智的、“长效”的运动员，如同不会保存自己的士兵就不能有效地消灭敌人一样。

管理不只是权力的象征，更是责任和服务的承诺。运动队的管理，是一个繁杂的系统工程，要上管天文地理，下管鸡毛蒜皮，很不容易。为保证运动员的训练、比赛、学习和生活安全、有效地运行，管理者就要在生活上嘘寒问暖，悉心关怀；学习上诲人不倦，循循善诱；训练上周密计划，合理安排；技术上认真改进不规范动作；比赛中防止意外事故，运动前后重视准备活动和放松活动；以及在业余休闲中嬉戏有度等。这些看似细枝末节的小事，都可能是预防或诱发意外事故的大事，丝毫不能掉以轻心。前国家男排队员、上海队汤淼伤害事故的深刻教训虽是个例，但不应健忘。“前事不忘，后事之师”啊！

“凡事预则立，不预则废。”居安思危，未雨绸缪，防患于未然，少一点亡羊补牢，少一点事后诸葛亮、事前猪脑袋，是有百利而无一弊的。谋事在人，成事在“心”，运动员的伤病，并不是完全“不可避免，或注定会发生的”。

不难理解，在比赛中损兵折将，影响成绩，是很懊恼和无奈的。但木已成舟，谁都无法改变这个事实。只有坦然面对，把损失减少到最小程度，才是出路。千万不能由此懈怠斗志，解除思想武装，否则，失去的东西，将会比减少一名主将还大。

“塞翁失马，焉知非福。”少了一个主攻，可以迫使教练员再培养一个准主攻。缺一个接应，可以使一个准接应获得“就业”的机会，将来能上场的人更多了，岂不是好事？对于替补上去的队员而言，你现在是过河的卒子，有进无退，平时无缘露脸，现在是大显身手的良机，何不放开手脚露两手！而对受伤队员来讲，则要认真接受教训，吃一堑，长一智，使自己更加成熟起来。

人的思维，往往在一念之差，拐个弯去考量，效果就不一样。如果沉湎于损兵折将的懊丧，不但于事无补，而且会雪上加霜。

对待各种困难，如同面对一面镜子。你对它哭，它就对你哭；你对它笑，它也对你笑。是哭是笑，请君自助选择吧！

原载中国排球协会官网《评论观点》栏目（2012-02-13）

联赛随想录之四：替补队员的话题

每年长达三四个月的联赛如火如荼地进行，各队主力队员们为了排球事业的发展和全队的荣誉与利益，纵横驰骋在赛场第一线，殚精竭力于汗水和悲欢之中。

在同一个赛季里，各队还有百分之五十的替补队员，积极配合与支持主力队员的训练与比赛，也为荣誉与利益作出自己的贡献。有的上场排忧解难，有的出阵改变战法，有的出其不意，扭转战局，有的甚至“喧宾夺主”，替换主力队员而大显身手。但就多数队而言，这些人恐怕只是少数 。

而在近半数的替补队员中，可能有相当一部分人少有机会上场比赛，只在赛前跑跑龙套，赛中活动活动，赛后回去休息。一周有两场比赛，如遇客场旅途劳顿，加上场地安排时间有限，一切训练都不可避免地围着比赛转，替补队员实际训练的机会就更少。

每年有三四个月的联赛，加上大奖赛、锦标赛、邀请赛等，近半年的比赛过程，替补队员实践的机会太少，训练的时间也不会多，这对他们的技术、体能等各方面的提高与进步，不能没有影响。尽管各队都会采取措施来弥补，但效果如何，不能保证。

实践出真知，实践育人才。缺乏系统训练的运动员，要想尽快提高技术、造就成才，是不可思议的，不论你有多高的智商、多好的天赋。

前国家体委经过论证曾提出，专业队运动员的训练（含比赛）要每年280天，每天5小时（以下简称“2805”模式），而且写进了《运动队工作条例》之中。姑且不谈这个规定现在还管不管用，但是，无论社会如何进步，科技如何先进，电脑如何使用，技术如何创新，大脑如何发达，技术的提高、体能的发展、人才的培养，都要靠训练实践和比赛实践去实现。坐而论道，喊喊口号，是无济于事的。

不知道有没有哪位精明的教练或科研人员做过研究：队员每年训练多少天，每天平均几小时，主力队员和替补队员又各练多少小时？每天、每年要练多少小时才能加快出成绩、出人才？认真研讨并解决这些实际问题，或许比天天喊人才匮乏、基本功太差有益得多。这里当然还有练得对路不对路、得法不得法的问题，姑且勿论。

也许有人会说，现在是新世纪、新时代，那个“2805”模式已经过时啦！

天下高见，多有相合。日本排球队在最牛的时候曾指出，培养一个世界冠军要练一万小时；中国排球在鼎盛时期，总结自己的经验时也提出“三年成形，五年成材，八年成器”，或称“三年打基础，五年出成绩，八年攀高峰”；国际排联专家们经过调研认为，世界冠军队的运动员大都在26岁（男排）和23岁（女排）之间（引自FIVB *Coaches Digest*）。如果以“2805”模式的训练时间来计算，8年就是训练1万小时左右，也是男排26岁、女排23岁成为世界冠军的成熟期。再看中国女排“五连冠”和新生代冠军的队员们，她们达到辉煌的顶峰，大概也大都训练8年至10年，这是铁一般的事实。

这里有一点应该可以肯定，训练总量不足，无疑会延长运动员的成才过程。没有量的积累，就不会有质的飞跃。

我多年未涉足运动队，孤陋寡闻，闭目塞听，不知道在新世纪、新时代的今天，有哪一个队能用什么高招新法，超越上述的运动员培养过程。如有，人们会乐观其成，拍手称快的。无疑，随着历史的发展、科技的昌盛、训练的革新、经验的积累，运动员的成才过程，将来可能会缩短，但中国目前好像尚未出现。

当然，不可能每个运动员都能培养成为世界冠军，也不可能每个人都是主力。但是，提高成才率，减少淘汰率，加速运动员成长，包括加快替补队员摆脱长期坐冷板凳的命运，应是运动队训练目标的最低底线。

我们不要一方面赞赏有多少条件优越的运动员，另一方面又哀叹青黄不接，后继无人；一方面叫喊选材困难，另一方面又未下功夫把手上的人包括替补队员培养成才；一方面埋怨下一级的教练员没有练好运动员基本功，另一方面又缺乏自我反思的姿态；一方面知道运动员技术粗糙，另一方面又不愿多花时间去精雕细刻。这好像有点“叶公好龙”的味道，不值得提倡。

我当教练时，只有赛会制，对长赛季主客场比赛的训练规律知之甚少，甚至一无所知。这里我只是提出问题，期望当事者去思考、研究、解决。此外，赛多练少、以赛代练的现状有没有可以改进、完善的空间，也值得认真思考。

原载中国排球协会官网《评论观点》栏目（2012-02-15）

联赛随想录之五：引进外援的闲话

今年联赛，除了广东恒大女排继去年之后引进外援外，福建队也从泰国请来几名队员加强实力，这无疑给本届联赛增添几分风景，也给福建厦门的球市添加新的亮点。

但若从引进外援的效果来看，恒大队所向披靡，名列前四，颇有夺冠的气势；福建队虽有进步，却仍未能摆脱徘徊在保级边沿的厄运。

这里有两个主要问题的区别：其一，恒大队引进的是世界上顶尖的选手，其水平高于国内运动员；而福建队雇用的虽是泰国队内的佼佼者，但她们在世界排坛中排不上号，可能也比不上国内强队运动员的水平。

其二，恒大队除了有两个世界顶尖队员担纲外，其他几个主力队员不是原国家队员，就是原国内强队的顶梁柱，加上强有力教练班子的调教与组合，当然就势不可当了；而福建队的外援即便有三头六臂（何况没有），如果没有其他位置的坚强支撑，也孤掌难鸣，独木难支，这恐怕是更重要的一点。比方说，福建队如把俄罗斯高手加莫娃请来助阵，累死她也未必管用。

作为集体项目的排球，其水平的高低，主要取决于整体实力的整合与发挥。球星的独特作用毋庸置疑，但球星潜能的释放，如果缺乏整体水平的有力支撑，就会如鱼失水，失去活力。

引进外援的策划，有点像女士或男士们的梳妆打扮，全身上下的着装都应是名牌或得体的，加上名化妆师的精心美容，才能气质高雅，风度翩翩，上得了台面；如果上装是舶来品，下装是蓝布裤，脚上还穿着老布鞋，恐怕潇洒不起来。当然，前者的装束，要口袋里有大把钞票才行。

所以，引进外援要全盘考虑，巧妙布局，以免赔了钞票不得利，还可能压抑本队运动员的成长。我不是奚落福建队，而是关注老乡排球水平的兴衰。

顺便多说几句，前国家男排教练戴廷斌在生前曾对我说：福建省的简称是闽，意味着福建人在门内是一条虫，出了门会变成一条龙。这当然是戏言。但我以为，福建省的排球资源相当丰富，曾有过辉煌的过去，男女排都得过全国冠军，为国家培养了大批人才，对中国排球作出过很大贡献。

福建曾拥有率领世界冠军队的陈忠和，培养多名女排世界冠军队员的陈玉霖，担任国家队教练的戴廷斌、陈忠和、汪嘉伟、许文新和郑宗源等知名教练员，培养出如女排陈亚琼、侯玉珠、郑美珠、林国清、李燕、王子凌，以及早年的苏彩霞、许秀梅，男排汪嘉伟、郑宗源、张建新、郭明、徐真，以及老一代的张启荣、徐莲蒲等优秀选手，现役国家女排的张娴、徐云丽也来自福建。

福建有良好的排球历史传统，群众喜爱排球；气候宜人，有利于营造良好训练氛围；全国第一个排球训练基地也在福建漳州——号称培养世界冠军的摇篮；更现实的是，现任福建省体育局局长徐正国和副局长陈忠和都出身于排球，对排球有独特的情怀。福建省拥有这些其他省所没有的有利条件，即使不请外援，只要很好地整合内部资源，凝聚全省力量，发挥优势，弥补不足，完全有智慧、有能力把排球水平再搞上去。

再回头说引进外援的话题，由于从不同的视角和利益出发，业内人士和媒体对引进外援的得失利弊，从来就是见仁见智，褒贬不一。

赞成者认为：引进外援有利于繁荣球市，吸引眼球，推动排球运动发展；可以交流经验，开阔眼界，观摩先进技术（以上可能是褒贬双方的共识）；可使球队由弱变强，立竿见影，成绩突飞猛进，立马名列前茅，恒大女排的辉煌战绩足以证明这一点；赞助商可获取巨大商业利益，全队可获得高额奖金；有的教练和媒体甚至主张要放宽引进政策，像意大利联赛那样，允许5个老外同时上场比赛，那场面才热闹等。

异议者认为，引进外援只是虚假繁荣、泡沫实力，治标不治本，不能真正提升本队和国家排球的水平，恒大的外援内援者，如果各自回家，其实力如何，不言自明；足球、篮球队早就普遍引进外援，但并没有提高国家队的水平和成绩，据说有的队还成了NBA的“养老院”；要立足本队、本国，培养自己的选手，世界各国排球的崛起，都是依赖自身力量，而不是靠外援发家的。目前大部分俱乐部队，没有经济实力雇用高端外援，何必花大钱去培养老外呢？

公婆各有理，不必太介意。世间本是多彩多样的，人的思想也是多元多极，人的价值取向更是五花八门，不必要也不可能要求每个人的脑袋，都长得一模一样。人们对各种事物的好恶取舍，如同姜太公钓鱼，愿者上钩，疑者避之。这都属正常，不足为怪。

原载中国排球协会官网《评论观点》栏目（2012-02-20）

水和船的关系

——兼谈中国男排落选2012年伦敦奥运会

水涨船高，水落船低，或水能载舟，亦能覆舟，说的都是水和船的关系。

人们常用水和船来比喻国家队实力与地方、基层队水平的关系，这是不无道理的。

水是基础性的东西，往往具有决定性的意义；水的高低深浅，以及“水况”如何，影响着船的升降沉浮，甚至决定着船的稳固性和安全性。当然，船的质量与水平，对其航行的成败也至关重要。可以说，水与船是互相依存、互相制约的。

然而，当船在水中乘风破浪、高歌猛进时，人们往往只热衷于赞赏船的精致豪华和船长、水手们的精湛技艺，并乐此不疲地为其评功摆好，却少有人去关注与颂扬那些造就与承载船的水的功能与作用。而一旦当船搁浅、触礁或倾覆时，人们又只会去抱怨船的质量，或指责船长和水手们的责任，也少有人去研究、探索水和“水况”可能造成的原因。这似是不很公允，也不够全面。

遗憾的是，这种情形在中国体育界和媒体界并不少见。

中国男排近日在奥运会落选赛中折戟沉沙，无缘进军伦敦，令人扼腕叹息。

周建安指导对媒体发表的一席恳切、负责之言，多少有点无奈与伤感，难免也引起人们对中国男排的痛惜与包容。

其实，中国男排在出征之前，业内人士对其出线本不抱太大希望，因为其实力水平和拼搏气势明摆在那里，大家心照不宣而已。除非出现奇迹，可惜没有。

不妨回头看看，我国自1979年恢复在国际奥委会席位以来，如果没有记错的话，男排只参加过两次奥运会，即1984年洛杉矶和2008年北京奥运会。1984年因苏联和东欧国家抵制美国奥运会，我国男排被替补进去；2008年我国男排是以东道主身份参加的。靠我们自己实力打进去的，还没有出现过。

再看看世界三大赛：中国男排从1956年首次参加世锦赛到20世纪60年代，一直保持在第9名的位置；70年代后期到80年代前期，曾分别两次冲上第5名和第7名；1984年洛杉矶奥运会10个队参赛，我国得第8名。这些战绩，应当说与当时国际排球形势和国内排球水平，基本是相对应的。

不幸的是，此后，除1995年曾再得世界杯第9名外，中国男排一直徘徊在第12名之外，有时打亚洲队都“抖呵呵”，2010年甚至跌落至第21名（至于北京奥运会的成绩，大家都心知肚明）。这是中国男排的真正水平吗？尽管名次与水平有时并不完全画等号，但必须承认，我们现在确实是输了，落后了。

赢要赢得清楚，输要输得明白。成功一定有经验，落后一定有原因。

人们自然要问，我们各方面物质保障和运动员身材条件越来越好，有些甚至接近或超过国际水平，为什么成绩与水平没有同步增长，反而每况愈下？原因当然是复杂和多方面的，不是谁能一下子就说清楚的。

但如果单从某一方面来分析，周建安指导的反思已经作了正确的回答。比赛是一面镜子，比赛中出现的问题，要从训练中去总结。人们期待并相信，国家队应该会认真而深刻地总结其经验教训的。

不过我以为，国家队水平是全国水平的缩影，如果只从“船”上找原因，不去研究、解决水和“水况”，恐怕会治标不治本，不能根本解决问题。即便以后重新“装修”或换了“船”，调整了教练和队员，原来存在的问题依然会故态复萌。我想，这并非杞人忧天。不是已经换过几任教练和几茬队员了嘛！

为此，我不揣冒昧吁请与建议有关部门在适当时机，静下心来，认真梳理与总结包括国家队在内的全国排球的训练工作，并从中秉承优良传统，发扬成功经验，寻找落后原因，汲取失败教训，摈弃过时理念，学习先进东西，创造新的方法，遵循排球运动训练的客观规律。这样才有希望实现排球界喊了多年的重振雄风的夙愿。

原载中国排球协会官网《名家》专栏（2012-06-14）

“林书豪现象”遐想

睁眼看看中国排球的某些现状，不由让人想起了林书豪的疯狂。

NBA尼克斯队美籍华裔的板凳队员林书豪在与篮网队比赛、本队落后十几分的情况下，教练德安东尼换他上去试阵，而且，按教练原计划，这也是决定林书豪去留的最后一战的机会。

林书豪上场后，犹如脱缰之马，砍下25分，7个助攻，5个篮板，并以99比92逆转对手。此后，在林书豪的首发下，又连胜6场，他在7场中一人共得171分，56个助攻，使尼克斯队从原来13战11败的困境中出现转机。

林书豪横空出世，一举走红，在大洋彼岸刮起一股旋风，引发一阵疯狂，全美上下轰动，连奥巴马总统都说：他是一个励志的故事。

“林旋风”也刮到了神州大地，听说中国篮球界人士，正在从“林书豪现象”的偶然中寻求它的必然，并引起对我国篮球传统发展模式的反思。

“他山之石，可以攻玉。”我想，林书豪的成功轨迹，对我国排球的选材、育才、用才等方面，或许也有借鉴作用。

其一，林书豪身高1.91米，体重91公斤，在长人如林的NBA中算是中小个。他能够力挽狂澜，改变尼克斯队命运，进而狂飙NBA，扬威全美国，显然靠的不是身高和肌肉。

中外排球的历史和现实都表明，获得世界三大赛冠军和全国冠军的队，绝大多数不是身材最高的队（除1996年亚特兰大奥运会荷兰男排外）。前四川女排夺过10次全国冠军，现上海男排和天津女排连获多次全国联赛桂冠，其身高都不是首屈一指的。

中外排球的历史和现实同样表明，优秀进攻手未必都是身材鹤立鸡群者（尽管高人也有高手）。女排五连冠的主攻张蓉芳1.74米，接应郑美珠1.71米，新生代冠军周苏红、杨昊1.80米出头，现役女排中的张磊1.82米；近年来全国女排联赛扣球得分佼佼者江苏队主攻翟婷丽1.82米；9次夺冠的古巴女排主攻手、路易斯和鲁易斯分别为1.76米和1.78米。

中国男排鼎盛时期的主攻李建新等都在1.90米左右，黄康恒才1.80米多；巅峰状态的崔建军和施海荣身高也不突出，但技艺超群。多次夺得世界男排联赛冠军并被评为最佳扣球手的意大利主攻比伯1.90米，现巴西男排队长、主攻手吉伯1.94米等。

这些事例都说明，高度虽是球类比赛的重要因素，但比高度更重要的是技术和战术、智慧和谋略。林书豪的成功更证明了此理。

从一个队的阵容配备、战术组合、攻防关系和策略运用来考量，满场都是长人，并非明智之举，也不见得有效。

只有傻瓜才会不看重高度。但更不明智的是一味迷信高度，选人唯高，任人唯长（人），从而埋没了那些貌不惊人、技艺娴熟、精明灵巧的人才。

其二，林书豪身上之所以能够出现奇迹，是因为他掌握了一身适合于黄种人的技术。他头脑清楚，身体敏捷，动作快速协调，传球助攻恰到好处，选择突破的时机和路线非常适宜，常使白种人防不胜防，很不适应。

近几年来，中国排球运动员的身高有很大增长，长人俯拾皆是，国家男女排和很多地方队的身高，大都接近或超过国际水平，但这并不能改变仍是亚洲黄种人的生理特征。因此在训练上，绝不能盲目追随欧美人的套路，依样画葫芦，还美其名为“与国际接轨”。必须在训练的理念、内容和方法上，按照亚洲人的特点来塑造自己的运动员。我们并不排斥学人之长，补己之短。

比如体能，不要片面倚重力量训练，而忽视亚洲人的灵敏、速度、柔韧、协调等特点的提高；扣球训练中，不要只醉心于力量和高点，而忽视速度、技巧和变化等特点的发挥；拦网要在加强判断和斗智上下功夫；发球虽不如人家每小时百十公里的球速，但可以另辟蹊径，在速度、飘度、落点、变化和站位距离等方面做文章，总不能发那种名为跳飘，实为菜球，让对手轻易一锤打死你，这似有“里通外队”之嫌；在攻防关系上，不要片面强调进攻，而忽视我们本占优势的全面熟练的技术。亚洲人的下三路技术，如果不如欧美人，犹如渔夫的水性不及樵夫，岂不汗颜，甚至于是一种羞耻！

总之，只顾补短，忽视扬长，其结果是短的没补好，长的反丢了。补短当然必要，扬长必须优先，这也许是训练的要诀之一。

在训练中要注重对运动员智力的开发和战术意识的培养，强调手脑并用，练想结合，开动脑筋，钻研业务。这种软实力的训练，对于加速运动员技术战术的掌握与运用，有不可估量的意义，而且这种软实力的形成，不受种族特点的制约。何况，黄种人应当不比白种人逊色。林书豪的成功就是例证。

其三，林书豪一夜成名，绝非偶然，也非一帆风顺。他读高中时，身高才1.60米，那时他就立志要实现进军NBA的梦想，但因华裔出身，进不了篮球名校，就考进了哈佛大学。他毕业后参加NBA选秀，开始不被人青睐，而且，“能想到的骂华裔的脏话他都听过”，后虽成功进军NBA，但几经周折才与尼克斯队签下无保障合同。由于他的自信、坚持、励志和不遗余力的奋进，奇迹终于发生了，他的才华和潜质得到了淋漓尽致的发挥。

不难看出，在具备一定的身体和天赋条件下，运动员能否成才，除了教练员的引导和内外环境的影响外，主要取决于自己的励志奋进和刻苦努力。要有积极向上的志向、百折不挠的毅力、锲而不舍的勤奋和善于动脑的品质，才有希望登上技术的高峰。而那种不思进取、怕苦怕累、知难而退、不动脑筋的人，只能当一天和尚撞一天钟。林书豪的成功之路，充分说明个人主观能力对于运动员成才，是多么重要。

此外，哈佛大学毕业生的普遍高智商，对于林书豪成就NBA的梦想是毋庸置疑的。这也强烈地提示我们提高运动员科学文化水平的重要性和迫切性。

其四，常言道："千里马常有，伯乐不常有。"教练员的识才、育才和用才的能力与水平，同运动员的发展也息息相关。"师高弟子强""强将手下无弱兵"，或"兵熊一个，将熊一窝""一帅无能，累死千军"，此之谓也！

应当说，尼克斯队的教练员德安东尼当初并不是一个先知先觉的识马伯乐。他是在不得已的情况下，让林书豪上场去试试看，以作为决定他去留的依据，才后知后觉地发现这匹骏马的。

当然，后知后觉要逊色于先知先觉，但总比不知不觉或知而不觉要高明得多。

看来，机遇也是成名的一个因素。如果不是前述的原因，林书豪至今没有机会上场，他可能还是一个板凳队员。然而，你首先必须是人才，机遇对你才有意义。

运动员的成才，还与我们国家的训练体制和社会环境的影响等不无关联，这不在本文讨论范围之内。

原载中国排球协会官网《名家》专栏（2012-07-12）

伦敦的阴沟翻船多

——兼谈伦敦奥运会中、日女排之战

2012年伦敦奥运会女排四分之一淘汰赛，中日两队交锋5局，每局均以2分之差比出胜负，这在排球比赛史上似不多见，最终日本队胜出，中国队无缘前4名。令人心情郁闷，扼腕叹息。这是一场扣人心弦、悲壮惨烈的战斗。用奥运精神来衡量，无论谁胜谁负，应当说，胜者高兴，败亦光彩。

平心而论，中国女排在这5局的拼杀中，除了第5局最后2分因一传失误而丢分太快外，整个过程的技术发挥比较正常，少有出现起伏不定的现象，双方比分大都呈现出犬牙交错、你追我赶的局面。更值得称道的是，中国运动员在场上始终士气高昂、斗志顽强、互相慰勉、永不言败、鞠躬尽瘁、拼命到底，给人留下了难忘而沉重的记忆。

也许是我孤陋寡闻，这是近几年我所看到的中国女排同强手对抗最精彩的场面之一。有了这种技术和精神，输球不可怕，输球不丧志，输球可翻身，输球有希望。

在成绩与名次上要以输赢排座次，这是毫不含糊的；在伦理和道义上，不以胜败论英雄，这应是人同此心。用中国人的观念判断，比赛中的表现有4种情形：赢球又赢人；赢球却输人；输球又输人；输球不输人。中国女排当属第4种。

那么，有人会问，既然中国女排的技术发挥和精神表现都很好，为什么会输球?

有人还会问，我们身高比人家高出一个头，网上进攻实力强于对手，我们有5个进攻点，对方只有3个点，而且主要在4号位，其3号位快攻手形同虚设，运用快攻屈指可数，为什么我们的拦、防未能抑制住日本队的防反，尤其是木村纱织和江畑幸子的进攻疯狂？

伦敦奥运会女子排球赛，冷门迭出，意外频传。上届冠军巴西队在预赛中以0：3输给前一届未进奥运会门槛的韩国队；在淘汰赛中，本以为胜券在握的中国队输给日本队；被普遍看好的意大利队败在韩国队手下；濒临险境的B组老四巴西队，又淘汰掉A组老大俄罗斯队，把桑巴舞跳进决赛圈，并最终蝉联冠军。

为什么伦敦的阴沟翻船多？这都是偶然性？有没有什么规律可循？我们不妨探讨一下。

一、事先预测，不足为据

别的队有什么想法与打算，我不得而知。但就中国队而言，在赛前，舆论和行家普遍认为，日本队比意大利队好打。抽签如愿以偿，全民皆大欢喜。这当然有提高信心的积极一面，但也埋藏隐忧，而且这种判断可能有失偏颇。

认为日本队好打，无非有两个理由：一是我队网上实力强于对方；二是近年来我队胜多负少。殊不知，一个队的实力是由多种因素构成的，不能只看高度和进攻；一场球的胜败也是由诸多原因造成的，不能只看技术。近年来我队胜多负少，也不足为证，因为比赛不能复制，胜败不是永恒，这种战例举不胜举。

甚至有媒体人在赛前预言：根据中国女排过去参加奥运会的经历，凡是首场打赢，成绩必佳。几乎快要去求神问卜啦！过去成绩毕竟是过去的，同现在毫无必然联系。我怀疑，此类人是不是贝利的嘴现身，或卡梅伦的魂附体？

打日本队满怀信心是好事，如果打顺了，可能会势如破竹，囊中取物。倘若遇到阻力，或出现意外，或对困难估计不足，心理就会产生变化。我不怀疑中国队有轻敌思想，也无理由说我们准备不足，但人的心理变化是难以预料的，也是不易控制的。此战过程不是一马平川，我队又常处于下风，与事先想象的不一样，这就是隐忧所在。从现场看，我队占有身高优势，可拦网并不领先（10比11），而且触网犯规较多，这可能就是心情发生变化的一种信号。

一帆风顺，未必大吉；死里逃生，必有后福。美国队从预赛开始到决赛对巴西的第1局，都所向披靡，但与冠军失之交臂；而巴西队从世界大奖赛，一直未被舆论和行家看好，到奥运会中又跌跌爬爬进前8名，却能笑到最后。这恐怕是很多人始料不及的吧，这些都是偶然吗？

二、强弱之间，互相转化

各队各有其优势和弱点，无懈可击的队是不存在的。在通常情况下，我队网上实力强于日本队，而日队的地下功夫优于我们。从技术统计看，双方发球各得3分，扣球各得82分，拦网10比11分，我队少1分，对方失误20比21分，我队多失1分，胜败只在毫厘之间。但我队主攻网上并不占先，木村纱织和江畑幸子的扣球各得32分和31分，共63分，超过其全队得分117分的半数，而我们惠若琪和王一梅扣球各得25分和21分，共46分，不及全队得分115分的一半。日队的防守及其反击，更是发挥得淋漓尽致，我们虽然也防起不少漂亮球，但整个防反体系依然处于劣势。

早在20世纪，中国排球界就悟出一条行之有效的经验：对付亚洲队，我们具有网上优势，但在“地上”的垫、防、传、保、串等下三路技术，至少要和对方打平手，才有可能立于不败之地；对付欧美队，我们的“地上”技术必须领先于对手，但在网上技术方面，要缩小同其差距，才有可能与其相抗衡。其实质在于，攻防须全面、特点要彰显。

这条经验有点像是“田忌赛马”策略的灵活运用与发展，我方上等马对其中等马，中等马对其下等马，必胜无疑，但也要把我方的下等马训练剽悍，然后去对付其上等马，这样才能有把握与其抗衡。我以为，规律性的东西是不会过时的。中、日女排之战，又一次应验了这个经验。我们“地下”功夫不如对手，网上优势未充分体现，关键时刻把握不好，失手在所难免。

三、赛场形势，难以预料

比赛过程是复杂纷纭、瞬息万变的，大致会出现领先、落后、相持和关键4种情况。中、日双方无论谁领先或落后，分差都在2～3分之间，较少超过4分，大都处于胶着的相持或关键态势。这种情势，不但会给教练员和运动员增加压力，而且少有仔细思考问题、果断采取对策的空间。这就需要教练员和运动员有很强的适应能力和应变能力。

在赛前，要把各种问题都设想得天衣无缝、面面俱到，是不现实也不可能的。比方说，谁能料到：全程比分交错上升，5局球都是以2分之差结束战斗；我队全局发挥基本正常，但日队却更为出色；日本两个攻手扣球神勇，我们始终未能有效抑制；我们虽然拼命了，卖力了，发挥了，但总显得主动权不在自己手中。这些可能都是料想不到的，这也需要有很强的临场适应能力与应变能力去应对。而这种能力的获得，只能通过不断实践、反复体验、虚心学习、认真总结去实现，而不是坐而论道或课堂教授可以做到的。

赛场风云变幻，彼我胜败难卜。《孙子兵法》写道：“多算胜，少算不胜，而况于无算乎！”凡事预则立，不预则废。因此，在掌握坚强实力的前提下，多设想各种困难，多准备几套预案，不断提高临场的适应能力和应变能力，或许是每个教练员和运动员在比赛中需要经常思考和研究的课题。

总而言之，拥有全面的实力，充满坚定的信心，做好克服困难的准备，应对不同的变化，这可能是比较靠得住的比赛求胜之道。什么预言、祈祷、侥幸心理等，统统都是忽悠人的伪命题。

原载中国排球协会官网《名家》专栏（2012-08-13）

不是没有人　而是没有练出人

伦敦奥运会三大球战绩不佳，舆论哗然。媒体纷纷分析败因，建言献策，其中不乏真知灼见、金玉良言，这也说明三大球在公众心目中的分量与关注度。我是一个年逾八旬的体坛老兵，对篮、足球知之甚少，但对排球略知一二，愿与大家共同切磋，探究缘由。

舆论普遍认为，人才匮乏、后继无人，是三大球衰败的重要原因之一。问题要作具体分析，三大球的败落，原因是多方面的，过程是长时期的。我仅从某些侧面谈点个人看法。

一、身体条件比世界冠军都高，不是没人，是没练出来

人才储备如何？由于众所周知的原因，20世纪后期，一些省市对三大球项目或缩编，或砍杀，致使队伍萎缩，人员减少，这是不争的事实。但随着国家体育总局对全运会三大球竞赛金牌剧增的政策刺激，重点省市三大球队伍迅速膨胀，大都建成了一线、二线、三线梯队，有些省市的三大球人口，可能是历史上最兴旺的。

评价一个项目的人才储备状况，不但要看其注册队伍的数量，还要考量其人才的质量。以排球为例，据我在2010年的统计，全国甲A前12名的队，男排身高1.95米以上的有127人，2米以上58人；女排1.85米以上的有101人，1.90米以上28人，这两年又各有增加；男女排青少年队还各有数量相当多的身材高大队员。此外，还有一批貌不惊人、技艺出众、身怀长技、比赛管用的选手（不过这类人易被“任人唯高”的教练员所埋没）。现役国家男女排平均身高分别为1.97米和1.87米，比世界冠军巴西队都高。

这些优良的身体条件，是中华人民共和国成立以来历史之最，达到或超过世界水平，当令国人振奋，让亚洲垂涎，叫欧美刮目。倘若这些高人的成才率是50%，哪怕是30%，也足以组成几个国家队。

兵在精不在多。甜桃一口，胜过烂杏半斗。滥竽充数，多有何用！中国是自行车大国，但未必是夺冠的自行车强国；全国没有多少人参加跳水运动，但跳水队的囊中却金牌多多。牙买加有多少人口啊！博尔特可以抓大把短跑金牌；古巴靠全国几个排球学校，就夺了9次女排世界冠军。我不是反对全民都来玩体育，也不是否定群体的基础作用，而是说，基数与顶尖没有天然的因果关系，人海战术与夺取金牌，也不是绝对的必然联系。

因此，有理由认为，哀叹后继无人，好像证据不足。现在的问题不是无人，而是人未练出来，或练不出来，这可能才是症结所在。

二、依靠“人海战术”片面“高大化”，训练不行，后备越多，次品越多

问题在于训练。无论有多雄厚的后备、优越的体制和良好的条件，只有通过刻苦的、对路的训练，才能把人育成“才”。指望依靠人海战术或其他因素，而忽视训练方面的问题（后者或许是人们较少或不愿谈及的重要败因之一），恐怕会缘木求鱼，事与愿违。训练不行，后备越多，次品越多，负担越重。

训练是一个繁杂的系统工程，涉及诸多内容、学科和领域，这里只谈其中的某些问题，仍以排球为例。

21世纪初以来，随着运动员身材高大化、竞赛规则修改和人们价值取向转变，排球训练也发生了变化，出现了一些似是而非的“新理念”：“高大队员只要练好扣球和拦网，就能早成才”“有了自由人，高大队员可以少练或不练防守”“攻势排球才是取胜之道”等。这些论点，颠覆了攻防全面的基本规律，割裂了各项技术既互相联系又互相制约的辩证关系，迎合了那些认为练防守艰苦，练基本功枯燥而又容易引发教学之间矛盾的人的懒汉心理，具有极大的误导性和易接受性，而且在实践中已经产生作用，从而导致运动员技术片面、动作粗糙、攻防失调、缺少特点，使昔日赖以安身立命的技术优势和特点不复存在。让老外用我们丢弃的有力武器打我们回马枪，这是很悲哀的。这种情况，男排尤为严重。

训练理念，或称训练指导思想，犹如舵之于船，导航仪之于飞行器；训练内容与方法，则是到达目标彼岸的桥和船。前者具有导向性意义，后者是实践性的东西。事实证明，航向歪了，操作失误了，不但达不到目标彼岸，而且后患无穷。

三、重视练体能技能，忽视智能意志，“打球机器”难达竞技巅峰

训练中不只要练体能、练技能，还要练智能、练意志；不但要传授技艺，而且要教会做人。而智慧、意志、品德等软实力，对运动员的培育与成长有不可低估的战略意义。爱因斯坦说：仅仅“用专业知识教育人是不够的。通过专业教育，他可以成为一种有用的机器，但是不能成为一个全面发展的人”。NBA美籍华裔运动员林书豪横空出世，绝非偶然。他除了励志、勤奋、敬业、坚持、自信，并掌握一套亚洲人特点的技术外，还因为有哈佛大学毕业生的高智商，以及宽容豁达的品格，所以能疯狂美国，一夜走红。听说中国篮球界也在从林书豪的成功轨迹中反思过去的训练等问题。

由于种种原因，目前中国运动员没有机会和条件享受林书豪那样的教育，如果再没有领导者认真的文化教育保证，教练员全面的训练内容安排和正确的教学方法引导，以及运动员自己努力学习、积极进取的话，他（她）们被培养为一种水平低下的打球“机器”，而不是“全面发展的人”，并不令人感到意外。

运动员的成长，同教练员识才、育才和用才的能力与水平息息相关，而且，教练员自身的言行举止对运动员的成长有着潜移默化的影响作用。所谓“师高弟子强”“强将手下无弱兵”，或“兵熊一个，将熊一窝”，都从正反两面诠释了为师为将的重要作用。可叹的是，如前述的那些连普通球迷都不可思议的训练“新理念”，竟都出自某些排球行家之口，而且堂而皇之，流行排坛，并付诸实践，产生不良效应。一叶可知秋，见微而知著。运动队的其他方面的管理与教育状况，也就可想而知，不言自明了。

“以其昏昏，使人昭昭”是会误人子弟的。用背离客观规律的训练理念和教学方法来培育运动员，水平与成绩不滑坡，那才是奇迹哩！

当然，训练上存在的问题，同国家的训练体制、社会的利益驱动，从而导致教练员急功近利、拔苗助长不无关系，这不在本文讨论范围之内。

不过，发展体育运动的根本目的，在于增强人民体质。用阳光的心态和宽广的视野看待一切，我们对三大球的兴衰沉浮，不妨可以关注，但大可不必过分狂热或伤心。

原载《扬子晚报》A21页 体育版（2012-08-23）

片面"快乐训练"甭想成才！

我在《扬子晚报》2012年8月23日的文章中提过，无论有多雄厚的后备、优越的体制和良好的条件，只有通过刻苦的、对路的训练，才能把人练成才。

一、三大球要出成绩需苦练

运动队曾经流行过一种说法，叫什么"快乐训练""快乐足球""快乐排球"等，这要看对象是谁。群众性的有氧体育运动，当然是快乐训练、快乐打球啰！至于专业或职业队的训练，还要看怎么理解。如果把你所从事的运动项目，看成是崇高的事业，全身心地投入，乐在其中，苦中作乐，那是一种很高的精神境界，值得赞赏。倘若在训练安排上缺少量和强度的刺激，在训练实践中出工不出力，出力不用心，在训练过程中轻松愉快，皆大欢喜，轻易完成任务，一堂课两三个小时就拜拜了，这种"快乐训练"，就值得研究了。

实践出真知，苦练育人才。专业或职业队的训练，是挑战人体生理极限的训练，是要出成绩、出水平、出人才的训练。爱迪生说："天才是1%的灵感加99%的汗水。"不吃苦耐劳，不出工出力，不用心用脑，是不可能登攀技术巅峰的，不论你有多高的智商、多好的天赋、多美的条件，无数运动员的成或败都证明了这个真理。我不欣赏20世纪50年代日本教练大松博文的那种魔鬼式训练，也不赞成什么"快乐训练"。我认为，训练艰苦，比赛从容，训练轻松，赢球困难，这或许是训练与比赛的因果关系。

三大球属于技巧类的运动项群，其技术繁多，动作精细，技巧性强。要想达到全面、熟练、精确、有效的自动化技术境界，不花大气力、多时间去操练，是不可能实现的。三大球的某些特点，诸如比赛都是在快速运动中、突然变化中、连续动作中和剧烈对抗中进行的，不但要求个人技术娴熟，运用自如，而且队员之间要行动协调、配合精密。然而，现在不少运动员存在的技术片面、动作粗糙、球感不灵、失误频繁、基本功不扎实、互相配合不默契等问题，其重要原因之一，恐怕就是训练不足、火候未到所使然。

二、三年成型，五年成材，八年成器

前国家体委经过论证曾提出，专业队运动员的训练（含比赛）要每年280天，每天5小时（以下简称“2805模式”），而且写进了《运动队工作条例》之中。姑且不谈这个规定现在还管不管用，但是，无论社会如何进步，科技如何先进，电脑如何运用，技术如何创新，大脑如何发达，体能的发展、技术的提高、人才的培养，都要靠刻苦的训练实践和过硬的比赛实践去实现。坐而论道，提提指标，喊喊口号，是无济于事的。

不知道有没有哪位精明的教练员或科研人员做过研究，贵队每年训练多少天，每天平均几小时，主力队员和替补队员又各练多少小时？每天、每年要练多少小时，才能加快出成绩、出水平、出人才？认真研讨并解决这些实际问题，或许比天天喊人才匮乏、基本功差有益得多。这里当然还有练得上路不上路、得法不得法的问题。

也许有人会说，现在是新世纪、新时代，那个“2805”模式已经过时啦！

三大球运动员的育才过程是相对较长的。日本女排在20世纪六七十年代夺过6次世界冠军，最牛的时候曾宣称，培养一个世界冠军要训练一万小时；中国排球在八十年代鼎盛时期，总结自己的经验时也提出过“三年成型，五年成材，八年成器”，或称“三年打基础，五年出成绩，八年攀高峰”的运动员成才规律；国际排联专家们经过调研认为：“世界冠军队的运动员，大都是在26岁（男排）和23岁（女排）之间。”如果以“2805”模式的训练时间来计算，8年就是训练1万小时左右，也是男排26岁、女排23岁成为世界冠军的成熟期。再看中国女排“五连冠”和新生代冠军的队员们，她们达到辉煌的顶峰，大概也大都在训练8年至10年之间。

三、“没有疲劳就没有训练”

训练量或称运动量，是数量（时间、次数）和质量（密度、强度、难度、动作准确性）两个互相依存、互相制约的对立统一体。一方面，任何数量，必须是在一定质量基础上的数量，训练不但要有量的指标，而且要有质的要求，保证训练在高指标、严要求、勤动脑、精安排的条件下进行；而磨洋工，泡时间，出工不出力，出力不用心，这种训练数量，事倍功半，意义不大。另一方面，任何质量，都是通过一定数量表现出来的，没有数量就无所谓质量，没有一定量的积累，就不可能产生质的飞跃；不达到相当的个人摸球次数，就不可能获得球感、手感、本体感、时空感，就不可能熟练掌握和合理运用技术战术。苏联一位生理学家讲得好：“没有疲劳就没有训练。”没有相当数量和质量的运动量的“快乐训练”，是“没有疲劳”的训练，这不是专业队或职业队的训练，而只是业余的全民健身运动。

我多年未涉足运动队，孤陋寡闻，闭目塞听。不知道在新世纪、新时代的今天，有哪一个队能用什么高招新法，超越上述的运动员培养过程？如有，人们会乐观其成，拍手称快的。无疑，随着历史的发展，科技的昌盛，训练的革新，经验的积累，运动员的成才过程，将来可能会逐步缩短，但中国和世界目前好像尚未出现。

当然，不可能每个运动员都能培养成为世界冠军，也不可能每个人都是尖子或主力。但是，提高成才率，减少淘汰率，加速运动员成长过程，应是运动队训练目标的最低底线。

我们不要一方面赞赏有多少条件优越的运动员，另一方面又哀叹青黄不接，后继无人；一方面叫喊选材困难，另一方面又未下功夫把在手上的人培养成才；一方面埋怨下一级的教练员没有练好运动员基本功，另一方面又缺乏照照镜子、自我反思的姿态；一方面嘴上说运动员技术粗糙，另一方面又不愿多花时间去精心雕刻。这好像有点“叶公好龙”的味道，不值得提倡。

顺便提及，训练上的问题，不能说全是教练员的事。各级有关主管部门及其领导们，不光有下任务、提指标、要成绩的职能，还应当负有管理、引导、检查和督促训练的责任，这是不容回避的。权利和义务是对等的。

原载《扬子晚报》A26页 体育版（2012-09-19）

要研究“以大打小”的策略

半个世纪前，领导国家体委工作的贺龙副总理，根据中国三大球运动员身材相对较矮的实际情况，提出“以小打大”“以小胜大”的策略方针，这给其时我国三大球训练工作指明了正确目标与方向，并起到了积极的促进作用。

技术无国界，经验可共享。不久前结束的亚洲杯女排锦标赛，在冠亚军决赛中，泰国队采用“以小打大”的策略，以3比1战胜身材比她们高出半个头的中国队，令人思绪万千，感慨不已！

世易时移，沧海桑田。如今中国运动员的身材在亚洲算是鹤立鸡群、高人一等，在世界上也属上乘，看来需要研究如何以大打小、以高胜矮的问题了。近几年来，拥有多名1.90米左右主力阵容的中国女排，败在貌不惊人的矮人手里，已不是第一次，也不只是泰国一个队。这就不能说都是偶然性，是很值得我们深思的。

赢球一定有方法，输球一定有原因。就以同泰国队比赛为例，我队扣球得分比其少34分，从表象上看，好像拥有高度和网上优势的中国队，进攻能力不如泰国队，这岂非咄咄怪事！但从实质上分析，问题并不那么简单，孤立地仅从扣球得分来判断胜败原因，容易误入歧途，传出错误信息，误以为我们进攻不行，于是就片面地练扣球，而忽视技术的全面发展。

排球各项技术如同一根链条，既互相联系又互相制约。上一项技术的好坏，必将影响与其相衔接的下一项技术的成败；而下一项技术的努力，虽也可以弥补上一项技术的缺陷，但有时比较有限。

泰国队虽有网上短板，但整个技术链条比较完善，因而可以对己扬长避短，对彼以长击短，进而占据主动地位；我队虽有网上优势，但由于整个链条疲软，导致对己因短抑长，对彼以短迎长，从而陷入被动困境。因此，彼胜我败，乃在情理之中，而非偶然。

回放伦敦奥运会的中、日和亚洲杯的中、泰女排之战，日、泰两队对付我们的战法大致相似：

① 在进攻上，主要从两翼拉开突破（尤其4号位），辅以后排进攻和跑动突袭，少用中间快攻，以避开与扰乱我方的高拦网，减杀我方高度的优势；在个人扣球战术上，则运用快速下手、变换手法、打手出界等技巧，来扩大我方防守的弱点，所以出现我扣球得分不及对手的窘局。

② 在发球上，不惜以失误为代价运用各种攻击性发球，来破坏我方本不牢靠的一传，逼迫我方一传进不了3米线，以削弱我方进攻的效能。

③ 在防守上，一旦我方一传或防守不到位，不能有效组织快变战术，她们就发挥其防守出色的优势，迅即组织快速反击；对泰国一役，泰队反击得23分，我队仅得9分，反差如此之大，可见我方弱势所在。

此外，在心态上，高人打矮人，前者往往自恃高大，自以为强，势在必夺，非赢不可；后者当然也想取胜，但却立足于拼，拼赢了发狂，打输了坦然。这种潜在的不同心理反应，必将影响其在比赛过程中的不同技术发挥。

由此可以认为，以大打小、以高胜矮的策略，简单地说，或许只需要三条：

其一，要想最大限度地发挥高人的网上进攻优势，就需要有完善的保证网上进攻优势发挥的各个技术环节，如同要发挥核弹头的威力，就必须有完备的载运火箭系统一样，舍此，别无他途，这一条可能是最重要的；

其二，要千方百计地使矮人的各种接球，少进或进不了对方的3米区，以减弱其特长打法或失去其发挥的根基；

其三，要去掉老大自居、高度必胜的心态，把自己摆在同对手同等的位置上，立足于自身的努力，把胜利建立在拼技术、拼作风的基点上。

其实，这三条对策，既不新鲜，也不深奥，但是，如果没有具体措施保证，恐怕会知易行难，说易做难，地球照转，一切如故。

哀哉，国人的通病是：明知故犯，痼癖难治。明知吸烟有害，烟民越来越多；明知闯红灯违规，偏要“铤而闯红”；明知此法有用，却不愿意去实行……当然不是所有人都如此。

需要全国排球同行，从上到下，从国家、地方到基层各队，奋发图强，万众一心，脚踏实地，扎实训练，打好基本功，夯实体能、技能和智能基础，摈弃急功近利、拔苗助长的做法；在现行体制条件下，更需要各级（尤其是国家）训练主管部门认认真真、踏踏实实地抓好训练，去除浮躁虚夸、重赛轻练、以赛代练的作风，并出台相应的激励政策和落实措施，以保证和促进上述目标的实现。

唯其如此，上述的策略就不是知易行难，而是知必行，行必果；不是说易做难，而是说得出，做得到。过去我们不是曾经这样践行的吗！

中国排球的前景应当是充满阳光的。

原载中国排球协会官网《名家》专栏（2012–10–22）

“瓦伦达效应”的启示

美国走钢丝高手瓦伦达在高空表演时，不需保护措施，不惧风吹雨打，心中只想着走钢丝的每一个动作，因而每次都能成功地完成任务并名噪一时。但在一次重大表演中，他不幸失手身亡。他妻子事后回忆说，他在失事的前一天反复说：明天的表演太重要了，只能成功，不能失败。这说明他心不专注，想法多了。心理学上把这种专心致志于某事，而不患得患失的心态，叫作“瓦伦达效应”。

包括排球在内的各种体育竞赛中，类似瓦伦达的经历屡见不鲜。当你摆正位置，心无旁骛，轻装上阵，注意力高度集中地去参加比赛时，一般都会充分发挥水平，成功完成任务。倘若或想赢怕输，或“压力山大”，或顾虑重重，或期望太高，或摆位不正，或信心不足，或怕受干扰，或计较裁判等，从而影响自己的注意力集中，则往往会事与愿违，不能正常发挥技术水平而招致失败。

有一个真实的故事颇耐人寻味。1993年某月，一次全国性重大赛事的冠亚军决赛，东道主队的实力在正常发挥下夺冠无疑。赛前，东道主各级领导高度重视，上至省、市几套班子首长，下到体委主任、体工队长，都亲临该队参加赛前准备会，各位领导都语重心长地发表一番见解，以示对此役的重视和对该队的关切。但比赛结果是东道主以0：3败北，留下无奈与遗憾，其败因不言自明。

对抗性的球类竞技与表演性的走钢丝，其特点尽管不尽相同，但“瓦伦达效应”的作用应是相通的。

运动员要想在比赛中产生“瓦伦达效应”，充分发挥自己的技术水平，不妨作如下的尝试与努力。

要树立坚定信心。信心是发挥水平和夺取胜利的精神支柱，鲁迅说“不怕的人面前才有出路”。只有精神上的强者，才能勇往直前，驾驭各种困难复杂的局面。而这种信心，应是建立在通过科学刻苦训练而熟练掌握技术战术的坚实基础上的，是实劲，不是虚劲。所谓“艺高人胆大，胆大艺愈高”也！拥有高超技艺和坚强信心的人，才能专心致志地去发挥水平，打好比赛，完成任务。而技术粗糙、失误频仍，或心虚胆怯、前怕狼后怕虎的人，其注意力是集中不起来的。

要认知比赛规律。强队之间的对抗，比赛过程总是比分你追我赶，局势跌宕起伏，几经拉锯，才能决出胜负；一帆风顺、轻松取胜是少有的，这是正常的比赛规律。事物都是由量变到质变，一口吃不成胖子，但胖子是一口一口吃成的。要善于坚持，耐心打球，饭一口一口吃，球一分一分打，因为“有利情况和主动的恢复，往往产生于‘再坚持一下’的努力之中”（毛泽东语）；只有领先不松懈，落后不泄气，相持不紧张，关键不手软，才能专注于每个技术动作，去争取比赛胜利。而领先怕追，落后放弃，相持害怕，关键心虚的人，必将心猿意马，思想分散，动作变形，技术失误增多而招致失败。

要保持平常心态。心态引导行动，行动产生结果。运动员在重大比赛中，要学会举重若轻，内紧外松，引而不发，藏而不露，保持一颗平常的心；要做到平时训练像参加重大比赛那样紧张兴奋，重大比赛像进行平时训练那样放松自如；要善于调整情绪，集中意志，使自己处于良性状态，以便把全部精力投入到比赛过程中。这种心态，是很高造诣的修心养性和精神境界，需要长期培养，有意锤炼，才能获得。如果取胜动机的强度过高，容易产生兴奋“泛化”，引发技术发挥失常；但若求胜欲望不强，则会出现“温吞水”，行动表现慢热，进不了比赛状态。

要排除各种干扰。运动员也是要吃人间烟火的活体，有七情六欲、喜怒哀乐；运动员又是社会的人，有广泛的联系，而不是生活在真空中。因而在参赛过程中，难免会受到各种主观或客观，内在或外在因素的干扰。一方面，领导和教练要创造条件，去排除各种不利因素对运动员的干扰；领导的关爱与要求贵在平日，临阵“烧香”，一般收效甚微，有时还会适得其反；教练员临场指挥的仪态、情绪和言辞，要讲究策略与艺术，力求调动运动员的正能量。另一方面，运动员要学会不断提高抗干扰的能力，要有“不管风吹浪打，胜似闲庭信步”的豁达胸怀，能适应各种环境与条件，经得起任何有意或无意的刺激，集中精力于比赛，把一切消极因素置之度外。

命运常与人们开玩笑。越想得到的，偏偏得不到；欲擒故纵，未必不是良策。

不怕失败，投之亡地而后生，往往不会失败。

害怕失败，未战先败，才是最大的失败——精神与技术的失败。

不计胜败、全神贯注、身心进入状态的人，才是不可征服的。

原载中国排球协会官网《名家》专栏（2013-01-06）

海南男排技术发展方向万岁

2013年3月间，我去漳州参观全国16～19岁女排集训，最近，又去镇江观赏全运会16～19岁男排B组预赛，目睹了我国青少年排球后备人才之雄厚，条件之优越，技术之掌握，战术之运用，以及赛场上奋勇拼搏、斗志昂扬的精神状态，不得不使人对我国排球的前景充满希望和期待。

特别值得一提的是，在B组预赛中，主力队员平均只有1.83米身高劣势，但拥有技术战术优势的海南男排，却能七战全胜比它高大的所有对手，有几个对手主力平均都在1.96米以上，还有几员2米以上的主打高人。

姑且不谈谁胜谁负，看了海南队的比赛，那种热烈气氛、技术发挥、战术运用和拼命精神，无不令人耳目一新、兴奋不已。我和李耀先等几位曾历经中国排球60余年风雨沧桑、兴衰沉浮的排球老兵，心情格外舒畅。因为，海南队的技术战术打法，重现了昔日中国排球的技术特点和战术风格，传承了中国排球的技术精华，彰显了排球运动的技艺与魅力，仿佛让人看到了中国排球鼎盛时期的身影。或许，这正是海南男排取胜的秘籍。

不难想象，要是全国男女排球队（特别是甲A联赛）多些像海南男排这种技术打法的队，何愁中国排球水平上不去！何愁球市如此惨淡！又何愁没有老外上场就不能吸引球迷眼球！

海南队取胜，不是靠体态和肌肉，而是用技术与智慧。从个人讲，他们技术全面，特点突出，基本功扎实，注重速度、技巧和变化；从集体讲，他们依靠相互配合、掩护和牵制的战术，以及隐蔽动作和策略运筹等。不然，分别为1.75米和1.83米的主攻手，要通过2米身长的高拦网是不可思议的。

还有，海南队以小打大，有一种大无畏的气概和先天的心理优势，好像我若输了，似在情理之中，一旦领先或胜利，就会欣喜若狂，更加起劲；而高人一头的对方，倘若处于被动挨打的情势，可能容易产生屈辱感或压力感。这种心理上的此消彼长，与双方技术发挥和比赛胜负不无关联。海南队同4个水平较高、有望出线的队较量，都以3：2险胜，足见其心理、意志和作风的坚定。

海南男排的组队模式或许不可复制，但它的技术战术发展方向，及其训练理念与思路，却值得认真学习、借鉴和推广。因为它遵循排球运动训练发展规律，顺应排球技术战术发展趋势，更符合中国排球运动员具体特点。

海南队的成功，如同NBA美籍华人林书豪横空出世，对于运动员选材、育才和用才的理念，颇有启示意义；对于“选人唯高”，“任人唯长”，忽视与埋没那些貌不惊人、技艺超群、比赛管用人才的人，兴许也有警醒作用。

海南队的成功，对于推动全民排球运动，开展业余排球训练，调动人们对排球的兴趣，刺激球市，招引眼球，都有积极的促进作用。

当然，海南队也有弱点，诸如动作不够娴熟、技术失误较多、配合还欠默契、身材高度不足等。但由于前述的原因，我们有理由振臂高呼：

海南男排的技术战术发展方向万岁！

或许有人会讲，高大队员不可能掌握与运用海南队这种技术战术。

先生此言差矣！请不要忘记，不管你体态多高多重，都改变不了你是亚洲人的体质结构和生理特征。中国人首先必须根据自己的生理特征来进行训练和掌握技术，必须继承本国优良的技术传统，然后才谈得上学习别人的先进东西。高大队员的训练有其特殊性，但掌握与运用全面熟练技术和灵活多变战术，是没有身材高矮之别的。相反，高大队员如果掌握了高超的技术战术，比矮个子更具有威胁性。海南队1.75米的主攻手能够发出威力十足的跳发球、扣出变化多端的扣球，而具有先天进攻优势的高人却相形见绌，这难道不是训练和技术的差距吗？

不顾本国运动员具体特点，盲目追随欧美打法（但又学不到手），还美其名曰“与国际接轨”，实践已经证明这是一条走不通的死胡同。

高度无疑是世界排球发展趋势之一。中国男女排队员的身高已经属于世界级的，甲A队伍中还有上百号长人，青少年队更是高人辈出（我发表在中国排球协会官网等媒体上的文章中早有数据证明，不再赘述）。中国排球缺的不是高度，而是技术，不是没有人，而是未练出来，或练不出来。

我始终认为，不论有多么雄厚的后备、完美的身材、优越的体制、大把的钞票或发达的职业化与市场化，只有通过正确、对路的训练，才能把人育成才。紧紧抓住训练这个牛鼻子，才是抓住全部工作的关键。否则，就是舍本逐末，或不务正业；即便请来了什么“救世主”，也只能帮一时，而不能救一世。

我不明白，为什么有人总是回避训练和技术问题，至今还著文哀叹中国排球“后备人才十分匮乏”，宣称即将上任的女排新帅“要为无米下锅而犯愁”。请问：是不是13亿人皆打排球，才叫作后继有人？

关于训练问题，自2007年以来我在中国排球协会官网等媒体上多有表述，不管论点正误高下，读者自有判断。我已无话可说了，只想补充一点，今年3月在漳州，训练组一位专家对我说，现在我国排球训练理念五花八门，需要有一个统一、正确的训练指导思想；最近在镇江，仲裁委员会一位权威人士说，我国排球不是没有人，而是训练问题。可见，天下高见，多有相合！

为此，我建议：排球主管部门不但要抓热热闹闹的竞赛，更要抓吃力乏味的训练；抓训练要深入虎穴，不要蜻蜓点水；不但要抓颇有名望的国家女排，也要抓不被关注的国家男排；不但要抓国家队训练，也要抓地方队训练；不但要抓专（职）业队训练，也要抓群众业余训练。全国排球人士上下形成一股正能量，振兴中国排球才有希望。

顺便提及，中国人的智商不比洋人逊色，但要用在正道上。领导者、教练员和运动员要把心思和精力用在钻研业务、切磋技术、提升水平、教会做人和学做好人上；大可不必在比赛中分心去研究与操作那种纵横捭阖之道、左道旁门之术、假打让球之技。据说，后一种现象在甲A联赛中更不鲜见。这大概是“上有所好，下必甚焉”吧！此风绝不可长，否则，对中国排球的发展肯定有害无益。足球界“殷鉴不远”，不可不察。

原载中国排球协会官网《名家》专栏（2013-04-24）

恒大一枝独秀　排坛难有春色

据媒体传，江苏女排核心名将惠若琪已加盟恒大队，准备参加今年排球联赛，而且据说，恒大队“不仅仅需要惠若琪一个人”，还会引进其他省市队的高手和强有力的外援，使其一夜之间变成联赛队伍中难以匹敌的大“土豪”。

恒大财大气粗，资金雄厚，加上其教头郎平身兼国家队主教练的身份，再借助其他外力的推波助澜，大力网罗国内外技术精英，把自己队伍做大做强，势在联赛夺冠，这应如探囊取物，当是不在话下，而且在情理上似也无可厚非。

一、强弱悬殊，何来锻炼

不过，如果认为郎平这样做，“能够以赛代练，让恒大队这个‘国家队框架’在联赛中得到充分配合与锻炼的机会”，对国家队未来会有好处；而且惠若琪同高水平队员一起训练比赛，有助于她的技术提高。这个美好期待，恐怕会是一厢情愿，或事与愿违。

每年长达三四个月的排球联赛，是各队检查训练、锻炼队伍、磨炼作风、提高水平的盛宴。如果恒大女排在联赛中一骑绝尘，所向披靡，那么，正如有的专家所指出的：由于有些队的主力被挖走，实力受影响，对抗性减弱，本来就不那么兴旺的球市、不那么好看的比赛，恐怕更难有起色。

不难预料，由于实力悬殊，除了天津等少数几个较强的队会真刀真枪与恒大队较量外，多数队为了保存实力，同下一场水平相当的队争先，可能会以替补员出阵，何必以卵击石，去与恒大争高低。如此一边倒的比赛，对“国家队框架”的恒大队，既无压力，也无刺激，更无促进，何来得到充分配合与锻炼的机会？

运动员又如何实现自我提高的愿望?

二、群雄争霸，才能辉煌

值得一提的是，中国排球的命运，包括国家队的兴衰，不要只指望在某一个队或某一尊“神”的身上。可叹的是，有些人总喜欢追星和造“神”。

水涨船高，水落船低，“民富国强”“民穷国弱”，这个人所共知的道理并不复杂，但有的人总不愿意接受，包括某些管理者。

历史的经验值得回味。袁伟民同志在20世纪80年代曾几次说过：从70年代后期到80年代中期，国内女排前6名的队，可以同世界强队相抗衡，所以才有国家队的兴旺发达。

事实确是如此：其时，由世界冠军教练山田重雄带领的名噪一时的日本“日立”职业女排，到漳州基地同四川、江苏、福建、陕西等队共同训练与比赛，在国家队员未返队的情况下，中、日双方对阵，我方胜多负少，让不可一世的山田教练感到十分意外和惊讶。

一枝独秀不是春，百花争艳春满园。当时的全国比赛，男排有七八个队，女排有十个队左右，水平不相上下，彼此互有胜负。从1976年到1986年，男排的上海、江苏、八一、福建、北京、广东、湖北等队，女排的四川、江苏、八一、福建、辽宁、浙江、河北和陕西等队，都曾夺过全国冠军。这同前几年全国联赛中只有上海男排和天津女排独占鳌头，形成鲜明对比。这个历史事实雄辩地说明，当时地方队蕴藏着巨大的潜力与后劲，所以才有国家队的强大与威武，才有女排获得五连冠和男排进入世界先进水平行列的辉煌盛世。

三、“民富国强”，来之不易

这个“民富国强”的辉煌盛世，不是上帝恩赐的。“文革”后期，中国排球形势十分严峻，水平处于低谷（1974年世锦赛中国男排位列第15名、女排14名）。当时排球高层人士，高瞻远瞩、深谋远虑，从政策、措施等方面努力调动地方队积极性，着眼于青少年运动员培养，注重基本功磨炼，解散国家队，有些国际比赛让地方队去承担，韬光养晦，“藏富于民”；强化全国集训，狠抓基础训练，大搞技术攻关，实行多强对抗。球类司司长张之槐、夏朗和排球处处长钱家祥等领导，深入基层，集思广益，长期蹲点在漳州集训基地，与地方队教练员和运动员，保持零距离沟通，同呼吸，共命运，抓思想，搞训练，攻技术，上水平。从1972年12月大集训，到1981年11月16日中国女排世界杯夺冠，通过9年的卧薪尝胆，才有了后来的飞黄腾达。这一段通过艰难奋斗历程而取得成功的经验，是不应当被遗忘的。

这些长年扎根基层、勤学苦练、苦心经营、依靠自己辛勤劳动去铸造中国排球辉煌盛世的运动员、教练员和管理者们，才是真正的“星”和“神”，才值得人们推崇与敬重。

四、根基不牢，后劲疲软

可惜的是，现在有的人不知道是健忘还是不愿意传承有益的历史经验，一心只注重抓国家队或扶植某个队，而忽视对地方队的支持与帮助，只要一个积极性，而不重视发挥两个积极性。仅举一例，过去地方队常有在国内打外国队或出国比赛的机会，但现在这种机会全被国家队承包了；连日本、韩国女排只派二队出阵的低档赛事，中国女排在参加奥运会之后，仍马不停蹄地以全部主力披挂上阵，结果还败在日本队手下。国家队何必那么辛苦，不派地方队去担当！

如今，我们拥有历史上条件最好的大批优秀选手和无与伦比的物质保障。然而，由于平日只重视国家队的建设与打造，而忽视对地方队训练的组织与指导，以及有关利益的关心与照顾，不能有效调动其积极性与主动性；加之，训练工作不扎实，指导思想不明确，训练水平上不去，理论研究不重视，技术创新不多见，一代精英少出现，从而导致国家队基础薄弱，后劲不足，在国际比赛中成绩不尽人意。这或许是目前我国排球水平不高的深层次原因之一，是很值得令人深思的。

五、重赛轻练，弊端多多

这些年来，我们热衷于抓热热闹闹、有利可图的竞赛，而轻视艰苦吃重、无好可得的训练。什么联赛、锦标赛、大奖赛、冠军赛、邀请赛等不一而足；即便有短期的全国集训，每周也有三四次对抗赛；国家队的赛事更是多如牛毛。不知有没有人统计过，各队每年训练多少天、每天多少小时，特别是坐冷板凳的替补队员一年能摸多少次球。

以赛代练，本是一个违反运动训练规律的伪命题，如今被有些人奉为“金科玉律”，有的媒体也把它作为褒义词加以宣扬。殊不知，运动员的技术提高与进步，主要是通过坚持系统训练和合理安排比赛去实现的。比赛可以检验训练、促进训练、带动训练，但不能代替训练。

违背运动训练规律是要受到惩罚的，这不是危言耸听，而是眼前现实。长期以赛代练的恶果是，运动员训练不足，基础不牢，技术粗糙，基本功不扎实，战术配合不协调，运动创伤增多，成长周期延长，以及在选材、育才和用才问题上出现的拔苗助长、杀鸡取蛋、竭泽而渔等弊端。难道我们对此视而不见?

可以断言，没有基础牢靠的地方军，就不会有高水平的国家队。即便偶尔出点成绩，因为后劲不足，也会昙花一现。一家独大，大家疲软，绝不能提高中国排球的整体水平，也不会改变中国排球的面貌，这是不言自明的。

“水能载舟，亦能覆舟。”只重视对“船”的着力装饰，而忽视对“水”的精心养护，是难免会搁浅或翻船的。中国排球界特别是管理层，是应当及时醒悟和锐意改革的时候啦!

原载《扬子晚报》A23页 体育版（2013-11-15）

江苏女排之殇，是“他杀”还是“自杀”？

江苏女排在今年甲A联赛中位居末位，濒临降级边沿，一不小心，就会掉进甲B深坑。20世纪60年代，江苏女排亦曾从甲级队降为乙级队，当时主要原因可能是技不如人，同这次降级的背景与情势大相径庭。

一个自70年代中期以来在中国排坛叱咤风云，为国家培养了大批优秀选手，而且涌现过3名世界冠军的劲旅，一夜之间沦落到如此境地，不能不令人扼腕叹息，难以接受。

或许由于我曾在江苏女排执教10年的情结，情不自禁地对此颇为关注，并深感痛心。

一、放走惠若琪，封杀张常宁，导致今日江苏女排之殇

胜利一定有原因，失败一定有理由。江苏队的落败，主要不是“他杀”，而是“自杀”，不是被对手打败，而是自己打败自己，不是运动员技术问题，而是管理者决策失算。

惠若琪转会恒大，张常宁遭受封杀，是自毁长城，自掘陷阱的昏招，是导致江苏队败落的直接诱因。惠是一队之长、核心主力、中流砥柱的重量级人物，张是年轻有为、前景看好的未来新星，两人身高都在1.90米以上。一个队伍在缺乏思想准备的情况下，主力阵容突然减少三分之一，其所承受的压力和打击是全方位的，不只是在技术战术上，更是在心理上、信心上和精神上，而后者的伤害是伤筋动骨、大损元气的。

这种局面的造成，不是教练的主张，也不是全队的意愿，而是决策者的作为。

一个教练员不能调动与驾驭自己的主力部队去战斗，是不可能打胜仗的。周炜刚走马上任，殚精竭虑，鞠躬尽瘁，一心想带好队伍；运动员更是尽心尽力，奋勇拼搏，身心疲惫至极。如果责怪或批评他们，是不公平的。

二、惠若琪为何去恒大，相关领导至今讳莫如深

尽管张常宁在比赛后期被解禁出山，但狂澜既倒，欲挽晚矣，此事姑且勿论。而惠若琪转会的前因后果，至今仍是一个疑团。我出于关怀（兴许是多事）曾电询江苏省排球管理中心相关领导和教练，他们都讳莫如深，避而不谈，俨若触及什么国家机密，我就不愿再多问了。一个运动员转会，是普普通通的事，如属正常状态，何必搞得如此神神秘秘，神经兮兮！

也许有什么难言之隐，或利害得失，或密室默契，有关部门和领导对此公众高度关注的问题，似未见有相应的说明。由于信息不透明，理所当然会引起人们N种猜测与揣摩。

最早一种说法是，恒大女排准备网罗部分国家队员，由身兼二任的郎平指导训练这个具有“国家队框架”的队伍，据说这既有利于恒大联赛夺冠，也有益于国家队未来建设和运动员成长。一箭三雕，何乐不为。大概江苏比较识大体、顾大局，率先把核心主力惠若琪奉献给恒大。但不知何故，现役国家队员却只有惠若琪一人转会恒大，看来，原先的设想和期望，只是一厢情愿，黄粱一梦。

有媒体报道称，国家排管中心某领导应某队教练的要求，决定在今年联赛中允许每队可以有3个外援运动员同时上场比赛，后因遭到强烈反对，又改为原来的只能上2个老外。为了安抚与补偿上述该队已经引进了3名外援，所以排管中心该领导力主技术分量重的惠若琪转会恒大。如果此事属实，我倒认为领导应该更多地抓好大事，比如全国排球训练工作等问题，地方队转会区区小事，何必如此操心！江苏体育局在这类纯属内政事务上，也应有独立自主能力。

借鸡生蛋，转会生财？据说，曾有某省队出于某种考虑，多年来把大部分主力队员转会恒大女排，一方面指望在名教练指导下，让自己队员快快成长；另一方面可以获取一笔可观的转会费。从几年实践效果看，该队可能发了点财，但其水平依然徘徊在甲A与甲B之间。我想其一，江苏队大概不缺钱，不会为钱卖人，而牺牲本队的联赛利益；其二，江苏队的土鸡，无论公的或母的，过去的或现在的，都为国家生了不少营养价值丰富的蛋，值得引为自豪。为了兼收并蓄，博采众长，想借洋鸡杂交生蛋也未尝不可，但应以不扰乱土鸡的鸡窝为前提。

三、“惠若琪给新人让路”之说，是一种无奈的精神胜利法

必须指出的是，惠若琪的技术成长与进步，主要是由江苏业余队和专业队教练员培养训练出来的，包括她个人的天赋和勤奋，而不是从哪里镀金而来的。忽略或遗忘这一点，是不清醒和不明智的。

教练水平的高低，一个重要标志是，看他（她）能够亲手培养训练出多少优秀选手和人才，而不是有多少粉丝和拥趸者。江苏排球教练员们，你们对自己的能力和水平应当充满自信，当然仍须努力进取，精益求精，传承好传统，学习新事物，不断提高自己的执教能力。

至于有媒体称，惠若琪“转会有更多的比赛机会给新队员锻炼，也是一件很好的事情。——目前的失利算是交一些学费”。“惠若琪转会对我们来说应该是帮助。”［引自《扬子体育报》（2013-12-16）第6页］这恐怕是一种出于无奈的精神胜利法。只有用脚后跟思考问题的人，才会相信这些动听的话语。难道濒临降级也是一件值得庆幸的好事或喜事？学费可以交，但不能太昂贵；代价可以付，但要值得才行。

一般地说，管理者的智商和认知能力，要比老百姓高明。然而，旁观者清，当局者迷。管理者也有智昏和失算的时候。

管理者的责、权、利应是一致的。你有发号施令的权力，有享用纳税人提供的利益，也应当有敢于担当的责任。江苏女排的落败，谁该担责是不言自明的。

人要有勇气否定自己。其实，每个人在一生中都经常在否定自己。一篇文章要修改十几遍或者更多，就是作者在不断地否定自己；张常宁被解禁出场，有关领导也是在否定自己。否定自己，就是服从真理，修正错误，完善自我。因此，否定自己，不是见不得人的羞耻之事，而刚愎自用、自以为牛，未必就那么伟大。因为地球上大概没有永远正确的人存在。

原载《扬子晚报》A19版（2014-01-19）

附：莫让排球人失望

殷小平

张然这个名字，也许你不太熟悉，但如果告诉你，袁伟民、邹志华都是他的弟子，那么你就该明白，他在中国排坛的分量。

今年84岁的张然，绝对算得上是中国排坛泰斗级的人物，他的资格、他的功绩、他的学识以及他的为人，都配得上这样的称呼。

前天，张老给本报电子邮箱发来这篇2000多字的长文时，只有一句留言："发来一稿，请斧正！"邮件发完之后，没有短信也没来电话，他的态度很淡然：说不说是我的事，用不用是你们的事。

然而编者细细读来，不禁感慨万千。要知道张老前几年还在和严重的病魔作斗争，现在的他身体也算不上太好，但即使如此，他对江苏排球依然非常关注。从文章能看出来，江苏女排的一举一动都牵动着张老的心，报纸、电视上对江苏排球的报道，他都会认真地听和看。除了关心，他还有行动，在惠若琪转会恒大之后，他甚至主动打电话到相关部门了解情况。

虽然张老自谦地将这些行动称之为“多事”，但想想看，一位八旬老人这样的“多事”是为了什么？为权？为利？为名？我看都不是，这样的“多事”恰恰反映了一位老排球人关心江苏体育的拳拳之心。

相比之下，有关部门面对张老的一腔热情时，表现出的却是讳莫如深、避而不答。至今，我们对惠若琪转会恒大的来龙去脉、前因后果依旧一无所知。而当本报报道了“张常宁疑似被封杀”的消息之后，江苏省体育局一位官员甚至给本报来电兴师问罪，称我们的报道“严重扰乱了江苏体育的管理秩序”，这样的境界和老帅张然一比，立马就分出了高下。

读着张老的文字，我眼前不禁浮现出张老伏案灯下奋笔疾书的情景，仿佛能听到他心中激荡的风云，仿佛能听到字里行间那一声声长长的慨叹。

张老在这篇文章说：“管理者的责、权、利应是一致的。你有发号施令的权力，有享用纳税人提供的利益，也应当有敢于担当的责任。”他直言：“江苏女排的落败，谁该担责，是不言自明的。”但他也表示，有错不耽改。希望有关领导别再刚愎自用，千万不要让张然这样的老体育人伤了心。

注：作者系《扬子晚报》记者

原载《扬子晚报》A19版（2014-01-19）

技术加作风　无往而不胜

——2013—2014年全国女排联赛冠亚军决赛观后感

近日，有机会去春意盎然的浙江嘉善县，观摩浙江和天津女排两场冠亚军决赛（之前看了第一场比赛录播），受益匪浅，启示良多。

这两个队，一个曾是九夺全国冠军的老牌劲旅，一个是充满生机的后起新秀。前者经验丰富，成熟老到，后者朝气蓬勃，方兴未艾。

这两个队，都没有什么特别引人注目的巨人，没有众多出类拔萃的球星，也没有重金聘请高水平的外援，完全是依靠自身的集体力量，历经几十场披荆斩棘、过关斩将的拼杀而进入决赛圈的。其艰难的训练和日日夜夜的比赛，是不言而喻的。

这两个队水平不相上下，实力难分伯仲，技术互有长短。她们之间的夺冠交锋，对参与者而言，是责任攸关，势在必得。对旁观者来说，重要的是看其展示过程，是作为一个艺术欣赏，一种文化享受，一课业务学习，一次学术探讨，而不是比分得失或胜负结果。谁赢都精彩，谁输也光荣。胜者欣然，败亦可敬。

值得指出的是，这两个队风格打法相似，技术比较全面，攻防相对平衡，个人特点突出，战术快速灵活，集体配合默契，作风都很顽强，传承了我国排球优良技术传统，彰显了中国排球技术战术风格特点，顺应了世界排球技术战术发展趋向，反映了排球运动训练基本规律。

常言道，比赛是训练的一面镜子，训练是教练员的一个影子。或者说，比赛是展示一个队平时训练水平与质量的平台，训练是考核一个教练员执教能力与智慧的标尺。在通常情况下，成绩则反映一个队教练员和运动员训练及比赛的综合能力与水平。当然，由于种种不可预测的主客观因素或偶然机遇，有时，成绩与水平并不完全画等号。一些与决赛失之交臂的队伍，也有可圈可点的训练经验和比赛水平，从理论上说，她们也有夺冠的可能性。

从比赛中反映出，这两个队平日的训练指导思想对路，训练目标任务明确，训练内容方法得当，训练要求严格合理，训练作风刻苦扎实。加之在比赛中指挥有方，调度适宜，充分调动了运动员的积极性和主动性，因而能把平时训练中掌握的技术战术发挥得淋漓尽致，表现出相当高的竞技能力与水平，令观众沉浸在如痴如醉的鉴赏之中。

需要一提的是，前面说到这两个队的风格与打法，体现了中国排球的技术战术特点与发展方向，这是毫无疑义的；这两个队的训练理念和训练实践，也是值得学习与借鉴的。但这不等于说，大家都要模仿或复制她们的打法特点，恰恰相反，就全国而言，可以而且应当有不同风格特点的存在与竞争，而不是只提倡一种战法、一个模式。实际上，即便是天津和浙江两队的特点也不全一样，前者串联技术和动作技巧可能略占上风，后者网上实力与技术力度或许稍高一筹。

由于每个队的人员结构、体能状况、技术特点和传统习惯不尽相同，因而各队应在符合排球运动训练基本规律的前提下，根据自己的具体情况，来制定训练目标，明确训练任务，安排训练内容与方法，树立与形成适合于本队实际情况的技术战术特点与打法。全国多种不同风格的打法可以互相制约，互相竞争，互相借鉴，互相促进，有利于全国排球技术水平的提高与发展。

更值得欣慰的是，这两个队不只表演了精湛的技术战术，而且展现了良好的比赛作风。她们那种顽强拼搏的气概和永不言败的精神，给人留下深刻的印象，仿佛昔日中国“女排精神”依稀可见。浙江队首场客场对阵和末场生死决战，都是在0∶2落后的艰难情势下，连扳3局，反败为胜的。天津队第二场在天时、地利、人和以及心理压力重重等不利局面中，背水一战，打成了平手。当然，两虎相争，必有一败，冠军谁属，是不可避免的。但3场赛程中，都是比分你争我夺，局势犬牙交错，场面精彩纷呈，打得难分难解，不到最后一球一分，谁都不会轻易放弃，谁都不会认输称臣。

由此可见，任何一个队的成长与建造，只有技术加作风，才能无往而不胜。

作风是运动员在训练、比赛、学习和生活中，一贯表现出来的态度与做法。作风似是一种看不见、摸不着的无形东西，但它确实存在于运动员掌握与运用技术之中。作风不能代替技术，技术的较量，只能用技术手段去攻破；但作风可以带动技术，作风一旦武装了运动员，就会产生无穷的力量。好的作风可以促进技术的发挥，差的作风则会减弱技术的展现。良好作风的造就不是一朝一夕、一蹴而就的，不良作风的生成，犹如蝼蚁之穴容易溃堤于旦夕之间。

一个队好的或差的作风的养成，其关键人物的作用是管理者、教练员和尖子队员的率先垂范、言教身传。其重要方法是，贯穿于日常训练、比赛、学习和生活之中；其主要措施是，悉心培养，长期磨炼，上下互动，形成习惯。

人们从这两个队的技术与作风的精彩表演中，可以推断其正确的训练理念和生动的训练实践，从而对中国排球的未来与发展充满信心与希望。浙江和天津队的教练员、运动员能够做到的，其他与其客观条件相仿的队，应当可以而且能够做到。这里关键在于要有人积极引导，全面谋划和努力工作，而不仅仅是说在嘴上，写在纸上，挂在墙上，知与行互相分离，说与做严重脱节。

顺便提及，这3场决战，几乎都全场座无虚席，球迷们热烈兴奋不已。网友们点评“比赛真好看”“看了很过瘾”等。我想，倘若在联赛中多一些这类精彩表演，而不是少有来回球的“一锤子买卖”，何愁没有观众！又何愁球市惨淡！可见，提高全国排球竞技能力与水平，才是繁荣球市、吸引眼球的必由之路。要知道，如今的中国排球观众大概不会老“土”到仅为看几个高鼻子、蓝眼睛的老外，而乐意掏自己的钱包。

我是一个早已“不谋其政”的年过八旬的新中国第一代老排球人，此次观赏了这3场精彩绝伦的赛事，获取不少启迪与教益。可惜这些东西对我已无实际意义，只是作为自我鉴赏、自取其乐而已。不过，对于尚在其位的人来说，只要认真体察，虚心领会，或许有所裨益。

原载中国排球协会官网（2004-03-26）

莫让教练委员会形同虚设

一年一度的世界女排大奖赛已收兵，中国女排在整个赛程中打了一些好球，也打了几场差球。这对一支尚不成熟的队来说是正常的，不足为怪，重要的是从中获得经验，吸取教训，不要一胜掩百丑，也不要一败无是处，更不要墙倒众人推。看完比赛，有几件事值得关注。

一、“核弹头”也需“运载火箭”，排球网上与“地面”不可偏废

中国女排两次连败给日本之后，媒体和公众对其败因众说纷纭：有人说二传是我们的软肋；有的说一传和二传不力；有的说群众氛围、基本功和板凳深度都不如对方；有的甚至质疑教练班子的执教能力等，不一而足。

昔日老女排的技术优势在于拥有全面熟练技术，攻防相对平衡，从而形成强大的综合技术能力，这是我们赖以安身立命的法宝。

然而，进入21世纪以来，随着运动员身高的增长和进攻能力的增强，以及竞赛规则的修改，国内业内人士普遍认为，当今排球比赛的胜负，斗争的焦点在网上。此话只说对一半，还有同等重要的另一半是较量的基础在“地上”。没有一传、防守、二传和保护等串联技术的可靠保证，纵有网上进攻优势也难以发挥；网上攻势越强，对“地上”保证技术的要求越高。如同只有核弹头而没有运载火箭，前者就会变成一堆废铜烂铁；核弹头吨位越高，运载系统要越完善。可见，技术全面、攻防均衡，是排球运动训练永恒的主题，世界强队，无不如是，男女高矮，概莫能外。

中国女排身高和弹跳力是世界级的，进攻威力也不比对手逊色，但由于一传不力，防守疲软，不易形成有效的进攻和反攻，网上优势难以充分发挥。因此，从技术层面上说，中国队的最大软肋是技术不全面、不熟练，攻防不均衡、不协调。

我们的短处不是今天才发现的。中国队倘若不真正反醒，痛下决心，下狠措施，是难以改变面貌的。媒体捧和哄，绝不是解决问题的良方。舆论导向的影响，容易使人陶醉于自己的优势而忽略其短处。

二、攻与传需共同提高，解说员要点到为止

在比赛转播中，尤其是魏秋月在澳门因伤缺阵，由其他新二传上阵时，经常重复听到播音员数落新二传配合不好，什么传球速度太慢、不敢组织快球等；在东京广播中甚至有人怀念起当年二传高手冯坤；网友也有对新二传恨铁不成钢的奚落。

二传手在比赛中重要地位与作用是毋庸置疑的，她不但要把球传稳传准，而且要有智慧与谋略，正确选择进攻时机与突破地点，还要根据临场情况的变化恰当运用和变换战术，她在进攻组织中起着主导与核心作用。不可否认，我们几位新二传要达到炉火纯青的技术境地，还有不短的路要走。

然而必须看到，传与扣之间的配合，不是单向、孤立的，而是双向、互动的。配合不好，未必都是二传的错。作为二传手，要投其所好，传其所要，根据进攻手的不同特点和临场主客观情况，努力为其创造恰到好处的进攻机会。

而作为进攻手，则要量体裁衣，看菜吃饭，根据一传来球和二传出手情况，来选择扣球起跳时机与地点，努力提高应对扣各种困难球的适应能力和应变能力。

况且，排球各项技术之间是互相联系、互相制约的，一传不到位，防守不起球，二传手“难为无米之炊”，就无法组织快攻。至于传球节奏的快慢，并非越快越好，要根据具体情况该快则快，当慢则慢，一切以时间、地点、人员特点和临场情况为转移。

不看实际情况，过多纠结于二传手一方，不但欠客观准确，而且不利于二传手建立自信，也无助于进攻手的技术提高，更不能在传与扣之间营造互信、互谅、互助、共进、共赢的协调关系。教练员对此更应有正确认识。

顺便说一下，球迷看客大都倾向于有一个相对幽静的环境，来观赏比赛实况转播。如果解说员和嘉宾能画龙点睛，点到为止，适时解读比赛中精彩场景，为看客释疑解难、增长见识，这无疑是一种不错的享受。倘若有人喋喋不休，没话找话，东拉西扯，不断扰民，不但言多必失，并有喧宾夺主之嫌，而且使看客无心观战，无奈不已。

三、教练组竟没二传教练，教练委员会形同虚设

以郎平为主教练的教练班子有四五位成员。郎指导主持全面工作，其他人各司其职。赖亚文是多朝元老，对内外情况驾轻就熟；安家杰原为山东男排主教练，去年刚改带该省女排；还有一位是从原四川男排请来的，恕我不知其大名。

但我发现，这几位教练都是当年赫赫有名的进攻手，好像没有当过出色二传手的经历。当然，有的多功能的教练员，训练进攻手和二传手都不在话下。但我认为，由内行教练来专门训练二传手，也许会更精细、更全面、更专业，特别是眼下女排二传手的能力与水平亟须提高的情势下，显得更为迫切。

据我所知，目前地方队现役教练员中，如浙江、江苏、上海等队，都有过去曾是国家队优秀二传手，像浙江马芳教练还培育出王娜等出色二传。当初女排组队为何没考虑二传教练这个因素？如今亡羊补牢，应当犹未为晚！

中国排球协会教练委员会职责之一是“评选国家队教练员、运动员，提请上级审批”。但我们现在看到，中国男女排主教练的选拔走的是“专家团”的形式，而不是教练委员会的流程。专家团看似庞大，但真正有过教练经历的专家只有一两个，他们几乎没有多大话语权，最终形成“主教练由领导定，副教练由主教练点，运动员由教练说了算”的局面。我当教练委员会主任时，有幸还干点实事，多年主持全国集训，多次评选国家队教练等。我下台后由排管中心主任徐利接任，他已离职，不知由谁担任？如今连教练委员会都名存实亡，还遑论履行什么职责！

原载《扬子晚报》A21版（2014-08-27）

附：忠言逆耳

这已经是老帅张然今年给《扬子晚报》体育部邮箱发来的第4封邮件了。

前三封邮件，两封已经见报，一则是《江苏女排之殇，是“他杀”还是“自杀”？》，一则是《恒大一枝独秀，排坛难有春色》。这两则文章见报之后，在江苏乃至全国排球界都引发巨大反响，文章提出来的问题令排球人深思，也引发了广泛的讨论。另外还有一封邮件，因为张老本人觉得想法还不够成熟，主动要求收回。

昨天收到的这封邮件，依旧是一篇近3000字的长文，想想，一位84岁高龄、身体也不算太好的老人在电脑前面敲出这么多文字，实属不易，字里行间充满了对中国排球的拳拳关爱之心。

文章很长，信息量很大，更难得的是张老敢讲真话的精神。他在文章中提到的“教练委员会”的职能问题，是个敏感而具有争议的话题。这么多年来，很少有人触及这个话题，但教练到底如何选拔的问题，又是排球界实际存在的问题。

也许，张老的话会让很多人听了不舒服，但常言道“忠言逆耳”，如果有关部门和管理者能理解老排球人的一片赤诚之心，认真倾听一下他们的意见和建议，让更多的人为中国排球出谋划策，中国排球何愁不能重新崛起？

《扬子晚报》记者 殷小平

原载《扬子晚报》A21版（2014-08-27）

江苏排球队没有好教练？

今年5月间，江苏女排聘用上海籍的蔡斌教练，业内外人士对此广泛关注，有老领导和球迷问我：江苏排球没有教练啦，为什么还聘请外省的？这引发我对江苏排球教练的今昔，以及对教练人才的培养与使用等问题的联想与思考。

一、江苏排球人才济济，新老教练都很光彩

江苏是排球人才资源比较丰富的省份之一，曾涌现出袁伟民、邹志华、邸安和（曾任国家排球主教练）、薛刚（国家沙排主教练）和施海荣（中国男排教练）等出类拔萃的人才，还有近10人曾任国家青年、少年排球队主教练或教练，10多人曾任援外教练，多人当过中国女排陪打教练。其中有3人享受国务院政府津贴，近10人有正高职称；国内有3人被国际排球联合会评为高级讲师，江苏占2人。

一个省有3人以上担任国家排球队主教练，全国大概只有江苏、福建、上海和八一队等有此殊荣，有那么多国字号教练和高级职称拥有量，全国也不多见。

江苏还有一批敬业勤奋、成效卓著的老教练如计尔煊、赵玉喜、孙孝秋和已退休的二代、三代教练，包括已故的刘平等6位教练，他们都为排球事业奉献了毕生精力，做出了卓越贡献。

现役一批有所作为、充满生机的中青年教练如薛永业、卢卫中、周炜、沈芒等，承载着承前启后、继往开来的重任，拼搏在训练第一线，谱写江苏排球新篇章，还有广大默默无闻、甘当人梯的体校教练，战斗在培养后备军的基层。江苏排球的后备人才，在排球界也可圈可点，这无不与教练们辛勤耕耘紧密相关。

江苏建队56年来，几代教练薪火相传，前赴后继，使江苏排球从艰苦创业到发展壮大，再走向辉煌，至今依然在全国排坛占有不容忽视的一席之地。尽管今年联赛女排因领导决策失误而名落孙山，但谁会否认，该队实际上仍不失为国内强队之一。

无视以上事实，不是色盲，就是黄斑病变。

二、出名或不出名的队员，都可成为优秀教练

江苏排球教练人员同全国情况相似，大多是从退役后的优秀运动员中挑选出来的，具有较好实践经验和专业理论知识（部分人有高学历）。出名运动员可以成为优秀教练员，如中国袁伟民和郎平，美国道格·比尔（20世纪80年代带领美国男排夺取世界三连冠）和基拉里（2014年女排世锦赛冠军教练）等。不出名的队员也能成为成功教练，如中国戴廷斌和陈忠和，日本大松博文和山田重雄（20世纪六七十年代世界女排冠军教练）等。

然而，并不是所有运动员都能成为优秀教练员，因为从前者到后者的飞跃，需要一个不断实践、学习、总结与提高的过程。在中国，教练员的成长与造就，一靠领导培养与支持，二靠自身天赋和励志勤奋。后者是决定因素，外因通过内因起作用。这就是运动员可以成为或不能成为优秀教练员的区别。

当然，不是每个教练都能成为冠军教练，如同不是每个士官都能成为将军。但每个教练员都应兢兢业业，恪尽职守，刻苦学习，锐意进取；遵循训练规律，顺应技术潮流，继承优良传统，勇于改革创新，善于总结经验，工于博采众长；爱兵如子，从严治队，为人师表，传技育人，凝聚全队正能量，不断提高全队技术水平，完成好所承担的任务，努力使自己逐步成长为优秀教练员。

三、营造教练成长环境，摈弃压抑人才陋习

江苏历代排球管理者和领队，对于教练人才的培养与使用，都有丰富经验和积极作为，注意调动教练员的积极性、主动性和主导作用，使其在选材、训练、比赛和管理等业务工作中，充分施展聪明才智，并依靠运动员的共同努力，所以才有江苏排球事业发展的昨天和今天。

但也应看到，有些管理行为恐无助于营造人才成长的良好环境与条件，不利于调动人的积极性。这虽非主流，但遗患无穷，值得引以为戒。诸如：

① 越俎代庖，干预太多，是对教练权益的轻慢。昔有领队在赛前开会要抢先分析技术，指点比赛，喋喋不休，滔滔不绝，使教练无所适从，赛中指挥教练换人（其时领队可同教练坐一起），若不听从，赛后就会批评教练。今有领导不征询教练意见，就包办主力队员转会，导致该队在联赛中濒临降级。这种任意干预教练职权的乱作为，不足为训。

② 朝令夕改，动辄换帅，是对教练任用的浮躁。选用人才贵在慎始，事先就要全面考察，慎重选择。一旦任用了，就应用兵不疑，给予充分信任与支持。教练员能力水平的展示，亦要需有一个实践过程。有的教练屁股没坐热，却叫他下课没商量；有的教练不到预定周期就被换下，后者没多久又下台。用人如儿戏，教练似棋子，上下瞎折腾。倘因上头决策失误而造成成绩不佳，为何未见决策者引咎辞职？

③ 中途易帅，临阵换枪，是历来兵家之忌讳。任何工作都有它的继承性和连续性，突然人事变动，打乱原有秩序，弊多利少。江苏青少年男排本有在第12届全运会夺金的实力（全国集训赛曾获亚军），但最终只得第5名，这与之前易帅不无关联。江苏还有在6届全运会前莫名换“大帅”和“次帅”的昏招，结果兵败五羊城，铩羽回江东。其理相同，其害更甚。

任人唯贤，广纳雄才，包容海涵，相互补台，是正确选用人才之道；而嫉贤妒能，门户之见，鸡肠小肚，则是扼杀人才、自毁事业的伎俩。

四、不妨招引"外来和尚"，更应养护墙内香花

江苏队要延续昔日风光，不是不可聘用"会念经的外来和尚"，但更应注重整合与凝聚本土丰富的教练资源，加强对教练培养的投入；扔掉偏见，撤除藩篱，充分调动各方教练积极性，把功夫和气力用在谋事上。对教练的培养与任用，要有战略的眼光、周密的计划、具体的步骤、落实的措施和正确的方法；不要让其自生自长，放任自流，也不自以为是瞎指挥。

引进外教，或许可起到他石攻玉、兼收并蓄的作用，避免师傅带徒弟式的近亲繁殖的弊端，有助于拓宽训练视野，增长教练见识。但在实际操作上，要做好很多事情才能真正收效，并非引进外教后就万事大吉。

引进外教，成本远高于培养本土教练。当然必须要有高收益才划算，才符合经济规律。应把聘用外教的程序放在阳光下运行，明确权利与义务、奖赏与惩罚、利益与责任，管理者和教练员都要毫不含糊，依法办事，并让群众有真正的话语权和监督权。

桃李不言，下自成蹊。多干少说，干好再说，是聪明人的选择。

原载《扬子晚报》体育版（2014-10-24）

外来和尚好念经？

5年前，全国首家按职业化模式组建的球队——广东恒大女排横空出世。该队引进了3个不同外籍的高手，和我国“黄金一代”的退役国手，组成了“四国联军”，在郎平指导率领下，短期内由乙级升至甲级队。在翌年全国联赛中，以摧枯拉朽之态，势如破竹，所向披靡，并在随后连续几年联赛中夺金揽银，震撼了万马齐喑的中国排球联赛。2013年，北京男排首开引进外援的先河，加上强劲的本土队员，在李牧指导的带领下，重圆了阔别十多年的冠军梦，并于当年全运会上又夺魁，国内排坛响起了惊天动地的春雷。

一、钱多了别傻眼

2014—2015年度排球联赛，男女排共有9支队伍（男4女5）引进18名外籍球员助战，队数和人数之多是历年之最。可以预料，随着排球市场逐步成熟，职业化程度不断提升，赞助商投入或将加大，外援引进可能会有上升趋势，这无疑会给引进队增强新活力，也给联赛过程添加闪光点。

然而，吊诡的是，今年女排联赛取得常规赛前4名的队，只有上海队有外援，其余江苏、八一和浙江队全靠本土球员打天下。男排常规赛前4名的队，上海、北京队有老外参战，山东和江苏队则都“裸身”上阵。多数引进外援的队并没有在赛场上占上风，四川女排还濒临降级边缘，这是耐人寻味的。

这可能是因为，一方面，尽管近几年来中国排球在国际大赛中成绩有起有伏，有喜有忧，但全国女排的整体水平在国际上还是较高的，这些从欧洲引进的运动员，有些可能还是昔日援外的中国教练的徒子徒孙。如今引进的外援如果不是一流水平，当然不会对各队造成太大威胁，甚至是既“烧”了钞票，又挫伤本土球员的成长。

另一方面，即使引进了顶尖球员，倘若本土球员技术水准平平或有明显短板，也不能形成强大的整体实力，外援纵使有天大本领，也孤掌难鸣，独木难支。排球是6人打球的集体项目，如同木桶的容积，不取决于最长的而取决于最短的一块木板，仅有长板是不可能有真正实力的。恒大女排和北京男排的成功之处在于，既有强有力的本土队员，又有高水平的外来援兵。

还有一个特点是，我们引进的外援，无论男排还是女排，大都是进攻型的主攻手和接应队员。因为中国的快攻和二传技术在世界上是领先的，所以一般不会引进。去年上海女排请来了美国一个二传手，由于语言障碍和特点不同，要形成默契配合是比较不容易的。外来的进攻手与本土二传手，还有一个相互配合问题，这需要时间与过程。

二、对排球联赛的影响

聘请外援有什么作用？会给我国排球带来什么影响？由于视野和角度的不同，在排球圈和舆论界，历来存在着各种不同的认识和看法，这是很正常的，不值得大惊小怪，也不必争论不休，更不要用不文明的语言去贬损持不同观点的人。公婆各有理，不必太在意，见仁见智罢了。

任何事物都有两面性，十全十美是不存在的。

一种观点认为，高水平的外援，对于引进队而言，可以立竿见影，在一夜之间变成锐不可当的“大土豪”，摘金揽银收铜，如囊中取物，不在话下，前几年恒大女排的成功就是最好的例证。外援对不太景气的球市可以起到吸引眼球、招揽观众、繁荣市场的作用，由此对排球运动的发展，也会产生推波助澜的效应；对赞助商的广告效应和本土球员的奖金收入，也有直接的利好。外援的示范和榜样力量，对本土球员的技术和职业意识，或许也有一定的影响作用。

另一种声音则认为，引进外援虽然可以迅速提升本队实力，并在联赛中取得优异成绩，享受暂时的快乐，但这只是一种虚假繁荣、泡沫实力。联赛一完，外援一走，其技术水平就大相径庭，这是不言而喻的。

引进外援必将压抑本队同一位置队员的成长与进步，这是不容回避的事实。联赛是锻炼队伍、提高水平、积累经验的良机，本土球员让位于外援，不产生影响是不可能的。

从理论上说，外援的敬业精神和技术水平，对本土队员的职业素养和技术提高有示范与带动作用。中国聘用进攻型球员，能否把中国进攻的短板提升，这要由时间和实践来证明。中国足球改革20多年来，引进的大多是锋线球员，但中国迄今尚未出现一流的锋线队员；恒大女排是排球引进外援的先行者，但对眼下恒大女排水平的带动作用尚未显现出来。

三、打铁尚需自身硬

水平决定球市，实力招引球迷。吸引观众、繁荣市场，不能只寄希望于几个老外，而是要由自身实力说了算。去年浙江和天津女排3场冠亚军决赛，没有一个外援参赛，但由于双方水平相当，特点相似，来回球频繁，竞争相当激烈，每场比赛照样座无虚席，一票难求。

国人似有一种癖好：欲加之“褒”，何患无辞。要证明某人某事有多好，就从头到脚都说是“香喷喷的”。有人曾说，北京男排引进外援联赛登顶，当年全运会又夺冠是引进外援的结果。诚然，外援的促进作用毋庸置疑，但主要原因还是北京男排队员本来就不是“吃素的”。这类好大喜夸的事例，在体育界、媒体界并不少见。以偏概全、无限放大，不是一种好习惯。因为任何真理多跨一步，就会变成谬误。

客观地看，就一个队而言，引进外援是输血，是救急的；倘若为保级，为成绩，为广告效应，输血是必要的。但打造本土队员是造血，是强身的；为长远利益，为长盛不衰，加强造血功能，提高免疫系统，才是固本强体之道。

如何在输血与造血之间，找到一个恰当的平衡点，既能输血救急、不产生排异反应，又能造血强身、固本活血，是有关各队教练们需要认真探讨与解决的课题。

原载《新体育》杂志　2015年第2期 第78−79页

评比赛　论训练

——全国排球联赛观后感

2015—2016年全国排球联赛已圆满收兵。笔者从电视和现场看了几场球，尤其是男女排冠亚军决赛，深感我国排坛展现出新生一代运动员的优越身体条件和良好技术与精神风貌，彰显出地方队教练员为培养这些优秀选手所做出的默默无闻和不可磨灭的贡献。令人对我国排球的未来前景与发展，充满希望与期待。

人们注意到，上海男排和天津女排的技术全面性和防反串联性、北京男排老队员的技术底蕴、江苏女排新队员的发展潜能，以及各俱乐部队的水平逐年提高与进步，都可圈可点、可歌可赞，给人留下了深刻印象。

然而，比赛是训练的一面镜子，训练是教练员的一个影子。或者说，比赛是反映球队平时训练水平与质量的平台，训练是考核教练员执教能力与智慧的标尺。从比赛中不难看出，我国排球技术战术的训练水平，还有较大可以改进与提升的空间。为此，我想就相关问题与大家交流探讨。

一、要全面估量球队实力

决赛前，有媒体和评论家预测，北京男排胜算占六成，江苏女排实力强于天津。理由如下：北京队在常规赛中两胜对手，外援埃德加和马绍尔的攻势锐不可当；江苏队“三驾马车”的进攻势如破竹，拿下天津队不在话下。但不幸的是，比赛结果与预言家们的判断相反。这是为什么？

赛场态势错综复杂，动态变幻，而不是模式固定，静止不变。由于各种因素影响，昔日赢家，未必当今不败；昨天“一条龙”眼下变成“一条虫”是常有的事；前半场与后半场的表现判若两队，也是间或有之。有人津津乐道过去某队胜败几何，甚至把毫无可比性的两年前战绩同现在对比，这有意义吗？昨日已成过客，一切从零开始，这才是硬道理。

衡量一个球队的实力水平，应是综合的全面的，包括其技术、战术、体能、经验、心理、作风、战术意识和指挥能力等，而不能只见树木，不见森林，只比进攻，不看综合实力与水平。这种常识问题，好像不应当被忽略。

不能客观评价一个队实力水平，会不会给相关队摆高自己位置，背上胜负包袱，无形中产生一种心理暗示？会不会给可能存在的重攻轻守、重拦轻防、重“网上”轻“地上”的错误理念，无意中造成推波助澜作用？

清醒地自我定位，或许比相信算命先生的预言更明智！

二、要注重中国技术特点

如今各队的身高和强攻实力大有提高之势，这是值得欣慰的。但强队之间较量，不要过分依赖拼气力、秀肌肉，而忽视速度、技巧、快变战术及智慧谋略的运用。有的队一场球打不到10次快攻，副攻手形同摆设；有的队在比赛关键时刻，打法太简单，给球太集中，连续占有几次赛点先机，也强攻不下，最终败下阵来。

中国排球的优良技术特点是我们的传家宝，只能发扬，不能削弱，更不可丢弃。不应忘记，纵使身长万丈，你的生理机能与特点依然是亚洲人种；更不要忘记，中国的全面、快速、灵活、多变、细腻、技巧等优良技术传统，正是一些欧美队从援外的中国教练手上学到的“回马枪”，如果我们弃之不用，或用之不精，岂不愚不可及，贻笑大方？

无论是体能或技术训练，可以“与国际接轨”，学习先进东西，但不可邯郸学步，生搬硬套。舶来品只可超越，不可模仿，否则会永远输在起跑线上。技术可以借鉴，人种不能克隆。补短不可缺少，扬长必须优先。倘若只倚重补短，而忽略扬长，用自己的短处去抗衡人家的长处，岂不是本末倒置，把马车置于马前？

三、要加强基础技术练习

从比赛中我们看到，有些条件优越的运动员，虽掌握一定技术，但底蕴不足，功夫不到，动作粗糙，手感欠佳，从而技术失误较多，或未能充分调动与发挥其潜能。

京、沪男排第二场决战打了4局，双方分别主动失分34∶32，失误惊人；不少队员不是在移动中防守来判断取位，而是脚步蹲死，守株待兔；有些人扣快球的起跳与击球，同扣高球的动作缺少分化，造成快球不快；接发球、拦网和防守缺乏预判，以致效果欠佳；男排比赛来回球少，一锤子买卖多。这些近乎吹毛求疵的挑剔，是否可以说明我们的基本功与基础技术大有加强的必要？

有哲人言：复杂源于简单，高深来自浅近。真是一语破的！笔画尚未描好，怎能挥毫自如！圆蛋都没画成，岂能妙笔生花！要领未全掌握，何以攀登高峰！

技术无止境，真理无穷尽。一个优秀的排球运动员，不要满足于掌握一般的六大技术。越是高水平的运动员，越需要琢磨精尖技术，探索技术奥秘，精益求精，不断进取，才能攀登世界技术巅峰。

四、要着力二传队员培养

二传手在比赛中的重要地位与作用，人所共知，但知与行往往并不统一。知其重要是一回事，下功夫去做是另一回事。正如明代哲学家王阳明所说："知就是行，行就是知，知而未行，其实未知。"

我国目前涌现出一批令人垂涎羡慕的二传手，身高男排1.95米、女排1.85米左右，而且在一线担当主力，有些人已进了国家队，达到了一定水平。但从高标准要求，其技术水平和战术素养尚需磨炼。有的脚步太慢，二垫太多；有的手控较差，传球欠准；有的视野不广，盲目性较大等。如其水平再提高一步，必将使进攻手如虎添翼。

二传水平要精深，须有专人去操练，这是中国教练发明的有效国产经验。有网友调侃说：那么一传、防守、拦网也要配备专职教练！先生此言差矣，二传手的职能与作用，使其训练具有特殊性，用非逻辑性的悖论相类比，恐不适宜。

二传手的能力与水平，可以分为三个层次：

一是及格：能把球既稳又准地传到位，为进攻手提供适宜的扣球条件。

二是良好：除了前者，能正确选择进攻突破口，恰当组织战术，合理分配球。

三是优秀：除了前者，能根据彼我双方情况运用某些动作技巧和心理智慧，去干扰与迷惑对方的拦网判断，掩护本方队员进攻，起到辅助进攻作用，使没有进攻功能的二传技术含有攻击的因素。

如果这个评价标准合理可行，冒昧请问诸君，您属于哪个层次？

五、要重视心理素质训练

媒体和教练员在评论某队失败的原因时，常常归因于心理因素。看来，“瓦伦达效应”的启示普遍被大家所认识与重视。

毋庸置疑，由于受各种主客观因素影响，运动员在比赛过程中心理发生的变化，会抑制技术发挥，甚至导致比赛失败。但是，存在决定意识，意识反作用于存在；在通常情况下，往往是技术问题出现在先，心理变化产生在后，又反过来加剧技术失措。或因特长受抑、弱点被攻、比分落后、领先被追、失误频繁、指挥失宜等，从而引起运动员心理变化。此时，教练员的职责是全力找出技术疲软的原因，而不是简单地归咎于心理问题。

当然，有时出于某种压力，运动员未上场就紧张。那就应未雨绸缪，防微杜渐，事先做好工作，防范于未然，而不是事后诸葛亮，亡羊不补牢。

心理因素可以影响技术发挥，但不能代替技术作用。马克思指出："批判的武器当然不能代替武器的批判，物质力量只能用物质力量来摧毁；但是理论一经掌握群众，也会变成物质力量。"比赛双方的较量，主要是通过技术实力去实现，技术实力的对抗只能用技术实力去攻破。然而，良好的心理素质一旦武装了运动员，就会产生强大的技术力量，使技术实力更好地发挥威力。

技术实力是球队的物质基础，心理素质是队伍的精神支柱，两者互相制约，相辅相成。"艺高人胆大，胆大艺愈高"，是对技术与心理互为因果关系的精辟概括。因此，只有同步采用技术和心理训练来培养运动员，使两者训练有机结合、同时发展，才是迅速提升运动技术水平，增强全队综合实力的有效途径。

心理训练内容不仅限于培养运动员自我控制与调节能力，还应包括有意识地培养其个性心理特征（自信、坚韧、合群、冷静、耐心等）和特殊心理智能，诸如专门化知觉（手感、本体感、时空感、方向感），注意力集中、转移与分配，思维敏捷性，意志力等。

心理训练方法，不只是嘴巴说教，更主要是把心理训练因素渗透、融合于日常训练、比赛、学习和生活实践之中，并且锲而不舍，坚持经常，久久为功，持之以恒，积以时日，才有成效；而朝练夕停，浅尝辄止，则收效甚微，于事无助。

六、要开展业务理论研究

我国排球界素有理论研究的好传统。每逢联赛后要召开两天教练员会议，总结比赛情况，提出训练要求；适时召开全国训练工作会，研究重大问题；成立调研组进行专题研究，写出指导性报告；利用集训机会组织教练进行理论学习、交流执教经验；组织专家认真讨论，与时俱进地提出不同时期的技术战术指导思想；以及很多教练和学者总结经验，著书立说，撰写实用的文章；等等。从而形成良好学风，推动技术进步，为80年代以来的技术腾飞插上科研的翅膀。

历史经验表明，实践产生真知，理论指导行动。技术要想进步，理论必须前行。理论繁荣，催生技术发展。理论贫乏，导致技术滞后。正确训练理论，引导正确技术行动。理论导向错失，必将引发技术倒退。

拿破仑说过："让驴子和学者走在队伍中间。"这不仅说明拿破仑重视专家学者的理论研究，更道出了他打胜仗的秘诀：带着先进的军事理论前行，运用创新的理念领航。

爱因斯坦指出："一切关于实在的知识，都是从经验开始，又终结于经验。"

中国排球界有丰富的实践与经验，在世界上占有重要一席之地；中国女排荣获8次世界冠军，男排亦曾几度风光；我国援外教练享誉欧美各地，为世界排球运动做出了贡献；我国各个不同层次的教练员，各有所长，都拥有培养不同水平与特点的运动员的知识和经验。只要积极引导，认真总结，系统梳理，并上升为理论，就可为我国排球技术不断进步提供有力支撑。

本文提到的这些问题，是笔者从比赛中看到、想到的一些片段，可能是值得探讨的业务理论问题，但因受历史、环境、学识等条件制约，只是抛砖引玉，未敢妄言无误。意在引起排球人的关注，展开交流讨论，兴起理论研讨之风，以推动我国排球技术战术水平进一步提高与发展。

原载中国排球协会官网（2016-03-07）
新浪网《排球》栏目转载（2016-03-08）

狂热的草根气排球活动

9月下旬，我应邀去浙江省磐安县冷水镇小章村，参加由金华市体育局和磐安县人民政府主办、磐安县体育局和旅游局以及冷水镇人民政府承办的全国第二届快乐气排球交流活动（第一届去年亦在此举办）。这个比赛活动，别开生面，热闹非凡，令人眼界放大，脑洞大开。

一、气排球的时尚

参赛男女队共有68个，除大部分是浙江本省球队外，还有10多个其他省区市队，以及新加坡队和中国香港队，其中有些都派男女队参赛。比赛先后分为两期，男女分别在6片室内塑胶场地进行。从报到直至离会，前后5天，圆满闭会。

运动队、裁判员等都住在冷水镇小章村农民办的农家乐宿舍，设施齐全，条件尚好。食宿每天每人80元，各队自理。小章村的环境清净，空气新鲜，没有城市的繁华喧闹，颇有乡间的幽静舒适。

参赛运动员男的55～70岁，女的50～65岁，都是来自基层的机关、企业、街道、农村等体协或俱乐部所组成的队伍，没有一个是排球专业队退役下来的运动员，少有经过业余体校训练过的人员，也没有省市一级气排球代表队水平的队员，都是纯粹正宗的草根老人选手。可以想象，其运动热情高于技术水平，社会效应大于竞技能力。但随着实践的深入与习练的加强，其技术能力将会逐步提升。

运动员是草根的，技术水平是不高的，然而，竞赛的组织程序与安排却是正统、规范的。开幕式由国旗引导，鼓乐齐鸣，运动员正步入场，奏国歌升国旗，奏会歌升会旗，县领导致辞祝贺，裁判员和运动员分别宣誓，并由嘉宾宣布大会开幕，接下来是文艺表演，然后开始比赛。整个过程俨若全运会或奥运会的模式与翻版。

更值得称道的是，大会工作人员精心的组织安排，严谨的工作作风，热情的服务态度，以及运动员在赛场上表现出的不懈的敬业态度，阳光的精神风貌，密切的团结协作，给人留下深刻良好的印象。冷水镇人民政府在小小的小章村，组织这么大规模的竞赛，把食、宿、赛、交通等事务处置得井井有条，纹丝不乱，怎么赞赏都不为过。

浙江省开展气排球活动起步较早，普及面广，水平较高，在全国处于领先地位。据了解，该省每个县都有多者20多个、少者十几个气排球队，仅小章村就派出两个队参赛。他们自发组织俱乐部，有空就进行训练或比赛。一位县体协会长告诉我，现在不但老年人玩气排球，中青年也打上瘾，篮球却少有人去问津，都改行玩气排球了。

不言而喻，中老年人热衷于气排球，不但锻炼了身体，愉悦了心情，和谐了人际关系，丰富了文化生活，还可去除民间打牌赌博的陋习。这对于移风易俗，陶冶情操，促进精神文明建设，以及普及排球运动，扩大排球人口，都产生着积极的正能量。

浙江省排协副主席、省队老教练、20世纪五六十年代国家队宿将冯正海退休之后不忘初心，一直从事气排球的实践、培训与研究。他在全省很多城镇训练队伍，推广技术；他不断钻研、完善比赛规则，并与企业家研究比赛用球的结构与规格，使之更适合于老年人特点。眼下全国采用的竞赛规则，和“天天乐”“夕阳乐”牌比赛用球，就是来自浙江省。冯指导83岁高龄还经常参加训练比赛，全球绝无仅有，其敬业精神与丰富实践，令人肃然起敬。

在比赛午休期间，仲裁主任冯正海指导和裁判长程战铭教授，邀我同一个女队进行友谊赛。我虽是第一代八一队、国家队和江苏队老兵，但对气排球却是新兵，于是就勇敢披挂上阵试水。尽管技术发挥欠佳，但心理感觉良好，最大收获是开心。87岁老翁尚可上场玩几把，比我年轻的老人当更不在话下。或许这就是气排球的吸引力和生命力所在。

二、气排球的特色

世界排球运动诞生了121年，在我国也有111年历史。从16人、12人、9人到6人制，但其普及程度不高，排球人口较少。国际排联曾试图推广Mini Volleyball（小排球），我国亦在中小学开展软式排球或小排球，因受种种因素制约，好像成效甚微。或可以说，硬排球属“阳春白雪”，和者寡；气排球是“下里巴人”，趋者众。后者问世没有多少年就风靡全中国，引起广大群体狂热参与，这似与它具有以下特点密切相关：

一是门槛较低，入门容易。硬排球动作复杂，技巧性强，学会不易，练精更难，天冷打得手痛，弄不好还容易受伤。而气排球虽然也有发、垫、传、扣、拦、防等各项技术，但它对技术的规范性和正确性要求不高，只要三下把球打过网，不把球抓停在手上，运用什么动作都有效；场地6米见方，5人上场打球，每人控制空间较小，因而球不容易落地，能连续不断地玩起来，以提高人们的兴奋性与娱乐性，达到运动、健身、快乐、交友的目的。

二是引人入胜，吸引力强。由于上述特点，凡是腿能走动、手可击物、四肢灵活、耳聪目明的人，不论是男女老少、高矮胖瘦、三教九流、各类人群，只要学懂竞赛规则，稍加培训指点，就能上场参加比赛，而且不容易引起伤害事故，因而能够吸引与感染广大人群，积极而自愿地参与这项活动。在比赛场上，老人们笑逐颜开，兴奋不已，不但有呼应声、加油声，还常爆发出哄堂笑声。花点钱买健康，寻快乐，交朋友，何乐而不为。

三是竞争适度，强度适宜。体育竞赛的特征就是比胜负，争高低，力争上游，努力进取，这也是体育竞赛魅力所在。气排球活动既然有比赛，自然也摆脱不了竞争这个属性。然而，气排球比赛双方隔网对抗，没有身体接触；网高较低（男2米，女1.8米），球体较轻（120克左右）；每人控制面小，移动距离短，扣球必须在2米之后，采用3赛2胜制，竞争激烈程度不高，运动量与强度不大，适应于中老年人的生理和心理特征，加之无奖金刺激，零功利诱惑，只有奖杯和奖状，淡化了锦标主义，化解了以胜负论英雄的理念。

接地气的气排球活动，是一项“落实全民健身国家战略，普及全民健身运动，促进健康中国建设”的运动项目。只要坚持“我运动，我健康，我快乐，我交友”的宗旨，并在普及基础上认真总结经验，探索运动规律，不断提高水平，就一定会功在当代，利泽千秋，经久不衰，万古长青。

原载中国排球协会官网（2016-10-08）

论排球战术指导思想

一、战术指导思想的概念及其意义

战术指导思想，或称训练思想、训练理念、制胜规律等，是指一个队在训练和比赛中，指导自己行动、形成技术特点、树立战术风格的理论原则与行动指南，是高水平运动队技术进步和制胜对手必不可少的重要因素。

众所周知，实践产生真知，理论指导行动。技术要想进步，理论必须前行。理论繁荣，催生技术发展。理论贫乏，导致技术滞后。正确的训练理论，引导正确的技术行动。理论导向错失，必将引发技术倒退。

战术指导思想，是战术行动的先导。先进、正确的战术指导思想，来源于运动训练与比赛的实践，又反过来指导训练与比赛实践，促进运动技术水平的提高，并在实践中不断丰富与发展这些理论。

教练员是训练和比赛的主导者，要根据运动员的体能、技术和智力等条件，在正确的战术指导思想引导下，通过长年累月的细致工作，塑造运动员技术形象，形成本队战术风格，实现全队培养目标。运动员是训练比赛的主体，要在教练员的指导下，通过自身勤学苦练，充分发挥积极性、主动性和创造性，把自己培养成为攻守兼备、有勇有谋的优秀运动员。因此，掌握与运用先进、正确的战术指导思想，对于培养技术特点、形成战术风格、提高整体水平、造就优秀人才、实现指挥意图、争取比赛胜利，有着重要的理论意义和实践意义。

二、我国排球战术指导思想的沿革

我国排球战术指导思想，是经过几代排球人认真学习，深入实践，潜心探索，总结提炼，而逐步形成、发展与完善的。

1955年3月，前国家体委在天津召开运动员训练工作会议上提出，球类运动要贯彻“积极、主动、快速”的战术指导思想。这一指导思想体现了新中国运动员的积极进取精神，适合于包括排球运动员在内的身体条件和技术特点，为当时我国排球技术战术训练指明了发展方向。

1958年在成都召开的全国排球教练员训练研讨会上，针对当时排球训练中存在技术片面、重攻轻防的问题，首次提出了“技术全面、战术多样”的指导思想。“技术全面”是6人排球最基本的特点，“战术多样”则是我国排球技术战术的发展方向。这表明我国排球界对排球运动训练规律有了初步的认识。

1972年在北京召开的全国三大球训练工作会议，根据当时世界排球的发展和我国排球运动的状况，进一步提出“在技术全面的基础上，以攻为主，积极防守，发展高度，加强配合，实现快、狠、准、活”的战术指导思想。这一指导思想，总结了我国排球训练20年的发展经验，反映了当时人们对排球运动规律的认识水平。

1977年首次成立的由6位老教练和科研人员组成的中国排球考察组，随同中国男女排球队赴日本参加世界杯比赛。考察组通过观摩世界各强队在比赛中的技术战术情况，进行认真细致的分析研究，并在其考察报告中提出“全、高、快、变”是当代排球运动的发展趋势与特点，为在“文革”中被禁锢多年的排球训练工作指明了方向。

1978年在漳州召开了全国排球工作会议，根据20世纪70年代中期国际排坛的发展趋向，对排球战术指导思想作了修改和补充，提出了“在技术全面的基础上，发挥各队特长，向全攻全守型发展，坚持快速，发展高度，狠抓扣、拦、发三项得分技术，力争网上优势，以全面、快速、高度、灵活、准确的打法，争取主动，夺取胜利”的指导思想。这一指导思想突出了“全攻全守”及防守反击的得分手段，对原先“以攻为主”的提法进行了修正。

1989年在北京召开全国排球训练工作会议，经过与会代表和众多专家充分研究与论证，并经排协领导人审定，把我国排球战术指导思想概括为“技术全面，突出特点，准确熟练，快速善变，发展高度，不断创新”，并在会议纪要中对这六句话的内涵做了相应的阐述。这一指导思想体现了排球运动必须技术全面、准确熟练的基本规律，反映了世界排球向高度、快速、多变和全攻全守方向发展的趋势，也彰显了我国排球特点和不断创新的理念，是对当代我国排球战术指导思想比较完整的表述。

2001年全国排球训练工作会议上，国家排球运动管理中心根据当代世界排球的发展特点和我国排球运动员体能状况，在1989年提法的基础上，补充了“加强体能”的内容，提出我国现阶段的战术指导思想是“技术全面，突出特点，准确熟练，快速善变，加强体能，发展高度，不断创新”，进一步完善了战术指导思想的内容。

耐人寻味的是，国际排联教练委员会原主任巴克先生（Mr. Horst Baacke）把当代世界排球发展趋势与特点概括为“VHP”三个字母，即V=Velocity and variety of play（快速多变打法），H=Height of action above net（占据网上优势），P=Perfection of skills［完美无缺（全面熟练）的技术］。这一简明表述恰与我国排球战术指导思想异曲同工，不谋而合。当时我国排球发展处于全盛时期，这表明我国排球战术指导思想与国际排坛训练理念同步发展，并起到了引领作用。

三、我国排球战术指导思想的内容

我国排球战术指导思想的内容，可以作如下解读：

技术全面：运动员必须加强基本功和基本技术训练，全面掌握各种攻防技术，力求做到能攻善守，攻守兼备。

突出特点：要在技术全面的基础上，队有特点，人有特长，掌握绝招，强化得分手段，夯实基础技术，拥有制胜武器。

准确熟练：运动员对技术战术的掌握与运用，必须重视在加强个人技术能力基础上的集体配合，提高成功率，减少失误率。

快速善变：快速善变的打法是我国的优势和特点，必须加以坚持与发扬，同时注意弥补弱点，提高拦防和反攻能力。

加强体能：要在加强一般身体素质训练的基础上，发展专项素质，提高全面身体素质水平，为掌握高超技术、延长运动寿命、缩短在体能上与欧美队的差距，打下坚实的物质基础。

发展高度：要加强高大队员的全面训练，练好基础技术，提高强攻能力，争取同欧美强队在地面占先机，在空中打平手。

不断创新：要在实践中总结经验，博采众长，善于探索，大胆创新，不断创造新的技术战术，力求走在世界强队前面。

四、历史的经验值得记取

我国现阶段的战术指导思想，是几代排球人经验的总结、智慧的结晶、优良传统的光大，理念创新的标示，是对竞技排球制胜规律认识的进一步深化。它雄辩地表明，这一战术指导思想，符合排球运动的客观规律，顺应世界排球技术的发展趋势，也适合本国排球运动员的具体特点。所以才出现了始自20世纪70年代后期我国排球运动的蓬勃发展，以及尔后中国女排荣获9次世界冠军、男排有过辉煌时期这种兴旺发达的局面。这些宝贵的精神财富值得倍加珍惜、传承发扬。

这个战术指导思想的实质，就是扬我所长，补我所短，攻其不能，用其所短，你有你的优势，我打我的特长。在具体运用上，对阵人高马大的欧美队，我们必须拥有“地上”技术的优势，坚持快速多变的打法，形成独特的防反风格，同时，提升扣球和拦网技术战术水平，才能具有与其在“网上”抗衡的可靠资本，进而夺取胜利；否则，本来“网上”就不占有优势，如果连“地上”技术都不如人家，下文必败无疑。

而应对全面型的巴西、日本和韩国等队，我们拥有“网上”优势，但在“地上”技术必须同其不相上下、难分伯仲，才能占据主动。否则，“网上”优势必将失去支撑，取胜的难度加大。我国排球队这种“田忌赛马”式的策略，在历届世界大赛中屡试不爽。无论是身高体能不如洋人的20世纪80年代“五连冠”，或2000年前后的新生代，还是当今身高毫不逊色的2016年里约奥运会冠军中国女排，都无可争辩地证明了这个真理。

毋庸讳言，我国竞技排球在前进道路上也曾走过弯道，有过挫折与失败。究其原因，无不是背离了正确的战术指导思想，或误入了重攻轻守的训练歧途，或盲目追求老外的打法，或抛弃自身的技术战术特点等。

历史经验表明，违反排球运动普遍法则，逆流排球比赛制胜规律，摈弃自身传统技术优势，是会付出代价、受到惩罚的。这不是危言耸听，而是历史的必然、残酷的事实。

一个队的成功与进步，教练员个人的能力、智慧、威望、魅力等气质，无疑至关重要。同样，运动员的基本身体条件和技术素质等因素，更是不可或缺的。然而，教练员不可能终身执教，运动员也要新陈代谢。在同等条件下，只要带队的人遵循正确指导思想，把握比赛制胜规律，发扬优良传统，不断改革创新，中国排球就会永葆青春、长盛不衰。

五、战术指导思想的贯彻与实施

① 要统一全队思想。战术指导思想是行动的指南，不是空洞的口号。不要束之高阁，弃之不用，说在嘴上，言而不行。要通过认真的学习与讨论，使全队人员提高对其含义与作用的认识，了解其全部内涵，才能在训练和比赛中有明确的奋斗目标和努力方向。

② 要制订具体措施。根据全国战术指导思想的要求，结合本队的实际条件，制订适合于本队情况的指导思想与具体措施。提倡与鼓励多种不同打法与技术风格的共存与竞争，而不是全国“只此一家，别无分店”。

③ 要落实训练之中。把本队制订的指导思想与具体措施落实在日常训练和各种比赛之中，贯彻于每个技术战术行动上，以逐步形成自己的技术打法和战术风格，实现本队的训练任务和奋斗目标。

原载中国排球协会官网（2017-03-24）

原文刊载于《排球技术战术训练法》一书（1975年4月由人民体育出版社出版），节选自《排球技术战术若干理论问题的商榷》一文，后几经修改、补充与完善。

我国排球战术指导思想形成的背景与由来

中国排球协会官网于2017年3月24日刊载拙文《论我国排球战术指导思想》后，排球界友人向我建议，应补写一篇关于战术指导思想形成的历史背景和由来过程的文章，让后来者了解我国排球来之不易的奋斗历程。我是过来人的“幸存者”之一，或许对此略知一二，于是再撰此文。

20世纪30年代前后，中国男排在10次远东运动会上，曾与菲律宾队各分享5次冠军和亚军，但同40年代兴起的苏联和东欧诸国技术水平相比，难以望其项背。因此，中华人民共和国成立后的排球运动技术水平，虽继承了9人排球制一些好的技术传统（如快球、大力发球、鱼跃救球等），但基础比较薄弱，水平不是很高。

一、学习老大哥

20世纪50年代，在当时形势下，包括排球界在内的各行各业都向苏联老大哥学习。1956年2—9月，第一次成立的国家男女排球队请来了苏联专家格罗玛佐夫。他训练国家队，举办全国排球教练训练班，还出版他的排球著作。同年9月，中国队首次参加在巴黎举行的世界锦标赛，我队“魔术般的快球”和“猜不着的二传”，在国际排坛初露锋芒，引人注目，并取得了男排第9名、女排第6名的可观成绩。

学习苏联排球技术与经验，对我国规范技术动作、丰富战术理论、改进教学训练方法等方面，产生一定的影响与促进作用。但它的某些训练理念，如对快攻战术的运用同我们的看法相左，因此训练中有时难免会发生碰撞或矛盾。

二、效法日本队

1962年，日本女排异军突起，首夺世锦赛冠军，震撼国际排坛，颠覆了苏联和东欧排球队的一霸天下。它创造性地运用了飘球、垫球、滚翻救球等新技术，革新沿袭多年的训练方法，大胆采用严格刻苦、大强度大运动量和多球训练等方法。日本女排先后共得6次世界冠军，其他各国排球队唯其马首是瞻。

1964年，日本女排在东京奥运会上夺魁后，教练大松博文带其“贝塚”女排8个队员来华访问。国家体委在上海召开由各地体委主任带领的全国教练员现场会，观摩学习中、日比赛，大松博文带领日本队员和部分中国队员进行训练示范。其近乎残酷的严格要求和超强度的训练水平，以及中国队员奋力拼搏、咬牙坚持、不甘落后的精神前所未见，场面震撼人心，观者无不为之动容。翌年，国家体委特邀大松博文一人来华，对四川、山东、上海和国家队组成的一个联队进行为期一个月的严格训练。这对我国排球更新训练理念，改革训练方法，提升训练水平，强化训练作风，产生了积极而深刻的影响。当然，我们在学习日本训练的过程中并非亦步亦趋，而是理智扬弃，取其有益东西，弃其不合理成分。

三、看齐解放军

20世纪60年代中期，体育界掀起学习解放军“从难、从严、从实战出发”，苦练过硬杀敌本领的浪潮。为此，国家体委提出了从严、从难、从实战出发和大运动量训练的“三从一大”科学训练方针。这对运动队的严格管理、严格训练、严格要求、作风培养、意志锻炼和技术提高，产生了极大的推动作用。

一系列的学习与实践活动，使我国排球训练的指导思想、训练水平和精神面貌发生了质的变化，当时排球界上下有一股奋发图强、打翻身仗的为国争光的强烈愿望。因此，在“文革”前夕各地方队和国家队的水平达到了前所未有的高度，1965年中国男女排出访苏、捷、东德等排球强国时，取得了胜多负少的好战绩，并具有冲击世界先进水平的能力，形势令人鼓舞。后因受“文革”影响，1974年我国男女排参加世锦赛时分别跌至第15名和第14名的历史最低点。于是管理层毅然决定，为了养精蓄锐，“藏粮于民”，夯实基层，调动地方积极性，以备东山再起，就临时解散了国家队。

四、走自己的路

在学习他人与自身实践过程中，中国排球人一直在思考、探索一条适合于中国排球运动员具体条件与特点的制胜规律和技术发展道路。1958年我国首次提出的“技术全面，战术多样”的指导思想，可以说是当时对排球训练规律的初步认知。

1972年夏，国家体委排球处组织一个由多名教练、专家参加的调研组，通过调研与分析，对中华人民共和国成立以来我国排球训练工作的经验教训和未来发展方向进行系统总结，并撰写出总结报告，将其作为同年11月在北京召开的三大球训练工作会议的文件。总结报告包含两个部分：一是总结20年排球训练工作经验，并根据排球运动客观规律、世界发展趋势和我国运动员具体特点，比较完整地提出我国排球战术指导思想，作为今后训练工作发展方向；二是制定3～5年的发展规划，明确提出要大力培育青少年运动员，并组织全国排球大集训。

言出行随，雷厉风行。同年11月，调研组成员张然受国家体委排球处领导的委派到南方选定集训场所，经调研、考察并建议福建省漳州市作为训练基地。国家体委同意后，随即于12月组织男女各6个青年队进行为期100天的集训大会战。此后，包括成年队在内，每年都组织行之有效的集训，并陆续开辟了湖南省郴州市、河北省秦皇岛市等几个新的训练基地。

五、集训大会战

排球搞大集训是一个伟大创举。集训是个大学校，各队教练员和运动员可以互相观摩，互相学习，比学赶帮，共同提高；集训是个大熔炉，可以锤炼技术，磨炼意志，丰富智慧，增长才干；集训是个大赛场，可以以练为主，以赛促练，练赛结合，促进提高；集训是个大摇篮，可以发现幼苗，精心培育，系统训练，打造人才。

值得指出的是，当年球类司和排球处的领导张之槐、钱家祥等同志在组织全国大集训中，从规划、设计到实施，做了大量艰苦细致的工作，做出了卓越贡献。他们长期深入基层，蹲点在训练基地，与教练员和运动员同呼吸、共命运，研究业务，探讨技术，指点江山，解决困难。他们不愧是中国排球事业的勇敢开拓者和辛勤耕耘者。饮水当思源，如今斯人已逝，但其功绩长存，后人感念不已。

六、圆了冠军梦

经过多年集训的储备与积累，取得了几个主要成效：

①践行战术指导思想。各级领导十分重视1972年三大球会议确定的战术指导思想的贯彻实施，要求教练员必须在训练中遵照执行，并在实践中发现问题、研究问题、解决问题。嗣后，1978年、1989年和2001年等几次全国排球训练工作会议上修改的战术指导思想，就是在实践中不断发展与完善的。

②形成多强对抗格局。从20世纪70年代中后期起，我国排球多强对峙、群雄争霸的格局逐步形成。当时全国联赛少有保持不败之队。男排6个队、女排8个队都曾夺冠，没有一骑绝尘现象，女排前6名均可与世界强队抗衡。1978年日本世界冠军教练山田重雄率“日立”职业队，到漳州基地同四川、江苏、福建等队进行两周训练比赛，在我国国家队员未返队情势下，中、日两队多次交锋，我队胜多负少。这与1973年他带“日立”队来访时的横扫全国、未输一局，形成鲜明对比。

③造就一批干练教练。集训既出成绩、出水平，也出经验、

出人才。在长期实践中造就出一批潜心学习、踏实敬业、精通业务、勇于开拓、严于律己、身体力行的教练员。他们夜以继日，勤劳耕耘，默默无闻，无私奉献，令人肃然起敬。“时势造英雄。”无论过去、现在或将来，当人们欢庆排球取得伟大胜利的时刻，永远不要忘记战斗在一线的地方队和基层体校的无名英雄们。

④实现几代人的梦想。水涨船高，“民富国强”。只有繁荣的地方队，才有强大的国家队。1976年底由戴廷斌和袁伟民教练执教的国家男女排在漳州基地重新组队，这批入选队员大都是4年前初次集训的青年军。仅经一年磨炼，1977年11月在“文革”后首次参加世界杯赛中，中国队就获得女排第4名、男排第5名的超历史成绩。再经历4年奋斗，中国女排终于在1981年11月16日荣登世界冠军宝座，并连取五连冠，此后又勇夺4次世界冠军。男排亦曾获得两次世界杯第5名和一次世锦赛第7名，并由此涌现出一大批家喻户晓的男女排“球星”。

中国排球界从长期学习与实践中，逐步探索出一条适合于自身特点的训练路子，形成切合实际的训练理念，掌握卓有成效的制胜规律，取得引人注目的业绩，并继往开来，发扬光大，不断发展，延续至今。其中虽有过起伏与挫折，但成功经验和失败教训都是宝贵的。我们应当成竹在胸，充满自信。

历史是最好的教科书。铭记历史，缅怀过去，可以以史为鉴，方知兴替，启迪后人，催人奋进，开创未来，筑梦明天。

原载中国排球协会官网（2017-05-22）

略谈排球技术的内在联系

宇宙万物都是互相联系、发展变化的，而不是彼此孤立、静止不变的。同样，排球的各项技术之间也有着微妙的辩证关系。

就比赛双方的关系而言，排球技术有4对矛盾，即发球与一传，扣球与拦网，扣球与防守，拦网与保护。它们之间既互相对抗，又互相促进。前一项技术（如发球等）的提高，不但对与其相对立的后一项技术（如一传等）是一种制约，而且对后者也是一种促进；同样，后者的发展，也会促使前者水平进一步提升。

就本队内部的关系而言，排球技术有6种关联，即一传与二传，二传与扣球，扣球与保护，拦网与防守，发球与拦网，发球与防守。它们之间既互相联系，又互相制约。前一项技术（如二传等）效果的优劣，必将影响与其相关联的后一项技术（如扣球等）的发挥；当然，后一项技术的良好运用，也可在一定程度上弥补前一项技术的不足。

排球技术之间这种既对抗又促进、既联系又制约的特点，昭示人们只有保持其协调发展与相对均衡，才能在训练中促进相互提高，在比赛中保证技术发挥，最终争得比赛胜利。任何片面强调某一方而偏废另一方，或孤立地强调某些技术而忽视其他技术，都会造成某些环节的弱化或疲软，影响运动员全面协调发展，阻碍技术提高，干扰技术进步，制约技术发挥，导致比赛失利。

在排球比赛中，多得分、早得分，可以取胜，少丢分、晚丢分，也可以赢球。排球各项技术，从理论上讲，都可以得分和失分；扣球、拦网和发球是多得分的技术，而一传、二传和防守是少得分甚至不得分的技术。多得分的技术固然十分重要，少得分或不得分的技术绝非无足轻重，因为没有后者的有力保证，前者就难以充分发挥。显然，只重视练好多得分的技术，而忽视那些不得分、少得分或易丢分的技术，归根结底还是不能打胜仗；只注重抓扣球和拦网，而忽视技术的全面发展，最终只会误人子弟，毁了人才。

技术全面、攻防均衡，是排球运动训练永恒的主题，世界强队无不如是，男女高矮都不例外。业内有人认为，当今排球比赛的胜负，“斗争的焦点在网上”。此话只说对一半，还有同等重要的另一半是“较量的基础在地上”。没有一传、防守、二传和保护等串联技术的可靠保证，纵有网上进攻优势也难以发挥；网上攻势越强，对地上保证技术的要求越高。如同只有核弹头而没有运载火箭，前者就会变成一堆废铜烂铁；核弹头吨位越高，运载系统要越完善。

总而言之，排球各项技术是密切联系、互相制约、互为条件、相辅相成的。重攻轻守或重守轻攻的论点或行动，都背离了排球运动的训练规律，绝不可取。

每球得分制的实施，影响着某些技术在比赛中的地位与作用，但并没有改变排球各项技术之间的内在联系。正确认识排球各项技术之间的辩证关系，对排球技术教学与训练的实践意义在于以下几个方面。

（1）利用排球技术之间的对抗关系

要统筹安排对抗技术之间的教学与训练，使对抗的技术之间互相促进，不断提高。特别是高水平的运动员，应多在激烈对抗中进行训练，以提高技术的运用能力，促进技术的发展。

（2）运用事物从“不平衡—平衡—新的不平衡”的规律

要采取措施对相互对抗的技术进行突破性训练，以不断打破其平衡，制造新的不平衡，再努力促使其平衡。不平衡是绝对的，平衡是相对的。循此往复，不断进取，才能攀登新的技术高峰。

（3）加强各项技术环节之间的串联训练

在技术串联的练习中，动作要衔接，转换应及时，行动有预见，配合须紧密；前一个技术的完成，要为后一个技术的发挥创造有利条件，后一个技术的努力，要弥补前一个技术的不足。高水平的运动员应多在快速运动中、突然变化中和连续动作中进行训练，以提高技术运用能力和临场应变能力，并培养协同品质和团队精神。

（4）统筹安排与全面提高各项技术

每球得分制要求运动员掌握的技术必须全面，无论是多得分、少得分或易失分的技术，都不可偏废。自由防守队员可以弥补高大队员的不足，但不能替代其全部功能。不同职位的运动员在训练上可以有所侧重，技术上可以有所专精，但其前提条件是技术必须全面。能攻不善守或能守不善攻的运动员，都不能够称之为高水平运动员。在一定时期内重点训练与提高某一技术（如扣球等）是可以的，但同时要兼顾与带动其他技术。挂一漏万、厚此薄彼的训练方法，绝非良策，不值得提倡。

原载中国排球协会官网（2017-03-29）

排球技术的发展规律与特点

国内外排球技术的演变过程，受着诸多主客观因素的左右与影响，不断地发生变化与发展，并具有一定的规律与特点。人们要以敏锐的眼光、战略的头脑，仔细观察，及时发现其规律与特点，认真梳理，为我所用，以推动排球运动技术水平的提高与发展。

一、纵观历史与现状，排球技术的发展变化一般具有以下规律性

（1）攻防技术的矛盾对抗，促进了技术的发展

排球各项技术既矛盾又联系的关系，刺激了技术的变化。如20世纪60年代出现发飘球，接发球就由上手传球演变为小臂垫球；20世纪70年代至80年代跑动进攻的产生，就出现了换位拦网和重叠拦网等。

（2）竞赛规则的修改，引起了技术的提高

竞赛规则的修改，将会促使技术的发展。如1965年规则改为可以伸手过网拦球，中国排球界首创了“盖帽”拦网技术；1977年又改为拦网触手仍可击球三次，就引起了各种快变技术战术的广泛运用等。

（3）运动员选材和身体素质条件的改善，催生了技术的变化

身体条件和体能水平是提高运动技术水平的物质基础。随着运动员身材高大化和弹跳力等素质的提升，高点快球、超手扣球、后排进攻、跳发球等技术，必然应运而生。

（4）训练方法的改革与创新，引起了技术的发展

任何技术进步都是通过科学、系统、刻苦的训练实现的。“两严”训练方针、多学科综合训练，以及多球训练法、串联训练法、对抗训练法等被广泛采用，促使人们更深刻认识与掌握排球运动训练内在规律，提高了训练的密度、强度和质量，从而推动了技术的进步。

（5）各种国际竞赛与友好交流频繁，推动了技术的发展

某些新技术、新打法在国际大赛中的运用，必将很快被人们普遍学习和引进，并加以发展和提高。如中国的快球及其变化、日本的短平快、波兰的后排扣球、巴西的立体进攻等，都是在国际交流中被仿效与推广的。

（6）传统打法的继承性与连续性，也是引起技术发展的因素

亚洲队擅长快变打法，欧美队擅长高打强攻。一方面，双方可以互相交流、借鉴与引进，另一方面，它们各自的传统特点总是在技术发展中得到充分展现。

二、排球技术的发展过程，通常具有以下特点

（1）改进原有技术

通过改进与完善原有的技术，使技术得到提高与发展。如提高二传击球点和出手速度，就加快了快攻节奏；提高扣球击球点，就出现了超手扣球、高点快球等。

（2）移植其他技术

相同或相似的技术可以互相借鉴和移植。如把扣球动作用于发球，就形成了跳发球；网球的快速移动和跨步动作，也可运用于排球的防守技术等。

（3）创造新的技术

由于战术发展的需要，教练员和运动员在长期实践中总会创造出各式各样的新技术。如快球、短平快、时间差、位置差、跳发球、后排扣球、滚翻、鱼跃等技术，都是通过总结、研究而创造出来的。

（4）偶然变为必然

在训练和比赛中，有时会偶然出现非传统的动作，但经过教练员与运动员的琢磨、钻研和改进，就会变为正规的技术。如发飘球、短平快球、勾手扣球、单手跳传等，都可能是如此产生的。

（5）进攻先于防守

由于攻防双方的矛盾对抗关系，因而随着新的进攻技术的发明，必然出现与之相对抗的防守技术。如扣球打手出界与拦网包手，变线扣球与空中移位拦网，跑动进攻与换位拦网等，无不如此。

（6）技术先于战术

技术是组织与运用战术的基础，有什么技术，才能打什么战术，技术的发展往往走在战术的前面，有了新技术的出现，才会有新战术的运用。如发飘球的出现，改变了接发球的阵式；后排扣球的运用，孕育了立体进攻的诞生等。

（7）男女互相借鉴

男排或女排中倘若出现新的技术打法，都会相互学习与仿效。如女排的发飘球和滚翻防守，男排的跳发球和后排进攻等，都被互相借鉴采用。

了解和掌握排球技术的发展规律与特点，将有助于教练员和运动员在实践中开阔视野，驰骋思路，打开脑洞，认真思考，关注技术发展的新动向，研究提升技术水平的新途径，努力探索、不断发现、积极创造并大胆运用新的技术与打法。

原载中国排球协会官网（2017-04-11）

排球技术训练的目标与要求

排球技术是组织与运用战术的基础，要组织与运用某种战术，必须具备与该战术相适应的技术条件，从这个意义上说，技术决定战术，犹如内容决定形式。毋庸置疑，没有优质的技术，就不会有完美的战术。不难想象，不注重各个零部件质量的优化，只热衷于整体机器的组装与磨合，是不可能造出优质高效的产品的。因此，着力加强排球技术的训练与提高，扎实练好各项基础技术，对运动员的精心培养与造就，对全队战术的成功组织与有效运用，有着极其重要的战略意义和长远作用。无论初出茅庐的新手，或训练有素的老将，概莫能外。

技无止境，学海无边。不同层次水平的运动员的技术训练有着不同的任务，但都应努力达到以下基本目标与要求。

一、务必正确

正确合理的排球技术，是人们经过长期运动实践总结提炼出来、符合人体解剖学和运动生物力学等科学原理，以及遵循竞赛规则要求的规范动作。在技术训练中，任何水平的运动员对这些规范动作都必须一丝不苟，严格遵守，从严要求。这对于打好扎实的技术基础，形成正确的“动力定型”，加速掌握运动技巧，不断提升运用能力，乃至达到精湛程度，都具有极其重要的实践意义。

二、力求全面

排球运动的特点和每球得分制的实行，要求运动员掌握技术必须力求全面，才能进可以攻，退可以守，增多得分，减少失分，多乘敌隙，少被敌乘，并丰富全队战术内容。不论运动员身材的差异、分工的不同（除自由人外），都不能改变技术全面这一训练规律。全面是相对而言的，样样皆能、无懈可击的运动员并不存在；全面也不是十八般武艺样样粗通、样样稀松。

三、掌握熟练

排球比赛多得分可以取胜，少失分也可以赢球。要想多得分、少失分，运动员学习与掌握的技术，必须建立巩固的条件反射，达到熟练精准的炉火纯青境地。否则，技术再正确、再全面，也不可能在比赛中充分发挥。因此，只有熟练掌握，运用自如，才能提高技术运用的成功率，把失误减少到最低。而科学、系统、反复和刻苦的教学与训练，是达到技术熟练精准的唯一途径。

四、形成特点

运动员在掌握正确、全面和熟练技术的过程中，要根据每个人不同的具体条件和职位分工，通过有意识、有计划的教学与训练，逐步培养特长，发展绝招，形成特点。技术特点或特长，是运动员技术上成熟的表现，是技术达到较高造诣的标志，也是为对手所慑服的有力武器。而样样粗通、技术平庸的运动员，不可能成为优秀的球星。

五、融合战术

技术是战术的基础，战术可以反作用于技术。技术与战术相互依存、相互制约、相辅相成。因此，在技术训练过程中，要创造条件，提出要求，使技术练习蕴含战术的因素，赋予战术的内容，使两者有机结合，融会贯通，相得益彰。这对于运动员加强战术意识、提高运用能力、加速成长过程，以及体现“练为战”“战为胜”的战略思想，具有重要的实践意义和深远意义。

六、扬长补短

中国排球历经丰富实践，拥有辉煌历史；中国排球技术的发展，也离不开世界的影响。为此，在技术训练中，一方面要认真总结自己经验，传承优良技术传统，发扬本国技术特点；另一方面要注视世界排球新动向，顺应技术发展新趋势，学习掌握新技术，扬长补短，博采众长。然而，技术可以借鉴，人种不能克隆。补短不可缺少，扬长必须优先。倘若只倚重补短，而忽略扬长，以己之短，击彼之长，岂非本末倒置，愚不可及而贻笑大方？

原载中国排球协会官网（2017-04-18）

排球战术的辩证关系

在战术训练与运用的过程中，存在着诸多既对立又统一的辩证关系。正确认识与处理好这些关系，对于教练员和运动员加深理论认知、提高战术素养、丰富运动智慧、促进技术进步，具有重要的理论意义和实践意义。

一、技术与战术的关系

技术与战术的关系，实质上就是内容与形式的关系，内容决定形式，但形式可以反作用于内容。

技术是战术的基础，要组织与运用某种战术，必须具备与该战术相适应的技术条件。战术是技术的合理组织与良好运用，战术可以反作用于技术，战术对技术提出的要求可以积极地促进技术的提高、推动技术的发展。而且，技术只有通过战术的合理组织，才能得到充分的发挥与运用。

技术与战术，互相依存，互相制约。在技术与战术的发展过程中，一般地说，技术的发展往往走在战术的前面，但先进的战术也可反过来促进技术的提高。

正确认识技术与战术的辩证关系，其实践意义在于：

① 要加强基本功和基本技术的训练，把基本功和基本技术的训练放在首位。一方面要不断地改进原有的技术，使之更加全面、熟练、精确和有效；另一方面要在实践中大胆创造与运用新技术。过多强调集体战术“磨合”，而没有扎实的个人技术能力作为根底，任何战术设想都将成为空中楼阁。

② 要在技术训练中贯穿战术的因素，赋予战术的内容，把技术与战术、掌握与运用、训练与比赛有机地结合起来，以提高技术的目的性和运用中的战术意识。孤立地练技术而忽视赋予战术

因素，将会影响其运用能力的提高。

③ 要在战术训练中对技术提出严格的要求，一方面提高战术本身的密切配合程度，另一方面根据战术的需要，对技术进行严格的训练。过多进行“对攻”的操练，而忽视个人技术的提高，绝不是提高水平的捷径。

二、进攻与防守的关系

排球的进攻与防守战术具有两重性。进攻的同时要准备防守，攻中有防；防守的同时即为进攻（或反攻），防中有攻。进攻与防守互相渗透，迅速转换，攻可以转为守，守也可以转为攻。进攻是得分的主要手段，然而排球的任何进攻（除发球和扣探头球外）都是在防守（接球）基础上进行的；没有牢固的防守，进攻就难以实现。防守的目的在于进攻，是准备转入进攻的一种手段；缺少有力的进攻，一切防守的努力也失去意义。

进攻与防守，互相联系，相辅相成。防守是进攻的基础，进攻是防守的继续。从训练上说，提高进攻水平可以带动防守的发展，并反过来促进进攻水平的提高，但只有加强防守才能保证进攻的实现。从运用上说，加强进攻可以减轻本方防守压力，为反攻创造有利条件；但只有防守成功，进攻才能有效地发挥。因此，任何重攻轻守或重守轻攻的理论与实践，都是片面的、有害的。

正确认识进攻与防守的辩证关系，其实践意义在于：

① 在训练和运用中，必须坚持全攻全守、攻守兼备的原则。不但要加强进攻训练，以带动防守的提高，而且要重视提高防守水平，以保证进攻的实现，并促进进攻的进一步发展。

② 在进攻训练中，一方面要培养运动员的进攻意识，另一方面要使进攻训练与防守紧密结合起来，而不孤立地练进攻，做到攻中有防。

③ 在防守训练中，要使一切防守带有明确的目的性和进攻

性，成为转入进攻的一种手段，而不孤立地练防守，做到防中有攻。

④ 在攻防训练中，无论由防转攻或由攻转防，都应力求做到动作衔接、转换及时；也无论是击球人或无球人，都应有相应的行动和反应。这不只是技术问题，而且是培养作风和战术意识的问题。

⑤ 在进攻战术的具体运用中，要根据本队的实际水平和对手的防守情况，处理好快攻与强攻、前攻与后攻、两翼与中间、集中与分散、奇与正、虚与实等方面的关系。

⑥ 在防守战术的具体运用中，要根据对方的进攻情况和临场的发展变化，处理好拦网与后排防守、拦网者之间、防守者之间、取与舍、跟进与撤位等方面的关系。

三、集体战术与个人战术的关系

排球的进攻与防守，都包含集体战术和个人战术。集体战术是2个及2个以上的运动员运用各自技术所组成的战术配合。个人战术是在全队密切配合下，个人发挥各自的特点与技巧。作为集体项目的排球比赛，要求运动员在场上的一切行动，必须以集体协同为依据，密切与全队配合，主动为同伴创造进攻机会，或协调彼此的防守行动，或弥补同伴技术失手所造成的漏洞，努力促使集体战术的实现。同时，要在集体配合的基础上，充分发挥个人战术，以丰富全队战术内容，补充集体战术之不足。

集体战术与个人战术的关系，是全局与局部的关系。后者是前者的组成部分，前者是后者的集中体现，两者密切联系，互为因果。只有个人技术的充分发挥，才会有集体战术的圆满实现；只有集体的紧密配合，才能有个人能力的良好展现。

正确认识集体战术与个人战术的辩证关系，其实践意义在于：

① 在技术训练中，要在掌握全面熟练技术的基础上，重视技

术特点的培养，强化个人专长的发展，以丰富全队战术内容，提高集体战术的质量和效果。

② 在配合训练中，要强调每个人的分工与职责，提高每个环节的技术质量。同时，充分发挥每个人的特点与专长，以保证集体战术的实现，使集体战术与个人战术的训练紧密结合起来。

③ 在比赛运用中，要强调团结协作，注重密切配合，积极支援同伴，努力互造机会。防止与反对各行其是、分兵把口，只图个人发挥、不顾集体配合的现象发生。

四、战术数量与质量的关系

在战术的训练与运用中，无论是进攻或防守的集体战术与个人战术，都应根据本队的实际水平来发展战术数量，提高战术质量。

战术数量是指战术套路的多少，即战术的多样性。战术质量指的是战术水平的高低，即战术的实用性、有效性和熟练程度。发展战术数量，必须以提高战术质量为基础，在保证质量的前提下来发展多种多样的战术。多而不精、华而不实，多样性战术就会失去意义。当然，战术呆板、打法单一，只此一招、别无他法，也不能适应实战的需要。特别是中国队若不依靠战术多样、快速多变，就难以安身立命。

战术的数量与质量是对立的统一，量中有质，质中有量。任何战术数量，应是在一定质量基础上的数量；任何战术质量，都是通过一定数量表现出来的。在一个队刚刚组建或是战术单一，落后于技术的发展时，其主要任务是发展战术数量，但在更多情况下，提高战术质量都是主要的。因为任何战术在形成之后，就要提高其质量，这是战术由粗到精、由简单到复杂、由低级到高级的发展过程。

正确认识战术数量与质量的辩证关系，其实践意义在于：

① 要根据本队的实际情况，在保证战术质量的前提下，有计

划地发展战术数量，并在形成新的战术的过程中，对其战术质量提出严格的要求。新战术形成之后，要在实战中运用，在运用中提高。

② 提高战术质量的关键，是优化组成该战术的各个技术环节，提高这些技术的全面性、熟练性及其运用能力，以及提高这些技术的串联与配合程度。

③ 在训练安排上，可以对某种战术采取“攻其一点，再及其余”的训练方法。既不要齐头并进，一哄而上，也不要朝练夕改，动辄翻新。这样才能既保证质量，又发展数量。

原载中国排球协会官网（2017-04-24）

原文刊载于《排球技术战术训练法》一书（1975年4月由人民体育出版社出版），节选自《排球技术战术若干理论问题的商榷》一文，后几经修改、补充与完善。

排球集体战术分类及其选用原则

众所周知，我国排球的集体战术打法复杂多样，变化多端，尤其是20世纪70年代后期以来，中国排球人创造与发展了不少新的技术与战法，并冠以各种名目繁多的排球术语。一位前国家体委领导人曾戏称：排球界的江湖黑话太多，让人不得其解。因而排球集体战术的分类有各种版本，它们不尽相同。

然而，由于排球的一切进攻（除发球和扣探头球外）都是从防守（接球）开始的，而防守与进攻又是紧密联系、互相转换的。无论排球竞赛规则如何修改，也无论排球技术如何发展，在实际比赛运用中，对方只有4种不同的来球，即发过来、扣过来和拦回来的攻击性来球，以及推（传、垫）过来的无攻击性来球。因此，经过几代排球人的总结、梳理，排球的集体攻防战术就形成了4个战术系统，即接发球及其一攻、接扣球及其反攻，接拦回球及其保攻、接无攻球及其推攻。

这4个大系统，都各有防守与进攻2个子系统。每个防守子系统中的防守阵形各有差异，如接发球与接扣球的阵形就大相径庭，但每个进攻子系统中的进攻战术阵形和进攻战术打法，却基本相似，如进攻战术阵形通常有“中一二”、“边一二”和“后排插上”3种；而进攻战术打法尽管名称繁多，举不胜举，却可归结为强攻、快攻、立体攻和两次攻4大类。

4个战术系统概念的形成及其运用，是中国排球界通过长期实践，不懈探索，对排球训练比赛规律认识进一步深化的产物，是不以人们主观意志为转移的客观规律，也是对世界排球运动的理论贡献。

了解和认识4个战术系统的分类与内容，对于训练安排与比赛运用是十分有益的。现用图1来表述：

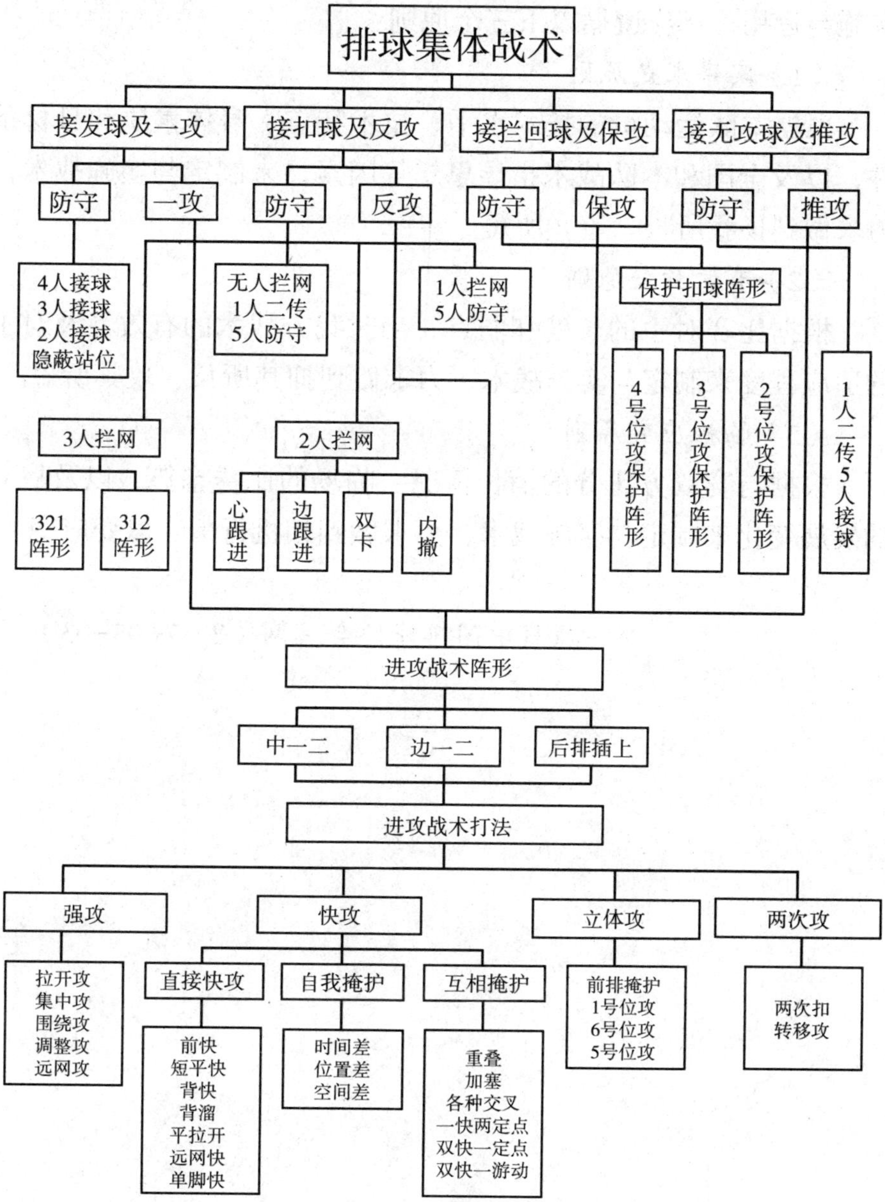

图1　排球集体战术分类

尽管排球集体战术的进攻与防守打法复杂多样、变化多端，但一个队无论平时对其战术的选定与训练，或是赛时对其战术的实施与运用，都应遵循以下三个原则：

（1）实事求是原则

根据本队运动员的技术水平、技术特点、身体素质和身材条件，以及全国和本队战术指导思想等因素，来制定与实施战术，力求做到扬我所长、避我所短。

（2）有的放矢原则

根据比赛对手的长处和弱点、当时我方战术的有效性及对手的适应程度来制定与实施战术，力求做到抑其所长、攻其所短。

（3）临机应变原则

根据与赛双方比分的消长情况、临场的比赛态势，以及战局的发展变化来制定与实施战术，力求做到相机行事、以变应变。

原载中国排球协会官网（2017-05-03）

排球技术的训练方法与手段

任何排球技术训练任务的完成，都有赖于正确选择与运用相应的训练方法与手段。训练方法与手段是完成训练任务的载体，是为完成训练任务服务的。要不断改进与提高排球运动技术水平，就必须通过相应的训练方法与手段去实现。因此，选择与运用的训练方法与手段恰当与否，将直接影响到训练质量的好坏和训练任务的成败。

一、选用训练方法与手段的原则

选用训练方法与手段，必须遵循下列原则：

（1）要与训练任务相吻合

不同的训练内容与任务，应采用不同的训练方法与手段。如学习、掌握和改进、提高某项技术，两者的训练方法与手段就不一样。

（2）要与实战情况相结合

具有一定水平运动队的训练方法与手段，应力求在近似比赛或超过比赛的困难复杂条件下进行，即要在快速运动中、突然变化中、连续动作中和激烈对抗中进行训练，才能提高训练水平、达到预期目的。

（3）要适应运动员的训练程度和技术水平

不同技术水平的训练对象，应采用不同的训练方法与手段，因材施教，量体裁衣。要求太低，难度太小，则事倍功半，甚至劳而无获；难度太大，难以适应，也不能达到预期效果，而且容易受伤。

（4）要有较强的密度与强度

任何训练方法与手段，都应使运动员有较多的触球时间与次数，有相应的运动负荷，特别是高水平的运动员，应使其有较大的强度与难度，以增强对机体的刺激，加快建立条件反射，有效提高训练效果。

（5）要与训练周期相适应

不同的训练周期，应采用不同的训练方法与手段。如在训练前期、后期、比赛期或过渡期，其训练方法与手段应有所区别。

（6）要有适当的多样性和趣味性

在坚持上述原则的前提下，可以适时地变换一些训练方法，手段不同，但殊途同归，以引起运动员的兴趣。也可以采取一些措施，以激发其训练的积极性、兴奋性和竞争性。

（7）要考虑其他的客观训练条件

参与练习的运动员人数的多寡、球数的多少、训练场地器材情况及气候条件等，都同选用的训练方法、手段有关，教练员在选用时应予以注意。

二、运用训练方法与手段的要求

选择恰当的训练方法与手段是重要的，但更重要的还是在于实际操作与运用，如同一个厨师准备了鸡、鱼、肉、蛋、蔬菜和调味品等，但未必就能做出美味菜肴，这里有烹调技术的运用问题。同样采用某一种训练方法，不同的教练员可以练出不同的效果，这就是“运用之妙”的问题。

为了提高训练质量，达到预期效果，在运用训练方法与手段时，应注意以下问题：

（1）要吃透精神，得其要领

各种不同的训练方法与手段有其特定的目的与要求。教练员和运动员在运用中要心领神会，得其要领，不但知其然，而且知其所以然，这样才能取得良好的训练效果。

（2）要严格要求，一丝不苟

有了好的训练方法与手段，在运用中必须严格规范、严格训练，包括对技术要领、动作质量和球场风格等方面的要求。这是保证训练方法和手段正确运用的重要条件，是加速提高技术水平的必经之途。

（3）**要周密计划，合理安排**

在训练运用中，对项目安排、运动负荷、时间分配、人员分组、球数使用，以及捡球时机等方面问题，要进行统筹安排，合理搭配，以便使训练在紧张而有序的氛围中进行，达到预期的训练效果。

（4）**要不断总结，推陈出新**

在运用过程中，要善于总结自己的实践经验，认真学习别人有益的东西，不断创造符合训练规律、适应实战需要的新方法和新手段。既不要千古不变，天天都是老一套，也不要朝练夕改，盲目追求新花样。

三、采用训练方法与手段的类型

排球各项技术的教学训练方法与手段，种类繁多，举不胜举，但按其不同的性质、特点与作用，可以分为各种不同的类型。教练员要根据不同的训练任务、不同的训练对象、不同的训练水平、不同的训练周期、不同的训练要求，以及不同的训练条件等情况，采用不同的训练方法与手段。一般来说有以下几种类型：

（1）**诱导性训练法**

采用徒手模仿、间接练习或器材辅助，以建立正确的技术定型。一般用于开始学习与掌握某项技术，或为改正某一错误动作。

（2）**分解性训练法**

把完整的技术分解为几个步骤来训练，以强化各个技术环节。一般用于学习、掌握或改进、提高动作复杂或难度较大的技术。

（3）串联性训练法

把两项或两项以上相关联的技术结合起来训练，是有效提高技术运用能力和实战水平的重要方法，为各运动队所普遍采用。

（4）综合性训练法

把某项技术与全队的攻防战术训练密切结合起来，以提高该项技术的运用能力和应变能力，提高战术素养水平。

（5）难度性训练法

有意制造难题，设置困难条件，使训练在接近比赛或超过比赛的条件下进行，以提高训练的实战能力。

（6）对抗性训练法

有意设置对立面，增强对抗条件，使训练在激烈的竞争中进行，以适应实战情况，提高训练积极性，增加训练难度与强度。

（7）重复性训练法

为学习改进或巩固提高某项技术而采用反复操练的方法，以加深印象，巩固成果，深化建立条件反射。

（8）鼓励性训练法

为完成某种特定的训练任务，采用考核、评分、加分等方法，以营造训练气氛，活跃训练情绪，提高训练效果。

（9）限制性训练法

为顺利完成某项训练任务，或为防止不必要的失误，采用评分、减分或“罚”做某种规定动作的方法，以集中注意力，达到预期目的，或者设置限制性条件以便改正错误动作或增加训练难度。

（10）指标性训练法

为完成某一特定训练任务，提出必须达到一定的数量和质量指标的训练方法，不达目的，不得停练，以规范技术要求，提高训练水平。

（11）**分化性训练法**

对两种动作结构近似但技术细节不同的技术，分别或结合起来进行操练，以体会其不同的要领和手法，建立不同的条件反射。

（12）**分组训练法**

把全队人员分为若干小组，分别或同时进行训练，以加强临场指导，分别解决某些特定的训练任务。

（13）**半场训练法**

运用半场进攻或防守等方法进行专门的训练，以强化其相关技术，提高其训练效果。

（14）**全场训练法**

双方队员按一定的训练任务和要求进行训练，以模拟比赛条件，提高实战能力。

（15）**模拟训练法**

根据对方攻防的特点，结合本队的具体情况进行模拟性操练，以提高训练的针对性和实效性。

（16）**多球训练法**

为提高教学训练的密度、强度和难度，在某些训练中可采用多球进行练习，以增加摸球次数，熟练掌握技术，提高训练效能。

原载中国排球协会官网（2017-05-08）

发球技术的训练与运用

排球各项技术的训练与运用，都有一些带普遍性、规律性的问题。这些问题并不深奥，说说不难，做好不易；何况说与做、知与行，并非完全画等号。因此，探索与践行这些问题对于提高各级不同水平运动员的技术水平和运用能力，或许会有裨益。作者愿与同行们逐一讨论这些问题，仅供参考。

发球是排球比赛进攻的开始，是得分的技术手段，是破坏对方进攻战术、干扰其进攻意图的重要武器，是动摇对方阵脚、摧毁其心理防线的威慑力量，也是减轻本方防守压力，并为反攻创造有利条件的前奏序曲。发球是一项独自操作、无须配合、不被制约和无法弥补的技术，在训练与运用中，不但要注重技术动作，而且要强化心理因素。新规则取消了固定发球区，发球触网落入对区依然有效，这无疑提高了发球在比赛中的地位与作用，值得高度重视。

一、训练指导要点

发球在训练中要注意以下要点：

（1）多样性与独特性相结合

就全队而言，应力求掌握多种多样的发球技术及其各种不同性能的变化，才能在比赛中有针对性地攻击对手，同时也能适应国内外不同对手各种性能的发球攻击，但切勿只此一招，别无他样。对运动员个人而言，则应根据个人特点，首先熟练掌握一种攻击发球方法，以利于巩固和提高技术水平，切忌朝练夕改，多而不精，而后再考虑学会另一种发球技术。

（2）攻击性与准确性相结合

在已掌握某种发球技术的情况下，训练中应强调在加强攻击性的基础上，提高准确性，而比赛中则应在保证准确性的前提下，加强攻击性。在安排上，不同训练期可以有所侧重。但任何时候攻击性与准确性必须力求统一，片面强调一方而偏废另一方都不适宜。

（3）技术训练与心理训练相结合

发球在比赛中的运用，要树立充分信心，才能大胆地发挥。但信心的树立，首先来自平时刻苦认真的训练和熟练掌握的技术，即所谓“艺高人胆大”；其次，要给运动员创造敢于攻击、大胆发挥的氛围，才能“胆大艺愈高”。在日常训练中应制造一些近似比赛的条件，给队员施加心理压力。在比赛中，则要鼓励运动员大胆发挥水平，做到疑兵不用，用兵不疑。

（4）发球与一攻训练相结合

在训练中，要通过加强发球的攻击性来突破接发球水平的相对平衡，促进一攻战术的提高；而一攻战术水平的提高，又可以反过来对发球水平的发展，提出进一步要求。

（5）发球与反攻训练相结合

通过加强发球的攻击性，可以减轻本方防守的压力，并为反攻创造有利条件。因此，在训练中有意识地把发球训练同反攻有机地联系起来，特别是在本方反攻轮次较弱时，要着力加强发球攻击的意识，提高发球的攻击水平。

（6）普遍提高与重点培养相结合

除了加强发球训练、普遍提高全队发球水平外，各队可以有意识地培养一两名发球技术好、比赛信心足的发球能手，以便在比赛的重要时刻利用换人策略，召之即来，来之能战，战之能胜。

二、临场运用提示

发球技术的运用，纯属独立操作，不需同伴配合，不受其他技术制约，不被对手干扰，也无法被队友弥补，主要是依靠发球者自身对技术的掌握和灵活运用。

（1）**胆大心细**

通过训练熟练地掌握发球技术才能有底气为自己壮胆鼓劲。在比赛运用时，要把动作过程做得细致扎实、一丝不苟。

（2）**量力而行**

根据自己所掌握的技术能力，以及当时的信心和体力状况来运用发球；不盲目冒进，也不保守怕失。

（3）**有的放矢**

根据不同对手的不同特点及当时表现出的不同情况，来运用不同的发球策略；不千篇一律，也不照方抓药。

（4）**审时度势**

根据当时双方的比赛形势和比分消长情况，来运用不同的发球策略；不照猫画虎，也不一成不变。

总而言之，在具体运作中，应根据临场的不同对手、不同态势，运用不同的发球策略；一切以时间、地点、对象和条件为转移，这才是成功的用兵之道。

三、个人战术运用

发球的临场运用，目的在于直接得分或破坏对方的一攻战术。在上述要求的前提下，可采用如下方法：

（1）**意在攻击**

发出大力快速的旋转球或飘荡不定的飘球，以摧毁对方的接发球。

（2）**寻找弱点**

发给一传较差、信心不足、连续失误、情绪不稳、精力分散或刚换上场的人。

（3）**伺隙攻之**

发至端线两角、边线附近、“中间地带”或近网空隙等不容易接好球的位置。

（4）变化性能

无论发旋转球或飘球，运用不同的击球手法，发出性能不同的攻击性的球。

（5）变换落点

根据对方接发球的站位情况，变换不同的发球落点。

（6）破坏战术

判断对方接发球的阵式及可能采用的进攻战术，发出足以干扰其战术组成的攻击性球。

（7）削弱攻势

将球发给对方主要的进攻队员（如主攻手或接应队员），以减杀其进攻威力，或干扰其进攻准备。

（8）相机行事

根据双方的比赛形势、轮次强弱、本方所处的地位以及临场发展变化等情况，来决定采用不同的发球策略。

原载中国排球协会官网（2017-07-11）

一传技术的训练与运用

接发球一传是本方组织一攻战术的必要前提，是决定一攻战术质量与效果的先决条件，是增加得分机会的重要因素，是稳定阵脚的“压舱石”，也是胜负得失的“命根子”。对于以快速多变打法为特点的中国队来讲，一传技术的好坏、水平的高低，将直接影响着战术的成败、特长的发挥和心态的稳定。必须坚持常练，练出成效，才能立于主动不败之地。

一、训练指导要点

一传是组成一次进攻的基础、运用快变战术的前提、保持阵脚稳定的要素。在训练中应注意以下要点：

（1）保持一传训练的系统性和经常性

一传垫球技术简单，学会容易，用好较难，消退也快。因此应系统训练，保持经常，细水长流，操练不息，以不断巩固与提高其水平。

（2）适应各种不同发球性能的接发球训练

要了解国内外强队各种不同类型的发球方法与性能，加强对各种不同发球方法和性能的一传训练，对手有什么发球武器，就要练什么接发球技术，使训练具有针对性和现实性，以提高一传的判断能力和适应能力。

（3）加强运动员手感、球感的训练

要接好各种不同发球方法与性能的来球，除了要有正确合理的技术动作外，还要有良好的手感和球感。手感、球感、本体感、时空感等属于专门化的知觉，可以通过系统训练去获得。运动员不但要掌握“用力”打球的技巧，而且更要学会“用心”感知的诀窍，这对于各项技术的训练都是必需的。对容易让人心虚

发怵的一传更需强调。

（4）安排不同的接发球站位进行训练

接发球如何站位，由几个人来接球，主要取决于三个因素：一是对方发球的特点与性能；二是本方队员接发球的能力与水平；三是本方一攻战术组织的设计与需要。在训练中要教会运动员善于判断场上情况，临机应变取位。

（5）提高一传个人技能与集体配合的训练

一传训练既要采用次数多、密度大、难度高的个人接发球练习方法，也要运用小组和全队接发球的配合训练。前者有助于增加接发球数量，提高个人技能，后者有利于明确位置分工，密切集体配合。在安排上，不同训练期可以有所侧重。

（6）刺激一传训练的兴奋性和积极性

一传的训练，运动负荷不大，但延续时间较长，容易使人感到枯燥乏味而产生“疲沓”现象，达不到训练效果。因此，要经常改变训练条件和难度，提出不同的要求和指标，运用不同的方法与手段，借以产生新异刺激，活跃训练气氛，调动运动员的积极性和兴奋性，提高一传训练质量与水平。

（7）适当加强上手传球的接发球训练

新规则取消第一次击球“连击”的规定，为一传运用上手传球创造了条件。可适当加强采用上手传球技术接一传的训练，特别是传对方轻飘球的训练，以扩大接发球的范围，加快进攻的节奏，增加一攻的成功率。

（8）增强对运动员接发球的心理训练

接发球对运动员承受的心理压力，往往要大于接扣球。因此在日常训练中，可以采用一些方法手段来制造紧张气氛，提出严格目标，施加心理压力，以培养和锻炼其作风与心态。但在实际操作上，则应注意提示其平和心态，放松身体，及早准备，加强预判，以增强对接发球的心理稳定程度。

二、临场运用提示

一传技术既同对方的发球相对抗，又同本队的一攻相关联，它的临场运用，必然要与双方的相关技术发生关系。

（1）了解发球特点

在接发球之前应弄清对手发球的方法、特点与性能，以利于事先防范于未然和及早判断来球。

（2）判断来球路线

根据对手发出球的初速度，判断来球的方向、弧线、速度和落点，以便及时移动取位去接球。

（3）熟悉轮次战术

要熟悉本队每个轮次可能组成的进攻战术，以便使垫出的球有利于战术的组成。

（4）明确位置分工

根据不同位置的分工，既要各司其职、各守其位，也要互相配合、互相弥补，既不要各自为政、互不支援，也不要分工不明、互抢互让。

（5）加强互相保护

接球时，要做到一人接球，众人保护，一人行动，有人策应，形成一个协调有机的整体。

三、个人战术运用

一传的目的是给本方一攻战术创造有利的条件。因此，其个人战术运用与本方所要组织的进攻战术密切相关。根据不同的进攻战术，所垫（传）出球的方向、弧线、速度和落点也应有所区别。

① 组织快攻战术时，可以有两种运用方法。一是一传的弧线平、速度快、落点近网，以加快进攻速度；二是一传的弧线高、速度快、落点在近网上空，以便为二传手运用跳传组织快攻。

② 组织在左半场交叉战术时，一传的方向和落点在球网中

间，其弧线和速度适宜。

③ 组织在右半场交叉战术时，一传的方向和落点偏向2号位，其弧线和速度适宜。

④ 组织背溜战术时，一传的性能同③。

⑤ 组织短平快战术时，一传的方向和落点视扣球者的位置而定。

⑥ 组织两次球战术时，一传弧线较高，速度和落点适宜。

⑦ 组织后排进攻战术时，一传的落点不宜过于近网，以免给二传手造成传球困难。

⑧ 一传直接进攻时，如遇对方发球者迟未进场，有隙可乘，可直接垫（传）至对区空当处，攻其不备。

原载中国排球协会官网（2017-07-13）

二传技术的训练与运用

二传是连接一传（或防守）与扣球，并由防守转入进攻的中间环节，是为本队进攻创造良好条件的重要技术；一个队的进攻能力能否充分发挥，在很大程度上取决于二传技术水平的高低。二传技术本身不具进攻性，但卓越的二传应具有牵制对方拦网、含有攻击因素、起着辅助进攻的功能，而不只是以把球传到位为满足。现代排球向着快速多变、立体高空的方向发展，这对二传的水平与能力提出了更高的要求。

一、训练指导要点

二传是连接防守与进攻的桥梁、组织进攻的核心、辅助进攻的手段。在训练中要注意以下要点：

（1）重视传球的教学与训练

对初学者要加强传球的教学与训练，高水平的运动员也不可等闲视之。因为，传球的训练不只是提高传球技术本身，而且对改进脚步移动、提高灵敏反应、处理各种小球、掌握全面技术，都具有驱动与促进作用。规则修改后对第一次击球放宽“连击”尺度，这对加强传球训练更有重要的实践意义。

（2）加强二传的专门训练

二传技术精细，学会容易练精难。除了与扣球及本队进攻战术结合训练外，还应安排专门时间，由专门教练员带其训练，根据本队战术需要，有计划、有步骤地练好各种二传技术。

（3）在移动中训练二传

实战中的二传大都是在移动中完成的。高水平的二传训练应力求在快速移动中、突然变化中、连续动作中和激烈对抗中去传各种不到位的困难球。

（4）重视视野训练

要训练运动员在传球过程中，善于观察球、网和人（本方扣球者和对方拦网者）的动向。这是提高二传运用能力、增强战术意识和培养组织才能的重要一招，但往往易被忽略。

（5）加强传各种快变战术球的训练

高水平的队应加强传各种快变战术球的训练，并与本队进攻战术结合起来，这是二传技术的难点之一。因为这里有一个传球者与扣球者之间时空协调和默契配合的问题。

（6）注重跳传、快吊和两次扣球及其转移的训练

高水平的二传手如能掌握与运用跳传、快吊和两次扣球这三招，不但可以使二传技术本身具有进攻因素，而且可以增强全队的进攻能力。二传手的两次扣球应采用不同于进攻手的特殊训练。

（7）把二传技术同其他技术结合起来进行训练

二传是一项由防守转入进攻的“链接性”技术。为了提高运动员的实际运用能力，应把二传技术同其他相关联的技术（如一传、防守、拦网等）结合起来进行训练，使训练更接近于比赛实际。

（8）重视进攻手和自由人调整二传的训练

在实战中，每个进攻手和自由人都有传球组织进攻的机会，因此，学会练好各种形式的调整传球，对于提高全队组织进攻水平，在比赛中争取多得分、少失分，有重要的现实意义。

二、临场运用提示

二传技术是组织本方进攻的枢纽，同时要力图摆脱对方的严密拦网。因此，二传在比赛中的临场运用，不得不考虑诸多方面的因素，联系双方攻防的情况。

（1）判断一传来球

首先要根据对方发球或扣球出手的方向，判断本方一传或防

守起球的方向、弧线、速度和落点，以便及时起动，迅速移动，正确取位，对准来球。在心理上和行动上都要做好传各种困难球的准备。

（2）熟悉本方情况

要熟知本方每轮次的战术内容、每个进攻者的个人特点及当时的动态与表现，做到投其所好、传其所要，才能使扣球者得心应手、充分发挥。

（3）了解对手特点

了解对手的防守战术，尤其是拦网布局，个人拦网、防守的长短及其临场表现，以便避强打弱、组织有针对性的战术。

（4）抓好三个要素

恰当地选择进攻突破口（从何处进攻），正确地运用战术（采用什么打法）和合理地分配球（传给谁扣），是二传组织进攻的三要素。这三者互相关联，具体运用取决于二传手根据当时双方态势在瞬间做出抉择。

（5）协调传扣关系

二传的运用不但要传得到位（空间），而且要传得适时（时间），传与扣两者要密切配合。就二传手而言，主要依据三点：一是扣球者的助跑起跳时机；二是扣球者的挥臂速度及其习惯动作；三是一传来球的弧度与速度。

三、个人战术运用

二传的个人运用，是在一传（防守）基本到位的情况下，在进攻手实施扣球之前进行的。目的在于给本方进攻手创造有利的扣球条件，同时又能迷惑对方拦网者的判断，造成其错觉和不意，以利于突破对方的防线。主要可运用两类方法：

（1）运用传球手法、身体动作和目光吸引的方法

① 传球前不暴露传出球意图，利用巧妙手法突然传球；

② 背向球网，运用隐蔽侧传方法；

③ 近距离的调整球（距球网3米左右），运用隐蔽性侧传；

④ 同③，事先故意转身面向某一侧，但却向异侧传出；

⑤ 面向球网起跳做出扣球状，但运用跳传侧传动作；

⑥ 身体后仰，宛若背传，但却向前传球；

⑦ 身体前倾，似欲前传，但却背传；

⑧ 目光注视左边队员，但却传给右边队员，或者相反；

⑨ 趁其不备，直接将球直接吊入对区空隙处；

⑩ 运用跳传时手臂的屈伸动作所形成的时间差传球等。

（2）利用对手心理状态和违反常规的传球方法

① 向前快速移动取位，但却背传；

② 向后快速移动取位，但却向前传；

③ 转身逆向背传（即本是面向1号、2号位，传球前突然转身面向4号位，但却采用背传动作），如果运用跳传效果更佳；

④ 近距离调整传球，反常传给2号位或3号位队员；

⑤ 近距离调整传球，反常传给直角位置的队员；

⑥ 一传到位时，打“第二进入”的半高球；

⑦ 一传不太到位（3米以内）时，打“远网快攻”；

⑧ 将球传给不引人注目的队员等。

原载中国排球协会官网（2017-07-18）

扣球技术的训练与运用

扣球是一项技术结构复杂、与同伴配合密切、同对手对抗剧烈、掌握和运用难度较高的技术，是进攻最有效的方法、得分最主要的手段，是每个回合战术配合的最后环节和成败关键。排球比赛中一切接球和防守的努力，都是为了实现有效的进攻。一个队实力的高低、优势的取得，在很大程度上取决于扣球水平和进攻能力。实行每球得分制后，扣球作用更显重要，约占全部得分的60%以上。当然，扣球水平的发挥，有赖于一传、防守以及二传等诸多技术环节的有力保证。

一、训练指导要点

扣球在训练中要注意以下要点：

（1）加强体能训练

扣球技术对运动员体能条件的要求较高，要具有很好的速度力量、灵敏反应、爆发力和弹跳力等综合素质。我国运动员同欧美队在进攻上的差距主要是在体能上，而不是扣球技术本身（当然体能也会影响技术）。为改变这种弱势，就必须重视体能训练，努力提高运动员的全面身体素质和专项素质水平。

（2）加强扣球的基本功训练

要经常进行各种助跑起跳和扣球手法等基本功练习，打好扎实的技术基础，才能有效地提高扣球技术水平。即使是高水平的队，也要精益求精，不断进取，加强基本功训练。

（3）先学好扣高球技术

在扣球的教学训练过程中，要先从扣高球练起，以便建立正确的扣球技术定型。即便是准备培养为副攻手的人，也应先学会扣高球，以利于学会判断来球、选择正确的起跳时间与地点、形成合理的动力定型，而且有利于掌握扣球的全面技术。

（4）加强不同性质扣球的分化训练

在学会扣高球的基础上，应逐步掌握与熟练扣不同位置、不同距离、不同角度、不同高度和不同速度的来球。这些不同性质扣球的助跑起跳和扣球手法是有区别的，应有目的地进行分化训练，以提高扣球的判断能力和适应能力。

（5）全面掌握强攻和快攻两种武器

为了运动员技术全面性的要求和跑动进攻的需要，在扣球教学训练中，不宜过早片面分工和过多进行专位练习。高水平的运动员更应掌握强攻和快攻两种武器，但可在兼备“两手”的前提下，适当分工，有所侧重。

（6）有计划地训练各种个人的扣球技巧

根据不同的训练对象，提出不同的训练要求，或在不同的训练阶段安排不同的扣球重点，有计划地训练与提高各种扣球技巧，诸如路线变化、打手出界、打吊结合等，以提高扣球的个人突破能力。

（7）加强在跑动和变化中的扣球训练

现代进攻战术的发展要求高水平运动员在扣球训练中，要打破定位扣球的传统方法，打破按固定方向、固定步法的助跑起跳方式，打破固定专位扣球和机械分工的束缚，打破三点进攻的局限，打破定点、定时进攻的限制。加强在运动变化中的训练，以增加扣球的突然性和攻击性。

（8）加强反攻扣球形式的训练

防反过程中的反攻扣球，掌握难度大，运用机会多，是扣球技术中的难点。反攻扣球的特点不同于扣近网球及平网球，也有别于一般的调整扣球。高水平的队伍应创造条件，制造难题，模拟实战，着力强化这种训练，以提升应变能力，适应比赛需要。

（9）加强在激烈对抗中和连续动作中的扣球训练

实战中的扣球，既同本方有关技术相联系，又同对方的拦防相对抗。因此，为了提高扣球的运用能力，应加强在同本方相关人员和相关技术的串联中，以及同对方拦网与防守的对抗中的扣球训练。

（10）加强前排队员中、远网距离的扣球训练

随着运动员身高、弹跳力和扣球技术的提高，网上突破与反突破的争夺必将加剧，前排队员单纯依靠近网扣球恐怕不能完全适应战术的需要。有条件的队应加强中、远网扣球（离球网约1.5米或1米左右，含强攻与快攻）的训练与提高。这样不但可以开阔扣球射出面、扩大进攻空间、避开严密拦网、突破第一道防线、减少本方保护压力，而且会增加对方拦网判断的难度，造成其破坏性拦网的可能。这或许是未来进攻的发展方向之一，值得探讨和实践。

（11）加强扣球战术意识的训练

扣球技术复杂，网上短兵相接，瞬间完成动作，正确运用较难，这不但需要技术，而且需要智慧。因此在训练中应注重其战术意识的培养与训练，教会运动员如何判断来球、如何观察对手、如何预判临场的发展变化、如何运用个人战术、如何同对手斗技斗智等。只有通过有意识的培养与训练，才能加快其获得真知。

二、临场运用提示

扣球的临场运用主要体现在两个方面：一是准确判断本方来球，以便找准起跳时间、地点，充分发挥扣球水平；二是清醒地观察对方动态，以便避强打弱，避实击虚，有效突破对方防线。

（1）注意预判本方一传

一传或防守起球的不同方向、弧线、速度和落点，将会影响二传组织进攻的不同效果，我们从中可能预测其组织战术的端

倪。因此，扣球的运用，应从一传（防守）出手开始判断，才能易于找准扣球的起跳时间与地点，为发挥扣球威力创造良好条件。例如，一传弧线的高低、速度的快慢、落点的不同，都会左右扣球起跳的时间和地点。

（2）**集中判断二传情况**

根据二传出手的情况来决定扣球助跑起跳的最后一步，是找准起跳时间与地点的关键。即根据二传的弧线与速度来选择起跳时间，根据二传的方向与落点来决定起跳地点。

（3）**观察了解拦防动态**

根据对对方拦网部署、个人拦网特点、后排防守能力及采用的防守战术等情况的观察与了解，为运用扣球个人战术、突破对方防线，提供有用的信息。

（4）**实行空中斗智斗技**

扣球者在起跳腾空之后，在即将击球的瞬间，观察和判断对方拦网者的拦截路线，以便做出避开拦网的手或利用拦网的手等选择。这只有扣球技术达到挥洒自如的“自动化”程度，具有高水平的扣球手才能获此真知。

三、个人战术运用

扣球是在全队人员的密切配合下，运用娴熟、有效的个人技巧去突破对方的防线，达到战术的目的。一般可采用以下方法：

（1）**避开拦网**

根据对方拦网的位置，采用扣小斜线、中斜线和直线等变化路线或超越拦网手的高点扣球方法，避开对方的拦阻。

（2）**利用拦网**

采用扣击拦网手的外侧、集体拦网之间的空隙或平击拦网手尖等方法，造成对方拦网触手出界或破坏性拦网。

（3）**攻击弱点**

从身材矮、弹跳低、拦网差或不积极拦网的运动员的头上突破，或有意攻击对方防守技术不好的队员。

（4）破坏战术

对方采用“五一”配备，当其二传手在后排时，集中火力攻击其二传手的防区（一般为1号位），迫使二传手不能在行进中插上组织反攻战术。

（5）时间变化

扣球者在起跳腾空时，根据对方拦网的起跳时机，采用快速下手或延缓扣击的方法，以造成拦网者的时间误差。

（6）打吊结合

根据对方的拦网情况和防守布局，采用以重扣为主、以轻吊空档为辅的方法，以寻隙突破其软肋，或扰乱其防守阵脚。

（7）伺机再攻

当对方拦网严密，我方一时难以通过时，不可莽撞硬打，可以中等力量有意拍打对方拦网者的小臂（而不是两手），使球反弹回来，通过保护起球，伺机再攻。

（8）处理乱球

高水平的运动员应学会处理好各种不好扣的来球，诸如来球太低、太高、太快、太里、太外、太近网、太远网等，尤其在连续的防反中，扣球者应善于调整自己的助跑起跳和击球手法，妥善处理各种乱球。这是高水平运动员必须掌握好的扣球个人战术方法。

原载中国排球协会官网（2017-07-21）

拦网技术的训练与运用

拦网是防反的第一道防线，是兼备防守与进攻两种功能的技术，是得分的重要手段，也是本方反攻的序幕。成功的拦网可以减弱对手的进攻威力，干扰扣球者的进攻意图，造成其心理上的压力，并可减轻本方后排防守的负担，为防反创造有利的条件。拦网的成效（尤其是男排），有时会导致一局或一场球的胜败。

一、训练指导要点

在拦网训练中应注意以下要点：

（1）重在质量与效果

拦网技术简单，学会容易，用好较难，训练的强度高、难度大，一般不宜进行长时间的连续练习，而应注重其训练质量与效果。一要按正确的拦网技术进行操练，不流于形式；二要集中注意力，对对方二传和扣球者进行观察判断，努力捕捉其扣球意向，不盲目乱跳。

（2）在移动中训练拦网

由于跑动进攻的普遍运用，拦网的训练要适应实战情况的需要。无论单人或集体拦网的训练，都应力求在移动中进行判断、起跳、拦网或互相配合。

（3）加强单人拦网的作战能力

单人拦网是集体拦网的基础，现代进攻战术的多样性和多变化，常常迫使运动员只能采用单人拦网。因此，拦网训练的重点应放在加强个人拦网的技术动作和对球的判断上，以提高单人拦网独立作战的能力。

（4）学会拦截各种不同性质的进攻

拦网是同扣球相对抗的技术，对手有什么样的扣球技术和进攻战术，就应掌握什么样的拦网本领。要根据对手的各种扣球技术、战术及其个人特点，有针对性地训练拦截各种不同进攻打法的拦网技术，以提高拦网的适应能力和应变能力。

（5）在对抗中和串联中训练拦网

结合比赛实际的拦网训练，应在激烈对抗中和串联技术中进行，把拦网与防守、反攻等环节结合起来，以提高拦网的运用能力。

（6）重视培养拦网技巧与智慧

拦网的有效时间极其短促，不但需要动作技巧，而且需要意识与智慧。在训练中要培养各种拦网的高级技巧，学会判断不同来球，学习同对手斗智的经验与本领，以提高拦网效果、达到拦网目的。

二、临场运用提示

拦网同对手短兵相接，时间短促，一瞬即逝。拦网运用的成败，一是在掌握正确拦网技术的前提下，准确地判断扣球的时间与路线，以便找准拦网起跳时间和拦截区域；二是加强拦网者之间以及前排与后排之间的协作与配合。

（1）准确判断对方的进攻

拦网者在整个拦网的过程中，要根据对方一传、二传的情况，扣球者的动向和击球动作以及扣球者的个人特点，来判断与捕捉其扣球的时间与路线，以便选择正确的拦网时机与拦截空间。

（2）根据不同的进攻战术采用不同的拦网策略

根据对方每个轮次可能采用的进攻战术，来决定本方拦网前的取位、以谁为核心、由几个人去拦网以及如何配合和互相支援、弥补等。

（3）善于斗技斗智

拦网不只是技艺的竞争，而且是智慧的较量。在拦网运用中，要善于观风色，察时变，动脑筋，用心计，了解对手可能采取的进攻谋略及其心理状态，以便针锋相对，以变应变，取得网上争夺的优势。

（4）变消极被动为积极主动

拦网具有两重性，在没有拦球之前，是被动防守；但在拦球之时，却是主动进击。在技术运用上，也有两重性，举手挨打是被动防守，积极拦截是主动进攻。因此，在运用中，应使形式上被动的拦网技术，带有主动的内容，赋予进攻的因素，这样的拦网才具有杀伤力。

（5）加强整体配合

拦网的运用，要加强两个配合：一是前排队员之间的配合，明确以谁为主，主辅密切配合，外侧取位要明确，相互靠拢要主动；二是拦网者与后排防守队员的配合，使前排与后排形成一个整体。要主次分明，分工合作，有取有舍，相互支援。

（6）拦网时的连续动作

拦网时队员是同对手在空中完成动作的，要注意拦网后动作的连贯性和后续性。如拦网时的自我保护、拦网后的转身接应、拦网后转入反攻以及连续拦、扣或不拦后撤防守等。

三、个人战术运用

根据对方进攻的不同情况和本方拦网的具体条件，可以采用下列方法：

（1）正确取位

外侧的拦网队员在拦网前的取位，应视对方运用的进攻战术而定，并应根据对方扣球者的动向做出相应的移动。

（2）适时起跳

根据对方二传的高、低、远、近和扣球者起跳、击球时机的不同，来选择拦网起跳的时间。

（3）外手内包

两侧拦网队员在拦球时，两手的用力方向应由外向内，外侧的手掌、手指应向内倾斜并把球包住，以防球被打手出界。

（4）空中移位

腾空能力强的拦网队员跳起在空中时，应根据对方扣球的路线，移动双臂和双手去拦截对方的扣球。

（5）积极压腕

在拦截来球时，双手和手腕应积极主动下压，力图把球直接拦入对方场区。

（6）手腕后仰

如果拦网队员身材较矮或弹跳力较差，或对方采用超手扣球时，拦网时可把手腕适当后仰，以图把球拦起进入本方组织反攻。

（7）主动收手

如发现对方有采用平扣球或打手出界的意图时，起跳在空中的拦网队员，应及时收回双手，以造成对方扣球出界。

（8）反吊补吊

如对方采用轻吊球，起跳在空中的拦网队员应主动出击，利用压腕动作把球拦回。如果来球吊在拦网者身后或身旁的不远处，拦网者落地后，随即转身下蹲，把球救起垫高，并转入反攻态势。

原载中国排球协会官网（2017-07-25）

防守技术的训练与运用

如果说拦网是防反的第一道防线，那么后排防守就是反攻的基础；没有成功的防守，就不会出现有效的反攻。根据排球比赛规律，对方扣来的球拦网的成功率有限，一般只能拦到20%左右，还有80%上下扣过来的球要靠后排防守来承担，防守的重要性不言而喻。防守本身很少直接得分，但可以减少失分、赢得主动。成功的防守还能鼓舞士气，激励斗志，彰显良好的精神风貌。要转变防守观念，提倡积极防守，顽强防守，为进攻而防守，变被动为主动。

一、训练指导要点

防守是组成反攻的基础，是艰苦的阵地战，也是一支球队作风高下的试金石。前排未被拦到的对方扣球，要靠防守起球来完成；本方进攻被拦回的球，同样需要保护防守将其接起，转化为下一次的进攻。在训练中要注意以下几点：

（1）树立正确的防守观念

要充分认识防守的重要功能与作用，排球的绝大部分反攻都是从防守开始的。要纠正重攻轻守的倾向，树立全攻全守、攻守兼备的理念。这是争取优势、打败对手的取胜之道，世上强队无一不是能攻善守者。

（2）掌握多种防守技术

要有计划、有步骤地训练运动员掌握多种多样的防守技术，注意加强弱侧的移动与击球以及向各个方向快速移动的防守训练；要有意识训练对轻重快慢、上下左右等各种不同性能来球的手感体验以及身体协调控制能力，以便得心应手，左右逢源，扩大防守范围，提高防守效果。

（3）提高预判来球能力

防守训练要强调根据对方扣球的特点和扣球路线，及时预判、迅速移动、正确取位和合理击球。没有判断的防守训练是盲目的无效行动，要防止那种只忙于摔、扑、滚、爬的苦练，而忽视有意识地培养队员判断能力的练习方法。特别要加强预测与判断对手扣球路线和打吊的变化，以及我方拦网触手后球飞行路线的变化，把人练活，把脑子练灵。

（4）强调在"动"中防守

为了克服静止惰性，练活脚步移动，防守训练应在快速移动和突然变化中进行。要求每一次防守行动，必须保持脚步移动去捕捉来球，而不是守株待兔，画地为牢。

（5）强调整体性的防守

凡进行2人及2人以上的防守训练，所有运动员（含无球队员）都要根据对球的判断采取相应的行动，一人击球，有人策应，有人保护，全场都有行动，以体现防守的整体性和协调性。防止一人防守、他人"参观"的相互脱节现象。

（6）处理好全面提高与专位分工的关系

从长远全面的观点看，运动员应掌握与提高在各个位置上的防守能力，尤其是青少年运动员，不宜过早、过多地进行专位分工防守训练。高水平运动员可适当进行专位防守练习，但也不宜"专"得太死。在比赛中，来球千变万化，每个人都有可能在各个位置防守的机会，作茧自缚，有害无益。

（7）强调防守的目的性

任何防守训练中，都应强调防守的目的是为了反攻，是转入进攻的一个重要环节。在理念和行动上，不是消极被动地挨打，而是积极主动地去找球，并努力把球垫到便于组织反攻的位置上。这既是手法和身体控制球能力的训练，也是实用有效的心理与意识的培养，既是练技术，也是练智慧。

（8）适应各种不同扣球的特点和性能

要在防守训练中制造困难条件，设置强大的对立面，模拟各种进攻特点，采用轻、重、软、硬兼施，前、后、左、右并举，高、低、远、近结合的进攻方式，以适应各种不同的进攻情况，加大防守训练难度，促进防守技术的全面提高。

（9）同其他技术结合训练

除进行专门的防守技术训练外，还应把防守同其他技术结合起来进行训练，使防守技术与调整二传、拦网和反攻扣球等组织反攻战术的各个环节密切地串联起来，以提高运用技术的能力。

（10）发扬顽强拼搏的精神

练好防守，不但要有合理的技术、正确的方法，而且要有拼搏的精神、大无畏的气概。要提倡每球必争，每分必拼，球不落地、必拼到底的作风。有了这种精神，可以保证技术发挥，弥补技术不足。

二、临场应用提示

后排防守是在同本方拦网的配合下，对对方进攻的一种对抗行动。它在形式上具有一定的被动性，在运用中要特别注意以下几点：

（1）时刻准备，防患未然

在比赛中，只要球未落地、球在对方场区，运动员从心理上和行动上都要做好各种防守的准备。这是打排球的最起码常识，但却往往被忽视。据统计，防守失误的原因中准备不足占有相当大的比重。

（2）了解对手，针锋相对

要根据对方不同的进攻情况，采用不同的防守策略。不能只有一种防守模式，以一变应万变；也不能只用“一次性”的防守取位，守株待兔，裹足不前。如防守快球和高球，防守近网扣球和远网扣球，就应有不同的防守策略。

（3）**事先预测，准确判断**

预测与判断，是防守行动的依据、防守成败的关键。预测与判断是不完全相同的概念，它们既有联系，又有区别。预测是判断的先导，判断是预测的继续，又是行动的依据。比赛中要根据对方一传、二传的情况，扣球者的动向、扣球路线及其个人特点，以及本方拦网者的拦截区域等，来进行预测与判断，并采取相应的防守行动。

（4）**形式被动，内容主动**

防守是被动性的技术，是在对方进攻的压力下采取的“自卫”行动。在运用中，要强化积极防守的意识，要以无往而不胜和拖不垮打不烂的气概去防守各种来球，要使防起的球成为辅助进攻或转入反攻的一种手段，使形式上处于被动地位的防守技术具有主动的内容，起到助攻的作用。

（5）**以动克静，动中找球**

防守技术在运用中最忌讳的是站死脚步、作茧自缚、静中等球。要教会运动员根据判断，在动中找球。要始终保持低重心的微动状态，克服人体“静者恒静”的物理惰性，及时移动取位。这是运用好防守技术的重要条件。

（6）**密切配合，互相支援**

防守技术的运用，虽是个人行动，但却是全队有机整体的一部分。要做到一人防守，全队支援，一人打球，同伴策应，以体现6个人打1个球的团队协作精神，同时这也有助于迅速由防守转入反攻的态势。

三、个人战术运用

根据对方的进攻情况和本方的拦网部署，后排防守可采用下列方法：

（1）**灵活取位**

要根据对方二传的情况和扣球者的特点准确判断，及时移动，灵活取位，以便为防好球创造有利条件。取位不是固定呆滞的，而是灵活可变的。在通常的情况下，移动取位大都是由后向前，由外向里，以利于扩大视野，观察判断，采取防守行动；但在连续防反的情势下，有时也会有相反的情形，即由前退后，由里移外。

（2）合理取舍

防守者要根据本方拦网者的拦截区域，舍弃拦网盲区，重点防守好盲区以外的地带，但也要注意补救被打手出界、轻吊或拦网漏球。

（3）协同防守

防守者除了要恪尽职守、重点防守好本岗位的来球外，还应根据对方的扣球路线和同伴（尤其是相邻的同伴）的防守状况，积极支援、保护或弥补队友的防守漏洞，形成有机的防守整体。

（4）斗技斗法

后排防守除了精湛的技艺，还需要经验与智慧。要善于揣摩对手的进攻意图，观察对手的扣球特点，掌握对手的心理动态。有时，好的防守往往带有某种程度的猜测与预见，好似对方扣来的球都在预料掌控之中。这里既有判断的准确性，也有经验与智慧的作用。

（5）手法多样

要根据对方扣出球的速度、力量、落点等情况和防守者所处的位置，采用适当的手法（垫、传、挡、踢或双手、单手等）把球防到有利于组织反攻的位置，并由防守地位迅速转为反攻态势。

原载中国排球协会官网《科研与训练》栏目（2017-07-28）

正确处理教练员工作中的若干关系

教练员的主要工作任务是选材、训练、比赛和管理教育。选材是组建队伍、培育人才的先决条件，选材优良，成功一半。训练是提高技术水平、取得优异成绩、培养有用人才的主要途径，是运动队日常的中心工作。比赛是检验训练水平、反映运动成绩、彰显人才成就的平台，也是促进与提高训练工作的有效举措。管理教育是卓有成效地完成上述各项任务的有力保证，是建设一支优秀队伍的“压舱石”与“定神针”。

教练员要圆满完成上述工作任务，使自己所带的队伍上水平、出成绩、育人才，必须有高度的责任感和敬业精神，兢兢业业，辛勤劳动，做好大量深入、细致、艰苦的工作。根据我涉足专业排球近70年经历的一得之见，以及观察、学习他人的有益经验，深感教练员在各种繁杂纷纭的工作中，要正确认知与处理好下述诸多关系。

一、传技与育人的关系

教练员肩负的责任是传技育人。传技是传授知识技能，育人是培养道德品质，两者互为条件，密不可分。

习近平总书记指出：“教师重要，就在于教师的工作是塑造灵魂、塑造生命、塑造人的工作。”教练员的工作对象是正在长身体、长知识、长技能的运动员，是有思想有意识的年轻人。教练员在传授技能过程中，纯粹传授业务技术是不存在的，总是自觉或不自觉地教育人、塑造人。对抗性的球类运动项目，不但要传授人与球、人与物（场地、器材等）的关系，必然还要涉及人与人、人与社会（队友、对手、裁判员、观众、媒体等）的关系。而且，教练员自身的思想观念、道德作风，知识经验等在教学过程中不能不对运动员产生耳濡目染的影响。因此，传技与育人是紧密联系、不可分离的。

对教练员而言，“师者，所以传道授业解惑也。”（唐代韩愈）教练员首先要传授道德观念，做好思想工作，教育运动员做好人，树立正确的人生观、世界观和社会主义核心价值观。运动员在日常的训练、比赛、学习和生活中，在人与人的交往中，不可避免地会产生各种矛盾和问题。教练员要明察秋毫，善解人意，及时发现问题，细心分析问题，正确解决问题，把做人的思想工作融合到日常业务工作中去。正如前中国女排“三连冠”教练袁伟民同志在《我的执教之道》一书中指出的：“最有成效的思想工作是渗透在业务中的思想工作。主教练必须学会在训练中发现思想问题，在训练中解决问题，做到抓思想工作与抓训练同步，只有这样，才能保证训练按既定要求顺利进行，从而既练了思想，又练了技术、战术。”

其次，教练员要传授排球专业的各种体能、技能、智能和理论知识，使运动员不断提高训练水平与技术水平，以适应任务的需要；同时，在此过程中，教练员要运用自身的知识与经验，帮助运动员解除困惑，探索未知，精雕细刻，攀登技术高峰。总之，教练员只有把传道、授业、解惑三者密切结合起来，缺一不可，才能造就出品德优良、技术高强的运动员。

对运动员而言，做事先做人，学技先树人。尤其是尖子队员和球星属于社会公众人物，经常要驰骋赛场，经历风浪，直面观众，接触球迷，涉足媒体，交流国际。他（她）们的精湛技艺、健美颜值、良好的道德情操和精神风貌，是一种无形的榜样力量，将会对社会产生正能量的影响作用。

然而，水平有高低，关键看人品。在观念多元、物欲横流、诱惑万千的语境下，运动员作为公众人物，更应自尊、自爱、自重、自律，独善其身，洁身自好，“出淤泥而不染，濯清涟而不妖”，永远保持与发挥正能量的本色。

不言而喻，由于天赋、体态、机能、机遇或努力程度等因素，人的能力有大小，不可能每个运动员都成为尖子或球星。但教练员的使命是，在运动员的积极配合下，把每个人都培养成为有理想、有品德、有知识、有作为、爱祖国、爱人民的有用人才。

二、言传与身教的关系

教练员在传技育人的过程中，通常是以言传和身教两种形式去实现的。言传（或称言教），就是讲课说教，以语言、道理和道义去教育人、说服人；身教，就是亲手示范，以身作则，用自己的行为带动人，用自己的举止感染人，用自己的表现启迪人。

教练员是运动员未来事业的引路人，是打造其技术形象和品德风貌的工程师。教练员要充分认识到自己的使命光荣、责任重大。言教不可缺少，身教重于言教，这是教育工作的重要原则。

因此，教练员在传授技能的过程中，要做好动作示范，正确讲解要领，准确分析技术，抓住技术关键，以便使运动员形成正确的动作概念，并通过反复系统的训练，逐步建立巩固的条件反射，不断提升运动技术水平。

“学为人师，行为世范。”教练员在言传身教的过程中，对运动员进行言语说教、提出各种严格要求是必要的，但更重要的是以“身教”的魅力，从言行到举止，从心灵到表现，都要为人师表，严于律己，身先士卒，时时、事事、处处做运动员的表率，要求运动员做到的，自身要做得更好。“其身正，不令而行；其身不正，虽令不从。”（孔子）这是无声的命令、权威的发言、有效的鞭策、最大的智慧、最强的软实力。教练员权威的确立，不是靠自封，而是靠行动，不是靠吆喝发威，而是靠人心向背。

“近朱者赤，近墨者黑。”运动员总是唯教练员马首是瞻，对其十分尊崇与敬畏，往往也是运动员仿效的偶像。教练员与运动员长期朝夕相处，一起训练、比赛、学习和生活，少则几年，多则十几年，远胜过兄弟姐妹或学校里师生关系。德国人坚信一个理念：“良好的品德是被感染的，而不是被教导的。”不难理解，教练员的言行举止、举手投足，包括技能知识、文明礼貌、品德作风甚至生活习惯等，对运动员的成长必将产生潜移默化的传播与辐射作用。

“师高弟子强”“强将手下无弱兵”或“兵熊一个，将熊一窝”“一帅无能，累死千军”等格言，都从正反两面诠释为师为帅的重要作用。为此，教练员应深刻意识到自己的责任与担当所在，不断加强道德修养，努力提高业务能力，为运动员树立良好形象，并带领大家共同完成好各种任务。

三、教与学的关系

教与学，是实现传技育人目标的主要方式，是提高运动员道德素质、训练水平和技术水平的重要途径。

对初出茅庐或一般水平的运动员而言，传统的教学方式是我教你学，我说你做，我示范你模仿，我要求你做到，甚至是手把手地教；教练员的主导作用特别强势，运动员的主动性、积极性、创造性相对弱化。因此，要求教练员要有丰富的理论知识、较高的技术能力和较丰富的教学经验，所谓“队员一碗水，教练一桶水”。同时要求运动员必须认真求教，勤学苦练，听从教练员指挥，共同完成教学任务。

然而，对训练有素或较高水平的运动员而言，由于其技术能力与实践经验日益提高，甚至在某些方面已超过教练员，传统的教学模式显然不能完全适用。教练员与运动员之间的教学活动，更多的是交流与互动、切磋与探讨。教练员的主导作用依然存在，但其运作方式不同；运动员的主体功能更加强化，其主动性、积极性和创造性得到充分调动与发挥。教练员的指挥方式主要是启发性的指点、针对性的提示、诱导性的提问、指导性的思考等。

当今，互联网的普及、新媒体的传播，运动员接触各种信息资讯的渠道宽广，他（她）们的视野与知识同过去相对封闭环境下的运动员相比，不可同日而语，甚至在某些方面领先于教练员。因此，新形势下的教学活动，教练员要紧跟新时代，拓宽新思路，增添新鲜内容，运用新颖方法，不断改革创新，而不故步自封、墨守成规，才能适应变化了的实际情况。“以其昏昏，使人昭昭”，是不可取的。

教练员在实践中要善于观察、发现与挖掘运动员出现的特点与长处，哪怕是偶然出现的端倪，就应敏锐察觉，及时给予肯定与表扬，或请其为大家作示范演示，或进行总结升华，在全队推广运用。这既可调动运动员的积极性，又能促进全队水平的提升。

“师傅领进门，修行在个人。”运动员要在教练员的指导下，开动脑筋，独立思考，精益求精，探索技术奥秘，更上一层楼。教练员与运动员之间，要教学相长、优势互补、师徒共赢，以营造“长江后浪推前浪，一代新人胜前人”的生动活泼局面，共同为实现全队目标做出贡献。

“冰生于水而寒于水，青出于蓝而胜于蓝”，是历史发展的规律、时代进步的象征。徒弟胜过师傅，自古早就有之。韩愈老先生说过：“弟子不必不如师，师不必贤于弟子。”一方面，教练员要有知人之智。“闻道有先后，术业有专攻”，各人有所长，要用显微镜去觉察运动员的聪明才智，并热心帮助、鼓励和乐见徒弟超越师傅。

另一方面，教练员更要有自知之明。希腊人曾说：“最困难的事情就是认识自己。”任何教练员都是人，不是神，而人无完人，金无足赤。只有努力学习、奋勇进取、与时俱进、砥砺前行的人，才能跟上时代步伐，融入澎湃浪潮。

四、严与爱的关系

从严治队，爱兵如子（女），是教练员带好队伍的天职。正确认识和处理好治队与爱兵、严格与关爱的关系，对于密切师徒关系、凝聚全队力量、建设运动队伍，具有重要的现实意义和长远意义。

“严师出高徒”“玉不琢不成器，人不学不知义”，说的都是人们要经过严格教养和刻苦磨炼，才能成为有益于国家和社会的人才。教练员要带好一支队伍，就必须严格训练，严格要求，严格管理。松松垮垮的人不可能练出本领，一盘散沙的队不会形成战斗力。当然，缺乏爱心的带兵人，也难以凝聚人心，取信于人。

严要以人为本。“严出于爱，爱寓于严”，是严与爱的真谛。因爱而严，严为了爱，是从严治队的出发点与归宿。马克思指出：“我们的出发点是从事实际活动的人。”关爱运动员命运，期待运动员成才，是每个教练员毕生的心愿。望“徒”成龙成凤，就必须在各方面对其提出严格要求；而要求运动员严格，鞭策运动员进步，磨炼运动员意志，给运动员出难题，更必须对其出自内心的尊重与关爱。

严要与爱统一。教练员要严字当头，爱在其中；严在脸上，爱在心上；严在行为上，爱在情感上，把严与爱统一起来。教练员与运动员同呼吸、共命运，是休戚与共的利益共同体，没有理由不关心爱护自己的子弟兵。“一将功成万骨枯”，训练中摸爬滚打，比赛中奋不顾身，赛场上冲锋陷阵，首当其冲的是运动员；而训练中呕心沥血，比赛中运筹帷幄，担当责任的是教练员。拿破仑在征服欧洲、不可一世地站在阿尔卑斯山顶时，曾慨叹说：如果我的背后没有几十万士兵，我早就成为敌人的俘虏了。这些名句轶事，很值得玩味。运动员需要教练员的教诲与指导，教练员离不开运动员的维护与支持，双方是风雨同舟、痛痒相关的统一体。

严要在要害上。从严治队，要严在日常的技术要求、动作规范、训练作风、比赛风格、意志锻炼、文明礼貌、品德修养、遵纪守法等方面，这才是抓住牛鼻子，严到点子上。无论是业务技术还是道德作风等方面，都要做深入、细致、耐心的工作，久久为功，方能见效。而不是板着面孔，动辄训斥，吹胡子瞪眼，甚至不尊重人的讽刺挖苦，从而引起双方情绪对立。

严要合理可行。在训练要求上，从严要合乎比赛规律，顺应实战需要；在训练难度上，从严要经过最大努力，切实可以做到；在作风纪律上，从严要言之有理，以理服人，以情感人，以德示人。而不是“一朝权在手，便把令来行”，随心所欲，提一些不合实际的要求，使运动员感到无可奈何或无所适从。

严要规范行事。“不以规矩，不能成方圆。”（孟子）要根据各队具体情况，通过民主讨论制定各种规章制度和纪律要求，使全队人员的训练、比赛、学习和生活等方面有章可循，有法可依，执法必严，违法必究。要加强法治意识，自觉地学法、懂法、守法、用法，以维护法规的权威，同时也是在保护自己的权益。带兵人更应以上率下，做好榜样，才能服众。嘴上一大套、行动不对号的人，是不会有权威的。

严要一视同仁。从严治队，没有身份差别，不能特殊例外；无论年龄老少、资历深浅、技术高低、名气大小，大家同等要求，无一例外。这既体现公平正义，也衡量管理者的魄力与水平，更会对形成良好队风产生重要影响。从严治队，不能厚此薄彼，欺弱怕强，只适用于新队员或技术差的运动员。尖子队员或球星值得人们尊敬与爱护，但管理者对其应有更高的要求与期待，绝不可哄、捧、宠、纵。有警言说：“严是爱，松是害，不闻不问会变坏。”捧杀与棒杀都会误人子弟，杀戮人才，而且，前者的杀伤力比后者更甚，因为它是在令人陶醉的甜蜜中进行的。这是值得警惕与防范的。

五、硬实力与软实力的关系

球类运动训练的内容包括体能、技术、战术和战术意识、心理、作风等几方面。前三者，看得见摸得着，可称之为硬实力；后三者，看不见摸不着，但确实存在，可称之为软实力。硬实力是构成一个队综合能力的物质基础，其重要性不言而喻；而软实力是形成一个队战斗力的精神因素，其功效性不可低估。在训练实践中，人们无疑非常重视对硬实力的训练与提高，但对软实力的培养与造就，或有所忽视，或不够自觉，或一曝十寒，或弃之不练，从而影响运动员对硬实力的加速掌握与合理运用，延缓了运动员的培养与成长过程。

战术意识，是运动员在发挥技术过程中，支配自己行动的、带有一定战术意图的思维活动，是运动员根据彼我双方情况，正确运用技术的能力，也是运动员成熟谙练的表现。运动员在场上每一项技术的合理运用，无不受一定的战术意识所支配，无不含有战术意识的内容。战术意识是运动技术的灵魂，它左右着技术的正确运用，影响着技术的良好发挥。

心理，是客观事物在人脑中的反映，是人的感觉、知觉、记忆、思维、情绪、性格、意志等的总称。运动员心理素质的高低，对其技术的正确掌握和合理运用，有着举足轻重的作用。心理训练就是运用心理学的原理与规律于运动训练和比赛之中，使运动员学会调节自己心理状态的各种方法，并有意识地对运动员的心理过程和个性心理特征施加影响，以创造有利于提高和发挥技术水平的心理条件。

作风，是运动员在训练比赛或学习生活上一贯表现的态度和行为，是一种潜移默化的“习惯势力”，它具有一定的继承性、延续性和感染性。好的或不良的作风都会使运动员耳濡目染，相互作用，甚至代代相传。好的作风可以产生无穷的辐射力，促进技术迅速提高，保证技术充分发挥。“两强相遇勇者胜”“一个军队的实力，四分之三是由士气构成的”（拿破仑），说的就是作风对人的行为的影响作用。管理者和尖子队员的榜样力量和引导作用，是作风形成的关键性因素。

硬实力是一个队的物质基础，软实力是一个队的精神支柱，两者互相制约，相辅相成。训练硬实力，是用高水平的技能去塑造运动员的坚强体格、技术形象和全队的战术风格；培养软实力，是以良好的精神状态去保证硬实力的正确掌握与发挥。硬实力是软实力赖以存在的载体，软实力可以使硬实力如虎添翼。拙劣的硬实力，是无源之水，无本之木，纵使“充分发挥”也是水平低下，使软实力难以施展其功能；脆弱的软实力，则会使硬实力如同盲人骑瞎马，夜半临深渊，失去正确导向。

“艺高人胆大，胆大艺愈高”是对硬实力与软实力互为因果关系的精辟概括。因此，只有同步运用硬实力和软实力去训练与培养运动员，使两者同时发展，相得益彰，才是迅速提升运动技术水平，增强全队综合实力，加快运动员成才过程的有效途径。

不言而喻，软实力可以带动硬实力，但不能代替硬实力。马克思指出：“批判的武器当然不能代替武器的批判，物质力量只能用物质力量来摧毁；但是理论一经掌握群众，也会变成物质力量。”比赛双方的较量，主要是通过技术战术去实现的，技术战术的对抗只能用技术战术去攻破；然而，软实力一旦武装了运动员，就会产生强大的技术战术力量，使技术战术更好地发挥其威力。

软实力的培养与训练是长期的任务，绝非一日之功，一蹴而就。首先，“自由是对必然的认识”，要加强理论学习和业务研究，让运动员认知软实力的重要作用。其次，要把对软实力的培养，渗透、融合于日常的训练、比赛和学习、生活之中，使两者紧密联系，有机结合。再次，要加强养成教育，培育各种有利于训练和比赛的良好习惯与气质，并锲而不舍，持之以恒，才有成效；而朝练夕停，浅尝辄止，则收效甚微，于事无助。

六、全面与特长的关系

全面，指的是技术全面，攻防均衡；特长，指的是身怀绝技、拥有专长。全面是技术扎实的基础，是运动员必备的本领；特长是锦上添花，是技术达到较高造诣的标志。在技术全面的基础上，人有特长，队有特点，掌握绝招，拥有特技，应是排球运动员的培养目标和技术形象。然而，十八般武艺样样通、样样松的“万金油”式的全面，虽有时可用，但难有成效、少见奇功；而程咬金“三板斧”式的专长，虽时而有用，但缺少底气，没有后劲。只有技术全面兼具特长的人，才能进可以攻，退可以守，攻有章法，守不乱阵，立于主动不败之地。

以排球为例（下同）。技术全面，是排球运动的特点，是当代排球技术战术的发展趋势，是我国几代排球人的经验总结。无论竞赛规则如何修改，运动员身材怎样增高，技术全面是培养训练运动员（自由人除外）的永恒主题。因为：

从比赛规律看，每球得分制规定各项技术都可以得分和失分，高矮队员，概莫能外，在分数面前人人平等。而技术不全面的人，必然得分难、失分易，或成为对手攻击的“靶子”。

从攻防关系看，排球的一切进攻（除发球和扣探头球外），都从防守（接球）开始，只有防守成功，才能实现进攻；尤其在比分落后的情势下，倘无防守反击得势，绝无逆转可能，下文必败无疑。重攻轻守不可取。

从拦防效果看，随着运动员身材高大化和进攻能力的提高，拦网的成功率只有20%左右，这就是说，对方扣来的球有80%左右要靠防守来抵挡，防守能力低下的队必然失分易、得分难，少有反攻机会。以拦代防行不通。

从生理学理论看，高大队员进行全面技术训练，可以在其大脑皮层中建立更多的“暂时联系”，形成广泛的条件反射，有利于在技术的掌握与运用中实现技巧转换，相互促进，举一反三，触类旁通；有利于培养其灵活敏捷、快速反应、适应性强、应变力好等能力。

从“木桶原理”看，“一个由若干块木板组成的木桶的容积，不是取决于最长的而取决于最短的那块木板。”一个队的主力阵容由6个个体组成，若个人技术不全面，集体配合不可能完善，整体功能难以充分发挥，容易陷入捉襟见肘的困境。

从训练学观点看，高大队员如果不加强基本功训练，不掌握全面技术能力，过多地练习扣球和拦网，而忽视传、垫、防等下三路技术的提高，还容易引起运动创伤，缩短运动寿命，这种历史教训并不鲜见。排球运动训练规律和运动员成才规律不可违背，也不能凭空想象。否则，欲速则不达，抄近而实远。

当下，我国有不少男女运动员条件很好，潜力巨大，使本国人兴奋，令亚洲人垂涎，让欧美人瞠目。可惜有些人基础不牢，底蕴不深，功底不足，技术提高受到制约，临场发挥不尽人意，令人扼腕不已！这或许与理念上的急功近利，行为上的拔苗助长，方法上的以赛代练，技术上的缺胳膊少腿，以及过早、过多地进行专位训练不无关联，值得引起关注。

七、技能与智能的关系

球类运动员对任何一项技术的正确掌握与合理运用，都离不开脚步、手法、躯干、视野和意识（思维）等多维一体的协调配合与良好发挥。运动员在掌握与运用各项技术的过程中，脚步是击球行动的前提，手法是完成技术的关键，躯干是协调全身的枢纽，视野是临场判断的依据，意识是运用技术的灵魂。只有这几方面的行动配合密切，协调一致，才称得上是比较完美的技术，也才有可能得到合理运用。

然而，在实际的训练与运用中，视野和意识这两个贯穿于技术行动全过程的要素，往往被教练员所忽略甚至摈弃，致使有些运动员只会动手、动脚，不知用眼、用脑，这不能不影响其对技术的正确掌握与合理运用，不能不妨碍其迅速成长的过程。这一点值得教练员和运动员高度重视。

训练运动员不但要练体能、练技能、练手脚，还要练思维、练用脑、练智慧；不但要传授技艺，而且要教会做人。而智慧与品德等软实力，对运动员的培育与成长具有不可低估的战略意义。因此，在训练中要教会运动员不但用手脚打球，还要用眼睛观察彼我双方的人员动态，更要用大脑去思考打球的门道，取胜的谋略，做到手、脑并用，练、想结合，开发脑洞，刻苦钻研，充分发挥第二信号系统在掌握和运用技术中的作用。

重视业务学习，认真总结经验，加强理论研究，对于丰富运动员知识能力，提高技术水平、学会用脑打球，具有深远战略意义。历史经验表明，实践产生真知，理论指导行动。技术要想进步，理论必须前行。理论繁荣，催生技术发展，理论贫乏，导致技术滞后。正确训练理论，引导正确的技术行动。理论导向错失，必将引发技术倒退。

爱因斯坦说：仅仅“用专业知识教育人是不够的。通过专业教育，他可以成为一种有用的机器，但是不能成为一个全面发展的人。”教练员除了要教会运动员运动技能和专业知识外，还要创造条件引导其学习科学文化知识，提升科学文化水平，加强道德品位修养。运动员自身也要抓紧时间，只争朝夕，积极进取，好学不倦，多读书，读好书，使自己培养成为全面发展的人，而不仅仅是一种“打球机器”。

运动员的成才同教练员识才、育才和用才的能力与水平息息相关。因此，教练员自身更需要努力深造，继续进修，率先垂范，身体力行，不断优化自己的执教能力与水平。

当然，机遇有时也是运动员成才的一个因素。但你首先必须是“千里马”，伯乐才会有机会慧眼识才，着手育才，放手用才。

八、训练与比赛的关系

训练与比赛是教练员和运动员的两大主要任务。运动队伍的日常工作是以训练为中心，但训练的根本目的就是为了提高水平、培育人才、赛好成绩。养兵千日，用在一朝。运动队伍一年中的工作成果，在很大程度上都是以本年度参加重大比赛所取得的名次作为考评的主要依据。

由此可以认为，训练是一种实施手段，比赛才是终极目的。每个教练员和运动员都必须倾注全部精力和智慧，认真对待每一次重大比赛，力争以最佳成绩来证明自己的水平与价值。名次的高低，将会关系到教练员职称、运动员等级称号和工资、奖金待遇的评定，甚至会影响到住房分配及未来工作定位等，同时与全队取得社会企业赞助经费和俱乐部资金的多寡息息相关。总之，运动队的比赛成绩，同每个教练员、运动员的切身利益密切关联，因而，打好每场比赛、完成比赛任务、取得优异成绩，应是运动队伍工作中的重中之重。

比赛是训练的一面镜子，是展现一个队平时训练水平与质量的平台。通过比赛可以检验训练成效，发现存在问题，找出自身差距，为制定下一阶段训练计划提供客观依据，从而促进训练水平的进一步提高。

训练是教练员的一个影子，是考核一个教练员执教能力与智慧的标尺。在通常情况下，比赛成绩是反映一个队教练员和运动员训练的综合能力与水平。当然，由于种种不可预测的主客观因素或偶然机遇，有时水平与名次并不完全相等。一些与决赛失之交臂的队伍，也有可圈可点的训练经验。但作为教练员应从比赛中自我反思，总结经验，博采众长，不断提升自己的执教水平。

然而，要想提高水平，造就人才，打好比赛，取得优异成绩，体现自身价值，获取荣誉待遇，就必须通过科学、刻苦的系统训练来实现。前国家体委提出的“从严、从难、从实战出发和大运动量”的训练方针，符合生理学的“条件反射建立”和“超量恢复”等科学原理，适应运动员的成才规律。这是包括我国排球在内的国内外很多运动项目取得成功的宝贵经验，应当传承与发扬。

国际排联《教练员文摘》写道：“高水平运动员每天必须练习4～6小时；世界一些名列前茅的队一天的训练量高达8小时，每周40多小时。”（引自FIVB *Coaches Digest*）据媒体报道，中国男排阿根廷籍教练劳尔·洛萨诺先生通过一段时间的观察后曾指出：中国运动员条件很好，但训练不足。可见，英雄所见略同，天下道理相通。

训练和比赛的关系，如同一棵树的根与叶的关系，只有根深蒂固，才能枝繁叶茂；枝叶茂盛了，反过来必将有助于强根固本。只有提高训练水平，才会有精彩的比赛；反之，高水平的比赛，也会促进训练水平的改进与提升。只热衷于修枝剪叶、包装赛事，而忽视强根固本，抓好训练，是本末倒置的短视行为。

“台上三分钟，台下十年功。”“平时多流汗，战时少流血。”这些民谚俗语，都是阐明训练与比赛互为因果的辩证关系，值得耐人寻味。道理并不高深，实行却非易事。但可以断言，任何人不付出艰苦劳动，而企求获得优异成绩，只能是缘木求鱼，事与愿违。

九、主力与替补的关系

注重后备培养，搞好新老交替，是一支队伍保持水平稳定、成绩常在、人才辈出、长盛不衰的保证。

一个队实力的强弱，不但要看其当前水平，而且要视其后备潜力。一支球队的人员组成，一般都呈现出不同层次的年龄结构，不同水平的技术能力，清一色年龄和水平的组合是少有的。这个客观现实，要求教练员对运动队的以老带新、继往开来、新陈代谢、新老交替，必须做好统筹安排和长远规划。

就一个队而言，在阵容结构上，既要有一个实力雄厚的主力阵容，又要保持一支人数相当、分工对应、水平相近的替补力量，或几个有专长的技术能手，以便在训练中树立强大对立面，在比赛中手上有精锐，心里不惊慌。强队更要拥有几名令对手望而生畏的技术尖子，以及能使全队抱团取暖的骨干力量。

教练员在日常活动中，要有意识地培养几名品技兼优的队员成为尖子和骨干。这些尖子和骨干，一般都是主力队员，是在训练中迎难而上、激励斗志的鼓动者，是在比赛顺境中冲锋陷阵、呼风唤雨的急先锋，是逆境中坚守阵地、中流砥柱的“敢死队”，是在生活中维护正常秩序的大管家，是帮助队员排忧解难的“大哥大”，是树立良好队风、彰显凛然正气的好榜样。这些群众领袖是队里的“关键少数”，有时可以起到领队和教练不可替代的作用。袁伟民同志指出：“尖子是磨出来的。……要靠教练员悉心培养，从技术到思想倍加严格要求。”（引自《我的执教之道》）诚然，尖子和骨干不是“敕封”，也不能“任命”，而是在长期实践中，认真培育，着力磨炼，积以时日，才能实现。

替补队员是队里不容忽视的“另一半”，平时是主力队员训练的对立面和“假想敌”，赛时有可能是出奇制胜的“突击队”。但毋庸讳言，在赛事增多和求胜心切的情势下，多数替补队员少有上场锻炼的机会。倘不争分夺秒、见缝插针地抓紧训练，只是赛前跑龙套，赛中轻活动，赛后就休息，则其技术与体能必降无疑，全队总体实力的提高也将受到影响。

因此，教练员在平时要重视替补队员的培养与训练，不要左支右绌，顾此失彼，只抓主力，忽视替补。在赛期要腾出时间抓紧安排替补队员的训练。在比赛人员使用上，既要充分发挥主力队员的积极作用，又要大胆培养新生力量，敢于让替补队员去经风雨，见世面，显身手；或以有条件的新队员打头阵，用有经验的老队员做后盾。以此扩大全队可战斗人员，延长“板凳深度”，增强整体实力。拥有雄厚替补力量的队伍，可以组成两套阵容，形成不同特点，根据不同对手，组织不同力量，运用不同战法，在比赛中取得更大的灵活性与主动性。

新陈代谢，新老交替，是运动队的必然规律。教练员在用人问题上要高瞻远瞩，深谋远虑，对主力与替补的使用，新老队员的交替，要居安思危，未雨绸缪，尽早合理谋划。不要等主力老队员“江郎才尽”，“油水”榨干，才考虑换人接班，仓促上阵。因此，在用人的实施步骤上，应采用主力阵容逐步更新，替补队员择机使用，年年渐进，岁岁替换的策略；每年更替一两个主力，并由原来主力变为坚强替补，而不是大进大退，另起锅灶，重新搭班。这样，队伍才能永远保持水平稳定、实力不减、经久不衰的势头。在这个问题上，竭泽而渔，搞“大换血”，或杀鸡取卵，揠苗助长，都是不可为的。

十、教练与媒体的关系

风靡全球的竞技球类运动，作为社会文化领域最活跃的因子之一，必然与媒体发生千丝万缕的联系。在互联网新时代，教练员和运动员如何协调与媒体的关系，是值得考量的课题。

传统媒体的时代，教练员和运动员面对媒体时是被动关系，媒体主导着舆论方向。因此，面对媒体采访时，被动一方都操着一些“训练有素”的话术套路，一方面要树立正面的形象，另一方面要避免给本人或者所属单位带来不必要的不良舆论影响。由于是被动关系，被采访者的真实意愿有时会因为各种原因而被扭曲甚至完全背离。

但在新媒体形式下，尤其是社交媒体的突起，给个体的个人意愿带来充分自由的表达通道。而这种不受约束的自由表达，一方面可以展示个人的独特性，进而扩展个人的影响力；另一方面因受个人知识、素养等因素的局限，一些口无遮拦的不为广大粉丝所能接受的观点，又容易给其本人带来纷扰，甚至影响到工作直至生活。

教练员尤其是名运动员，属于公众人物，拥有广大的关注群体，其个人的言行和以往几近封闭的环境相比，几乎没有隐私可言。现在的运动员个性鲜明，善于表达自我，他们是这个伟大时代的践行者和推动者，享受着这个科技日益发达的社会为其带来的便捷和骄傲。而相对于教练员而言，由于所处环境或已经成型的知识结构，以及对新鲜事物不断降低的敏感度，和年轻的运动员相比，他们对新媒体形势的适应性和接受度相对疲弱很多。

反映到具体的日常训练生活中，一方面在新媒体形式下，教练员和运动员的沟通日益紧密，信息传达更加有效，这无疑是积极的一面；另一方面由于社交媒体的发达，运动员容易沉迷于微博、微信，从而干扰了正常训练的作息及运动恢复，进而影响后续的训练质量。而如何正确处理运动员的这种沉迷，在新老观念冲突下，并不是一个简单的课题。

粗暴地没收运动员的手机、电脑，实行半军事化管理，只能是短时间某个阶段的特殊行为，不可以也不可能长期实行。如何引导运动员正确使用新媒体，其实是一个新形势下的社会问题，一个值得关注的新课题，而且不仅限于体育领域。但有一点，作为教练员倒是可以规范的，运动员在社交媒体所发布的言论不是没有原则和底线的，不能因为价值观的向背而引发纷扰，继而影响到训练和比赛。成名的运动员更要自律，个人的哪怕是私人生活中的一点点瑕疵在网络社会中也会被放大成为社会热点。同时，教练员还要为一旦发生此类状况，做好运动员的情绪疏导，帮助其走回正常的训练和生活轨道。

原载《体育科学研究》2018年第2期

江苏女排为何卫冕未遂？

江苏女排获得全运会和去年联赛双冠军之后，如日中天、信心满满地进入今年排球超级联赛。尽管在常规赛中跌宕起伏，但终于奋力挺进前4名，并在半决赛开局大吉，客场拿下上海队，人们对其成功卫冕充满期待。

然而赛事难料，江苏队在开局大好情势下，被上海队连扳3场，失去卫冕的机会，最终在3～4名决赛中努力奋战，获得季军。

网友们对江苏女排卫冕不成深感痛惜之余，对其败因分析见仁见智，言人人殊。有媒体认为，江苏队“快速丢了双冠王”的原因有四：一是“管理层更迭”；二是“教练班子动荡”；三是“惠若琪退役”；四是“对手实力增强”（《扬子晚报》2018-03-04 A15版；翌日新浪网《排球》栏目转载）。对此判断业内人士颇有微词，笔者也不敢完全苟同，并有以下看法。

一、不同见解的讨论

“管理层更迭”之说，缺乏说服力。管理层的事不便多议，也难作类比。但有一点可以肯定，眼下江苏排管中心的管理者一直兼任或分管排球队工作，对队伍的了解熟悉程度、思想与业务领导水平，特别是团结协调能力，是无可厚非的；如果要与原来管理者相比，业内人士对此心知肚明，心照不宣。何况，前年全运会后调整领导班子，距今年联赛时间久远，影响甚微。因此，把“管理层更迭”作为第一败因，好像“八竿子打不着”，难以服众。

“教练班子动荡”之说，有点牵强附会。谁都知道，主教练是全队选材、训练、比赛和管理工作的主导者，副教练一般由主教练选定，协助主教练工作。施海荣挂帅二队属正常调动，老帅秦毅斌老了，总要退休，主教练蔡斌指导依然坐镇主管全队工作，由评价很好的张伟当助手，令人欣慰。天津女排主、副教练都换了新面孔，照样进入总决赛。因此，把副教练调整作为第二败因，似有点生拉硬扯，不可思议。

“惠若琪退役”之说，是有一定道理。惠若琪是全队核心，她的退役对全队进攻、一传、防守乃至于凝聚力，必然产生影响。但新陈代谢是运动队必然规律，她的退役是在计划之中，而不是突发事件。凡江苏队输球，报纸必提惠若琪，重复频率太高。过多渲染惠若琪退役的影响，不仅未必是对她的尊重，而且将会对全队人员产生一种过分依赖的心理暗示，不利于振奋士气、树立信心，甚至造成心态上的未战先衰。集体项目的实力，主要取决于全队人员的充分发挥，尽管球星作用不可低估。朱婷的技艺一枝独秀，并没有把河南女排带进前8名；上海队大主力、队长张铁婵突然因伤缺阵，也没有影响其与江苏队半决赛较量中进军总决赛。任何一个队的取胜，如果只指望某一个人，这种思维与抱负，不能认为是有大出息的。

“对手实力增强”之说，似乎不太靠谱。诚然，根据全国排管中心规定，进入前4名的队可以转会2名自己所需的队员，以增强实力。江苏女排不也在同等条件下引进了浙江队李静和八一队袁心玥吗？而且在赛前被媒体鼓吹为小国家队的豪华阵容，如今卫冕未果，却成为败因之一，实在让人难以理喻。

当然，比赛的胜负，不排除有客观因素，但若把失利都归咎于外因，只字不提技术战术训练等主观原因，不能认为是客观、全面的。输球并不可怕，可怕的是输了球还不明不白，或不能正确认识自己，或（客观上）助人文过饰非。这恐不利于当局者深入总结经验教训，也无助于队伍自身的提高与进步。

二、几个问题的商榷

江苏女排虽然位居第三，仍具有夺冠的水平与实力。如果在某些环节上加以改进，或许更可胜券在握。

比赛是训练水平的一面镜子。从比赛中不难发现，江苏队在技术与训练层面上，我认为以下几个问题，值得我们认真研究与考量。

其一，当下江苏女排的身材条件和进攻实力，是历史上最好的，在全国也首屈一指。但一传、防守相对薄弱，有时不能有效保证进攻的实现，这一点在与上海队对抗中暴露无遗。中国排球界有人认为，比赛胜负"斗争的焦点在网上"。此话只说对一半，还有同等重要的另一半是"较量的基础在地上"。倘若一传不稳，防守疲软，二传乱套，哪有网上进攻！江苏队虽少了惠若琪，但只要心理不依赖，信心不动摇，再培养出新的"惠若琪"，何愁后院失守。这绝非戏言，命运掌握在自己手中，成果是奋斗出来的。20世纪70年代后期江苏女排在同一时期内被国家队调去3个二传手（孙晋芳、张洁云、黄秀琴），后来通过不懈奋斗又练出了杜秀华和小陈琦（后者后来也被调到国家队），在比赛中依然名列前茅。看来，江苏队要补好上述技术短板，首先要解决观念、心理和信心问题，其次才是训练和技术。

其二，有媒体戏称江苏女排为"小俄罗斯队"，这可能有褒、贬双重含义。一方面人高马大，攻击力强；另一方面战术单调，变化较少。一旦一传防守失灵，"三驾马车"马失前蹄，应对手段乏术，下文必败无疑。当然，各队的战术风格各异，不可强求一律，但纵使你身高万丈，亚裔人种的生理机能与特征不可能等同于欧美队战法。江苏队有些轮次的进攻站位，决定其难以运用多变战术。谁都明白，防守对手简单打法，要比防守多变战术容易得多。

其三，媒体或教练在评论比赛失败时，常常归因于心理因素。毋庸置疑，由于受各种主客观因素影响，运动员在比赛过程中心理上发生变化，必将抑制技术发挥，甚至导致比赛失败。在苏、沪半决赛第二场和苏、辽对决第一场中，江苏队都是在前两局大胜对手后被翻盘的，这就是明显例证。存在决定意识，意识反作用于存在。通常是技术问题出现在先，心理变化产生于后，又反过来加剧技术失措。比如，或因特长受抑、弱点被攻、领先大意、落后泄气、指挥失宜等都会引起运动员心理变化。此时，重要的是全力找出技术发挥不力的原因，而不是简单地归咎于心理问题。

此外，在赛前准备上，江苏队有没有高估自身实力，摆高自己位置的"念想"？由于"双冠王"的地位和实力雄厚的客观存在，加上舆论的推波助澜，夺冠呼声甚嚣尘上，运动员容易不自觉地抬高自己的站位，一旦受挫，不容易转过弯子。在临场指挥中的阵容安排、力量组织、换人策略等方面，可能有值得商榷之处。有网友反映，有些队员参加社交活动较多，这会不会影响正常训练？恕我冒昧直言，这些问题或许都值得当事者深思。

三、风物长宜放眼量

比赛必有胜负，赢者开心，输者烦恼，这是人之常情。但输球未必全是坏事，有时输球的经验教训比赢球更宝贵。赢球也不一定万事大吉，如果处置不当，物极必反，中大奖的人也有乐极生悲的事发生。

胜败乃兵家常事，世界上没有事实上的常胜将军。江苏女排今朝卫冕未遂，来日东山再起。只要继续发扬优势，正视存在问题，克服致命弱点，那么，"胜败兵家事不期，包羞忍耻是'巾帼'；江东子弟多才俊，卷土重来未可知。"

2018年是江苏男女排球队建队60周年。历史是人民群众创造的，江苏排球历史是江苏几代排球人披荆斩棘，共同奋斗，从艰难创业，到茁壮成长，再走向辉煌。其间有胜利的喜悦，也有挫折的彷徨。昔日的成功与胜利，不能代表现在和将来，过去的失利与挫折，应当引以为鉴。我们要在胜利中找不足，遇挫折时看希望，居安思危，临危不乱，永远保持清醒头脑。要传承经过历史检验的优良传统，坚持符合训练规律的正确理念，摈弃不适时宜的不当观点，探索未被认知的新鲜领域，不断开辟认识真理的道路，把江苏排球事业引向新的高峰。

原载《扬子晚报》中《扬眼》栏目（2018-03-26）

中国排球协会官网转载（2018-03-27）

新浪网转载（2018-03-27）

比赛是训练的“照妖镜”

——观摩江苏省运动会排球赛有感

近日，我去扬州观摩江苏省第19届运动会青少年部排球13~14岁组比赛，重点看了男排前4名、女排前6名的队对抗。欣赏其初具雏形、略显特色的技术，享受其积极向上、兴奋热烈的球场气氛，品尝其有别于成年队比赛的排球盛宴。给我留下难忘印象，得到不少启示，也引发对全国排球训练的一些联想。

省运会少年排球比赛，从技术训练层面看，大致有以下几个特点。

一、人才资源丰富

江苏排球历来重视后备建设，小学、中学和体校的排球活动与训练都很活跃、正规；多年来，相关职能部门对青少年梯队建设有一套行之有效的政策措施与方法。因此，在省运会上看到男女排都有1.90米以上的体态优良，并掌握一定技术的好苗良种，不会感到意外。而且这只是13~14岁组别，还有15~16岁和17~18岁组别呢。可以说“千里马”俯拾皆是。当然，从好苗到成型、成材、成器，或许尚需时日，但只要培养目标明确，训练理念对路，运作方法得当，人文环境良好，加上“伯乐”优秀，江苏排球的未来将充满希望。

二、某些技术突出

总体上讲，这些男女少年队员掌握的进攻技术好于防守，特别是女排少年队发球的攻击性，也足以让成年队望而生畏。反观某些身高体壮、吃专业饭、在比赛中发“菜鸟球”的大男人及其师傅们，倘若看到这些小弟妹们的发球威力，会不会感到汗颜！

男队员的扣球技术，尤其南京队两个1.90米以上队员其动作结构的合理性，以及南京女排二传手的技术水平，值得点赞。

三、战术打法多样

在进攻战术打法上，可以说，世界上强队拥有的各种战法，诸如强攻、快攻、后攻、跳发等琳琅满目，各队应有尽有。当然，这只是一种初级形式的雏形，其水平与质量不能与强队同日而语。严格地说，青少年队员应着力打好技术基础，而不是组合战术套路。

四、精神面貌可嘉

少年排球比赛的球场气氛热烈，热闹非凡，呼叫声此起彼伏，鼓励话不绝于耳。每赢一个球，全队奔跑转圈；一旦输球，就主动合围抱团取暖；领先时不骄不懈，落后时永不言败。这种奋勇拼搏、团结合作的精神与气质，是平日培养训练的结果。相对于某些成年队在赛场上那种死气沉沉、万马齐喑的气氛，令人感叹不已。

然而，比赛是训练的“照妖镜”或监测器，通过比赛，可以检验训练成效，发现训练问题，促进训练提高。而训练则是教练员的试金石，观察训练，可以衡量教练员的训练理念、执教能力及其运筹智慧。我虽没机会考察各队训练情况，但通过观摩比赛不难发现，在训练中我们或许存在一些值得改进与提升的问题。

（1）要规范技术动作

正确合理的技术动作，是经过长期运动实践提炼、符合人体解剖学和运动生物力学等科学原理，以及遵循竞赛规则要求的动作规范。任何水平的运动员，尤其青少年必须严格遵守，从严要求。这对于练好扎实的技术基础、形成正确的“动力定型”、加速掌握运动技巧、不断提升运用能力，具有极其重要的实践意义。

从比赛中可以看出，有些队员传球手形不太正确，导致控制不住球；二传手“二垫”太多，在网边高于4米以上的球也以垫代传；有时又管得太宽，从网边长途跋涉跑到距离端线一两米处去传球（实际上是近邻的攻手不会或不敢传球）；女队二传手传球前的取位大都站在离网1.5米处，如遇一传或防守冲网，传球风险极大，而且不利于培养其在网边的时空感和处理困难球的能力。有行家告诉我，包括成年队在内除了二传手外，进攻手很少练习传球。殊不知，排球各项技术具有内在联系，技巧可以互相转换，而不是彼此孤立的。因此，训练传球不只是提高传球技术本身，更在于培养其脚步移动、灵敏反应和观察判断等能力。这些能力对于排球其他技术都是非常重要的。此外，有些队员垫球时不重视移动脚步，对正来球，运用双手去垫球，过多用单手捞球而造成失误。

再如，从规范动作要求，运用左或右手扣球的队员，在前排不同位置的扣球助跑（与球网形成）角度应有所区别，如在2号位扣球，左手队员应与球网成锐角（斜角助跑），右手队员则应近乎直角助跑，以利于扣出各种不同路线的球，更好发挥威力，这样也符合人体解剖学和生物力学原理。但不少右手队员在2号位扣球却与在4号位一样，从边线外斜角助跑。去年初我在漳州全国青年女排集训中注意到，很多队员扣球也是如此，令人大惑不解。细节决定成败，青少年若动作不规范，长大了恐怕就难以改正，从而制约其成长。

（2）要夯实基本功夫

基本功是指在训练中有关正确反映排球训练规律的最基本、最困难、最带关键性的基础部分。练好基本功，可以为掌握合理技术创造有利条件，为提高技术水平储备能源，为拥有技术绝招打好基础，为经受激烈对抗并延长运动寿命提供保证。

不言而喻，青少年运动员必须加强基本功训练，打好基本功基础。然而，练好基本功的呼声，从国家队、地方队到基层队，已经喊了好多年，但却收效甚微。最近召开的全国青少年训练工作研讨会上，排管中心有关领导严肃指出“目前国内队伍训练出现了重视比赛，无视基本功训练的情况”，号召排球队尤其男排要强化基本功训练，并提出若干具体措施。

我认为，练好基本功，要注重以下3个问题：

第一，要具有战略视野。高屋建瓴，从长计议，系统训练，打好基础；防止与克服揠苗助长、急功近利的短视行为；摈弃与拒绝重攻轻守、重拦轻防、重垫轻传、重手（法）轻脚（步），以及重赛轻练、以赛代练、攻势排球等违背排球训练规律的伪命题。理论引导实践，思想决定行动。不先从战略认知上统一看法，练好基本功可能只是一句空话。

第二，要弄清基本概念。教练员要清楚了解，什么是排球基本功、为什么要练好基本功、哪些是排球基本功、如何练好基本功，才有可能着手去谋划与实行。“以其昏昏，使人昭昭”会误人子弟。此外，基本功涵盖排球各项技术，不要误以为只有传、垫、防才有基本功，扣球、发球也同样有基本功的问题，只不过眼下前者更加缺失、更显重要而已。

第三，要真正落到实处。从顶层设计，政策措施，躬亲践行，正确引导，检查督促，总结提高，一步一个脚印，撸起袖子加油干，才能真正落到实处。中华人民共和国成立以来，中国排球从艰苦创业，不懈奋斗，跌宕起伏，到20世纪80年代初开始走上辉煌，就是几代排球人脚踏实地干出来的。“临渊羡鱼，不如退而结网”，说多做少，或只说不做，于事无补。

（3）要掌握全面技术

掌握全面熟练技术，是排球运动员的永恒主题，是青少年运动员走向成熟的必经之途，是高水平运动员攀登技术高峰的必由之路，是我国排球优良技术传统与重要制胜规律之一，也是我们赖以安身立命的主要法宝。

在10年前北京奥运会排球比赛时，中央电视台一位评论员曾指出："中国运动员要学习欧美运动员全面细腻的技术。"这并非危言耸听，而是一语中的。今年，一位从欧洲留洋打球归来的某省男队主攻手，对媒体畅谈其体验时说：外国教练要求主攻手不但要练扣球，而且要练好一传、防守、保护和小球等，他还认为这是一种新理念。这本是排球训练"ABC"，如今却成了"新理念"。业内行家听了这两个事例，恐怕都笑不出来。

中国排球有丰富的实践与理论，有辉煌的历史与业绩，涌现出一大批优秀教练员和运动员；20世纪80年代后，中国援外教练的足迹遍及欧美诸国，现在欧美某些队的教练员，大都是当年我国援外教练一脉相传的弟子。如今，师傅的本领被徒弟学去，打了个回马枪，这不足为怪，因为韩愈早就说过："师不必贤于弟子，弟子不必不如师。"譬如积薪，后来居上，是事物发展规律。但把老祖宗的"看家宝"丢了，当作是老外的"新理念"，这就有点悲哀了！这至少说明我们的训练出了问题。

我国排球尤其男排要振兴发展，需解决的课题很多，但从技术训练上说，必须解决加强系统训练、掌握全面技术问题。要传承优良传统，敬重经典技术，符合训练规律的好传统好经典是不受时空制约、永不过时的。老外用我们早就拥有的技术来教我们、打我们，我们还以为是什么新理念新技术，岂不贻笑大方！要像抓基本功那样抓全面技术训练。技术全面不只是发、垫、传、扣、拦、防六大技术均衡发展，各项技术本身也有全面掌握的学问。只有在技术全面的基础上，才谈得上队有特点，人有特长，才能提高技术的运用能力、适应能力和应变能力。

（4）要端正训练理念

训练理念或称训练指导思想、战术指导思想，是指一个队在训练和比赛中指导自己行动、形成技术特点、树立战术风格的理论原则与行动指南，是运动队技术进步和制胜对手必不可少的重要因素。训练理念是技术战术行动的先导。先进、正确的训练理念，来源于训练比赛实践，又反过来指导训练比赛实践，促进运动技术水平的提高，并在实践中不断丰富与发展。

任何教练带领自己队伍，一定有如何塑造队伍的设想和路线图，这就是训练理念。不论你自觉不自觉，不是实行正确训练理念，就是实行不正确的训练理念。曾有人对我说：现在全国教练员训练队伍是八仙过海，各显神通，没有统一的训练指导思想。先生此言差矣！中国几代排球人历经长期实践，潜心探索，在不同时期都曾提出与践行训练指导思想，并取得良好的训练成效。在2001年全国排球训练工作会议上，领导与专家们经过讨论研究，进一步完善为以下的内容："技术全面，突出特点，准确熟练，快速善变，加强体能，发展高度，不断创新"。

这个指导思想反映排球运动发展规律，顺应世界排球技术发展趋势，符合中国排球运动员具体特点，是几代排球人的经验和智慧的结晶。不同水平的队应根据本队实际情况，有计划、有步骤、有针对性地贯彻实施。

上述那些违反训练规律的伪命题和技术训练上存在的问题，从思想理论根源上讲，无不与不了解、不理解、不学习或不实行正确的训练指导思想有关。为此，建议相关部门采取有效措施，鼓励教练员、运动员认真学习理论，加强业务研究，了解排球历史经验，紧跟世界先进潮流，向好传统致敬，与新时代同行。

原载中国排球协会官网（2018-10-08）

要练好基本功

练好基本功夫，夯实基础技术，是体育界每个运动项目老生常谈的话题。中国排球人曾经有过成功的经验，所以才有从20世纪70年代后期开始的技术腾飞和引人注目的业绩。后因种种缘故，基本功训练有所弱化，导致对技术战术的提高与发展产生影响。近日，国家排管中心领导在全国青少年训练工作研讨会上，再次强调狠抓基本功的重要性与必要性，并提出若干措施，这必将引起排球界的警觉与重视。

空谈误事，实干兴业。要练好基本功，首先必须弄清基本概念，统一思想认识，采取有效措施，脚踏实地，真抓实干，才能见效。

一、什么是排球基本功？

基本功一词，原是指锤炼我国传统戏曲演员基础功夫的课程，如唱、念、做、打等，后为包括体育界在内的许多行业所引进与借用。

《新华词典》解释道：基本功是从事某种工作所必须具备的基础知识和基本技能。

著名画家李可染先生在《谈艺术实践的苦功》一文中指出："基本功是从十分繁复的艺术修炼的全过程中，抽出其中有关正确反映客观真实的最根本、最困难、最带关键性的规律部分，给予重点集中的锻炼。这是在艺术创作前基本能力的大储备，也是一种严肃吃重的攻坚战。"

根据《新华词典》的解读，借用李可染先生关于艺术基本功的概念，排球基本功可以表述为：在排球运动训练与比赛中，有关正确反映排球训练规律的最根本、最困难、最带关键性的基础部分。基本功存在于排球各项技术之中，在比赛过程中，通过技术、战术的运用而表现出来，是每一个运动员必须熟练掌握的基本技能，是需要花时间与精力去磨炼的苦力活。

二、为什么要练基本功？

复杂源于简单，高深来自浅近。基本功是各项技术中最根本、最困难、最带关键性的基础部分，但不是一个完整的技术。如同横、竖、点、撇、捺，是书写汉字的基本功夫，但不是一个完整的汉字；打好地基和架好大梁，是建造楼房的基础工程，但不是一座完整的建筑物一样。练好了横、竖、点、撇、捺这些基本笔画，写起字来就可以挥洒自如，下笔生辉；反之，倘若地基和大梁不靠谱，无论外表装饰多么光鲜，其建筑物必定是豆腐渣工程。众所周知的世界著名画家达·芬奇少年时“画蛋”的故事，说的就是他成名前苦练基本功的艰难历程。典故耐人寻味，值得引以为鉴。

在排球训练中，要正确掌握与不断提高某一技术，必须以扎实的基本功为根底。例如：传球的手形、手法和移动取位是属于传球的基本功，而不是完整的传球技术，但只有掌握合理的手形手法和正确取位，才能为有效地完成传球技术打下扎实基础；助跑起跳和挥臂击球是扣球的基本功，而不是完整的扣球技术，但只有掌握正确的助跑起跳和合理的击球手法，才能为成功地完成扣球技术奠定可靠根基。

由此可见，练好基本功，可以为掌握与提升各项技术储备能源、积蓄力量，可以为掌握合理技术、防止产生错误动作创造有利条件，可以为进一步提高运动技巧、拥有技术绝招、攀登技术高峰增强后劲，可以为培养技术全面、攻守兼备的运动员夯实基础，可以为运动员经受激烈对抗、提高技术运用能力以及延长运动寿命提供有力保证。

或许有人认为，练基本功花时间，会影响比赛的成绩。这是短视之见！殊不知，“磨刀不误砍柴工”，把刀磨锋利了，将会提高砍柴的速度与效果。磨刀与砍柴是互为因果、相辅相成的辩证关系，而不是互相对立与排斥的。毋容置疑，练好了排球基本功，也必将有利于提高技术水平，打好比赛成绩，培育有用人才，而不是相反。

三、哪些是排球基本功?

根据上述的定义，排球基本功的内容，广义地说可以概括为：脚步、手法、躯干（腰腹）、视野和意识（思维）5个方面。任何一项技术的正确掌握与合理运用都离不开脚、手、腰、眼、脑等多维一体的协调配合与良好发挥。

运动员在掌握与运用各项技术的过程中，脚步是击球行动的前提，手法是完成技术的关键，躯干是协调全身的枢纽，视野是临场判断的依据，意识是运用技术的灵魂。只有这几方面的行动配合密切，融会贯通，才称得上是比较完美的技术。譬如要卓有成效地完成扣球技术，就必须具备节奏清晰、适应性强的助跑起跳，动作合理、快速有力的挥臂击球，全身协调、控制自如的腰腹动作，轻快缓冲、动作连贯的落地支撑，以及贯穿于整个扣球过程始末的视觉反应和判断能力等。

排球技术的种类繁多，动作细腻，技巧性强。狭义地说，基本功存在于各项技术之中，各项技术都有它自身的基本功。例如接发球的垫球（一传），在不同位置对付大力旋转球、跳发、重飘、轻飘、下沉、追胸、侧旋球等不同性能的来球，其脚步、手法和腰腹动作是各不相同的；在不同位置接各种不同的扣球（后排防守）亦然。同样，传球中的正传、背传、侧传、传高球、低球、近网、远网、顺网、斜网，以及各种不同的战术传球，其传球手法与动作都各有差异。

除了防守性技术需要着力强化训练外，扣球等进攻性技术的基本功训练也不容忽视。例如扣球的助跑起跳，不但要练向前起跳，也要练在前排不同位置的向左、右或后等不同方向的变步起跳；击球不只是秀肌肉、拼气力，更要练各种避开拦网、突破拦网或破坏拦网的手法与技巧；扣近网球、远网球、强攻、快球、高球、低球等的手法与动作也各不相同。同样，发出各种不同性能的球，其击球手法和身体动作也大相径庭。

上述各项排球技术的基本能力，必须在系统训练中反复进行分化习练，才能熟练地掌握、巩固与提高。

然而，在当前训练中，由于有些人对训练理念存在偏颇，因而传、垫、防等防御性技术的基本功训练往往被忽视，甚至于无视，尤其男排队员，成为影响技术全面发展的短板（进攻性技术的基本功训练或许也存在片面性）。几年前一位有相当职位的内行领导在看比赛时曾对我说，他们男排（全国强队之一）几乎不练防守。这绝非戏言，而是带有普遍性。窥一斑而见全豹，观滴水而知沧海。难怪全国男排联赛大都是发球、扣球大比武，少有精彩的防反来回球场面出现。可以断言，基本功不扎实或缺胳膊少腿的运动员，不可能成为叱咤风云的球星，充其量只是一个外强中干、经不起敲打的泥足巨人。

此外，在实际训练与运用中，视野和意识这两个贯穿于技术行动全过程的要素，往往被忽略甚至于摈弃；有些运动员只知动手动脚，不会用眼用脑，只知拼气力，缺少用智慧。这不能不影响对技术的正确掌握与合理运用，不能不妨碍运动员的成长过程，值得教练员和运动员高度重视。

四、怎样练好基本功？

有哲人言道："简单的事重复做，你就是专家；重复的事用心做，你就是赢家。"真是言近旨远，意味深长，精辟绝伦，耐人玩味！

为此，要练好基本功，需要注意以下几点。

一要高瞻远瞩，从长计议，系统训练，着眼长远，顺应排球运动训练规律，遵循正确的战术指导思想。防止与反对重攻轻守、攻势排球、重赛轻练、以赛代练，以及揠苗助长、急功近利、杀鸡取卵、竭泽而渔等违背客观规律的训练理念与训练行动。

二要按照正确的技术要领和动作规格，进行严格训练，严格要求，以建立正确的基本功动力定型。防止与纠正影响技术发展的错误动作。

三要在基本功练习中，结合实战情况，有计划、有步骤地与完整技术结合起来进行训练，注重培养对视野的观察判断能力，并有意识地贯穿战术意识的因素。防止与克服脱离实际、孤立地练习基本功，或忽视对视野和意识的培养。

四要勤学苦练，久久为功，持之以恒，常抓不懈，理直气壮地重新叫响与践行符合生理学原理的、行之有效的“三从一大”科学训练原则。防止与克服朝练夕停、一曝十寒、怕苦怕累、“快乐排球”的训练态度。

五要有锲而不舍、一丝不苟、滴水穿石、刻苦钻研的韧劲。大兴学习理论知识、研究业务技术之风，提倡在训练中手脑并用、练想结合，以拓宽视野，开发脑洞，提高掌握与运用技术的能力。防止与克服在训练中心猿意马、心不在焉、不求甚解、浅尝辄止的马虎作风。

六要有精雕细刻、精益求精、千锤百炼、巧夺天工的钻劲，不满足于掌握一般化的六大技术，不止步于老一套的技术套路，敢于不断探索技术奥秘，大胆创造新的招数。防止与克服粗枝大叶、粗制滥造、大而化之、得过且过的治学态度。

马克思指出：“在科学的道路上没有平坦的大路可走，只有在崎岖小路的攀登上不畏劳苦的人，才有希望到达光辉的顶点。”练得苦中苦，方为人上人。人们对新时代的教练员和运动员，传承与光大我国排球优良传统、苦练基本功、提高新水平，充满期待，寄予厚望。

原载中国排球协会官网（2018–10–29）

关于当代世界排球发展趋势

2019年6月15日，有人在中国排球协会官网著文称，某教练在向全国高校排球教练员培训班讲课时指出："关于现代排球的发展趋势，（该教练）引用'等边三角形理论'，以力量、高度、速度这三点进行了概括，即'发球、拦网、扣球作为三大主动得分技术是否能够很好地应用于球队技战术体系中'，这体现的是现代排球的发展趋势，而这三大主动得分技术的分量应是各占三分之一、同等重要。"

这个论点，在业内引起一些不同意见的议论。如果报道属实，恕我也不敢苟同。我这个90岁的排球老朽，愿与同行的、值得敬畏的后生们共同切磋、商榷。

一、何谓"发展趋势"

"发展趋势"，就是事物发展的倾向，也是大家要跟从、学习和仿效的方向。

所谓世界排球发展趋势，实际上就是各国排球队在训练比赛中，所要追求和达到的目标与方向。与我国排球界通常讲的战术指导思想、训练指导思想、训练理念，或制胜规律等的含义相近。

正确认识世界排球发展趋势的目的在于掌握排球训练规律，运用科学训练理论，制定比赛制胜策略，塑造运动员技术形象，形成本队战术风格，加速运动员成长过程，使训练比赛沿着正确的目标与方向运行。

然而，上述的论点把发球、拦网、扣球"等边三角形"，"是否能够很好地应用于球队技战术体系中"，作为衡量"体现的是现代排球的发展趋势"的标准，这未免过于武断，令人难以接受。

至于说“三大主动得分技术的分量应是各占三分之一、同等重要”则有点语焉不详。这三分之一“分量”，是指得分的数量，还是指其功能与作用？如果是前者，肯定不靠谱，因为扣球得分远大于发球和拦网；如果是后者，那么一传、二传、防守及其串联等技术，岂不就没有“分量”、不重要了嘛！

排球有六大技术，只片面强调发、扣、拦三大主动得分技术的重要功能，而无视垫、传、防及其串联等基础技术的不可或缺地位与作用，并将其排除在“等边三角形”之外，这在逻辑上说不通，理论上理不清，条理上拧不顺，牵强附会，缺乏说服力，而且似有重弹早已被批得皮开肉绽的“重攻轻守”老调之嫌，有悖于排球最基本的常识。因此，不能全面准确地体现当代世界排球发展趋势，不能作为各队追求的目标与方向。

排球各项技术是互相联系、互相制约、互为因果、相辅相成的辩证关系。孤立片面地把发、扣、拦与垫、传、防，进攻与防守割裂开来，违反了排球训练规律，背离了比赛制胜法则，抑制了人才成长规则。用这种信息向读者或学员传播，容易以讹传讹，产生误导，把训练引向扑朔迷离的歧途，值得引以为戒。

二、中国人的智慧

其实，中国排球界和国际排联的教练、专家们对世界排球运动发展趋势，以及各队应追求的目标与方向，早有比较全面、成熟的论断。

中国几代排球人历经艰苦创业，奋勇拼搏，跌宕起伏，一直在研究探索一条适合于自身特点的技术发展道路，曾先后在1958年、1972年、1978年等不同时期的相关会议上，根据当时的认识水平提出了不同表述的战术指导思想，作为训练比赛的努力方向，并取得了较好成效。到了20世纪70年代末期和80年代初期，全国就出现了技术腾飞的兴旺局面，开始走向辉煌，实现了世界冠军梦。

1989年在北京召开的全国排球训练工作会议，总结了40年经验教训，通过与会教练专家的反复论证，经中国排协领导人审定，进一步完善了我国排球战术指导思想，并在会议纪要中对其内涵作了解读。

2001年全国排球训练工作会议，根据形势的发展，补充了“加强体能”的内容，形成了当今28字的表述，即“技术全面，突出特点，准确熟练，快速善变，发展高度，加强体能，不断创新”。这是指导我国排球训练比赛工作的理论原则与发展方向，也反映了当代世界排球发展趋向。

中华人民共和国成立70年来，我国排球拥有丰富实践经验，掌握科学训练理论，造就大批优秀人才，并取得女排9次世界冠军的辉煌业绩，男排也曾有荣耀的过去。这足以证明中国排球人对世界排球发展趋势和自身发展方向的认识是比较全面、准确的。

三、外国人的高见

国际排联教练委员会原主任霍斯特·巴克博士（Dr.Horst Baacke）在一篇文章中和讲课中指出，现代高水平排球队必须具备3个决定性的、不可缺少的因素：VHP，即

V:Velocity and variety of play（快速多变的打法）；

H:Height of action above net（加强网上实力）；

P:Perfection of skills［完美无缺（全面准确）的技术］。

巴克先生把VHP这三个字母称为“魔法三角形”，认为“没有高水平三角形的VHP，就不可能在比赛中获得好结果；如果三角形之中的一个边太弱，就几乎不可能补偿其他两个，即便是强有力的边；或者说，其中一个边太弱，其他两个边必须付出惊人的努力，才有可能得到相应的弥补。因此，三角形VHP的三个边必须平衡发展，才是高水平的队，才能在比赛中取得好成绩。”

“高水平的排球队，除了上述VHP 3个因素外，还要有良好的体能状况和比赛经验等”（以上译自国际排联*Coaches Digest*）。

不难理解，巴克先生的VHP，把攻防之间既联系又制约的关系，分析得令人信服。譬如，亚洲某些队V或P很强，但H很弱，或欧洲某些队H很强，但P很弱，其技术战术不全面、不平衡，就不可能成为真正强队。显然，这个VHP“三角形”的内涵，与前述的发、扣、拦“三角形”，不可同日而语。或者说，前述的“三角形”，似是“画虎不成反类犬”。

四、中外相得益彰

耐人寻味的是，中外专家对排球规律的认知，竟如此不谋而合，如出一辙，颇有异曲同工、殊途同归之妙。可谓英雄所见略同，好汉肝胆相通。这恰恰说明，中外专家对排球发展规律认识的客观性、全面性和正确性。

人们不难发现。中外专家对世界排球发展规律的认知，有以下共同点：

一是普遍性。专家们对世界排球发展趋势的论断，都是遵循排球运动自身规律，顺应技术战术最新动向，符合比赛制胜策略，适合运动员成才法则的，因而具有放之四海而皆准的普遍意义。

二是独特性。由于各个国家和民族的人种、体态、体质和生理特点的差异性，因而反映在技术战术上，就不可能千篇一律，千人一面。如亚洲和南美洲的有些队，擅长于快速多变，而欧洲和北美洲的有些队，则倾向于“秀”高度力量。即便是同一国家不同的队，打法也是千差万别，风格各异。

三是兼容性。世界上各种不同类型和特点的队，通过国际大赛与友好交流，可以互相借鉴，互相学习，取长补短，博采众长，不断丰富与发展自身技术战术的内容，达到互相兼容，共同提高的目的。

四是客观性。世界排球发展趋势是客观存在的规律性，不以人们主观意志为转移，也不是任何人心血来潮，臆造出来的。重攻轻守、重赛轻练、以赛代练等悖论，都是违背排球客观发展规律的，必将受到历史惩罚。不可能快速提高水平、培养优秀人才、取得优异成绩。

中外专家对世界排球发展趋势的认识，是在实践的基础上，经过反复研究论证和抽象概括而形成的，是世界排球人集体智慧的结晶，是弥足珍贵的精神财富，也是对世界排球运动的贡献。这些经典的光辉，经久不衰；真理的生命力，生生不息；传统经验的精髓，永垂不朽。凡是符合客观发展规律的事物，不会过时失效，只会发扬光大。

诚然，排球运动同任何事物一样都是发展变化的，但只要竞赛规则不作实质性修改，排球训练的基本规律，诸如技术全面、攻防均衡、快速灵活等，是永恒的主题，改变的只是局部性的技术战术。

五、理论指导实践

众所周知，实践产生真知，理论引导行动。任何计划实施，理论必须先行。只有正确的训练理论，才会有正确的训练行动。然而，正确的训练理论，未必会被每一个人所理解与接受。

一切技术战术都是人去掌握与运用，而人是有思想意识的，人的一切技术战术行动，无不受一定的思想意识所支配。在排球界，尤其是男排，重攻轻守等认识误区颇有市场。由于防守练习是吃重艰难的攻坚战，苦力的干活，容易引起教学之间矛盾，因而某些悖论很容易被不愿担当的人和懒汉所青睐。

中国男排多年来徘徊在十几名甚至于二十几名之间，绝非偶然，也不仅是动作粗糙、基本功差等表象问题，深层次原因或许与训练理念和训练实践不无关联。男排要防止水平式微，重振昔日雄风，需要排球界朝野上下，高度关注，同心协力，寻求对策，力求破解。

顺便提及，从事业务工作的人，都要学点唯物辩证法，学会用辩证的观点和方法去观察问题，分析问题，解决问题；学会用大脑，而不是用臀部去思考问题，研究问题，总结问题。这或许可以避免在论事、处事时，管中窥豹，以偏概全，只知其一，不知其二，只见树木，不见森林，而贻笑大方，且误导他人。

原载中国排球协会官网（2019-08-06）
新浪网《排球》栏目 同日转载

排球制胜规律之见解

据相关媒体报道，有一位排坛资深教练在一个全国性论坛上，谈到排球制胜规律时说："现代排球的制胜规律，重点不是在后排技术，而是在网上技术。"他列举了中国女排在2019年世界杯赛中的扣球与拦网得分，都领先于几个强队后，得出结论认为："因此排球制胜规律是在网上。谁在网上有高度，在网上打攻势排球，谁就在网上扣球和拦网技术占据优势，谁就能把握排球比赛的主动权。"

这种似是而非的论点，或许有失偏颇，而且在相关媒体上加以传播与宣扬，会不会误导受众，把训练方向引入迷途，使人才培养导向曲径？

我想以对事不对人、论事不论人的态度，与同行们商榷。

一、何谓排球制胜规律？

所谓制胜规律，"是指在竞赛规则的限定下，教练员和运动员在竞赛中战胜对手、争取优异成绩所必须遵循的准则。制胜规律的组成包括两个方面：一是制胜因素，对专项运动成绩有决定性影响的因素；二是制胜因素之间的本质联系。""每个运动项目中，制胜因素一般都不是一个、两个，而是一个群。"（以上引自"百度百科"）简言之，制胜规律，就是一个队要想在比赛中战胜对手，所必须遵循的准则和具备的各种技术战术能力。

在中国排球界，通常讲的战术指导思想，或训练指导思想、训练理念等，实际上就是制胜规律。这是各队在训练比赛中，所要追求和达到的目标与方向。

排球制胜规律，必须遵循排球运动训练客观规律，顺应世界排球技术战术发展趋势，符合本国、本队的具体特点。

正确认识与践行排球制胜规律，对于掌握排球训练规律，运用科学训练理论，塑造运动员技术能力，加速运动员成长过程，形成本队战术风格，以及制定比赛制胜策略，使训练与比赛沿着正确的目标与方向运行，具有重要的现实意义和长远意义。

根据上述排球制胜规律的定义及其重要意义，结合实际比赛中的情况，那么，这位教练上述的所谓："排球制胜规律是在网上"和"攻势排球"等判断与论点，恐怕就经不起推敲，从理论到实践都是站不住脚的。

二、进攻防守相互依存

众所周知，排球的进攻与防守、网上技术与后排技术，是互相联系、互相制约、互为因果、相辅相成的。防守是进攻的基础；进攻是防守的继续，也是防守的目的。只有防守（接球）成功，进攻才能实现；只有进攻有效，一切防守努力才有意义。进攻与防守，网上技术与后排技术，好比人的左腿与右腿，也犹如核弹头与载运火箭，两者相互依存，缺一不可；谁能说孰轻孰重，哪个是重点或非重点？

如果作为训练过程中的计划安排，进攻或防守，可以有抓某一重点的先后之分；攻强守弱或守强攻弱的队，为补短板，也可以在训练上有所侧重。但若作为现代排球发展方向的制胜规律，两者必须等量齐观，均衡发展，没有什么重点与非重点之别。任何片面强调一方而偏废另一方，都不可取。

从比赛过程的技术发挥来看，中国女排在2019年世界杯的优势与胜利，绝非仅仅是扣球与拦网。南京一位球迷在我国女排夺冠后对我说：这次中国女排一传稳定，防守起球，二传得力，比过去大有进步，保证了进攻充分发挥。妙哉！外行人说内行话，一语破的，值得点赞。不难设想，倘若一传乱飞，防守失球，二传走火，如何实现所谓的"攻势排球"？排球制胜规律是一个攻防完整的体系（一个"群"），不只是扣球与拦网；它是一揽子工程，不是一锤子买卖。怎么可以片面、孤立地认为“排球制胜规律是在网上”的“攻势排球”呢？哀哉！内行人说外行话，不可思议。

三、“攻势排球”是伪命题

历史总是惊人的相似，故事经常出奇的雷同。9年前，有一位人士在相关媒体上先后发表两篇题为“（从）数据分析看中国女排技术水平 攻势排球才是取胜之道”和“再谈攻势排球……”的文章，其论点同本文中这位教练的上述发言，如同一口。这位人士列举了2010年世界女排大奖赛中，日本队分别战胜奥运会冠军巴西队和世界杯冠军意大利队，并在前6名队伍中的扣球得分雄踞榜首，而中国队的扣球得分屈居末位，由此就断言“攻势排球才是取胜之道”。

当年同月，我也在同一媒体发表了两篇关于“攻防全面 彰显特点 才是中国队崛起之途”的文章，对这位人士的“攻势排球”论，作了比较详尽的说事论理，指出：这位人士只看到日本队扣球得分的结果，忽略其出类拔萃的后排技术支撑作用的全过程；只看到当时中国队扣球得分低下，忽视神勇王一梅和睿智李娟等队员进攻能力的发挥，受到本队疲软后排技术的严重制约。单纯以扣球拦网技术的得失论英雄，无视后排技术具有基础功能的重要作用，只知其一，不知其二，只看“网上”，不看“地上”，是很难对事物做出正确判断的。

人们记忆犹新，在那个时期，中国女排曾不止一次输给日本队和泰国队，难道是我们的身高、扣球水平或“攻势排球”不如对手吗？业内人士对此应当了如指掌，心知肚明。人们不能输球败因不清醒，赢球缘由也不明白，“以其昏昏使人昭昭”。

“攻势排球”是个伪命题，这个提法本身就缺乏科学性和逻辑性。任何排球比赛，有进攻，必有防守，有防守，才有进攻。比赛没有单纯的“攻势排球”或“守势排球”。

实践是检验真理的唯一标准。古今中外违背这个规律的教练及其球队，少有在赛场上扬眉吐气的，甚至折戟沉沙，铩羽而归。人们只要用脑想一想，就不难找出不少这类的例证。

四、中外专家见解相通

中国几代排球人，历经艰苦创业，奋勇拼搏，不遗余力地研究与探索既顺应当代世界排球发展趋势，又适合中国人特点的训练规律；并在不同的技术发展时期，都提出了适应当时认知水平的制胜规律（通称战术指导思想等）。耐人寻味的是，在1958年、1972年、1978年、1989年和2001年5次全国训练会议上，经过教练专家讨论、会议总结确认的制胜规律（战术指导思想）中的第一句文字都是“技术全面”。国际排联教练委员会前主任巴克先生提出的“VHP”理论中的P（Perfection of skills），指的也是技术全面。这是中国几代排球人和国际排联专家们，通过实践检验而提炼出来的真知与共识。

因此可以认为，技术全面、攻防均衡，是六人排球运动训练的永恒主题。任何“重攻轻守”或“重守轻攻”及其变种的形形色色悖论，都违反了排球训练规律，歪曲了正确发展方向，背离了比赛制胜法则，抑制了人才成长规则。

顺便提及，2001年训练工作会提出的排球“制胜规律”28个字概括，应当是比较完整和到位的。当然，历史在前进，事物在发展，认识在提高，正如有识之士曾提出，这28个字可以进一步完善与“浓缩”为简明易记的表述。对此我有同感，我虽亦曾有过构想“腹稿”的拟议与思考，但这需要教练专家讨论，排协高层审定，一定程序确认，个人岂敢妄言？

原载中国排球协会官网（2019-10-25）

江苏排球砥砺前行60年

江苏排球队，砥砺前行60年，仿佛眨眼一瞬间（准确地说，再过几天就是62年），这60年，几代江苏排球人，实际上只经历了两天：昨天和今天。

江苏排球队的昨天，可以用4句话来说明：开始艰苦创业，几代奋勇拼搏，历经跌宕起伏，逐步走向辉煌。

中华人民共和国成立初期，江苏排球的基础较差，起步较晚。1958年7月间，江苏省体委把我从南京工学院（现为东南大学）调到刚成立的南京体育学院，选拔运动员，组建排球队，准备参加翌年举办的第一届全运会。当时从全省来了二三十个高中生，我只挑选了5个男队员，大部分不会打排球，还有2个女队员，是南京体育学院老师陈斌选拔的，8月1日到体院报到初建队伍。开始我一个教练带5男2女，晴天在室外煤渣场地训练，雨天没有场地，就到篮球馆边上“打游击”。年底借调了一批从部队转业到南京市的专业排球队运动员和高校老师，大大加强了实力水平。东南大学排球老师张国蓉任女排教练。第一届全运会男排获第8名、女排获第12名。这些队员有的留下来当教练，有的回原单位工作。这就是江苏排球队的第一代。

经过几代人团结奋斗，历经磨难，到20世纪70年代中后期，江苏队才逐步强大起来，1979年第4届全运会男排夺冠军，女排得亚军。其间，有胜利的喜悦，也有失败的惆怅。一个队伍的成长，同任何事物的发展一样，不可能一帆风顺，一马平川。列宁说过：“人要学会走路，也得学会摔跤，而且只有经过摔跤，他才学会走路。”江苏队就是经历了摔跤、走路、再摔跤、再走路，才逐步强大起来的。

历史有它的连续性和继承性，江苏排球队就是经过几代人的薪火相传，代代衔接，才有今天的繁荣与辉煌。

江苏排球队的今天，不妨也用4句话来表述：队伍发展壮大，水平日新月异，各种人才辈出，立足中国排坛。

江苏排球队由开始只有2个队，发展为现在6个队，还有沙滩排球队。如今，江苏排球队实力水平，在全国排坛占有重要的一席之地。男排获得2次全运会冠军，多次全国冠军；女排全运会获1次冠军、1次亚军，多次全国冠军；中国女排夺取10次世界冠军，其中7次有江苏女排的队员，有7人11次获得世界冠军；沙滩排球队也有多人获得全国冠军和世界冠军；有4位教练出任国家一队主教练，袁伟民教练更是带队获得“三连冠”；为国家输送几十名优秀运动员，其中二传手至少16人；江苏教练员、运动员在国内外媒体与刊物上发表文章、论文4000多篇和十几本专著；全国有3个国际排联高级讲师，江苏就有2人；国际排联级裁判员江苏也有2人；从江苏排球队走出去的运动员，还有不少成为国家级教练、高级教练、教授、副教授，以及省部级、厅局级、县团级干部等各类人才。

这些优秀运动员、教练员和官员，都是植根于基层，来源于群众，时势造就英雄。英雄的作用不可低估，英雄引领时势。他们的成长与进步，是多种因素造成的。首先是党和政府的培养教育；其次是本人的天赋和勤奋；再次是各个层次的、多位教练员的训练以及各方支持的结果。

这里要特别强调的、往往被忽略的是，还有几代数以万计的、默默无闻、无私奉献、甘当人梯和铺路石的普通运动员，以及管理、后勤、医务人员等，他们在平凡的工作中，为江苏排球事业做出了非凡的贡献。“一将功成万骨枯”，一朵红花绿叶衬。拿破仑在征服欧洲、站在阿尔卑斯山上时曾慨叹说：我如果没有背后几十万大军，早就成了敌人的俘虏。一个资产阶级军事家，尚且懂得群众的力量与作用，更何况于我们呢！没有这些无名英雄的存在、支持与帮助，任何人都将一事无成，也不可能会有球星和人才的出现。因此，当我们在歌颂英雄、欢庆胜利的时候，永远不要忘记这些无名英雄。

昨天已成往事，今天很快过去，明天即将到来。江苏排球队，未来任重道远，征途充满挑战。

人们期待江苏排球队的明天：传承优良传统，紧跟时代步伐，书写崭新篇章，争取更大辉煌。

江苏排球队能够长期地、稳定地立足于中国排坛，一定有其原因。我们有丰富的经验，有优良的传统，也有惨痛的教训，值得后人去总结、继承与发扬。

今天，我们缅怀过去，重温历史，是为了承上启下，继往开来，以史为鉴，开创未来。

原载中国排球协会官网（2019-12-27）

（此文为作者在江苏排球队成立60周年庆典会上的发言提纲）